**Stadtforschung aktuell
Band 67**

**Herausgegeben von:
Hellmut Wollmann**

Ludger Basten

Die Neue Mitte Oberhausen

Ein Grossprojekt der Stadtentwicklung im
Spannungsfeld von Politik und Planung

Birkhäuser Verlag
Basel · Boston · Berlin

Der Autor:

Dr. phil. Ludger Basten forscht und lehrt am Geographischen Institut der Ruhr-Universität Bochum.

Die vorliegende Arbeit wurde als Dissertation an der Fakultät für Geowissenschaften der Ruhr-Universität Bochum verfasst.

Die Deutsche Bibliothek – CIP-Einheitsaufnahme

Basten, Ludger:
Die neue Mitte Oberhausen : ein Grossprojekt der Stadtentwicklung im Spannungsfeld von Politik und Planung / Ludger Basten. - Basel ; Boston ; Berlin : Birkhäuser, 1998
  (Stadtforschung aktuell ; Bd. 67)
  Zugl.: Bochum, Univ., Diss.
  ISBN 3-7643-5903-X

Dieses Werk ist urheberrechtlich geschützt. Die dadurch begründeten Rechte, insbesondere die der Übersetzung, des Nachdrucks, des Vortrags, der Entnahme von Abbildungen und Tabellen, der Funksendung, der Mikroverfilmung oder der Vervielfältigung auf anderen Wegen und der Speicherung in Datenverarbeitungsanlagen, bleiben, auch bei nur auszugsweiser Verwertung, vorbehalten. Eine Vervielfältigung dieses Werkes oder von Teilen dieses Werkes ist auch im Einzelfall nur in den Grenzen der gesetzlichen Bestimmungen des Urheberrechtsgesetzes in der jeweils geltenden Fassung zulässig. Sie ist grundsätzlich vergütungspflichtig. Zuwiderhandlungen unterliegen den Strafbestimmungen des Urheberrechts.

© 1998 Birkhäuser Verlag, Postfach 133, CH-4010 Basel, Schweiz
Camera-ready Vorlage durch den Autor erstellt
Gedruckt auf säurefreiem Papier, hergestellt aus chlorfrei gebleichtem Zellstoff. TFC∞
Printed in Switzerland
ISBN 3-7643-5903-X

9 8 7 6 5 4 3 2 1

Inhaltsverzeichnis

Abkürzungsverzeichnis viii
Vorwort xi

1 Einführung 1
1.1 Die Neue Mitte Oberhausen - ein Projekt der Stadtentwicklung im Ruhrgebiet 1
1.2 Aufbau der Arbeit 6

2 Theoretische Konzepte für die Stadtentwicklungsforschung 8
2.1 Strukturalistisch geprägte Theorieansätze und ihre Probleme 8
2.2 Reflexionen über die Planungspraxis und ihre theoretischen Grundlagen 11
2.3 Politikwissenschaftliche Ansätze 16
2.4 Folgerungen für ein aktuelles Forschungskonzept zur Stadtentwicklung 23

3 Empirisches Forschungskonzept 25
3.1 Untersuchungskonzeption 25
3.2 Präzisierung von Untersuchungsziel und Analysekategorien 26
3.3 Was diese Arbeit nicht untersucht 28
3.4 Zur Auswahl des Untersuchungsobjektes Neue Mitte Oberhausen 30
3.5 Zur Dokumentation der empirischen Ergebnisse 31
3.6 Methoden und Verfahren 33

4 Die Stadtentwicklung Oberhausens zur "alten Industriestadt" 36
4.1 Anfänge der Industrieentwicklung bis 1850 36
4.2 Industrialisierung ab 1850, Stadtgründung und Wachstum 37
4.3 Industrieentwicklung nach 1929 42
4.4 Strukturwandel und Krisen seit dem Zweiten Weltkrieg 43

5 Die Vorgeschichte und das World Tourist Center Oberhausen 46
5.1 Die Krisensituation der 80er Jahre 46
5.2 Das World Tourist Center Oberhausen 49
5.3 Die Folgen des gescheiterten WTC-Projektes 55

6	**Der Schauplatz Düsseldorf**	57
6.1	Das Finanzministerium und die GEG	58
	6.1.1 Vorarbeiten der Projektentwicklung	58
	6.1.2 Erfolgreiche Investorensuche und Konkretisierung der Projektentwicklung	67
	6.1.3 Das Fördermodell als Finanzierungslösung	75
6.2	Landesplanerische Abstimmungen mit dem MSV und dem MURL	83
7	**Die Nachbarstädte und die Bezirksplanung**	90
7.1	Einleitender Exkurs: Kooperation und Konkurrenz im Ruhrgebiet	90
7.2	Die Bezirksplanung	99
	7.2.1 Die Bezirksplanungsbehörde	99
	7.2.2 Der Bezirksplanungsrat	109
7.3	Lokale Politik in den Nachbarstädten	114
	7.3.1 Die Einbeziehung der Nachbarstädte	114
	7.3.2 Essen	120
	7.3.3 Duisburg	127
	7.3.4 Mülheim	133
	7.3.5 Bottrop und Gladbeck	136
7.4	Die Region MEO - regionalisierte Strukturpolitik und die Planungen zur Neuen Mitte Oberhausen	144
7.5	Der Kommunalverband Ruhrgebiet	148
7.6	Planungsrechtliche Regelungen	152
8	**Oberhausen: Verwaltung, Stadtrat, Bürger**	156
8.1	Die Stadt und die Flächen vor dem Projekt Neue Mitte Oberhausen	156
8.2	Oberhausener Neubeginn: Drescher und Stadium	158
	8.2.1 Der Aufbau neuer Projektstrukturen	158
	8.2.2 Inhaltliche Vorentscheidungen	161
8.3	Die Einbeziehung der städtischen Verwaltung	166
	8.3.1 Der Arbeitskreis Neue Mitte Oberhausen	166
	8.3.2 Planverfahren und Inhalte	174
	8.3.3 Der Personalstellenplan Neue Mitte	190
8.4	Die Neue Mitte in den politischen Gremien der Stadt	193
8.5	Öffentlichkeit und Kritik	200

9	**Zusammenfassung der Ergebnisse und Fazit**	**207**
9.1	Phasen und Schauplätze eines Stadtentwicklungsprojektes	207
9.2	Zentrale Erklärungsfaktoren	214
9.3	Ausblick	217
10	**Anhang**	**220**
10.1	Literaturverzeichnis	220
10.2	Zeitungs- und Zeitschriftenartikel ohne Verfasserangabe	232
10.3	Unterlagen politischer Gremien und der betroffenen Verwaltungen	234
	10.3.1 Landtag und Landesregierung Nordrhein-Westfalen	234
	10.3.2 Bezirksregierung Düsseldorf	237
	10.3.3 Kommunalverband Ruhrgebiet	237
	10.3.4 Stadt Bottrop	238
	10.3.5 Stadt Duisburg	239
	10.3.6 Stadt Essen	239
	10.3.7 Stadt Gladbeck	240
	10.3.8 Stadt Mülheim a. d. Ruhr	240
	10.3.9 Stadt Oberhausen	241
10.4	Liste der durchgeführten Interviews	243

Abkürzungsverzeichnis

AfP	Ausschuß für Planung (KVR)
AK	Arbeitskreis
APS	Ausschuß für Planung und Stadtentwicklung (Stadt Duisburg)
ASP	Ausschuß für Stadtentwicklung und Stadtplanung (Stadt Essen)
ASU	Ausschuß für Stadtplanung und Umweltschutz (Stadt Bottrop)
BauGB	Baugesetzbuch
BPI	Büro für Planung und Ingenieurtechnik
BPB	Bezirksplanungsbehörde
BPR	Bezirksplanungsrat
BSV	Büro für Stadt- und Verkehrsplanung Dr. Baier
EG	Europäische Gemeinschaft
EHV	Einzelhandelsverband
EVO	Energieversorgung Oberhausen
FM	Finanzministerium oder Finanzminister des Landes Nordrhein-Westfalen
FNP	Flächennutzungsplan
GEG	Grundstücksentwicklungsgesellschaft Oberhausen
GEP	Gebietsentwicklungsplan
GfK	Gesellschaft für Konsumforschung
GHH	Gutehoffnungshütte; ursprünglich die AG Gutehoffnungshütte, später - nach der Konzernentflechtung - auch die Gutehoffnungshütte Sterkrade AG
GOP	Gartenstadt Oberhausen Projektentwicklungsgesellschaft
GÖP	Gruppe Ökologie und Planung
HA	Hauptausschuß (Stadt Oberhausen)
HBA	Haupt- und Beschwerdeausschuß (Stadt Bottrop)
HDO	High-Definition-Oberhausen
HFA	Haupt- und Finanzausschuß (Stadt Duisburg, Stadt Gladbeck, Stadt Mülheim a. d. Ruhr)
HOAG	Hüttengesellschaft Oberhausen AG
IBA	Internationale Bauausstellung Emscher-Park
IHK	Industrie- und Handelskammer
ish	Institut für Stadt-, Standort-, Handelsforschung und -Beratung, Dr. Danneberg & Partner
ISS	Ingenieurbüro Schlegel und Dr. Spiekermann
JHH	Gewerkschaft Jacobi, Haniel und Huyssen

KVR	Kommunalverband Ruhrgebiet
LEG	Landesentwicklungsgesellschaft Nordrhein-Westfalen
LHO	Landeshaushaltsordnung
LVR	Landschaftsverband Rheinland
MBW	Ministerium für Bauen und Wohnen des Landes Nordrhein-Westfalen
MdB	Mitglied des Bundestages
MdL	Mitglied des Landtages
MEO	Region Mülheim - Essen - Oberhausen
MSV	Ministerium für Stadtentwicklung und Verkehr des Landes Nordrhein Westfalen
MSWV	Ministerium für Stadtentwicklung, Wohnen und Verkehr des Landes Nordrhein-Westfalen
MURL	Ministerium für Umwelt, Raumordnung und Landwirtschaft des Landes Nordrhein-Westfalen
MWMT	Ministerium für Wirtschaft, Mittelstand und Technologie des Landes Nordrhein Westfalen
NRZ	Neue Ruhr-Zeitung
OB	Oberbürgermeister
ÖPNV	Öffentlicher Personennahverkehr
OStD	Oberstadtdirektor
PA	Planungsausschuß
PlA	Planungsamt
PUA	Parlamentarischer Untersuchungsausschuß Neue Mitte Oberhausen
RP	Regierungspräsident
RWE	Rheinisch-Westfälische Elektrizitätswerke
StD	Stadtdirektor
StOAG	Stadtwerke Oberhausen AG
TÜV	Technischer Überwachungsverein
UVP	Umweltverträglichkeitsprüfung
VEP	Verkehrsentwicklungsplan
VerfGH	Verfassungsgerichtshof für das Land Nordrhein-Westfalen
WAZ	Westdeutsche Allgemeine Zeitung
West LB	Westdeutsche Landesbank
West LB Immobilien	Westdeutsche Landesbank Immobilien
WTC	World Tourist Center Oberhausen
ZIM	Zukunftsinitiative Montanregionen
ZIN	Zukunftsinitiative Nordrhein-Westfalen

Vorwort

Eine Dissertation zu schreiben, kann ein ausgesprochen einsames Erlebnis sein. Daß dies für mich nicht der Fall war, liegt primär an der Unterstützung, die mir allseits zuteil geworden ist. Deshalb schulde ich vielen Menschen Dank für ihre Mithilfe, ihre Mitteilsamkeit, ihr Mitdenken oder auch ihr Mitfühlen.

Zunächst sei meinen Interviewpartnern für ihre Bereitschaft gedankt, meinem Vorhaben Zeit und Aufmerksamkeit zu opfern. Außer den im Anhang aufgelisteten Personen bin ich vielen Ansprechpartnern v. a. in den Rathäusern verpflichtet, die mir weitergeholfen und mir Material zugänglich gemacht haben. Stellvertretend für sie sei hier insbesondere Magnus Dellwig in Oberhausen genannt.

Silvia Steinert und Ralf Wieland ist für ihre kartographische Unterstützung zu danken, Heike Spieker und meinen Eltern für ihre konstruktive Kritik und die vielen, vielen Stunden eifriger Arbeit. Im Geographischen Institut der Ruhr-Universität Bochum habe ich immer wieder interessierte und kompetente Gesprächspartner gefunden, die sich mit mir, meinen Plänen und meinen Interpretationen auseinandergesetzt und mich dadurch vorangebracht haben. Stephan Fleisgarten und Christoph Beier, Jürgen Blenck und Bernhard Butzin sind nicht die einzigen und stellvertretend für viele. Heiner Dürr bin ich außerordentlich dankbar für die ständigen intellektuellen Herausforderungen wie auch für sein anhaltendes Interesse an der Entwicklung der Arbeit (und seine Besorgnis über ihren Fortschritt).

Lienhard Lötscher schließlich ist mehr als nur ein Doktorvater und Betreuer gewesen - seine Ratschläge und Hinweise haben mich über die Jahre stets begleitet (wie auch seine montäglichen Zeitungsausschnitte).

Daß es mir niemals einsam wurde, dafür sei meinen lieben Freunden gedankt, die keiner namentlichen Nennung bedürfen, da sie selbst am besten wissen, was sie mir bedeuten.

And last, but not least, this book is dedicated to Deon Glover. For his love of geography and the many insights it produced, for challenges and guidance, and for fireside chats with tea and biscuits. But, above all, for years of friendship.

Bochum, Januar 1998

1 Einführung

1.1 Die Neue Mitte Oberhausen - ein Projekt der Stadtentwicklung im Ruhrgebiet

Am 12. September 1996 wurde in Oberhausen unter starker Medienpräsenz das CentrO eröffnet. Hinter diesem Namen verbirgt sich das kommerzielle Herzstück eines ehrgeizigen Stadtentwicklungsprojektes, das als Gesamtpaket unter der Bezeichnung "Neue Mitte Oberhausen" bekannt geworden ist. Folgt man der zentralen Zufahrtsachse zum Haupteingang und schreitet durch das aufwendig aus Glas und Stahl gestaltete Hauptportal, an dem der Name CentrO weithin sichtbar angebracht ist, so betritt man das neueste und modernste Einkaufszentrum weit und breit. Mit einer Verkaufsfläche von 70.000 m² ist es zudem das größte Einkaufszentrum im gesamten Ruhrgebiet. Über 200 Einzelhandelsgeschäfte sind hier angesiedelt, von kleinen, nur wenige Quadratmeter großen Kiosken über größere Fachgeschäfte und die Textilkaufhäuser C&A und Sinn bis hin zur großen Kaufhof-Galleria.

Die gläserne Dachkonstruktion mit ihren Lichtkegeln und Kuppeln überspannt einen luxuriös ausgestatteten Innenraum, eine zentrale Geschäftsstraße, an der sich auf zwei Geschoßebenen die Geschäfte aufreihen. Üppiger natürlicher Pflanzenschmuck, Brunnen und Wasserspiele sowie vielfältige Sitzgelegenheiten für die Kunden bezeugen die sorgfältig geplante Innenarchitektur. Marmor, Stahl und Glas als Materialien für den aufwendig gestalteten Innenausbau vermitteln ein Gefühl von gehobenem Ambiente und Luxus. Damit das auch so bleibt, streift ein vielköpfiges Pflege- und Reinigungspersonal ständig durch die Mall, sammelt achtlos zu Boden geworfenen Abfall auf und leert die vielen Abfallkörbe, während ein privates Sicherheitspersonal darauf achtet, daß nichts und niemand die Lust am Kaufen stört[1].

Musikanten und Künstler findet man hier wie in jeder anderen Fußgängerzone, wenn sie auch allesamt vom Management des Einkaufszentrums ausgesucht und bestellt worden sind. Ihr Geld sollen die Passanten allerdings in den Geschäften lassen, dementsprechend bitten die Künstler auch nicht um ein Honorar für ihre Darbietungen, und das Sicherheitspersonal sorgt dafür, daß Bettler nicht zu sehen sind.

So sind im CentrO neue Glitzerwelten des Konsums entstanden. Sie sollen auch in Deutschland - und endlich auch im Ruhrgebiet - das Einkaufen zu einem wahren Freizeiterlebnis machen. Damit kein Kunde Hunger leiden muß, finden

---

[1] Auch Hunde können den Kunden nicht verschrecken. Sie finden im ganzen Einkaufszentrum keinen Einlaß.

sich im Einkaufszentrum verschiedene kleinere Eßgelegenheiten und "Straßen"-Cafés. Vor allem aber ist die sogenannte Coca-Cola-Oase in den Gebäudekomplex integriert worden. Hier hat man die Stahlkonstruktion des Gebäudes hinter künstlichen Fassaden versteckt, um einen runden Platz zu gestalten, der mediterranes Flair ausstrahlen soll. Rundherum ist eine Vielzahl von Imbißständen angesiedelt worden, die internationale Spezialitäten anbieten. Damit niemand im Stehen essen muß, finden sich auf dem Platz ausreichend Stühle und Tische, die zudem den Blick auf eine große Videowand gestatten, auf der man selbst während der Mahlzeit ständig durch Werbefilme über das CentrO und seine einzelnen Geschäfte informiert wird.

Im CentrO bedeutet die Verbindung von Einkaufen und Freizeit aber mehr als die Ansammlung von Geschäften und Imbißeinrichtungen im Einkaufszentrum. Rund herum sind deshalb auch eine Reihe von Freizeitangeboten angesiedelt worden, die den Kunden für dieses neuartige Einkaufserlebnis ein entsprechendes Begleitangebot offerieren.

Zeitgleich mit dem Einkaufszentrum ist die sogenannte Arena erbaut worden, eine Mehrzweck-Veranstaltungshalle für 11.500 Besucher, die von der amerikanischen Hallenbetreibergesellschaft Ogden-Entertainment gemanagt wird. Eingeweiht wurde sie mit einem Konzert der britischen "Altrocker" von Status Quo; mit Gloria Estefan und den Backstreet Boys, Placido Domingo und Montserrat Caballé waren bereits zur Eröffnung weitere Showstars des internationalen Musikzirkus fest im Terminkalender eingeplant. Aber auch für Sportveranstaltungen ist die Halle ausgerüstet. Mit den Revier Löwen (die ehemaligen Ratinger Löwen) ist eine professionelle Eishockeymannschaft der DEL nach Oberhausen geholt worden, und auch die ehemals Hertener Bundesligabasketballer tragen nun unter dem Namen Ruhr Devils ihre Heimspiele in der Arena Oberhausen aus. Hallentennisveranstaltungen sind anvisiert, professionelle Hallenfußballturniere wie auch große Fernsehshowproduktionen haben bereits stattgefunden.

Nördlich des Einkaufszentrums ist der CentrO-Park angelegt worden, ein ca. 8 ha großer Freizeitpark mit künstlichen Wasserflächen, vielem Grün sowie einigen Fahrattraktionen und Spielplätzen für Kinder.

Die Firma Warner Brothers hat im Nordosten des Geländes ein neues Multiscreen-Kinocenter mit 9 Filmsälen und über 2.500 Sitzplätzen eröffnet. Direkt gegenüber befindet sich das neueste Restaurant der amerikanischen Planet-Hollywood-Kette, ein Themenrestaurant mit vielfältigen Memorabilien des internationalen Filmgeschäfts. Es ist die Hauptattraktion der sogenannten Promenade, eines separaten Gebäudes zwischen Einkaufszentrum und Freizeitpark, in dem verschiedenste Einrichtungen der "Erlebnis-Gastronomie" untergebracht sind. Themenrestaurants und Kneipen - irische, amerikanische, chinesische oder typisch deutsche - sollen bis in die späten Abendstunden Leben in die Neue Mitte bringen, was durch die Änderungen der Ladenschlußzeiten sicherlich erleichtert worden ist.

Dabei allein soll es aber nicht bleiben, denn die Neue Mitte der Stadt Oberhausen soll mehr sein als ein Einkaufszentrum und eine kommerzielle Kneipenmeile. Um das CentrO herum sind neben den unvermeidlichen Parkhäusern (10.500 kostenlose Stellplätze) Flächen für eine gewerbliche Büronutzung freigehalten. Die ersten zwei Bürogebäude sind bereits erstellt, in einem von ihnen hat das CentrO-Management seine Räumlichkeiten bezogen. Die deutsche Coca-Cola-Hauptverwaltung hatte zunächst ihren Umzug von Essen nach Oberhausen bekannt gegeben, was nach Hoffnung der Stadt und der Betreiber die Aufsiedlung des geplanten Bürogürtels entlang der Essener und Osterfelder Straße weitgehend sichergestellt hätte, jedoch führten neue Strukturplanungen bei Coca-Cola dann zu einem Abrücken von diesen Plänen. Statt dessen soll dort nun für das von Peter Maffay konzipierte Musical "Tabaluga & Lilli" ein neues Theater entstehen - mit finanzieller Beteiligung der Stadt.

Der Tennisbundesligist OTHC Oberhausen hat sein neues Sportgelände und Clubheim neben der Arena erhalten. Am Rhein-Herne-Kanal, durch einen Bahndamm vom Kinocenter getrennt, wird immer noch die Errichtung einer Marina und eines Meerwasseraquariums geplant. Daneben soll nun - anstelle der hier lange Zeit vorgesehenen mehreren hundert Wohneinheiten, die die Neue Mitte auch zu einer bewohnten Mitte machen sollten - eine Musterfertighaussiedlung entstehen. Ansonsten verbleiben lediglich zwei Hotels als neue Wohnstätten; eins ist bereits eröffnet, das zweite soll neben der Marina entstehen.

Für die Stadt Oberhausen setzt sich die Neue Mitte aber auch nördlich des Kanals, der Emscher und der A 42 fort. Hier wird auf dem ehemaligen Betriebsgelände der Zeche und Kokerei Osterfeld bereits die Landesgartenschau 1999 vorbereitet; direkt daneben ist - dank Fördermitteln des Landes - bereits der Fernsehstudiokomplex von High-Definition-Oberhausen eröffnet worden, in dem hochauflösende TV-Technologie für entsprechende Produktionen zur Anwendung kommen soll (zum räumlichen Überblick vgl. Abb. 1, S. 4).

Da eine Stadtmitte auch erreichbar sein muß, hat die Stadt ein neues Verkehrskonzept entworfen. Um den Autoverkehr aufzufangen, der durch diese neuen Flächennutzungen erzeugt wird, sind die Osterfelder Straße als Autobahnzubringer und zwei Autobahnanschlußstellen der A 42 um- und ausgebaut worden. Darüber hinaus ist eine völlig neue und separate ÖPNV-Trasse entstanden, die vom Oberhausener Hauptbahnhof über das Gelände der Neuen Mitte bis zum Bahnhof des nördlichen Stadtteils Sterkrade führt. Darüber werden die City-Express-Buslinien der Stadt geführt, die die nördlichen Stadtteile mit der Neuen Mitte und dem südlich gelegenen Alt-Oberhausen verbinden. Auf dieser Trasse hat bereits im Juni 1996 die Straßenbahn wieder Einzug in Oberhausen gehalten - in derselben Stadt, in der fast genau 100 Jahre zuvor (1897) die erste kommunale Straßenbahn Deutschlands ihren Betrieb aufnahm.

Abb. 1: *Die Neue Mitte Oberhausen im Überblick*

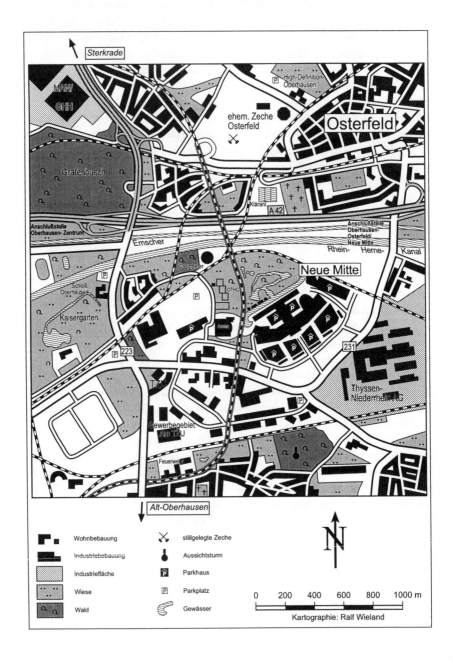

Weshalb aber kommt es gerade hier und jetzt zur Realisierung dieses Projektes mit einem Gesamtinvestitionsvolumen von über 2 Mrd. DM? Schließlich ist das Ruhrgebiet eine der Regionen Deutschlands, die von den Problemen des Strukturwandels am härtesten betroffen war und noch ist. Die Emscherzone, der Oberhausen zugerechnet wird, ist zudem diejenige Teilregion des gar nicht so homogenen Ruhrgebiets, die den wirtschaftsstrukturellen Neuorientierungen der südlich gelegenen Hellwegzone noch immer hinterherhinkt. Nicht zuletzt deshalb hat das Land Nordrhein-Westfalen mit der Internationalen Bauausstellung Emscher-Park (IBA) eine Initiative ins Leben gerufen, die mehr sein soll als eine Architekturausstellung, nämlich ein auf zehn Jahre angelegtes Strukturentwicklungsprogramm.

Abb. 2: *Das CentrO Oberhausen im Ruhrgebiet*

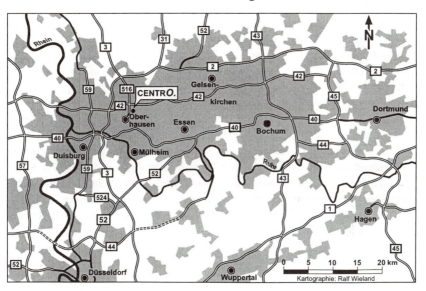

Die Stadt Oberhausen hat im Zuge der ökonomischen Entwicklung ihre montan- und großindustrielle Prägung und damit auch ihr ureigenes historisches Profil verloren. Sie hat bisher sicherlich nicht zu den vehementesten Betreibern oder gar zu den Gewinnern des Strukturwandels im Ruhrgebiet gezählt. In diesem polyzentrischen Ballungsraum, in dem die einzelnen Kommunen die Entwicklungsversuche ihrer Nachbarn meist eifersüchtig überwachen, hat sich die Stadt Oberhausen bisher weder durch eine ökonomische Dynamik noch durch eine ausgeprägte Aufbruchstimmung ausgezeichnet.

In Oberhausen findet sich auch kaum das, was man als schlummerndes Konsumpotential ungeahnten Ausmaßes bezeichnen würde. High-Tech-Entwicklung und Spitzenleistungen in Kultur oder Sport sind nicht diejenigen Phänomene, die Außenstehende wie Einheimische primär mit Oberhausen in Verbindung bringen. Die Stadt ist zudem noch immer gekennzeichnet von einer zerrissenen räumlichen Struktur, die auch in den Köpfen ihrer Bewohner vorherrscht. Umso erstaunlicher ist es, daß gerade jetzt, in der Krisensituation der ersten Hälfte der 90er Jahre, in der Ressourcen materieller wie ideeller Art in Oberhausen äußerst knapp zu sein scheinen, die Stadt sich in einer Neuen Mitte zusammenfinden soll. Denn die Verantwortlichen haben sich die große Aufgabe gestellt, für die eigentlich dreigeteilte Stadt auf diesem geographisch recht zentral gelegenen Areal ein Projekt zu realisieren, dessen Name Programm sein soll: nicht weniger als die künstliche Schaffung eines neuen Mittelpunktes städtischen Lebens ist das ehrgeizige Ziel der Planungen.

Diese Neue Mitte ist aber primär nicht das Projekt der städtischen Politik und Verwaltung. Hinter dem CentrO und den eingangs beschriebenen kommerziellen Freizeiteinrichtungen steht ein privater Investor bzw. ein Konsortium kommerzieller Investoren. Wenn auch die öffentliche Hand Teile der Gesamtmaßnahme finanziert oder unterstützt hat, so liegt die Initiative für die Entwicklungen bei der privaten Wirtschaft. Noch dazu entsteht dieses Projekt nicht auf der sprichwörtlichen grünen Wiese, auf der Investoren so gerne und problemlos ihre Entwicklungen vorantreiben. Vielmehr sind CentrO und Arena auf einer ehemaligen Industriefläche des Thyssen-Konzerns angesiedelt, dort, wo einige der Hauptfertigungsstätten der (später von Thyssen übernommenen) Gutehoffnungshütte standen - belastetes Industrieareal also, zudem zu Beginn der Projektplanung noch bebaut mit teilweise noch in Betrieb stehenden Anlagen. In direkter Nachbarschaft befinden sich mit dem inzwischen ebenfalls stillgelegten Elektrostahlwerk Neu-Oberhausen die letzten kümmerlichen Reste der einstigen stahlindustriellen Vergangenheit der Stadt sowie Gewerbegebiete auf den Flächen der ehemaligen Eisenhütte. Handelt es sich hierbei um ein ideales Terrain für die Entwicklung einer neuen Stadtmitte? Ist dies das ideale Terrain für die Entwicklung eines neuen Einkaufszentrums, für neue Erlebniswelten einer Konsum- und Freizeitgesellschaft?

1.2 Aufbau der Arbeit

Die Verwirklichung der Neuen Mitte Oberhausen wirft demnach Fragen auf, die sich aus der jüngeren Wirtschaftsgeschichte der Stadt und des Ruhrgebiets ergeben. Aber auch aus einer allgemeinen Einordnung in aktuelle Erfahrungen von Strukturwandel und Stadtentwicklung kommt man zu Perspektiven, die die Analyse der Neuen Mitte Oberhausen leiten. Aus dem Versuch, zu einem Verständnis dieses Großprojektes zu gelangen, ergibt sich die Struktur der vorliegenden Arbeit.

Sie beginnt mit einer Standortbestimmung, in der das augenblickliche theoretische Verständnis von Stadtentwicklung umrissen und hinterfragt wird (Kap. 2).

Theoretische Perspektiven werden dabei ausschließlich daraufhin untersucht, ob sie für das Verständnis des konkreten Einzelfalls Neue Mitte Oberhausen überzeugende Erklärungsansätze liefern können. Dies führt einerseits zu einer näheren Standortbestimmung der aktuellen Planungspraxis, andererseits zur Diskussion verschiedener politikwissenschaftlicher Ansätze, die gewinnbringende Perspektiven für die Analyse liefern können. Somit wird die theoretische Basis für ein aktuelles und dem konkreten Fall angemessenes Forschungskonzept entwickelt, das anschließend detailliert ausgeführt und begründet wird (Kap. 3).

Der Vorstellung des Forschungskonzeptes folgt die Präsentation der empirischen Ergebnisse. Aufbauend auf einer historischen (Kap. 4) und zeithistorischen (Kap. 5) Einordnung werden die Entstehungsbedingungen und Zusammenhänge des Projektes Neue Mitte Oberhausen ausführlich dargestellt. Dieser Schwerpunkt der empirischen Arbeit wird in drei Hauptkapitel gegliedert, die den drei wesentlichen Handlungsschauplätzen entsprechen, welche im Projektablauf Bedeutung erlangt haben. Den Anfang macht der Schauplatz Düsseldorf (Kap. 6), es folgt die Betrachtung der interkommunalen und regionalen Ebene (Kap. 7), bevor die politische und die planerische Projektentwicklung in der Stadt Oberhausen selbst genau analysiert werden (Kap. 8).

Den Abschluß bildet eine Zusammenfassung der zentralen Ergebnisse der empirischen Untersuchung. Sie mündet in eine Einordnung der Erkenntnisse in die aktuellen theoretischen und forschungsmethodischen Debatten über die Stadtentwicklung, mit der zum Abschluß ein Ausblick auf die künftige Erforschung von Stadtentwicklung geliefert wird (Kap. 9).

2 Theoretische Konzepte für die Stadtentwicklungsforschung

Diese Arbeit interpretiert die Neue Mitte Oberhausen als ein Stadtentwicklungsprojekt. Stadtentwicklung wird dabei nicht primär als das materielle Ergebnis eines baulichen oder ökonomischen Prozesses verstanden, sondern vielmehr als ein sozialer Kommunikationsprozeß, in dem vielfältige Variablen aus dem gesellschaftlichen Bereich wirksam werden können. Insbesondere im Zusammenspiel von räumlicher Planung und raumbezogener Politik werden Entscheidungskonflikte um die Nutzung städtischen Raumes vermittelt und letztlich entschieden. So findet sich die Stadtentwicklung als Thema in einem Überschneidungsbereich verschiedener fachwissenschaftlicher Disziplinen wieder - Geographie, Soziologie, Ökonomie, Politikwissenschaft und Raumplanung, um nur die wichtigsten zu nennen. Die Stadtentwicklungsforschung ist somit von einer Vielzahl unterschiedlicher Perspektiven, Analyseebenen und -konzepte geprägt, was aber nicht nur aus der Zugrundelegung disziplinspezifischer Sichtweisen resultiert, sondern auch die Heterogenität der Ansätze innerhalb der einzelnen Disziplinen reflektiert. Diese Heterogenität läßt sich letztlich vor allem aus metatheoretischen Überlegungen und Überzeugungen der jeweiligen Forscher ableiten.

2.1 Strukturalistisch geprägte Theorieansätze und ihre Probleme

Der tiefgreifende Strukturwandel, der das Ruhrgebiet über die letzten Jahrzehnte geprägt hat, definiert die Rahmenbedingungen der Stadtentwicklung. Seine Ursachen, Probleme und Ausprägungen sind in vielen Bereichen der Forschung umfassend analysiert und theoretisiert worden. Gerade seit den späten 70er Jahren sind die globalen Wirkungszusammenhänge ökonomischer Veränderungen verstärkt untersucht worden (z. B. Fröbel, Heinrichs & Kreye 1977), was in erster Linie eine stark systemorientierte Sichtweise voraussetzte. Die Erforschung globaler ökonomischer Strukturen (vgl. etwa Wallerstein 1979) und die Diskussionen um die strukturellen Erfordernisse eines kapitalistischen Weltwirtschaftssystems bezeugen Analysekategorien, die als Erklärungsvariablen auf primär anonyme, strukturelle Gegebenheiten zurückgreifen müssen. Sie gehen weitgehend auf Autoren zurück, die hinsichtlich ihrer metatheoretischen Herkunft eine starke Affinität zu den strukturalistischen Positionen neomarxistischer Theorien aufweisen.

Folgt die Stadtentwicklungsforschung dieser Perspektive, so werden die Städte aus ihren strukturell bestimmten ökonomischen Funktionen heraus zum Untersuchungsobjekt. Ihre Rolle in einem globalen Städtesystem und die konkreten städtischen Folgewirkungen dieser globalen Vernetzung werden zu den zentralen Forschungsfragen (Friedmann & Wolff 1982; Knox & Taylor 1995). Die Prozesse der baulichen Stadtentwicklung werden demnach über nicht-stadtspezifische, nicht-räumliche Faktoren erklärt, die aus allgemeinen ökonomischen Regelhaftigkeiten der Kapitalakkumulation abgeleitet werden (Harvey 1982).

Die gleichen Erklärungsvariablen werden auch herangezogen, um die sozialen und räumlichen Differenzierungsprozesse innerhalb der Städte zu analysieren. Also auch auf der lokalen Betrachtungsebene, wo es um die Untersuchung konkreter Phänomene vor Ort geht, werden die Polarisierung und Heterogenisierung von sozialen und räumlichen Strukturen (siehe Krätke 1995, Kap. 6) primär als Folge der ökonomisch determinierten Flexibilisierungsbestrebungen der Wirtschaftsunternehmen gesehen, die über die staatliche Deregulierung auch Arbeitsverhältnisse flexibilisieren (Hirsch 1995, S. 121 ff.). So werden die Kämpfe und Konflikte um die Aneignung städtischer Räume wie auch die daraus hervorgehenden sozialräumlichen Muster - Marcuse spricht von der "quartered city", Krätke von "Inseln der Gentrifizierung" (vgl. Krätke 1990, S. 31) - aus allgemeinen Gesetzmäßigkeiten des kapitalistischen Weltwirtschaftssystems abgeleitet, wie es sich in der Phase des Spät- oder Postfordismus zu restrukturieren versucht.[2]

Diese Fokussierung auf strukturalistische Erklärungsmuster und die entsprechenden Untersuchungskonzepte und -variablen verstellt aber vielfach den Blick auf die tatsächlichen Entscheidungsprozesse in konkreten Planungsfällen und Projekten oder der Politikformulierung und -implementation im allgemeinen. Aus der großflächigen Abstraktheit solcher Erklärungsansätze und Untersuchungskonzepte resultiert notwendigerweise eine Allgemeinheit von Erklärungen, die für das Verständnis des konkreten Einzelfalls immer weniger treffend oder hilfreich erscheinen: Je größer die scheinbare Plausibilität der Theorie, desto schwieriger die Operationalisierung der abstrakt gehaltenen Variablen und desto unbefriedigender erscheint die Umsetzung von der theoretischen zur empirischen Ebene der Forschung. Die Tendenz besteht, daß konkrete Einzelfälle (auf oberflächlicher Betrachtungsebene) in die vorgegebenen theoretischen Kategorien gezwängt werden und daß das theoretische Analyseraster zu einer selektiven Suche nach eben denjenigen Tatsachen und Zusammenhängen führt, die einer entsprechend strukturierten Erklärung zugänglich sind (Helbrecht 1994, S. 14). Mit anderen Worten, der Forscher nimmt nur diejenigen Aspekte des Einzelfalls - oder allgemeiner, der Wirklichkeit - wahr, die er mit seinen theoretisch-analytischen Konzepten erkennen will bzw. kann.

Dieses Problem empirischer Forschung ist prinzipieller Natur. Es tritt auch dort zutage, wo Forscher von der Theorielosigkeit des eigenen Vorgehens überzeugt sind, da jegliche Betrachtung der Wirklichkeit von unbewußt oder bewußt

---

[2] Vgl. auch Harloe und Fainstein (1992) für einen Überblick der sozialen und räumlichen Heterogenisierung in den "world cities" New York und London.

erlernten und ausgewählten Kategorien abhängig ist (Harvey 1969, S. 34 f.). Deduktives und induktives Vorgehen können demnach lediglich wissenschaftstheoretische Gegensätze bilden, in der empirischen Forschung erfolgt zwangsläufig eine Vermittlung und Mischung, stärker deduktive und stärker induktive Phasen wechseln einander ab.

In der Stadtentwicklungsforschung im allgemeinen und insbesondere dort, wo es um die Ausprägung und den Verlauf der Konflikte um die räumliche, bauliche und soziale (Um-) Gestaltung der Stadt geht, erscheint die Konzentration auf strukturelle und vor allem ökonomisch determinierte Erklärungsvariablen aber als unbefriedigend. Zum einen erfahren die spezifischen örtlichen (oder auch regionalen) Gegebenheiten mit ihren eigenen Einflußgrößen und Besonderheiten eine zu geringe Beachtung, da sie in nomothetischen Forschungsansätzen konstant gesetzt werden, weil sie sich Verallgemeinerungen tendenziell verschließen. Damit ist aber a priori noch nichts über die Bedeutung solcher Spezifika gesagt; ihre Ausblendung kann zur Nichtbeachtung derjenigen Variablen führen, die zur Erklärung des konkreten Falles wesentlich und unverzichtbar sind.[3]

Zum anderen werden solche Perspektiven vernachlässigt, die sich auf Variablen konzentrieren, die sich erst während der Entwicklung eines spezifischen Einzelfalls herauskristallisieren (von Prittwitz 1994, S. 200). Solche Perspektiven haben in der geographischen und ökonomisch ausgerichteten Stadtforschung in Deutschland über Jahre wenig Beachtung gefunden. Sie verlangen stärker induktiv und am einzelnen Planungsprozeß ausgerichtete Forschungskonzepte. Versuche der Entwicklung entsprechender Analysekonzepte, die sich für eine räumlich differenzierende Stadtentwicklungsforschung eignen, sind in den 80er Jahren vor allem in der Politikforschung unternommen worden (z. B. Mayntz 1980; Konukiewitz 1985). Die politische Dimension der Stadtentwicklung, ihre räumliche Umsetzung über Programme und Projekte im Rahmen der Stadtplanung, die Einflußmöglichkeiten von Parlamenten, politischen Gremien und Organisationen, aber auch von wichtigen Einzelpersonen, all dies verdeutlicht die Notwendigkeit einer differenzierteren Sicht und Analyse von Stadtentwicklung, in denen die Kategorien politikwissenschaftlicher Analyse stärker als bisher zum Tragen kommen.

Erste Ansätze für eine solche Orientierung liegen damit bereits vor. Sie lassen sich einerseits an aktuellen Entwicklungen der Planungspraxis beobachten, wo Planer nach neuen Problemlösungen und Erklärungen suchen (Selle 1994). Andererseits lassen sie sich ableiten aus der Theorieentwicklung innerhalb der Politikwissenschaften. Beide Diskussionsebenen sollen im folgenden betrachtet und verknüpft werden. Dabei wird die gegenseitige Befruchtung von induktiv und deduktiv ausgerichteten Forschungskonzepten erneut deutlich.

---

[3] Wie aufschlußreich eine solchermaßen örtlich spezifische Sichtweise sein kann, zeigen die Studien von Davis (1990) und Keil (1993) über Los Angeles in eindrucksvoller Weise.

2.2 Reflexionen über die Planungspraxis und ihre theoretischen Grundlagen

Die Umsetzung von Zielen und Programmen der Stadtentwicklung ist traditionell in den instrumentellen Rahmen der räumlichen Planung eingebunden. Die Bedeutung politischer Vorgaben (der Wirtschafts- und Strukturpolitik, der Finanzpolitik, der Sozialpolitik, ...) wird dabei allgemein anerkannt; auf Ebene der konkreten Umsetzung erfolgt aber eine starke Vermischung von Zielformulierungen und Instrumenten in der Planungspraxis. Eine klare Trennung von in politischen Gremien erfolgten Zielsetzungen und der instrumentellen Umsetzung in Planungsämtern und -dezernaten entspricht nicht der Realität (Forester 1989). Die räumliche Planung und die gesetzlich festgeschriebenen Planverfahren werden damit zumindest vordergründig zum Schauplatz der Konflikte und Kämpfe, die sich mit der räumlichen Nutzung der Stadt auseinandersetzen.

Ein solches Verständnis von Stadtplanung und Stadtentwicklungsplanung, wie es dieser Arbeit zugrunde liegt, entspricht nicht dem traditionellen Bild, das sich mit dem langsamen Entstehen der Planung als anerkannter, wenn auch zunächst nicht universitär gelehrter Disziplin entwickelt hat. In diesem traditionellen Bild besteht vielmehr eine klare Trennung von politischer Sphäre, in der normative Entscheidungen anstehen, und Planung, die sich mit sachlichen - im Sinne von nicht-politischen - Problemen auseinandersetzt. Planer werden damit zu "Fachleuten", die für bestimmte Probleme, nämlich solche der räumlichen Ordnung, technisch-wissenschaftliche Lösungen erarbeiten (Albers 1993).

Dieses traditionelle Bild der Rolle der Planung bestimmt die Disziplin bis in die 70er Jahre hinein. Auch in den von Albers unterschiedenen Phasen des Planungsverständnisses, von der Anpassungsplanung über die Auffangplanung bis hin zur Entwicklungsplanung, bleibt dieses grundsätzliche Rollenverständnis unangetastet. Der Wandel der Disziplin ist daher eher gekennzeichnet durch eine stetige Zunahme an Selbstbewußtsein und Problemlösungskapazitäten - und eine entsprechende Ausweitung und Verfeinerung des Instrumentariums - als durch ein verändertes Rollenverständnis.

Die Betonung der sachlichen Rationalität von Planung deutet hin auf ein implizit deduktiv-empirisches Theorieverständnis, das in der Entwicklungsplanung lediglich seine konsequenteste Ausprägung erfährt. Der Glaube an feste Gesetzmäßigkeiten für natürliche und eben auch für soziale Systeme, die mit einem allgemeingültigen wissenschaftlichen Instrumentarium erforschbar sind und aus denen umgekehrt Steuerungsmechanismen für erwünschte Prozesse abzuleiten sind, läßt sich als kontinuierliche Entwicklung durch die Geschichte der Disziplin verfolgen.

Die Raumplanung spiegelt darin aber nur die Entwicklung der Gesellschaft und der Wissenschaften im allgemeinen wider. Kritik an diesem Wissenschaftsverständnis und dem daraus ableitbaren Rollenverständnis der Wissenschaftler[4] kommt genau zu dem Zeitpunkt auf, als erste Probleme und Krisen - vor allem, aber nicht nur, ökonomischer Natur - den Glauben an den Fortschritt und die grundsätzliche Steuerungsfähigkeit erschüttern (vgl. Harvey 1989b). Im Rückblick erscheinen die 70er Jahre als die Phase, in der sich solche Krisensymptome häufen. Die wissenschaftliche Theoriediskussion hat dadurch eine Pluralisierung von Ansätzen erfahren, in denen insbesondere aus marxistischer und humanistischer Perspektive Gegenpositionen zum positivistischen Wissenschaftsbild entworfen worden sind (Bassett & Short 1989).

In der Planungspraxis wird erkannt, daß es nicht *eine* rationale Zielbestimmung und *eine* Umsetzung gibt, sondern diese von verschiedenen Klassen, Schichten oder sonstigen sozialen Gruppen unterschiedlich wahrgenommen werden. Planung wird von differenzierten Interessen beeinflußt, normative Elemente spielen also auch im Planungsprozeß eine Rolle (Helbrecht 1991, S. 35). Trotzdem orientiert sich die Planungspraxis weiterhin an der Prämisse einer prinzipiellen Steuerbarkeit raumwirksamer Prozesse. Es wird angenommen, daß lediglich die verfeinerten Erkenntnisse der Verhaltensforschung zu integrieren, sowie - aus normativen Gesichtspunkten - die Interessen des Allgemeinwohls genauer zu definieren sind. Demnach wäre das Regelungswerk der Planung so zu verändern, daß bisher benachteiligte Interessen eine stärkere Berücksichtigung finden. Damit wird aber zumindest anerkannt, daß Planung auf Entscheidungen und Zielsetzungen basiert, die im Rahmen potentiell konfliktreicher, eben politischer Prozesse getroffen werden müssen, Planung sich also nicht mit objektiven Problemstellungen befaßt, sondern auf normativen Problemdefinitionen aufbaut.[5]

Mit dem Auftauchen normativer und kritischer Theorieansätze wird das Rollenverständnis von Planung diffuser. Es wird auch schwieriger, das Allgemeinwohl konsensual zu definieren, dessen Schutz und Mehrung sich die meisten Planer nach ihrem Selbstverständnis verpflichtet sehen (Campbell & Fainstein 1996, S. 10). Gegen Ende der 70er Jahre wird die Planung zudem von einer wesentlich grundsätzlicheren Position aus hinterfragt, nämlich derjenigen des Liberalismus. Aus diesem Blickwinkel wird Planung als hoheitliche Aufgabe generell in Frage gestellt und die These vertreten, daß sich Probleme der räumlichen Planung ohne staatliche Eingriffe über die quasi naturgesetzmäßige Steue-

---

[4] Damit sind in diesem Zusammenhang alle diejenigen gemeint, die eine wissenschaftliche Ausbildung genossen haben, also sowohl die an Universitäten oder Forschungsinstituten beschäftigten Wissenschaftler, wie auch diejenigen, die in der Wirtschaft oder Planung arbeiten.

[5] Die Frage, ob diese prinzipiell politischen Fragen Teil der Planung sein sollten oder könnten, bleibt äußerst umstritten (vgl. etwa Friedmann 1973).

rung des freien Marktes selbst regeln (Stierand 1993, S. 142; Thornley 1993). Diese Tendenz reflektiert das Aufkommen einer liberalistischen Gegenposition in Politik und Ökonomie, die insbesondere die Steuerbarkeit wirtschaftlicher Prozesse verneint und ablehnt. Wie wirken sich diese politischen und theoretischen Diskurse aber auf die aktuelle Planungspraxis aus?

Gerade in Deutschland ist festzustellen, daß die weitgehende Diskreditierung eines umfassenden, integrativen Modells der Entwicklungsplanung zu einer starken Verunsicherung der Planer geführt hat. Zweifel bezüglich der prinzipiellen Einflußmöglichkeiten auf raumwirksame Prozesse - Selle spricht gar von einem Empfinden von Ohnmacht (Selle 1994, S. 16) - werden auch auf die Instrumente übertragen, mit denen rational abgeleitete Entwicklungsplanung betrieben worden ist, insbesondere dem (auch kartographisch umgesetzten) Plan. An die Stelle der mittel- bis langfristig konzipierten Entwicklungsplanung tritt ein Planungsmodell, das wesentlich stärker inkrementalistisch arbeiten soll, für das dementsprechend andere Verfahren und Instrumente zu entwickeln sind (Ganser 1991, S. 59-65). Die Forderung nach einer Hinwendung zur inkrementalistischen Planung kann aber letztlich nur vor dem Hintergrund der übersteigerten Erwartungen an eine integrative Entwicklungsplanung verstanden werden[6].

Diese Tendenz zum Inkrementalismus wird unterstützt durch allgemeine Vorgaben und Initiativen auf der Ebene der Politik. Die konservativen Regierungen, die seit Ende der 70er Jahre in Deutschland wie in anderen westlichen Industrienationen an die Macht gekommen sind, propagieren ein weitgehend liberalistisches Staats- und Wirtschaftsverständnis, das einen Rückzug der staatlichen Regelungstätigkeit vorsieht (Nahamowitz 1993). Auch im Bereich der Planung soll das Zurückschrauben staatlicher Einflüsse eine wirtschaftliche Dynamik unterstützen, die sich aus dem freien Spiel der marktwirtschaftlichen Kräfte ergeben soll. Die Deregulierung ist das Zauberwort dieser meist von konservativen Politikern betriebenen neuen Politik[7].

Bedeutsam sind in diesem Zusammenhang auch Selles Anmerkungen zu den philosophischen Grundlagen des Inkrementalismusmodells, wie es im Bereich der Planung Anfang der 70er Jahre als "Strategie der unkoordinierten kleinen Schritte" (Braybrooke & Lindblom 1972) formuliert wird. Karl Raimund Popper

---

[6] Die euphorischen und unrealistischen Erwartungen an die integrative Entwicklungsplanung veranlassen Siebel zu der Anmerkung, man könne ironisch von einem "Gott-Vater-Modell" von Planung sprechen (Siebel 1989, S. 91 f.).

[7] Daß diese zumindest rhetorische Heimat in der politischen Philosophie des Liberalismus bei all diesen Regierungen von bewußten Strategien der persönlichen und parteilichen Machterhaltung überlagert wurde, läßt sich an dem Reaganschen "deficit spending" für den "warfare state" ebenso deutlich zeigen (Soja 1989, S. 228-230; Nahamowitz 1993, S. 234) wie am Ausbau der (eben auch planerischen) Eingriffsmöglichkeiten der Zentralregierung gegenüber den lokalen und regionalen Gebietskörperschaften im Großbritannien Margaret Thatchers (siehe insbesondere Thornley 1993).

stellt schon in den späten 40er Jahren in seinen Ausführungen zur offenen Gesellschaft eine Sozialtechnik der kleinen Schritte einer utopischen Sozialtechnik gegenüber und verknüpft zudem die erste, inkrementalistische Herangehensweise mit demokratischen Prinzipien, während er die utopische Sozialtechnik als Kennzeichen totalitärer Herrschaft charakterisiert (Selle 1994, S. 49-51). Auch wenn man Poppers Ausführungen aus ihrem spezifischen historischen Entstehungszusammenhang des Kalten Krieges heraus interpretieren muß, so ist in den parteipolitischen Debatten (nicht nur) in Deutschland die plakative, vereinfachende Assoziation von Planung und Sozialismus nicht unbekannt - mit oder ohne Bezug auf Popper. Wird auch in Deutschland die Aufgabe einer staatlichen Planung nicht grundsätzlich in Frage gestellt, so werden über die 80er Jahre die Forderungen nach einer flexibleren, einfacheren und schnelleren Planungspraxis lauter. Ein inkrementalistisches Planungsmodell, das auf konkrete Anforderungen schnell, flexibel und unbürokratisch reagiert, wird als Idealvorstellung formuliert (Ganser, Siebel & Sieverts 1993; Maurer 1993).

In der Praxis aber läßt sich der kategorische Gegensatz von integrativer Entwicklungsplanung und Inkrementalismus nicht wiederfinden. Wie Selle betont, stellt man bei einer längerfristigen Betrachtung der Planungspraxis fest, daß ein inkrementalistisches Vorgehen eher die Norm als die Ausnahme darstellt. Vieles spricht dafür, die Entwicklung der Planung weniger als Abfolge von Zäsuren und Phasen zu interpretieren denn als einigermaßen kontinuierliche Entwicklung, in deren Verlauf zu bestimmten Zeiten neue Instrumente entwickelt werden, um wahrgenommene Probleme besser in den Griff zu bekommen (Selle 1994, S. 54-58).[8] Dabei wird das Instrumentarium nicht gewechselt, sondern vielmehr verfeinert und differenziert. Gerade auf der praktischen Umsetzungsebene entwickeln Planer die Fähigkeit, Strategien, Ansätze und Instrumente zu kombinieren und ihre Komplementarität zu testen (Kaufmann 1979, S. 404).

Die "Entzauberung des Staates" (von Oertzen 1993, S. 104) und das Infragestellen der staatlichen Steuerungsfähigkeit in der Planung haben in jedem Fall dazu geführt, daß Planer ihre eigene Rolle und Einflußmöglichkeiten tendenziell selbstkritischer und bescheidener beurteilen. Bei vielen Planungsprozessen resultiert aus der reduzierten Legitimation aktiver Planungseingriffe vermehrt die Aufgabe, Verhandlungen zwischen verschiedenen Interessengruppen oder Einzelinteressen zu initiieren, zu moderieren und zu protokollieren. Auch dort, wo der Staat als hoheitlicher Akteur gesetzlich definierte Interessen des Allgemeinwohls zu vertreten hat, treten die Planer vermehrt in offene Verhandlungsprozesse ein. Kommunikation und Moderation treten als (scheinbar?) neue Aufgaben zu den

---

[8] Das Phasenmodell von Albers, bei dem die Phase der Entwicklungsplanung von der Phase der Perspektivenplanung (nach dem von Ganser stammenden Begriff des "perspektivischen Inkrementalismus" [z. B. Ganser 1991]) abgelöst wird, erscheint deshalb zum Verständnis der aktuellen Planungspraxis wenig hilfreich.

bekannten hinzu, entsprechende Instrumente und Organisationsformen werden entwickelt und getestet - z. B. runde Tische, Bürgerforen etc. (vgl. Bischoff, Selle & Sinning 1995, Selle 1994).

Damit zeigt sich ein eingangs bereits skizziertes Verständnis von Planung - und Stadtentwicklungsplanung -, das prozeßorientiert ist und im Kern die Vermittlung unterschiedlicher Ansprüche an die künftige Nutzung städtischen Raumes zum Thema hat. Planung wird nun als ein implizit politischer Prozeß begriffen. Den Planern fällt darin sowohl die Aufgabe der Begleitung und Moderation dieses Prozesses zu als auch das Einbringen staatlicher oder gesellschaftlicher Zielvorstellungen.

Hinzu kommt aber, daß die aktiven Raumveränderungen durch den Staat auch im Zeitalter von Deregulierung und Privatisierung nicht aufgehört haben. Gewisse gesellschaftliche Zielvorstellungen bleiben gesetzlich verankert, und die Notwendigkeit staatlicher Investitionen gerade im Bereich von Infrastruktur, Forschungs- und Entwicklungsförderung ist unumstritten, wie auch Unternehmen weiterhin gern Subventionen und Fördermittel verschiedenster Gebietskörperschaften in Anspruch nehmen. Bedingt durch die anhaltenden fiskalischen und Arbeitsmarktprobleme nimmt aber die Orientierung der Stadtentwicklung an ökonomischen Zielsetzungen zu. Dabei ist zu beobachten, daß sich der Staat zur Erfüllung dieser Aufgaben neu organisiert, sich an die Organisationsformen und Zielsetzungen privatwirtschaftlichen Handelns annähert (Harvey 1989a). Gerade in den Public-Private-Partnerships wird diese Verknüpfung mit der Privatwirtschaft besonders deutlich (vgl. Tank 1988; Bremm 1993), staatliche Stellen werden nicht nur zu Moderatoren, sondern auch zu aktiven Marktteilnehmern.

Damit geht einher, daß sich insbesondere die Stadtentwicklungsplanung wesentlich mehr als bisher an konkreten Projekten orientiert und weniger an programmatischen Zielsetzungen oder Plänen, die nur eine Grundlage oder ein Angebot für privatwirtschaftliches Handeln darstellen (Ganser 1991, S. 60-63). "Der Plan an sich verändert noch keine Realität" stellt Selle dazu fest (Selle 1994, S. 46), die Veränderung der Realität aber bleibt das Ziel der Stadtentwicklungsplanung. Projektplanung führt automatisch näher an ein inkrementalistisches Planungsmodell heran, zudem offeriert sie den Planern die motivationsfördernde Erfahrung, eigene Planungen bis zur fertigen Realisierung zu begleiten.

Für die Planer entsteht daraus neben dem Einbringen gesellschaftlicher Zielvorstellungen und der (neutralen?) Moderation und Begleitung von Planungsprozessen noch eine dritte Aufgabe: die Beteiligung an der Projektrealisierung. Daß diese verschiedenen Aufgaben sich potentiell widersprechen, ist offensichtlich.

Die theoretische Reflexion dieser Wandlungen in der Planung beschränkt sich gegenwärtig noch stark auf die Beschreibung und die thesenartige Suche nach den wesentlichen Merkmalen eines oder mehrerer neuer Planungsmodelle. Pohlmann (1993) spricht in diesem Zusammenhang von Kommunikationsplanung, Helbrecht (1994) von einer kommunikativen Stadtentwicklungspolitik, Selle (1994) vom

Weg zum kooperativen Handeln. Doch wie auch immer die Bezeichnung - weitgehende Einigkeit besteht offensichtlich über die Tatsache, daß in der Stadtentwicklungsplanung Veränderungen von Voraussetzungen und Praxis festzustellen sind, die mit den Kategorien der eingangs skizzierten strukturalistischen Erklärungsansätze nicht zu fassen sind.

Ein klar definiertes Forschungs- und Analysekonzept läßt sich aus diesen Beobachtungen allein noch nicht gewinnen. Was sich jedoch deutlicher herauskristallisiert, sind die Lücken, die strukturalistisch-ökonomische Ansätze bei der Erklärung von Prozessen der Stadtentwicklung hinterlassen haben.

Zum einen unterstreicht die Betonung von Kommunikation und der damit verbundenen prozessualen Dimension von Planung, daß Interessen und Einflußfaktoren in der Stadtentwicklung offenbar nicht extern, rein strukturell und ökonomisch determiniert sind. Vielmehr müssen sich diese Interessen und Positionen erst in einem Kommunikationsprozeß formen, bei Politikern und Planern, bei Unternehmen, Investoren und bei Bürgern. Der Prozeß selbst wird damit zum zentralen Untersuchungsobjekt - nicht das Programm oder der Plan und auch nicht das materiell gebaute Ergebnis des Prozesses.

Damit verbunden ist die gesteigerte Bedeutung der spezifischen Gegebenheiten vor Ort. Kommunikation entsteht nur zwischen konkreten Menschen, die miteinander oder auch aneinander vorbei reden. Die Artikulation und Nicht-Artikulation von Interessen und ihre Einbindung oder Nicht-Beachtung in der Planung müssen demnach aus den spezifisch örtlichen Ausprägungen der Kommunikation heraus verstanden werden. Hier können örtliche und lokale Faktoren der Geschichte, Politik oder Planungskultur eine Rolle spielen, aber auch einzelne Persönlichkeiten, die zentrale Funktionen im Kommunikationsprozeß einnehmen.

Dies folgt auch aus der Hinwendung zu einer projektorientierten Planung. Inkrementalistische Projektplanung geht ja davon aus, daß einzelfallartige Umsetzung erfolgversprechender ist als programmgesteuerte Entwicklungsplanung, eben gerade weil sie auf die Spezifika einzelner Projekte besser, schneller und adäquater reagieren kann. Aus diesen Überlegungen folgert also die Forderung nach einer stärker ideographisch ausgerichteten Forschungsperspektive.

2.3 Politikwissenschaftliche Ansätze

Eine prozeßorientierte Stadtentwicklungsforschung, die zudem den politischen Charakter des Prozesses betont, kann sich an verschiedenen Ansätzen der Politikwissenschaften orientieren, die seit den 80er Jahren theoretisch und empirisch weiterentwickelt worden sind.

Die Politikwissenschaft unterscheidet im allgemeinen drei wesentliche Bedeutungen des Begriffs "Politik", die sich an den drei englischen Begriffen "Polity", "Politics" und "Policy" festmachen lassen (Jann 1981, S. 7). "Polity" beschreibt den normativen Ordnungsrahmen von Politik und hat die philosophischen, strukturellen und institutionellen Grundlagen politischen Handelns zum Thema. Der Begriff "Politics" erfaßt dagegen die prozessualen Aspekte von Politik und thematisiert so die Konfliktaustragung und Konsensfindung zwischen teilweise widerstreitenden Interessen, Parteien etc. Die materiellen und inhaltlichen Aspekte von Politik, die konkreten Gesetze, Programme und Pläne, die das Ergebnis von Politics sind, werden mit dem Begriff "Policy" bezeichnet (Schubert 1991, S. 26, 54).

Diese Bedeutungen stellen im wesentlichen analytische Kategorien dar, die mehr induktiv bestimmt als theoretisch fundiert sind. Sie haben in der politikwissenschaftlichen Forschung zu einer gewissen Systematisierung von Untersuchungsobjekten und Ansätzen geführt. In der politischen Realität vermischen sich allerdings diese Dimensionen. So besteht eine enge Verknüpfung, teilweise aber auch ein interessantes Spannungsfeld zwischen Polity und Politics, ebenso wie die materielle Komponente der Politik (Policy) letztlich nur zusammen mit ihrer prozessualen Dimension (Politics) gesehen werden kann (von Prittwitz 1994, S. 12 f.; Heinelt 1993).

Letztere Verknüpfung läßt sich erkennen in demjenigen Zweig der politikwissenschaftlichen Forschung, der als Politikfeldanalyse oder, den amerikanischen Begriffen folgend, als "Policy-Analysis" bezeichnet wird (Schubert 1991). Obgleich diese Kennzeichnung die Betonung des zuletzt beschriebenen materiellen Aspekts von Politik bezeugt, werden in der praktischen Policy-Forschung die die jeweilige Policy hervorbringenden Prozesse (also Politics) mehr oder weniger intensiv in die Forschung mit einbezogen. Das zeigt sich auch im definitorischen Untertitel der klassischen Arbeit von Dye, "Policy Analysis. What governments do, why they do it, and what difference it makes" (Dye 1976), denn die Analyse von Regierungsarbeit und deren Begründungen kann letztlich nicht ohne ein prozessuales Verständnis und ein entsprechendes Forschungskonzept erfolgen.

Begreift man Politik tendenziell als einen (dynamischen) Problemverarbeitungsprozeß (Mayntz 1982, S. 74), dann läßt sich dieser Prozeß in aufeinanderfolgende Phasen unterteilen, welche je nach Autor anders abgegrenzt und bezeichnet werden (vgl. Schubert 1991, S. 69-71). Bezieht man die Rückwirkungen der initiierten Policy auf die auslösenden Problemstellungen mit in die Betrachtung ein, so wird aus dem linearen Prozeß ein Politikzyklus (Jann 1981; Konukiewitz 1985). Auch hier ist zu betonen, daß die Einteilung von Phasen und Zyklen lediglich zu heuristischen Modellen des Prozesses führt, die einer theoretischen Fundierung weitgehend entbehren. In der Praxis lassen sich erhebliche Überschneidungen und Parallelitäten der analytisch getrennten Phasen nachweisen (Héritier 1993, S. 9; Schubert 1991, S. 77 f.).

Das Phasenmodell ermöglicht jedoch eine gewisse Strukturierung des potentiell unendlichen Sammelsuriums von Einflußfaktoren, die während des Prozesses der Problemverarbeitung wirken. Dieses "Herunterbrechen" erleichtert demnach die Gewinnung von Thesen und Hypothesen, mit der die Bedeutung einzelner Variablen im konkreten Politikfeld (und, in dieser Arbeit, im konkreten Projekt) leichter erforschbar wird. Es stellt also einen hilfreichen Schritt zur Operationalisierung dar. Eine grundlegende These dieses Phasenverständnisses von Policy-Analysis ist demnach, daß in den unterschiedlichen Phasen der politischen Bearbeitung von Problemen jeweils spezifische Einflußfaktoren maßgeblich werden (Mayntz 1982). Somit kann die Policy-Analysis hinsichtlich der hier betonten Notwendigkeit einer prozessualen Perspektive wichtige Ansatzpunkte vermitteln.

Ein weiterer Aspekt der Policy-Analysis, der für den Blick auf die Stadtentwicklungsforschung gewinnbringend ist, ist ihre Konzentration auf konkrete Politikfelder, nicht auf die Politik im allgemeinen. Dieser Fokus stellt letztlich eine Gegenreaktion auf das bis dahin vorherrschende normativ-philosophische oder institutionell-strukturelle Verständnis von Politikwissenschaft dar. Gerade in Deutschland hat eine solche Polity-Forschung im Sinne der Staatswissenschaft eine lange Tradition. Das Bewußtsein, daß damit das faktische Verhalten von Regierungen und die tatsächlichen Abläufe von Politik nur unzureichend zu analysieren und zu verstehen sind, ist als Konsequenz eines sich wandelnden Staatsverständnisses zu interpretieren (Helbrecht 1991, S. 40). Erst als der Staat sich als aktiver Steuerer von gesellschaftlichen und politischen Abläufen begreift, entstehen überhaupt neue Aufgabenfelder, wie sie sich in den segmentierten Politikbereichen der heutigen Zeit widerspiegeln.

Damit werden auch die Beziehungen zu den oben skizzierten Wandlungen des Planungsverständnisses deutlich. In Deutschland beschränkt sich der Staat nach dem Krieg zunächst weitgehend auf die Schaffung und Aufrechterhaltung von vor allem wirtschaftlichen Rahmenbedingungen, was eine staatswissenschaftlich ausgerichtete Politikforschung nach sich zieht. Als der Staat aber auf sich abzeichnende Probleme mit konkreten Eingriffen reagiert und eine umfassende Steuerungstätigkeit entwickelt - in der räumlichen Planung wird dieser Prozeß durch das Modell der integrativen Entwicklungsplanung reflektiert -, richtet sich das Augenmerk der politikwissenschaftlichen Forschung auf die aktive Problemverarbeitung durch den Staat (Windhoff-Héritier 1987, S. 15 f.).

Dies ist aus zweierlei Hinsicht bedeutsam für die Policy-Analysis - und für die hier zu entwickelnde Forschungsperspektive: Erstens entstehen konkrete Politikbereiche, die sich heuristisch als relativ eigenständige Forschungsobjekte fassen lassen. Dadurch entwickelt die Policy-Analysis einen stark empirischen Bezug, die Operationalisierung von Forschungsarbeiten wird durch sektorale Abgrenzungen erleichtert.[9] Zugleich weist diese sektorale Sichtweise darauf hin, daß in der

---

[9] Die Policy-Analysis gewinnt damit auch eine praktische Relevanz, da die Möglichkeit wissenschaftlicher Politikberatung entsteht (Windhoff-Héritier 1987, S. 13 f.). Eine solche Policy-Science ist natürlich für das Wachstum der Teildisziplin und ihrer Bedeutung in Wissenschaft und Gesellschaft außerordentlich vorteilhaft.

Raumordnungspolitik oder, noch konkreter, in der Stadtentwicklungspolitik durchaus spezifische Einflußfaktoren zu analysieren sind, die in anderen Politikbereichen möglicherweise keine Rolle spielen (Konukiewitz 1985). Das Thema der Politik muß also in die Untersuchung des Ablaufes mit einbezogen werden.

Zweitens werden durch die Policy-Analysis die Regierungen als offensichtliche Akteure im politischen Gestaltungsprozeß erkannt und thematisiert. Es geht nicht mehr um "good governance", sondern es geht darum herauszufinden, "what governments do" (Dye 1976). Die Erforschung der Handlungen von Regierungen führt demnach auch zu einer stärkeren Beachtung der Umsetzung von Politik - in Anlehnung an Dye könnte man vom "how they do it" sprechen. Damit rückt gleichzeitig auch die Verwaltungstätigkeit in den Mittelpunkt der Forschung, das Analyseraster der relevanten Akteure im politischen Prozeß verfeinert sich. Die enge Verbindung und gegenseitige Beeinflussung von politisch legitimierten Entscheidungsträgern und umsetzender Verwaltung werden besonders im Konzept des politisch-administrativen Systems deutlich (vgl. Böhret 1986).

Für den Bereich der Stadtentwicklung und Stadtplanung ist die Bedeutung der Verwaltung in Deutschland potentiell beträchtlich, wie schon die obige Diskussion der Entwicklung von Planungsverständnis und -praxis gezeigt hat. Zum einen zeigt sich das an der liberalistischen Kritik an der Regelungstiefe und Statik der Planungsverwaltung, zum anderen im aktuellen Rollenwandel der Planer, die stärker als bisher als Moderatoren von Prozessen und Träger von Projekten tätig werden.

Der enge Blick auf Regierungen und Verwaltungen als die hauptsächlichen Akteure des politisch-administrativen Systems kann aber das "Wie" von Politik nicht befriedigend erklären - auch nicht in sektoral abgegrenzten Politikfeldern. Die Bedeutung nicht-staatlicher Akteure, Verbände, Interessengruppen oder Individuen wird in einer solchen Sichtweise tendenziell vernachlässigt. Die Theorie des Neo-Korporatismus und die pluralistische Gruppentheorie weisen beide Defizite bei der Erklärung der politischen Interessenvermittlung auf (Schubert 1995, S. 229-231) und können der Vielfalt der tatsächlichen Interessen und ihrer Bedeutung in konkreten Entscheidungsprozessen nur ungenügend Rechnung tragen.

In den Politikwissenschaften hat daher in den letzten Jahren das Konzept des Policy-Netzwerkes starke Verbreitung erfahren, das in seiner weiten Bedeutung diese "zunehmende Mitwirkung sozialer und ökonomischer Gruppen und Organisationen bei der Politikgestaltung" (Schubert 1995, S. 231) thematisiert. Die empirische Erforschung solcher Netzwerke orientiert sich aber in der Regel an konkreten Politikfeldern, was die enge Verknüpfung zur Policy-Analysis begründet (Pappi 1993, S. 90-93). Netzwerkforschung kann die Policy-Analysis gerade dadurch ergänzen, daß sie ihr Augenmerk auf die Einflußnahme und Macht verschiedenster Akteure in Politikprozessen lenkt, wie sie erst in den konkreten "Abstimmungs-, Verhandlungs- und Durchsetzungsprozessen manifest" wird (Schubert 1995, S. 222).

Damit unterstützt das Konzept der Policy-Netzwerke zum einen die Bedeutung einer prozeßbezogenen Analyse spezifischer Politikabläufe, zum anderen weitet es den Horizont für die Identifikation und Analyse der am Prozeß beteiligten Akteure - zum Teil weit über die Begrenzungen des politisch-administrativen Systems hinaus. Es führt damit zu einer stärkeren Verknüpfung von Politics und Policy im Forschungsprozeß, ohne aber eine deutliche Akteursorientierung aufzugeben.

Aber auch das Konzept des Policy-Netzwerkes ist letztlich kein theoretisch fundiertes oder klar abgegrenztes Konstrukt. Während engere Definitionsversuche Policy-Netzwerke als neue Strukturen des öffentlichen und spezifisch des Regierungshandelns verstehen (und damit an der Neo-Korporatismusforschung ansetzen), wird der Begriff gleichzeitig auch als Oberbegriff für die Erforschung politischer Interessensvermittlung verwandt (Jansen & Schubert 1995, S. 11). Gerade diese Unbestimmtheit hat sicherlich zur teilweise modehaften Verbreitung des Begriffes beigetragen. Wenn Netzwerke durch diese Abstraktheit sich auch nicht als leicht operationalisierbare Forschungsobjekte anbieten, so können sie dennoch als heuristisches Konzept zumindest eine forschungsleitende Abgrenzung politischer Schauplätze ermöglichen.

Policy-Analysis und das Konzept des Policy-Netzwerkes führen uns damit zu einer wesentlich detailschärferen Analyse konkreter politischer Prozesse. Sie entsprechen einerseits der eingangs erhobenen Forderung nach einem politischen und prozeßorientierten Verständnis von Stadtentwicklung und ermöglichen andererseits eine akteursbezogene Sichtweise, die die konkreten Erklärungsdefizite strukturalistischer Perspektiven vermeidet bzw. abbaut. Beide verlangen daher auch einen stark ideographischen und induktiven Einstieg in die empirische Forschung.

Insbesondere in der Stadtentwicklung erscheint zudem eine räumlich differenzierte Sichtweise notwendig. Hier überschneidet sich die thematische Dimension, also die konkreten Spezifika und Ausprägungen der Problemverarbeitung in einzelnen Politikfeldern, mit der implizit räumlichen Dimension der Stadtentwicklung bzw. der Stadtplanung. Nicht nur das "Was", sondern auch das "Wo" kann spezifische Akteurskonstellationen und Problemlagen bestimmen, da es im Rahmen der Stadtentwicklungsplanung um die Erfahrung und Verarbeitung räumlich strukturierter Konfliktfälle geht.

Dieses "Wo" ist analytisch nicht zu verwechseln mit der Frage, auf welcher gebietskörperschaftlichen Ebene das politisch-administrative System sich der Problemverarbeitung annimmt. Solche Fragen können im Rahmen einer Analyse von Policy-Netzwerken durchaus thematisiert werden, indem verschiedene Schauplätze politischer Aktivitäten untersucht werden. Dort kommen auch die

Forschungsergebnisse zur Politikverflechtung[10] zum Tragen, da sich das Politikfeld der Stadtentwicklung über verschiedene politische Ebenen erstreckt. In der Praxis vermischen sich die politischen und räumlichen Handlungsebenen allerdings. Hier erweist sich ein weiteres Feld politikwissenschaftlicher Forschung als relevant, auf dem diese örtlichen Spezifika in den Mittelpunkt der Untersuchungen rücken: die lokale Politikforschung.

Der Begriff der lokalen Politik deutet hin auf ein umfassendes Politikverständnis. Er grenzt sich ab von dem Begriff der Kommunalpolitik, der für eine staatsrechtlich-demokratietheoretische Perspektive steht, und ebenso vom Begriff der Stadtpolitik, der primär auf die institutions- bzw. verwaltungspolitische Dimension abhebt (Blanke & Benzler 1991, S. 9-11). Lokale Politik schließt die "Gesamtheit des politischen Systems auf lokaler Ebene" ein (Heinelt & Wollmann 1991, S. 10)[11]. Aus dieser Sicht ist es auch verständlich, daß im Rahmen der lokalen Politikforschung der oben skizzierte Ansatz der Policy-Analysis - und in geringerem Maße auch die Analyse von Policy-Netzwerken - eine breite Aufnahme gefunden haben (Wollmann 1991, S. 23-25).

Die Bedeutung und Konstitution der lokalen politischen Handlungsebene fußen letztlich immer noch auf den Debatten um das Verhältnis von zentraler und lokaler Politik. Die Erfahrung des Verlustes nationalstaatlicher Steuerungsfähigkeit und die liberalistische politische Wende, die oben bereits im Zusammenhang mit den Wandlungen des Planungsverständnisses angesprochen worden sind, haben eine neue (alte?[12]) Diskussion innerhalb der lokalen Politikforschung hervorgebracht. Die veränderten Grundlagen lokaler Politik und ihrer Handlungsmöglichkeiten werden in zwei gegensätzlichen Thesen dargestellt (Mayer 1990, S. 190; Helbrecht 1994, S. 24-26).

Auf der einen Seite stehen Interpretationen, die den Macht- und Bedeutungsverlust des Nationalstaates auf die lokale Ebene übertragen (Mayer 1990, S. 190). Wo sich die politische Aufgabenstellung der zentralen Politik auf die Sicherung des nationalen Wirtschaftsstandortes verlagert bzw. beschränkt (Hirsch 1995), treten distributive Aufgaben der Politik immer mehr zurück. Gerade diese sind aber in einem "System staatlicher, hierarchisch organisierter Arbeitsteilung" (Blanke & Benzler 1991, S. 10) auf der lokalen Ebene angesiedelt. Als Folge der vom Zentralstaat weitergegebenen fiskalischen Zwänge büßt die lokale Ebene ihren Gestaltungsspielraum weitgehend ein (Häußermann & Siebel 1987, S. 119), was vielfach zu gleichartigen Politikergebnissen führt (Häußermann 1991, S. 44).

---

[10] Zur ursprünglichen Konzeption der Politikverflechtung als eines politikwissenschaftlichen Forschungsbereiches vgl. Scharpf, Reissert & Schnabel 1976.

[11] Es ist jedoch festzustellen, daß die Begriffe Stadtpolitik und lokale Politik in der Diskussion häufig synonym verwendet werden, wie z. B. im Beitrag von Heinelt & Wollmann (1991) erkennbar ist (vgl. Blanke & Benzler 1991, S. 28, Anmerkung 1).

[12] Häußermann (1991) sieht in dieser Diskussion jedenfalls wenig Neues.

Damit fußt diese Sichtweise allerdings auf einem Verständnis der lokalen Ebene, das sich im wesentlichen auf Kommunalpolitik beschränkt (vgl. Heinelt & Mayer 1992, S. 7), eine umfassendere Sicht lokaler Politik aber ausblendet.

Auf der anderen Seite wird dagegen ein relativer Bedeutungszuwachs der lokalen Ebene konstatiert (Krätke & Schmoll 1987, S. 30), eben weil sich die zentralstaatliche Ebene aus denjenigen Gestaltungsaufgaben zurückzieht, die die Reproduktion innerhalb der Stadt sichern sollen. Aus diesem Blickwinkel wird der lokalen Ebene "eine signifikante Rolle bei der Durchsetzung eines 'postfordistischen' Kapitalismus" (Mayer 1990, S. 190) zugewiesen, da nur auf lokaler Ebene überhaupt eine Vermittlung gelingen kann, die trotz zunehmender räumlicher und sozialer Polarisierungstendenzen ein massives Aufbrechen von Konflikten verhindert. Hinter dieser These steht eine Verknüpfung des Konzeptes vom "lokalen Staat" mit regulationstheoretischen Ansätzen.

Die Betrachtung des Spannungsfelds zwischen zentraler und lokaler Ebene im Rahmen struktureller Wandlungen des kapitalistischen Systems ist bezeichnend für das in England entwickelte Konzept des "lokalen Staates" (Duncan & Goodwin 1988, S. 32 ff.[13]). Dieses Konzept weist zum einen ein äußerst umfassendes Verständnis sowohl der lokalen politischen Ebene (lokale, nicht kommunale Politik) als auch des Politikbegriffs (Policy- und Politics-Dimension) auf.[14] Zum anderen betont es die geographischen Spezifika der lokalen Ebene, die in der sozialen Konstituierung des lokalen Staates begründet sind[15], und verbindet diese lokale Ebene mit allgemeinen sozio-ökonomischen Strukturveränderungen.

Diese theoretischen Verbindungen lassen sich insbesondere über den Theorieansatz der Regulationsschule herstellen, welcher in den letzten Jahren auch in der deutschen Stadt- und Stadtentwicklungsforschung eine breite Rezeption erfahren hat (z. B. Helbrecht 1994; Mayer 1991b; Krätke 1995). Dieser (in seinen Ursprüngen neo-marxistische) Ansatz geht davon aus, daß die Sicherung der Kapitalakkumulation in einer nationalen Wirtschaft nur gelingen kann, wenn ein korrespondierendes Modell gesellschaftlicher Normen und sozialer Beziehungen - die sogenannte Regulationsweise - eine stabilisierende Konfliktvermittlung und

---

[13] Die Autoren greifen dabei auf die ursprüngliche Arbeit von Cynthia Cockburn (1977) zurück, die lokale Gestaltungsspielräume aus neo-marxistischer Perspektive untersucht.

[14] "The importance of the state lies not so much in what it does (the functions that particular institutions carry out) but how it does it (the power relations between social groups as mediated by these activities)" (Duncan & Goodwin 1988, S. 39).

[15] "Social relations including class relations are just that - relational between people and formed socially. This means that they will be unevenly developed, over space, in time, even for the same person in different situations. Class relations, gender roles and political cultures are not the same in, say, Sheffield as in Camden, and are quite different again in Croydon or Cheltenham" (Duncan & Goodwin 1988, S. 41).

-lösung erlaubt.[16] Entscheidend für die hier angestellte Betrachtung ist die Sichtweise, daß historische Prozesse grundsätzlich offen, d. h. nicht determiniert sind, weshalb sich eine konkrete Regulationsweise immer unter räumlich und zeitlich spezifischen Bedingungen ausbilden muß. In der gegenwärtigen historischen Phase, so wird konstatiert, führt die Flexibilisierung der Wirtschaft dazu, daß sich die Regulation vermehrt auf der lokalen Ebene abspielt (Mayer 1991b, S. 40-44):

"Jeder einzelne Lokalstaat vermittelt zwischen der Sphäre der Arbeit und der Sphäre der civil society. Beide sind in spezifischer Weise im Raum konstituiert und gehen spezifische Verbindungen ein. Aus dieser Heterogenität sei die jeweilige Einzigartigkeit - und der jeweilige Handlungsspielraum der Kommune, in den (dank repräsentativer Demokratie) auch die Interessen lokal verankerter Gruppen eingehen - zu erklären" (Mayer 1991b, S. 33).

Diese Überlegungen schärfen den Blick für die vielfältigen Handlungszwänge und -möglichkeiten, die die lokale Politik heute bestimmen. Sie deuten darauf hin, daß Stadtentwicklungspolitik ökonomischen und politischen Zwängen unterworfen sein kann, die den Verlauf stadtentwicklungspolitischer Prozesse auf lokaler Ebene beeinflussen. Gleichzeitig weist der Regulationsansatz in Verbindung mit dem Konzept des lokalen Staates auf die Einzigartigkeit lokaler Vermittlungslösungen hin, die erst in ganz konkreten Konflikten der räumlichen Ordnung oder Umstrukturierung gefunden werden müssen.

2.4 Folgerungen für ein aktuelles Forschungskonzept zur Stadtentwicklung

Die skizzierten politikwissenschaftlichen Diskussionen und Ansätze können dazu beitragen, die Lücken gängiger, vorwiegend strukturalistisch und ökonomistisch geprägter Forschungsperspektiven zu schließen bzw. zu verkleinern, um zu einem besseren Verständnis aktueller Stadtentwicklungs- und Planungsprozesse zu gelangen. Aus ihnen sind thesenartige Forderungen für eine Stadtentwicklungsforschung abzuleiten, welche die heutigen generellen Voraussetzungen und Bedingungen der Stadtentwicklung nicht aus den Augen verliert, die konkreten Ausprägungen im Einzelfall aber nicht vorschnell aus solchen "Gesetzmäßigkeiten" erklärt, sondern für wichtige historisch-lokale Erklärungen offen bleibt.

1. Stadtentwicklung muß als Prozeß verstanden und erforscht werden.
So wichtig die Analyse (und Bewertung) der letztlichen materiellen Ergebnisse - sowohl in Form von Konzepten, Strategien und Politiken für die Stadtentwick-

---

[16] Vgl. zum Theorieansatz der Regulationsschule und zu seinen Konzepten insbesondere Lipietz 1985.

lung als auch in Form konkreter Bauten - auch ist, ohne ein prozessuales Verständnis ihrer Entstehung kann keine überzeugende Erklärung gelingen. Zielsetzungen, Handlungsalternativen und -spielräume ergeben und wandeln sich (auch) im Prozeß der Stadtentwicklungspolitik selbst, sie sind nicht a priori determiniert.

2. Stadtentwicklung muß als lokaler Prozeß verstanden und erforscht werden.

Sichtweisen und Erklärungsansätze, die nicht räumlich differenzieren, blenden ein breites Feld möglicher Einflußfaktoren aus, die deutliche Variationen von Stadt zu Stadt aufweisen können. Werden sie ceteris paribus aus der Analyse ausgeschlossen, so vermindert sich die Erklärungskraft dieser Analysen von Stadtentwicklung in einzelnen Städten drastisch. Daraus resultiert die Notwendigkeit einer stärker ideographisch ausgerichteten Forschung.

3. Stadtentwicklungsforschung braucht gegenwärtig vermehrt induktive Herangehensweisen.

Die Erforschung konkreter lokaler Stadtentwicklungsprozesse verlangt eine große Offenheit bei der Suche nach relevanten Einflußfaktoren. Die skizzierten Theorieansätze reflektieren sämtlich eine gewisse Skepsis gegenüber Theorien großer Reichweite. Ihre Konzepte erweisen sich in starkem Maße als heuristisch. Zum gegenwärtigen Zeitpunkt ist in der Forschung demnach eine hypothesengenerierende Ausrichtung angebracht, nicht so sehr die Überprüfung in sich möglichst komplexer und konsistenter Hypothesen.

4. Stadtentwicklungsforschung muß die Verknüpfung unterschiedlicher Handlungsebenen thematisieren und analysieren.

Die große Zahl der potentiell an der Stadtentwicklung beteiligten Akteure verlangt eine differenzierte Betrachtung politischer Systeme. Angesichts des Fokus auf der konkreten lokalen Ebene darf aber die Auswirkung überörtlicher Akteure (auch außerhalb von Regierung oder Verwaltung) nicht vernachlässigt werden.

5. Stadtentwicklungsforschung muß sich an Projekten orientieren, nicht nur an längerfristigen Programmen oder Zielsetzungen.

Die Vorstellung einer längerfristig und zielorientierten Planung führt leicht zu einer Nicht-Beachtung von kleinteiligen inkrementalistischen Veränderungen und zu einer Unterschätzung der Wirkungen einzelner Projekte. Projektorientierte Planung bedeutet auch, daß sich erst an und in bestimmten Projekten nachvollziehen läßt, was sich in der Stadtentwicklung spezifischer Städte als normal etabliert.

3 Empirisches Forschungskonzept

3.1 Untersuchungskonzeption

In der theoretischen Reflexion verschiedener Disziplinen ist dargelegt worden, daß umfassende raumwirtschaftliche und gesellschaftswissenschaftliche Theorieansätze keine überzeugenden Erklärungen für den konkreten Ablauf und die spezifischen Entscheidungen in der Stadtentwicklung vor Ort liefern. Die dort genannten Variablen bieten aufgrund ihres abstrakten Charakters kaum handhabbare Ansatzpunkte für eine theoretisch konsequente Ableitung konsistenter Hypothesenkonstrukte. Selbst bei gelungener Operationalisierung bestünde in einer querschnittsmäßigen Studie die Gefahr, die wesentlichen Variablen lokaler Entscheidungsprozesse zu übersehen.

Deshalb verlangt das oben präzisierte Erkenntnisinteresse dieser Arbeit eine ideographisch und deutlich induktive Forschungsstrategie, mit der die Vielfalt und Differenziertheit von lokalen Prozessen erfaßt und analysiert werden kann. Damit steht nicht die Suche nach oder die Verifizierung von allgemeingültigen Einflußfaktoren der Stadtentwicklung im Mittelpunkt, sondern zunächst das Verstehen eines Einzelfalls. Die Komplexität der lokalen Vermittlungs- und Entscheidungsprozesse in einem solchermaßen umfassenden Politikfeld wie der Stadtentwicklung macht eine Detailschärfe der Analyse notwendig, die im Rahmen der zur Verfügung stehenden zeitlichen und materiellen Ressourcen kaum mehr zuläßt als eine einzelfallbezogene Untersuchung (Mayring 1996, S. 28 f.).

Die Übertragbarkeit von Ergebnissen ist damit aus wissenschaftslogischen Gründen stark eingeschränkt (Spöhring 1995, S. 40). Sie kann, wie im übrigen auch die Einschätzung der eventuellen Ausstrahlung des konkreten Beispiels auf andere Lokalitäten und Projekte, nur aus theoretischer Sicht begründet werden. Da die theoretische Ausgangslage aber als unsicher eingeschätzt wird, können hierzu im Rahmen dieser Studie nur einige Ansätze geliefert werden, die z. T. aus der Interpretation der beteiligten Akteure gewonnen werden können.

Die vorliegende empirische Untersuchung stellt daher eine detaillierte Fallanalyse der Stadtentwicklungsprozesse einer einzelnen Stadt dar. Nur so kann die lokale Ebene der Stadtentwicklung aus ihren inneren Zusammenhängen heraus verstanden und erklärt werden, ohne dabei mögliche ortsübergreifende Zusammenhänge aus der Betrachtung auszuschließen.

Darüber hinaus aber wird ein projektbezogenes Forschungskonzept verfolgt, das lokale Stadtentwicklung über die Prozeßabläufe eines konkreten Planungsfalls nachzuvollziehen sucht. Dahinter stehen zwei Begründungen, eine theoretische und eine methodische. Über die planungstheoretischen Diskussionen ist dargelegt worden, daß und aus welchem Grund sich die Praxis der Stadtentwicklung vermehrt über Einzelprojekte vollzieht (Häußermann & Siebel 1993). Demnach kann die These abgeleitet werden, daß die "normalen", für die alltägliche Praxis bedeutsameren Prozeßabläufe am besten im Rahmen einer Projektplanung zu untersuchen sind. Die Erforschung der Bedeutung stärker programmatischer Stadtentwicklungsarbeit darf zwar nicht aus den Augen verloren werden, sie kann aber in Ansätzen auch aus dem Projektkontext heraus erfolgen.

Für eine empirische Untersuchung dieser Art eignen sich vor allem solche Projekte, die eine bestimmte Größe und Bedeutung für die betroffene Stadt erreichen. Großprojekte führen in der Regel zu einer erheblichen Mobilisierung von Ressourcen und zur Formulierung von vielfältigen Interessen, da mit dem Maßstab meist auch die Betroffenheit zunimmt[17] (vgl. Selle 1993, S. 34). So ist zu erwarten, daß dabei eine Vielzahl von Akteuren ihre jeweiligen Positionen evaluiert, weshalb sich daraus bessere Hinweise auf die Gesamtheit des politischen (und planerischen) Systems ergeben, als dies bei kleineren, in der Betroffenheit enger abzugrenzenden Projekten der Fall wäre. Damit ist auch die Wahrscheinlichkeit einer überörtlichen Ausstrahlung größer, so daß auch die Bedeutung höherer politischer Ebenen und benachbarter lokaler politischer Systeme für den Ablauf und die Entscheidungen der Stadtentwicklung thematisiert werden können.

Aus methodischer Sicht bietet ein projektbezogenes Untersuchungskonzept zwei wechselseitig zusammenhängende Vorteile. Zum einen beanspruchen Projekte in der Regel einen einigermaßen klar bestimmbaren Zeitrahmen, der eine zeitliche Abgrenzung des Untersuchungsfalls erleichtert. Zum anderen läßt sich ein konkretes Projekt logisch wesentlich leichter als Prozeß begreifen und nachvollziehen, als dies bei einem gesamten Politikfeld Stadtentwicklung der Fall wäre, in dem ansonsten eine oft recht diffuse Artikulation von Interessen und Zielen festzustellen ist. Ein Großprojekt, das von den Akteuren einhellig auch als solches begriffen wird, stellt somit einen Untersuchungsgegenstand dar, der weniger vom Forscher konstruiert wird, als dies sonst bei der Politikfeldforschung häufig der Fall ist[18]. Der Zugang über eine zunächst chronologische Prozeßsicht und die Kommunikation mit den Beteiligten werden dadurch erleichtert.

3.2 Präzisierung von Untersuchungsziel und Analysekategorien

Das Oberziel der entwickelten Untersuchungskonzeption ist demnach die Darstellung und erklärende Analyse von Entscheidungsprozessen in einem konkreten Stadtentwicklungsprojekt. Sie verfolgt die Absicht, die politischen und plane-

---

[17] Dies ist allerdings eine sehr grobe Verallgemeinerung. Thema und Lage von Projekten spielen hier oft eine mindestens ebenso entscheidende Rolle.

[18] Diese methodische Problematik ist in der Policy-Analysis vor allem im Rahmen der Implementationsforschung deutlich geworden, wenn es um die Definition/Konstruktion von Programmen als Untersuchungsobjekt geht. Vgl. hierzu z. B. Konukiewitz 1985, S. 42.

rischen Prozesse nachzuvollziehen und aus den spezifischen Abläufen vor Ort diejenigen Bedingungen und Einflußgrößen herauszuarbeiten, die über die Form und den Erfolg der Umsetzung des Projektes entscheiden.

Die Identifikation relevanter Einflußgrößen lehnt sich an Analysekategorien an, die in ihrer Gesamtheit aber nicht als ein fest vorstrukturiertes Hypothesenkonstrukt verstanden werden dürfen. Die letztliche Kategorisierung der Ergebnisse ist als Resultat von Interpretation und induktiver Generalisierung zu verstehen, nicht als Ergebniszusammenfassung eines quasi-experimentellen Hypothesentests. Im folgenden sollen die wesentlichen forschungsleitenden Analysekategorien und Fragestellungen nochmals kurz präzisiert werden.

Um der prozessualen Dimension des Projektes gerecht zu werden, wird das heuristische Phasenmodell von Politik aufgegriffen. So wird versucht, eine u. a. chronologische Ordnung der Vorgänge im Projekt herzustellen. Es gilt also, Handlungsebenen und Entscheidungen unterschiedlicher Akteure aus zeitlicher Perspektive zu verknüpfen, wobei der spezifische Informationsstand zum Zeitpunkt anstehender Entscheidungen wichtig wird. Lassen sich in den Handlungen der Akteure Phasen erkennen, die von unterschiedlichen Problemsichten, Zielvorstellungen, Prioritäten oder Strategien geprägt sind? Treten Rückkopplungsprozesse auf, die zu Verzögerungen oder Beschleunigungen führen?

Eine zentrale Stellung in dieser Analyse nimmt die Identifikation von Akteuren ein. Die Akteurskonstellationen und ihre Veränderungen sowie die Fähigkeit einzelner Akteure, den Zugang anderer zu Informationen oder Entscheidungen zu kontrollieren oder zu beeinflussen, müssen während des gesamten Projektablaufs untersucht werden. Dabei stellen Parlamente, Regierungen und Verwaltungen auf den jeweiligen gebietskörperschaftlichen Ebenen erste Ansatzpunkte für die Suche nach "relevanten", unterschiedlich mächtigen Akteuren dar, auch weil sie aus gesetzlichen Regelungen an bestimmten Stellen in den Prozeß eingebunden werden müssen.

Hinter Regularien, formellen Strukturen und Verfahren dürfen aber auch die informellen Kanäle von Information und Entscheidungsfindung nicht unberücksichtigt bleiben. Vernetzungen zwischen einzelnen Akteuren sind ausfindig zu machen und hinsichtlich ihrer Bedeutung zu interpretieren. Gibt es isolierbare Schauplätze oder Subsysteme, in denen sich bestimmte Beziehungen zwischen Akteuren manifestieren und von denen andere Akteure ausgeschlossen werden? Welche Rolle spielen Persönlichkeiten gegenüber Funktionen bei der Interaktion zwischen Akteuren? Wie wird Kommunikation zwischen den Akteuren organisiert?

Ein besonderes Augenmerk bei diesen Akteursnetzwerken gilt den Beziehungen zwischen unterschiedlichen politischen und planerischen Ebenen. Die Problem- und Zieldefinitionen auf der Ebene von Ministerien ist nicht automatisch mit derjenigen auf lokaler Ebene identisch. Zudem sind in Planungsverfahren die Verwaltungen und Behörden in einem tendenziell hierarchischen Verhältnis verbunden. Wie werden mögliche Differenzen aufgelöst - wenn sie es werden? Spielen hier neuartige, auf Kommunikation ausgerichtete Verfahren eine Rolle? Ergeben sich dadurch für die lokale Projektumsetzung zusätzliche Handlungsspielräume?

Damit wird auch deutlich, daß die Organisation und Art von Kommunikation wichtig sein kann für den Erfolg planerischer Umsetzung, aber vor allem auch für den Erfolg der lokalen Vermittlung von potentiellen Konflikten. Demnach können neben den Akteuren auch Organisationsstrukturen relevante Einflußgrößen werden. Entscheidungen über die Schaffung oder Nutzung bestimmter Strukturen und Kommunikationsverfahren sind zu bestimmen und hinsichtlich ihrer Folgewirkungen für den weiteren Prozeß zu analysieren.

Schließlich ist nochmals auf den Gehalt und die Form der Vermittlung von Interessen und Konflikten auf der spezifisch lokalen Ebene hinzuweisen. Sowohl die Interpretation der Akteure, inwiefern hier örtliche Besonderheiten den Prozeß beeinflussen oder gar bestimmen, als auch ihre jeweiligen Strategien, wie mit potentiellen Interessenskonflikten vor Ort umzugehen ist, sind zu untersuchen. Daraus können sich auch erste Hinweise auf die Fragestellung ergeben, inwiefern zumindest die beteiligten Akteure eine Übertragbarkeit der örtlichen Erfahrungen auf andere Lokalitäten und Projekte erkennen, was einen Fingerzeig auf ihr zukünftiges Verhalten in anderen Projekten und anderen Städten darstellen kann.

3.3 Was diese Arbeit nicht untersucht

Angesichts der breiten und kontroversen öffentlichen Diskussionen, die um die Neue Mitte Oberhausen geführt worden sind, erscheint es angebracht, für die vorliegende Untersuchung nicht nur eine positive Präzisierung von Zielen und Fragestellungen vorzunehmen, sondern auch klar abzugrenzen, welche Fragen im Rahmen dieser Arbeit nicht thematisiert werden sollen.

Eine wissenschaftlich fundierte Diskussionsebene im Prozeß der Planung und Umsetzung der Neuen Mitte stellt die fachgutachterliche Begleitung des Projektes dar. Sie ist untrennbar mit den privaten Vorabeiten und den öffentlichen Planungsverfahren verbunden. Die angefertigen Gutachten stellen im wesentlichen Prognosen zu konkreten inhaltlichen Fragen der Neuen Mitte dar, sind also Elemente einer wissenschaftlichen Politikberatung. Diese Feststellung betrifft einerseits die lokal und regional ausgerichteten Untersuchungen zu den ökonomischen Auswirkungen des Einkaufszentrums (und des Gesamtprojektes) sowie zu den induzierten Verkehrsströmen. Gleiches gilt andererseits für die grundlegenden Untersuchungen zur Altlastenproblematik, die Umweltverträglichkeitsstudien und die landschaftspflegerische Begleitplanung bzw. Grüngestaltungsplanung.

Wie das Untersuchungskonzept erkennen läßt, weist die vorliegende Arbeit eine andersartige Intention auf. Sie will kein Gutachten oder Gegengutachten darstellen, keine wie auch immer wissenschaftlich fundierte Bewertung der regionalen Verträglichkeit oder der strukturpolitischen Sinnhaftigkeit des Projektes Neue Mitte liefern.[19] Als solche käme sie für die Beeinflussung des planerischen und politischen Abstimmungsprozesses ohnehin zu spät. Gleichzeitig will sie auch nicht die tatsächlich eingetretenen Auswirkungen den prognostizierten Entwicklungen der Gutachten gegenüberstellen, um damit die Prognosefähigkeit der wissenschaftlichen Politikberatung zu hinterfragen oder gar zu verbessern. Angesichts der Ausnahmesituation, die für die erste Zeit nach Eröffnung eines solchen Großprojektes zu erwarten ist, war es zur Entstehungszeit dieser Arbeit für eine solche Überprüfung auch noch zu früh.

Die gutachterliche Begleitung der Neuen Mitte wird zwar nicht hinsichtlich ihrer prognostischen Aussagen zum Untersuchungsthema, wohl aber hinsichtlich der Rolle, die sie im Prozeß einnimmt. Somit werden die Rahmenbedingungen und Strukturen, die zu einer Beauftragung von Gutachtern führen, die Entscheidungen über Zeitpunkt und Umfang der Begutachtung, die Auswahl der Gutachter und schließlich die Art und Weise, wie die verschiedenen Akteure mit den Ergebnissen der Gutachten umgehen, sehr wohl thematisiert, wenn es um Akteurskonstellationen, Kommunikation und Konfliktlösungsstrategien geht.

Das gilt auch für die juristischen Streitfragen um die Rechtmäßigkeit der Grundstücksgeschäfte und der planungsrechtlichen Absicherung. Es wäre mehr als vermessen, als juristischer Laie dazu im Rahmen einer wissenschaftlichen Arbeit Stellung zu beziehen. Was allerdings in die vorliegende Untersuchung einbezogen werden muß, ist die Analyse der Umstände und Bedeutung dieses juristischen Streits, der vor allem auf Ebene der Landespolitik ausgetragen wird[20]. Relevant ist die Fragestellung, warum die politische Diskussion sich in vielerlei Hinsicht auf solche juristischen Fragen konzentriert und beispielsweise ein politisches Streiten um Werte und Ziele der Wirtschafts- und Strukturpolitik des Landes überdeckt, vielleicht sogar behindert.

Ähnlich verhält es sich mit den Fragen nach der ökologischen Bewertung der Neuen Mitte in bezug auf verkehrsinduzierte Umweltbelastungen sowie Energie- und Flächenbilanzen des Projektes. Zu fragen ist, wie Gutachten und sonstige Bewertungen der Umweltfolgen artikuliert werden, wo, wann und von wem sie in die politischen und planerischen Prozesse eingebracht werden und welchen Stellenwert sie darin einnehmen.

---

[19] Daß eine kritische Analyse der einzelnen Gutachten hinsichtlich ihrer Grundlagen und methodischen Vorgehensweisen ein lohnenswertes Untersuchungsziel wäre, soll damit in keiner Weise bestritten werden. Die z. T. heftigen Diskussionen um die angefertigten Gutachten (siehe Kap. 7) belegen, daß hier über die Qualität wissenschaftlicher Politikberatung und über ihre Rolle in politischen und planerischen Prozessen sehr wohl nachzudenken ist. Vgl. in diesem Fall Micosatt (1992).

[20] So kommt es hier u. a. zur Einrichtung eines parlamentarischen Untersuchungsausschusses des Landtags und zu einem Verfahren vor dem Verfassungsgerichtshof des Landes.

Zusammenfassend läßt sich also festhalten, daß diese Arbeit kein Bestandteil eines Prozesses der Politikberatung oder Planung zur Neuen Mitte Oberhausen ist. Vielmehr liegt das Augenmerk auf den Prozessen selbst; Politikberatung und planerische Begutachtung werden dadurch selbst zu einem Teil des Untersuchungsgegenstands.

3.4 Zur Auswahl des Untersuchungsobjektes Neue Mitte Oberhausen

Ein grundlegender Schritt zur Umsetzung der geschilderten Forschungskonzeption ist die Suche nach einem geeigneten Untersuchungsobjekt. Die Neue Mitte Oberhausen ist zweifelsfrei ein Großprojekt. Einerlei, ob man sich an den Flächengrößen, am Investitionsvolumen, an den Besucherzahlen oder an der Anzahl der Arbeitsplätze orientiert, ihre Bedeutung für die Stadt läßt sich a priori als erheblich einschätzen (siehe Kap. 1.1). Allein aufgrund der durch die Stadt zu erbringenden Planungsleistungen ist auch davon auszugehen, daß eine Mobilisierung von beträchtlichen personellen und finanziellen Ressourcen notwendig ist.

Ihre Bedeutung überschreitet auch deutlich sichtbar die kommunalen Grenzen. In den Medien und der Politik der Nachbarstädte wird die Neue Mitte sofort als regional bedeutsames Projekt begriffen, und auch die Einbindung überörtlicher Regierungsebenen tritt in der Exploration früh zutage. Somit ist die Verknüpfung unterschiedlicher Handlungsebenen an diesem Beispiel gut zu thematisieren.

Auch aus Sicht der eigenen Rahmenbedingungen erweist sich die Neue Mitte als geeignetes Forschungsobjekt. Zum Zeitpunkt der Konzeptionierung dieser Studie befand sich das Projekt noch größtenteils in der Phase der Planung, während der Forschung begann die schrittweise Umsetzung der einzelnen Projektbestandteile, und die Eröffnung der zentralen Elemente der Neuen Mitte erfolgte zum Ende der Bearbeitungszeit. Dadurch wurde eine prozessuale Bearbeitung ermöglicht. Die zeitliche Nähe vermied Erinnerungslücken bei den Akteuren, ein gewisser "time lag" verhinderte gleichzeitig, daß insbesondere die politische Brisanz des Projektes zu einer Verweigerungshaltung der Beteiligten führte.

Die Neue Mitte Oberhausen erfüllt also die Kriterien, die sie zu einem geeigneten Untersuchungsobjekt machen, in überzeugender Weise. Die Entscheidung für die Neue Mitte Oberhausen ist aber nicht das Ergebnis eines deduktiven Suchprozesses, der im idealtypischen Sinne zeitlich und methodisch auf der oben entwickelten Forschungskonzeption und auf den dargestellten Analysekategorien aufbaut (Kromrey 1991, S. 61).[21] Vielmehr verläuft die Vertiefung des Interesses am Projekt Neue Mitte parallel zu und verbunden mit der theoretischen Reflexion über die aktuelle Situation der Stadtentwicklung in Deutschland. Mit dem

---

[21] ... etwa über eine systematische Sichtung aller Stadtentwicklungsprojekte in deutschen Städten oberhalb einer gewissen Investitionssumme o. ä.

langsamen Eintauchen in den "Fall Oberhausen" entstehen und wachsen neue Untersuchungsfragen und -interessen. Diese führen zu einer kritischen Einschätzung des eigenen Verständnisses von Stadtentwicklung und seiner theoretischen Basis. Bevor daraus ein Untersuchungskonzept erarbeitet und anschließend die Neue Mitte als zentrales Objekt der Untersuchung festgelegt wird, ist sie bereits als interessantes Phänomen wahrgenommen, was das Entstehen der Untersuchungskonzeption mit beeinflußt.

Dieses Interesse ist die Folge sehr persönlicher Faktoren und Umstände. Für den Autor, der als Geograph im Ruhrgebiet lebt und arbeitet, besteht eine räumliche und fachdisziplinäre Nähe zu Fragen der wirtschafts- und stadträumlichen Entwicklung dieses Ballungsraumes, die für eine Interpretation eine Einordnung in seine historischen Entstehungsprozesse voraussetzen. Aus dieser Perspektive sind Probleme des Strukturwandels und seiner sozialräumlichen und städtebaulichen Folgewirkungen zentrale, "typische" Probleme des Ruhrgebietes. Und ebenso kennzeichnend wie spannend erscheinen - dem nicht im Ruhrgebiet Aufgewachsenen - die kulturellen Besonderheiten und Gemeinsamkeiten dieser Region, u. a. auch die Ausprägungen einer politischen Kultur in und zwischen den Städten.

Dieses hier nur in Ansätzen dargelegte individuelle Wahrnehmungsraster führt zur schrittweisen Sammlung von Informationen über Oberhausen und seine Neue Mitte. Die Stadt und die betroffenen Flächen der ehemaligen Gutehoffnungshütte sind dabei zu Beginn der Forschung weitgehendes Neuland, es gibt keine vorherigen persönlichen Bindungen zur Stadt und ihren Bürgern, zum Projekt oder den handelnden und interessierten Akteuren.

3.5 Zur Dokumentation der empirischen Ergebnisse

Die oben angesprochene Logik einer bewußten Fallauswahl auf Grundlage theoretischer Vorüberlegungen basiert auf einem grundsätzlich deduktiv ausgerichteten Verständnis wissenschaftlichen Vorgehens (vgl. etwa Friedrichs 1985). Diese Logik spiegelt sich auch im konventionellen Aufbau wissenschaftlicher Forschungsarbeiten wider, deren empirische Teile ein strukturiertes Abarbeiten aufeinander aufbauender und eingangs theoretisch fundierter Untersuchungsschritte darstellen (Schnell, Hill & Esser 1993, S. 117 f.). Die Form der Darstellung dokumentiert damit idealtypischerweise auch die zeitliche Abfolge der einzelnen Arbeitsschritte.

Die vorliegende Studie ist anders entstanden. Schon die Auswahl des Einzelfalls Neue Mitte Oberhausen ist, wie beschrieben, Teil eines zunächst wenig strukturierten Forschungsprozesses. Empirische Forschung und das Erarbeiten und Verfeinern einer stimmigen Untersuchungskonzeption geschehen vielmehr in einem ständigen und sich gegenseitig beeinflussenden Wechsel. Dies ist typisch für induktiv und qualitativ ausgerichtete Forschungsarbeiten, die ein ständiges

Reflektieren von Konzeption und theoretischer Basis verlangen. Die dadurch erfolgten Veränderungen der Konzeption beeinflussen dann wieder die nächsten empirischen Schritte (Flick 1995, S. 59 f.).

Qualitativ-ideographische Forschung, die sich am Verstehen von Einzelfällen ausrichtet und nicht am Erklären einzelner Tatbestände durch allgemeingültige Gesetzmäßigkeiten, erkennt diese Problematik an und verlangt dementsprechend mehrere Zyklen von Datensammlung und Überarbeitung der grundlegenden Konzepte. Aber auch dieses Ablaufmodell von analytisch trennbaren Zyklen ist ein Idealtypus, der aufgrund der tatsächlichen Einschränkungen und Bedingungen empirischer Forschung in vielen sozialen und politischen Kontexten nicht problemlos umgesetzt werden kann. So erscheint es, daß sich der Ablauf der vorliegenden Untersuchung kaum in solche Phasen oder Zyklen einteilen läßt, schon weil ein mehrstufiges Interpretationsverfahren des Gesamtzusammenhangs aufgrund der Komplexität des Themas, der Datenfülle und der damit zusammenhängenden zeitlich gestaffelten Sammlung und Aufbereitung von Daten nicht zu leisten war.

Damit geht aber auch die naheliegende Möglichkeit verloren, die Dokumentation der Erkenntnisse an solchen aufeinander aufbauenden Arbeitsschritten auszurichten. Qualitative Forschungsansätze, die das Verstehen komplexer Zusammenhänge zum Ziel haben, müssen die Ergebnisdarstellung daher an einer logischen Struktur ausrichten, die selbst ein Ergebnis des interpretativen Vorgehens ist. Diese Gliederungsstruktur ist Teil der subjektiven Arbeit des Autors und damit Teil der durch ihn zu leistenden Interpretation der empirischen Untersuchungen (Flick 1995, S. 267-270).

In dieser Arbeit orientiere ich mich in der Darstellung der Ergebnisse an verschiedenen Schauplätzen, an denen bestimmte Akteure über gewisse Zeiträume wie in einem Netzwerk zusammenkommen. Die Bezeichnungen dieser Schauplätze - Düsseldorf, die Region und die Nachbarstädte, Oberhausen - sollten aber nicht als Indiz für eine formalistisch-institutionelle Sichtweise mißverstanden werden, die die strukturellen Unterschiede der gebietskörperschaftlichen oder Regierungsebenen als zentrale Determinanten betonen will.

Vielmehr wird sich erweisen, daß diese scheinbar maßstäblich-räumliche Sichtweise eine Kongruenz verschiedener Einflußfaktoren widerspiegelt. Die dargestellten Schauplätze zeichnen sich durch bestimmte Akteurskonstellationen, thematische Konzentration und auch durch bestimmte Kommunikationsformen und Verfahren aus, die sich von Schauplatz zu Schauplatz unterscheiden.

In sich völlig konsistent kann aber auch diese Gliederungsstruktur nicht sein. Die Beziehungen zwischen den einzelnen Schauplätzen sind wichtig, da sie über diejenigen Akteure verknüpft sind, die auf mehreren Ebenen operieren. Sie finden ihren Ausdruck in den Querverweisen auf die relevanten Entwicklungen an anderen Schauplätzen.

Diese Gliederung hat zudem den Vorteil, daß sie damit auch über große Strecken chronologisch geordnet ist, da die Aktivitäten an den verschiedenen Schauplätzen ansatzweise zeitlich aufeinander aufbauen, wenn auch bedeutsame Überschneidungen auftreten. So verbinde ich damit auch die Hoffnung, daß eine lesbare und interessante Darstellung entstanden ist, die dem Leser ein Nachvollziehen der Prozeßabläufe um die Neue Mitte Oberhausen erleichtert.

3.6 Methoden und Verfahren

Die Auswahl von Forschungsmethoden muß sich aus der Untersuchungskonzeption ableiten. Das hier verfolgte, induktiv ausgerichtete Forschungsdesign hat das Ziel, relevante Einflußgrößen der Entscheidungsprozesse um die Neue Mitte Oberhausen zu identifizieren, nicht jedoch theoretisch abgeleitete Einflußgrößen zu testen. Dementsprechend müssen die anzuwendenden Methoden und Verfahren eine Offenheit und Flexibilität aufweisen, die der relativen Ungewißheit des Forschers über den Untersuchungsgegenstand entsprechen (Flick 1995, S. 13 f.).

Die vorliegende Arbeit läßt sich als eine qualitativ ausgerichtete Fallstudie in Form einer Prozeßanalyse (von Prittwitz 1994, S. 200) charakterisieren. Sie orientiert sich an den Methoden der qualitativen Sozialforschung, die sich primär auf das Verstehen komplexer Einzelfälle ausrichten (Mayring 1996, S. 28-32). Da davon auszugehen ist, daß dieses Verstehen nicht (allein) durch die Analyse materieller Politikergebnisse erzielt werden kann, rücken in dieser Untersuchung die konkreten Akteurskonstellationen und Entscheidungsprozesse in den Mittelpunkt des Interesses. Kommunikationsprozesse und soziale Beziehungen werden so zum Untersuchungsobjekt, was spezifische Methoden erfordert, die solche Prozesse analytisch thematisieren können.

Verfahren der qualitativen Sozialforschung folgen der Prämisse, daß ein Verständnis von Kommunikationsprozessen den Vergleich und die Reflexion subjektiver Deutungen erforderlich macht. Objektive Wahrheiten können in sozialen Beziehungen letztlich nicht existieren und für das Verhalten von Akteuren nicht maßgeblich sein, da sich dieses an subjektiven Wahrnehmungen der Wirklichkeit orientiert, die im Alltagshandeln interaktiv konstruiert werden (Helbrecht 1994, S. 53).

Auch die Forschung wird somit zu einem kommunikativen Prozeß. Der Forscher kann sich in einem solchen Wissenschaftsverständnis nur als Beteiligter an einem sozialen Kommunikationsprozeß begreifen, in dem ein Subjekt-Subjekt-Verhältnis zwischen Forscher und sozialen Akteuren besteht (Spöhring 1995, S. 13). So müssen auch die Ergebnisse als Interpretationen und Deutungen begriffen werden, die im interaktiven Kommunikationsprozeß entstehen (Mayring 1996, S. 11 f.).

Wissenschaftlichkeit wird in solchen interpretativen Verfahren dadurch hergestellt, daß die Deutungen und Interpretationen als Teil der Kommunikation zwischen Forscher und Akteuren thematisiert werden und sie so schon im Forschungsablauf einer ständigen intersubjektiven Prüfung ausgesetzt werden ("kommunikative Validierung"). Intersubjektive Überprüfbarkeit ist dann in der letztlichen Präsentation der Ergebnisse durch das Offenlegen der eigenen Schlüsse und der ihnen zugrunde liegenden Informationen herzustellen ("argumentative Interpretationsabsicherung") (vgl. Mayring 1996, S. 119-122).

Die empirischen Arbeiten der vorliegenden Studie orientieren sich an diesen Prämissen der qualitativen Sozialforschung. Im Rahmen der Untersuchung kamen verschiedene, sich gegenseitig ergänzende Methoden zum Tragen.

Qualitative Befragungen der am Prozeß beteiligten Akteure bilden den Kern der empirischen Arbeit. Zur Ermittlung der Interviewpartner wurde nicht auf quantitative, soziometrische Netzwerkanalysen zurückgegriffen, sondern auf indirekte Auswahlverfahren. Interviewpartner wurden befragt, welche weiteren Akteure sie benennen konnten (Schneeballverfahren) (von Prittwitz 1994, S. 205), und über externe Datenquellen wurde dieses Akteursraster überprüft. So wurde gezielt nach weiteren Akteuren gesucht, die entweder von anderen Akteuren nicht als relevant angesehen wurden oder bei denen zu befürchten war, daß ihre Nicht-Benennung möglicherweise zum Ausschluß aus dem Politik- oder Forschungsprozeß führen sollte.

Mit den so ermittelten Akteuren wurden semi-strukturierte oder teil-standardisierte Interviews (Hopf 1991, S. 177) durchgeführt, die in der Regel zwischen 60 und 150 Minuten in Anspruch nahmen. In einigen Fällen erfolgten schriftliche, normalerweise aber telephonische Nachfragen, je nach Bedarf kam es zu nochmaligen persönlichen Interviews. Während in den frühen Interviews die explorativen Aspekte der Identifikation relevanter Akteure und Fragestellungen eine große Rolle spielten, traten in späteren Interviews mit sich als zentral herauskristallisierenden Akteuren die Interpretationen von Akteurskonstellationen, Kommunikationsprozessen und Einflußfaktoren in den Vordergrund.

Diese Interviews wurden ergänzt durch qualitative Inhaltsanalysen verschiedener schriftlicher Quellen (Mayring 1995; Diekmann 1995, S. 510-516). Zentrale Bedeutung haben dabei die Protokolle der Zeugenbefragungen vor dem Parlamentarischen Untersuchungsausschuß des Landtages, der sich mit den Vorgängen um die Neue Mitte beschäftigt hat. Die Aussagen der dort vernommenen Akteure wurden mit Hilfe der oben genannten Interviews kritisch überprüft, und zwar gerade in den Fällen, in denen sich die Beteiligten nicht zu persönlichen Gesprächsterminen bereit erklärten. Diese Schwierigkeit, welche insbesondere die Düsseldorfer Regierungsebene betraf, konnte über den Rückgriff auf knapp 1.500 Seiten *wörtlicher* Protokolle ausgeglichen werden, auch wenn die dort gestellten Fragen - wie bei jeder Auswertung von Sekundärquellen - dem Erkenntnisinteresse des Forschers nicht völlig entsprachen (Friedrichs 1985, S. 355).

Den grundsätzlichen Problemen der Verweigerung von Interviews oder auch nur von Aussagen zu Einzelfragen[22] sowie der Validierung von Aussagen wurde durch eine möglichst breit angelegte Auswahl von Akteuren aus vielfältigen Interessengruppen und die Gegenüberstellung von Aussagen mit Sekundärquellen begegnet. So wurden auf kommunaler und regionaler Ebene Protokolle von Rats- und Ausschußsitzungen analysiert. Darüber hinaus konnten Planungsunterlagen und -akten ausgewertet werden, die z. T. Einblicke in den Schriftverkehr zwischen verschiedenen Akteuren lieferten. Für die Oberhausener Ebene lagen nicht nur die Planwerke und Protokolle der politischen Gremien vor, sondern zusätzlich konnten die Protokolle der Sitzungen des verwaltungsinternen Arbeitskreises Neue Mitte ausgewertet werden. Um die öffentlichen Diskussionen und Informationen nachvollziehen zu können, wurde zudem eine systematische Sichtung des Oberhausener Lokalteils der Westdeutschen Allgemeinen Zeitung (WAZ) durchgeführt, die punktuell durch den gezielten Vergleich anderer lokaler und regionaler Zeitungen ergänzt wurde. Zur Einordnung der Abläufe in den spezifischen lokalen und historischen Kontext wurden historische und zeithistorische Sekundärquellen aufgearbeitet.

---

[22] So schränkte auch die Landesregierung die Aussagebefugnis ihrer Mitglieder bzw. Ministerialbeamten vor dem parlamentarischen Untersuchungsausschuß ein. Gemäß der Rechtsprechung des Bundesverfassungsgerichts wurde dort auf einen "unausforschbaren Kernbereich exekutiver Eigenverantwortung der Regierung" verwiesen (PUA-Bericht, S. 32).

4 Die Stadtentwicklung Oberhausens zur "alten Industriestadt"

4.1 Anfänge der Industrieentwicklung bis 1850

Die Stadt Oberhausen in ihren heutigen administrativ-politischen Grenzen ist ein Gebilde der Kommunalreform von 1929, als die bis dahin eigenständigen Städte Osterfeld, Sterkrade und Oberhausen zusammengeschlossen wurden. Will man die Stadtentwicklung zu einer "alten Industriestadt" richtig einordnen und die aktuellen Diskussionen um Strukturwandel und "Neue Mitte" in Oberhausen verstehen, so darf man gerade die territorialen Aspekte der Stadtgeschichte nicht außer acht lassen. Im Stadtgebiet des heutigen Oberhausen finden sich verschiedene Keimzellen siedlungs- und wirtschaftshistorischer Entwicklung, und das Bewußtsein und Verhalten der Oberhausener Bevölkerung sind noch immer von einer eher stadtteilbezogenen denn einer gesamtstädtischen Identifikation geprägt.

Oberhausen ist eine Stadt des Industriezeitalters. Alt-Oberhausen, das zwar der jüngste der drei genannten Stadtteile ist, aber eben 1929 der gesamten Stadt seinen Namen gab, entstand erst in der zweiten Hälfte des 19. Jahrhunderts inmitten einer weitgehend unbesiedelten Heidefläche. In Sterkrade und Osterfeld hatte es ältere Dorfstrukturen gegeben. Deren Expansion zu städtischen Siedlungen geht aber ebenso auf industrielle Ansiedlungen zurück wie die "Neugründung" Alt-Oberhausen, auch wenn die Industrieentwicklung hier bereits früher einsetzte als in Alt-Oberhausen, nämlich in der zweiten Hälfte des 18. Jahrhunderts.

Oberhausens Charakter als "alte Industriestadt" ergibt sich im Kontext des Ruhrgebiets vor allem aus der dominierenden Stellung der Montanindustrie, sowohl in der Wirtschaft als auch im sozialen und politischen Leben der Stadt. Der häufig benutzte Slogan, der Oberhausen als "Wiege der Ruhrindustrie" bezeichnet, ist allerdings in mancherlei Hinsicht irreführend. Basierte nämlich die Industrieentwicklung an der Ruhr und in der Hellwegzone auf der Kohle, so war der frühe Ansatzpunkt der Industrie in Oberhausen die Eisenverhüttung, die auf den Raseneisenerzvorkommen der Emscherniederung fußte und die als Energiequelle auf die Holzkohle der sich nördlich anschließenden Wälder angewiesen war. Die industrielle Entwicklung in Oberhausen setzte also nicht einfach nur früher ein als die der Hellwegstädte, sie geschah auch auf einer qualitativ anderen Basis.

Als die Eisenverhüttung 1758 auf der St.-Antony Hütte im heutigen Osterfeld begann, war diese Region gekennzeichnet von einer ertragsarmen Landwirtschaft[23], einer abseitigen Verkehrslage und einer territorialen Kleinstaatlichkeit, die die wirtschaftliche Entwicklung hemmten. Das territoriale Konkurrenzdenken war auch ein wesentlicher Faktor bei den nachfolgenden Gründungen der Eisenhütte Gute Hoffnung in Sterkrade (1782) und der Eisenhütte Neu-Essen (1792) in Lirich, trafen doch hier auf engstem Raum die Hoheitsgebiete des kurkölnischen Vestes Recklinghausen (Osterfeld), des preußischen Herzogtums Kleve (Sterkrade) und des Stiftes Essen (Lirich) zusammen (Gutehoffnungshütte Sterkrade AG 1958, S. 9-11). Die Rohstoffbasis für drei Hütten war nämlich ebensowenig ausreichend wie das Angebot an Arbeitskräften, so daß einerseits nur eine Winterkampagne gefahren wurde, während die umgebende Landwirtschaft geringeren Arbeitskräftebedarf hatte, andererseits es immer wieder zu zeitweiligen Stillegungen kam (Mertins 1964, S. 121 f.).

Die territoriale Einigung zur napoleonischen Zeit führte dementsprechend schon 1808 zum Zusammenschluß der drei Hütten in gemeinschaftlichem Eigentum der Gewerkschaft Jacobi, Haniel und Huyssen (JHH). Dieses Unternehmen, das 1873 in die Aktiengesellschaft Gutehoffnungshütte (GHH) umfirmiert wurde, sollte die wirtschaftliche und städtebauliche Entwicklung des Gebietes entscheidend prägen - eine Konstante, die bis zur heutigen Diskussion um die Neue Mitte und andere potentieller Entwicklungsflächen in Oberhausen zu verfolgen ist, auch wenn die aus der GHH erwachsenen Betriebe eine Reihe von Besitz- und Namensänderungen erfahren haben.

Zunächst aber führten nach dem Zusammenschluß zur JHH die örtliche Rohstoffknappheit - in bezug auf Eisenerz und Holzkohle - sowie die technisch und preislich überlegene englische Konkurrenz dazu, daß das Unternehmen in den folgenden Jahrzehnten die eigene Roheisenherstellung weitgehend aufgab und stattdessen an den bestehenden Standorten verschiedene Verarbeitungsbetriebe aufbaute (Gutehoffnungshütte Sterkrade AG 1958, S. 20). Mit den zwischen 1828 und 1835 entstandenen Walzwerkanlagen wurde zu dieser Zeit auch erstmals ein Teil derjenigen Fläche industriell erschlossen, die später zum Hauptareal der GHH und zur heutigen Neuen Mitte werden sollte (Mertins 1965, S. 172).

4.2 Industrialisierung ab 1850, Stadtgründung und Wachstum

Zur Mitte des 19. Jahrhunderts ergaben sich für die Industrieentwicklung des heutigen Ruhrgebiets zwei entscheidende Neuerungen. Zum einen wurden durch das erfolgreiche Durchteufen der Mergelschichten die Fett- und Gaskohlen des produktiven Karbons erschlossen[24], was aufgrund erfolgreicher Verkokungsver-

---

[23] Diese Ertragsarmut geht im wesentlichen auf die kargen Heideböden zurück, die sich auf den Flugsandablagerungen gebildet hatten.

[24] Das Durchteufen der Mergelschichten gelang zuerst auf dem Gelände der Zeche Franz im Mülheim-Essener Grenzgebiet zwischen 1832 und 1834, ab 1837 wurden über den Schacht

suche[25] schon bald eine enorm verbesserte Energiebasis (und damit eben auch für Oberhausen eine neue Standortlogik) für die Eisenverhüttung bedeutete. Zum anderen kam es während dieser Zeit zum Aufbau der Eisenbahnen, die für die Eisenindustrie in zweierlei Hinsicht bedeutsam wurden, nämlich erstens als Verkehrsmittel für den Rohstoff- und Produkttransport und zweitens als wichtige Nachfrager nach Eisen- und Stahlprodukten, vor allem nach Schienen (Mertins 1964, S. 126 f.).

Für Oberhausen entfesselte die Verbindung dieser Entwicklungen eine völlig neue Dynamik. 1847 wurde die Köln-Mindener Eisenbahn eröffnet, 1846 bereits der mitten in der offenen Heide gelegene Bahnhof Oberhausen[26]. Damit ergab sich in diesem fast unbesiedelten Gebiet südlich der Emscher ein vollkommen neuer Ansatzpunkt für die städtische, vor allem und zuerst aber für die industrielle Entwicklung. Die weiteren Eisenbahnverbindungen zum Rheinhafen in Ruhrort (1848) und nach Holland (1856) entstanden zur gleichen Zeit wie die neuen Industriebetriebe in Bahnhofsnähe (Zeche Concordia, Zinkindustrie, chemische Industrie) (Günter 1975, S. 11 f.).

Auch die JHH betrieb ab 1849 eine konsequente Politik der Gleisanbindung ihrer Betriebe, die außerdem durch Werksbahnen miteinander verknüpft wurden. Die veränderte Rohstofflage fand ihren Ausdruck in der Errichtung der neuen Hochofenanlage zwischen der Köln-Mindener Eisenbahn und der Essener Straße (Eisenhütte I, 1855) sowie der Abteufung der ersten werkseigenen Zeche im Ruhrgebiet überhaupt, der benachbarten Zeche Oberhausen[27]. Damit wurde die JHH wieder zu einem Unternehmen, das sowohl die Roheisenproduktion als auch die Verarbeitung in einem Konzern bündelte, doch wurde diese vertikale Konzernbildung jetzt zusätzlich durch den Erwerb von Zechen ausgeweitet (Verbundsystem) (Gutehoffnungshütte Sterkrade AG 1958, S. 24 ff.). Das Wachstum des Konzerns und seiner Werksflächen im damaligen Oberhausen und in den noch eigenständigen Gemeinden Osterfeld und Sterkrade wurde zum Motor der demographischen und städtebaulichen Entwicklung dieses Gebiets.

Städtebaulich wurde durch den Bahnhof also Neuland erschlossen. Die vorherrschende schmale Streifenparzellierung[28] bildete die Grundlage für das schach-

---

Kronprinz in Bergeborbeck regelmäßig Fettkohlen gefördert (Wiel 1970, S. 113; Korte 1990, S. 570).

[25] 1849 wurde auf der Friedrichs-Wilhelmshütte in Mülheim der erste Hochofen auf Kokskohlenbasis in Betrieb genommen (Wiel 1970, S. 115; vgl. hierzu auch Mertins 1965, S. 172 ff.).

[26] Der Bahnhof wurde nach dem ca. 2 km nördlich gelegenen Rittergut Oberhausen benannt.

[27] Die Aktiengesellschaft der Zeche Concordia befand sich in fast gleicher Eigentümerschaft wie die JHH und bemühte sich schon früh um eine absatzmäßige Anbindung an einen Konzern der Eisen- und Stahlindustrie - naturgemäß an die JHH (vgl. Reif 1993, S. 24, 26).

[28] Diese Streifenparzellierung war durch die Aufteilung der ehemaligen Alstader Allmende entstanden.

brettartige Straßenraster der 1862 gegründeten Gemeinde Oberhausen, wie es schon 1865 im Rasterplan des Kreisbaumeisters Kind festgelegt wurde (Günter 1994, S. 101 f.). Das bedeutete aber noch keine wirkliche Stadtplanung. Es herrschte nämlich Baufreiheit im Stadtgebiet, was eine geordnete Auffüllung des Straßenrasters erschwerte und einerseits zu einer äußerst lückenhaften Bebauung führte, andererseits die Ausprägung eines Geschäfts- und Verwaltungszentrums erschwerte.[29]

Der erste Versuch, eine solche Stadtmitte für Oberhausen zu planen, konzentrierte sich auf ein Gelände nördlich des Bahnhofs, wurde aber durch die fehlende Kooperation der Eisenbahn zunichte gemacht. Der zweite Versuch, Anfang der 1870er Jahre eingeleitet, sah eine Ansiedlung im Bereich des heutigen John-Lennon-Platzes vor, doch die gerade dann auftretenden Bergsenkungen[30] ließen aufgrund der Abflußstörung der Emscher just dort einen See entstehen, der erst 1882 durch einen Kanal entwässert wurde. Der dadurch ausgelöste Spekulationsschock sowie die wirtschaftliche Krise, die ab 1873 der Hochkonjunktur zur Zeit der Reichsgründung folgte, führten zum Scheitern auch dieses zweiten Versuches (Günter 1975, S. 19; Krötz 1985, S. 8).

Stattdessen entstand 1873/74 ein erstes Rathaus (1874 wurde Oberhausen Stadt), neben dem heutigen Rathaus gelegen[31], und eine Art geschäftliches Zentrum entwickelte sich langsam und ungeordnet um den seit 1859 bestehenden Marktplatz, heute Altmarkt genannt[32], sowie entlang der Marktstraße (Günter 1975, S. 19 ff.). Mindestens zwei Konsequenzen aus dieser städtebaulichen Entwicklung sind für die Diskussionen um die Neue Mitte bis heute relevant: Die recht uneinheitliche und ungeordnet ablaufende Bebauung des Gemeindegebietes und das Fehlen eines echten Stadt- und Geschäftszentrums haben die frühzeitige Ausprägung einer architektonischen und wirtschaftlichen Stadtmitte in Alt-Oberhausen ver- oder zumindest behindert.

Die weitere städtische Entwicklung Oberhausens wies demnach verschiedene räumliche Schwerpunkte auf. Neben dem Marktplatz entwickelten der Bahnhofsvorplatz[33] und der Friedensplatz mit dem Amtsgericht eine funktionale Bedeu-

---

[29] Oft wird - in Anlehnung an ein Zitat des Schriftstellers Levin Schücking - aufgrund der Bahnhofszentrierung, des Straßenrasters und der z. T. spekulativen Bautätigkeit von einer sehr amerikanischen Stadtentwicklung gesprochen, was aber nicht nur in bezug auf die industriewirtschaftliche Basis der Stadtgründung etwas zweifelhaft erscheint.

[30] Diese waren auf die Arbeit der Zeche Concordia zurückzuführen.

[31] An der Stelle der alten Gerichts- und Richtstätte. Die Ortsbezeichnung Galgenberg für den Standort des Rathauses hat sich bis heute erhalten.

[32] Der Marktplatz war 1859 von einem Bauern zum Abhalten eines Marktes zur Verfügung gestellt worden, befand sich damals aber noch inmitten eines Tannenwaldes.

[33] Der Bahnhofsvorplatz wurde auch zum Zentrum des ab 1897 aufgebauten Straßenbahnnetzes, das Oberhausen schon bald mit seinen Nachbargemeinden verband, unter anderem mit Sterkrade und Osterfeld.

tung. Ab 1910 entstanden Pläne für einen repräsentativen Rathausneubau neben dem bestehenden, die aber erst ab 1930 umgesetzt wurden (Günter 1975, S. 37). Damit wurde das neue Rathaus zum Verwaltungszentrum der 1929 vereinigten neuen Stadt Oberhausen, seine Standortwahl stammte aber noch aus Alt-Oberhausener Zeit.

Die Kommunalreform von 1929 war das Ergebnis einer breiten, ruhrgebietsweiten Diskussion. Der Versuch, die vielfältigen Probleme des Ruhrgebiets planerisch besser in den Griff zu bekommen, hatte schon 1904 bei der Vorflutregelung der Emscher (inkl. Kanalisierung und Mündungsverlegung) zu genossenschaftlichen Strukturen geführt, und allgemein wurde die Zusammenfassung zu größeren Gebietseinheiten als vorteilhaft angesehen. Dabei hatte die Stadt Oberhausen schon ab 1907 konkrete Vorschläge zur Eingliederung Sterkrades gemacht, vor allem, um neue Flächen für die Industrie- und Siedlungsentwicklung zu gewinnen, die im eigenen Stadtgebiet kaum noch vorhanden waren (Krötz 1985, S. 7). Das konkrete Projekt einer Zusammenfassung von Oberhausen, Sterkrade und Osterfeld war aber maßgeblich von den Konzerninteressen des nun als GHH bezeichneten Unternehmens vorangetrieben worden. Dessen Vorstandsvorsitzender Paul Reusch war zwischen 1909 und 1923 einflußreiches Ratsmitglied in Oberhausen (Günter 1975, S. 14)[34], und die GHH hatte ein starkes Interesse daran, ihre im wesentlichen auf Sterkrade, Osterfeld und Oberhausen verteilten Betriebe auf einem einzigen Stadtterritorium zusammenzufassen (Reif 1993, S. 430 f.). Dabei gab es durchaus Vorschläge für alternative Gebietsreformen und deutlichen Widerstand gegen diese konkrete Zusammenfassung, welcher zum Teil auf angestammte historische Identifikationen wie beispielsweise Osterfelds Zugehörigkeit zu Westfalen zurückging (Mertins 1964, S. 177; Krötz 1985, S. 7).[35]

Interessant ist die Ambivalenz des Einflusses der GHH in dieser bis heute für Oberhausen aktuell gebliebenen Frage. Einerseits ist der heutige Zuschnitt der Stadt Oberhausen eindeutig durch die Konzerninteressen der GHH bestimmt, andererseits haben eben diese Konzerninteressen jene städtebaulichen Barrieren hervorgerufen oder verstärkt, die zur Aufrechterhaltung der Stadtteilbezogenheit in wesentlichem Maße beigetragen haben. Für die GHH war die Verknüpfung ihrer Betriebe durch Werksbahnen seit Mitte des 19. Jahrhunderts ausgewiesene Werkspolitik, was natürlich zu einer Zersplitterung und Isolierung der Wohnbauflächen im Stadtgebiet führte. Der breite Korridor, der auch 1929 schon Sterkrade

---

[34] Der Sitz des Unternehmens war 1873 im Zusammenhang mit der Umfirmierung von der JHH in die GHH offiziell von Sterkrade nach Oberhausen verlegt worden, 1875 bezog man die neue Hauptverwaltung an der Essener Straße.

[35] Zum Beispiel wurde auch diskutiert, Sterkrade, Osterfeld und Bottrop zu einer Stadt zusammenzufassen, gleichzeitig südlich der Emscher Mülheim und Oberhausen zu vereinen. Noch 1933 gab es in Sterkrade und Osterfeld eine Unterschriftensammlung, die sich eindeutig gegen den Zusammenschluß mit Oberhausen aussprach (Mertins 1964, S. 177).

und Osterfeld von Alt-Oberhausen trennte (und seitdem nur um die Autobahn 42 erweitert worden ist), besteht ja auch aus Eisenbahntrassen und -anschlüssen für GHH-Betriebe, ferner aus dem auf ausdrückliches Betreiben von Paul Reusch hin verwirklichten Rhein-Herne-Kanal sowie der Emscher, deren Kanalisation eine direkte Folge der industriellen Entwicklung des Gebietes war. Als Konsequenz dieser physischen (und historisch verwurzelten mentalen) Barrieren hat das Zentrum Alt-Oberhausens nie eine ökonomische Zentrenfunktion für die Gesamtstadt entwickeln können, ein Manko, das ja gerade in den programmatischen Absichtserklärungen zur Entwicklung der Neuen Mitte bewußt angesprochen wird.[36]

1929 waren damit die politischen, die Siedlungs- und Wirtschaftsstrukturen schon angelegt, die bis heute die Stadtentwicklung Oberhausens prägen. Die territoriale Abgrenzung des heutigen Stadtgebietes hatte mit der Kommunalreform ihren Abschluß gefunden, und Oberhausen hatte eine Einwohnerzahl von 192.000 erreicht[37]. Die Zentrenstruktur mit drei recht eigenständigen Stadtteilen und einer Vielzahl von zum Teil ziemlich isolierten Wohnvierteln war bereits deutlich erkennbar, wie auch die damit verbundenen städtebaulichen und verkehrlichen Schwierigkeiten. Zudem war Oberhausen wirtschaftlich eindeutig von den Großstrukturen der Montanindustrie - in erster Linie der GHH - geprägt, so sehr, daß die konjunkturelle Lage gerade der Eisen- und Stahlindustrie diejenige des Bergbaus und fast aller mit ihr verflochtenen Mittel- und Kleinbetriebe in der Stadt bestimmte. Daß dies einmal viel entscheidender zum ökonomischen Niedergang der Stadt beitragen sollte als während der verschiedenen Konjunkturkrisen bis 1929, ist sicherlich aus heutiger Sicht einfacher zu erkennen als damals.

Durch die überragende Stellung der Großindustrie lassen sich aber auch bestimmte sozio-kulturelle Strukturen erklären, wie etwa das weitgehende Fehlen eines (Bildungs-) Bürgertums, was wiederum für die unterentwickelte Ausprägung von Einzelhandel, Dienstleistungen und freien Berufen zumindest mitverantwortlich ist (Reif 1993, S. 45). Diese damals bereits erkennbaren Defizite sind im Bewußtsein von Bevölkerung, Stadtpolitik und -verwaltung bis heute verankert. Ihrer Überwindung und vor allem auch der offensiven Vermarktung eines

---

[36] Reif betont im Zusammenhang der Eingemeindungsdebatte die Diskrepanz zwischen territorialer Ausdehnung und innerer Erschließung und Versorgung insbesondere der Arbeiterviertel. "Aus der verspäteten Stadt wurde damit die 'überforderte Stadt' Oberhausen. Die Suche Oberhausens nach seiner Mitte, ein Symbol der ungleichgewichtigen und fremdbestimmten Entwicklung dieser Stadt, begann aufs Neue und hält bis heute an" (Reif 1993, S. 434).

[37] 1901 war Oberhausen kreisfreie Stadt geworden, 1909 hatte es eine erste wichtige Eingemeindung gegeben, die Alstaden und Teile von Styrum und Dümpten zu Oberhausen schlug, womit gerade auch GHH-Wohnsiedlungen im Süden zu Oberhausen kamen und in Alstaden ein Zugang zur Ruhr gewonnen wurde. Als 1915 Teile von Borbeck angegliedert wurden, überschritt Oberhausen die 100.000 Einwohner-Grenzlinie zur Großstadt (Gehne 1949, S. 10).

"gelungenen Strukturwandels" wird in aktuellen Diskussionen um erfolgreiche Stadtentwicklung eine gesteigerte Bedeutung zugemessen - wiewohl solche Aspekte der Urbanität und auch der Attraktivität von Einzelhandelsangeboten nicht nur für alte Industrieregionen relevant sind. Diese Fragen werden demnach bei der Behandlung der Aktivitäten der Stadt im Zusammenhang mit den Planungen zur Neuen Mitte immer wieder eine Rolle spielen.

4.3 Industrieentwicklung nach 1929

Da also die prägenden Strukturen der Oberhausener Stadtentwicklung 1929 bereits vorhanden sind, sollen im folgenden die wirtschaftlichen Entwicklungen skizziert werden, die Oberhausen aus heutiger Sicht zu einer "alten Industriestadt" gemacht haben, also zu einer Stadt, in der die Probleme des Strukturwandels des Ruhrgebiets in fast exemplarischer Art nachzuvollziehen sind.

Nach der unsicheren Wirtschaftsentwicklung der Weimarer Republik (Reparationen, Besetzung des Ruhrgebietes, Weltwirtschaftskrise) und den besonderen Auswirkungen des Dritten Reiches (Rüstungsproduktion, Kriegswirtschaft, Kriegsschäden an Werksanlagen und Wohnungen in Oberhausen) ergaben sich für die Oberhausener Industrie, das heißt in erster Linie für die GHH, mit der Besatzung und alliierten Kontrolle nach dem Zweiten Weltkrieg bedeutsame Veränderungen. Unter der Kontrolle der britischen Besatzung wurde die Konzernentflechtung der Montanindustrie im Ruhrgebiet vorangetrieben[38]. Für Oberhausen bedeutete dies vor allem die Auflösung des GHH-Konzerns in drei Haupt-Nachfolgegesellschaften: die GHH Sterkrade Aktiengesellschaft (Weiterverarbeitungsbetriebe), die Bergbau AG Neue Hoffnung sowie die Hüttengesellschaft Oberhausen AG (HOAG), die die Betriebe der Verhüttung und Stahlerzeugung übernahm (Gutehoffnungshütte Sterkrade AG 1958, S. 46). Natürlich leistete die Konzernführung erheblichen Widerstand gegen diese Pläne (Schubert o. J., S. 21); die getrennte Weiterentwicklung des ehemals vertikal integrierten Konzerns konnte aber dadurch nicht gestoppt werden. Angesichts der Entschädigungen der Anteilseigner und der guten Profitmöglichkeiten in der Wiederaufbauphase konzentrierte man sich bald auf das Management des einsetzenden wirtschaftlichen Aufschwungs[39]. Nach der Überwindung der unmittelbaren Folgen der

---

[38] Eine detaillierte Schilderung der Debatten um Demontage, Sozialisierung des Ruhrbergbaus (vor allem seitens der Briten) und Konzernentflechtung (unter wachsendem amerikanischen Einfluß in der Bizone ab 1947 vorangetrieben) würde hier zu weit führen. Vgl. zum Überblick z. B. Schlieper 1986, S. 149-162 und andere Arbeiten zur Phase der deutschen Staatenbildung nach dem Zweiten Weltkrieg.

[39] Hiermit sollen die erheblichen Schwierigkeiten und die objektive Notlage gerade der Arbeiter und der Flüchtlingsbevölkerung in den Ruhrgebietsstädten in keiner Weise verharmlost werden, ebensowenig wie die betriebswirtschaftlichen Probleme des Wiederankurbelns der Zechen und Hüttenbetriebe.

Niederlage verbreitete sich innerhalb der Montanwirtschaft langsam wieder Optimismus. Aufgrund nur geringer Kriegszerstörungen und Demontagen der Betriebe wurden die Entwicklungschancen durchaus positiv gesehen, da ja einerseits die wertvolle Kohle nach wie vor vorhanden war und andererseits Eisen und chemische Produkte "zu allen Zeiten und in steigendem Maße gebraucht" würden (Kühltau 1949, S. 69)[40].

4.4 Strukturwandel und Krisen seit dem Zweiten Weltkrieg

Die zum damaligen Zeitpunkt noch nicht vorstellbaren Krisen des Ruhrgebiets, angefangen mit der Kohlekrise von 1957/58, sind in der wissenschaftlichen Diskussion breit und intensiv aufgearbeitet worden, einschließlich der vielfältigen die Krisen auslösenden und verstärkenden Faktoren (vgl. z. B. Rommelspacher 1981, Aring u. a. 1989, Abelshauser 1984, Projektgruppe Ruhrgebiet 1987, Wiel 1970), so daß ihrer Darstellung hier kein besonderer Raum gewidmet werden soll. Stattdessen sollen vielmehr kurz die in Oberhausen erkennbaren Konsequenzen dieser Strukturkrisen skizziert werden.

Die Kohlekrise der späten 50er Jahre brachte auch für Oberhausen erste empfindliche Einbußen an Arbeitsplätzen. Waren 1958 noch 21.530 Bergleute in Oberhausen beschäftigt, so waren es 1963 nur noch 15.462 (Mertins 1964, S. 186; Krötz 1985, S. 28 f.). Auch wenn das Tempo des Niedergangs der Kohle im Ruhrgebiet in den darauffolgenden Jahrzehnten variierte, so setzten sich die Zechenstillegungen und Arbeitsplatzverluste trotz des einsetzenden Krisenmanagements seitens der Regierungen und Bergbaugesellschaften fort. Zwischen 1961 und 1987 wurden im Oberhausener Bergbau 13.300 Arbeitsplätze abgebaut (Richter 1992, S. 38), und 1986 waren lediglich 4.430 Bergbaubeschäftigte verblieben (Strasser & Pawellek 1991, S. 94). Seit der Stillegung der Zeche Osterfeld 1992 gibt es auf Oberhausener Stadtgebiet keine fördernde Zeche mehr.

Die Krise der Stahlindustrie setzte zwar später ein - mit zunehmender Dynamik ab Ende der 60er Jahre -, ihre Auswirkungen auf die Beschäftigungssituation in Oberhausen waren aber ähnlich dramatisch (Strasser & Pawellek 1991, S. 94). Zwischen 1961 und 1987 gingen 13.000 Arbeitsplätze bei der Stahlerzeugung und 6.200 beim Stahl-, Maschinen- und Fahrzeugbau verloren (Richter 1992, S. 38).

Diese Arbeitsplatzverluste betrafen natürlich in erster Linie die GHH-Betriebe und die HOAG. Letztere war ab 1967 unter die Aktienmehrheit der August-Thyssen-Hütte gekommen und firmierte nach einigen Umstrukturierungen ab 1972 unter dem Namen Thyssen Niederrhein AG. Die faktische Einordnung in

---

[40] Diese optimistische Einschätzung des damaligen Geschäftsführers des IHK-Bezirks Essen entstammt einer von der Stadtverwaltung herausgegebenen Festschrift aus Anlaß des 75-jährigen Stadtjubiläums 1949. Im Untertitel der Festschrift wird der Optimismus besonders deutlich: "75 Jahre Oberhausen Stadt. Die aufstrebende Industriegroßstadt am Niederrhein".

den Thyssen-Konzern und damit in ein wirtschaftliches Kalkül, das nicht mehr in Oberhausen bestimmt wurde, erfuhr ihre deutlichste Ausprägung in der Umwandlung der Thyssen Niederrhein AG in eine reine Betriebs- und Geschäftsführungsgesellschaft (1977), die die Betriebe an die Thyssen AG (ab 1983 die Thyssen Stahl AG) verpachtete, was zu umfangreichen Ausgliederungen von Managementfunktionen der Oberhausener Werke in die Konzernzentrale führte. Auf eine detaillierte Darlegung der Stillegungen einzelner HOAG- bzw. Thyssen-Betriebe seit den späten 60er Jahren soll hier verzichtet werden (vgl. dazu Schubert o. J., S. 88 ff.), da in erster Linie die bereits bezifferten direkten Ergebnisse für die Beschäftigungslage in Oberhausen interessieren. Als die Neue Mitte eröffnet wurde, waren in dem Thyssen-Elektrostahlwerk östlich der Osterfelder Straße, nur noch knapp 200 Mitarbeiter beschäftigt. Mittlerweile ist auch dieser Standort aufgegeben worden, die Mitarbeiter wurden in andere Thyssenbetriebe umgesetzt (vgl. WAZ Oberhausen vom 26.09.1996 und vom 20.12.1997).

Im primären und sekundären Sektor gingen also zwischen 1961 und 1987 über 39.000 Arbeitsplätze verloren, was durch das Wachstum des tertiären Sektors (+ 15.000 Arbeitsplätze) nicht kompensiert werden konnte (Richter 1992, S. 38). Unter dem Strich blieb ein Verlust von fast 24.000 Arbeitsplätzen und eine Zunahme der Arbeitslosenzahl von 600 auf 13.400 (Strasser & Pawellek 1991, S. 100).

Die für die Entstehungs- und Erweiterungsphase der Stadt Oberhausen grundlegende und auch fruchtbare Bindung von Stadt und Großindustrie (speziell die GHH) ist also in den Entwicklungen seit dem Zweiten Weltkrieg zunehmend verschwunden. Zwar war und ist Thyssen noch immer ein äußerst mächtiger Verhandlungspartner mit erheblichem Grundbesitz[41], doch die weitgehende Übereinstimmung von Interessen der Flächen- und Stadtentwicklung zwischen Stadt und Montanindustrie (vgl. hierzu insbesondere Reif 1993) ist angesichts der überörtlich bestimmten Konzernpolitik (Thyssen, Ruhrkohle, MAN - mittlerweile Eigentümer der Sterkrader GHH) fast völlig verloren gegangen.

Für die Stadt Oberhausen verdichteten sich damit am Ende der 80er Jahre die Krisensymptome, denn Betriebsschließungen bedeuteten nicht nur einen Verlust von Arbeitsplätzen, sondern parallel einen Verlust an Steueraufkommen. Gleichzeitig stiegen die kommunalen Aufwendungen für Sozialhilfeleistungen massiv an (Richter 1992, S. 38)[42]. In nicht einmal zehn Jahren verdoppelte sich die Anzahl der Sozialhilfeempfänger, die Ausgaben stiegen im gleichen Zeitraum um über

---

[41] Mit der Schließung des Elektrostahlwerks könnte eine Fläche freiwerden, die insgesamt noch größer ist als das Areal der Neuen Mitte (WAZ Oberhausen vom 26.09.1996). Die Stadt ist bereits eifrig dabei, Konzepte für dort anzusiedelnde Folgenutzungen zu erarbeiten und entsprechende Investoren zu gewinnen (WAZ Oberhausen vom 07.11.1997).

[42] Die kausale Verknüpfung dieser beiden Trends und ihre teilweise Begründung in Änderungen der Gesetzesgrundlagen durch die Bundesregierung sind unbestritten.

135 % (vgl. Tab. 1). Waren 1970 nur 0,5 % der Sozialhilfeempfänger arbeitslos, so waren es 1987 bereits 32 % (Richter 1992, S. 38). Dies hatte natürlich gravierende Auswirkungen auf die fiskalischen Handlungsspielräume der Kommune.

Tab. 1: *Sozialhilfe in Oberhausen, 1980-1989*

	1980	1985	1988	1989
Ausgaben in Mio. DM	28,966	53,600	64,461	68,107
Anzahl der Empfänger	10.259	13.732	17.932	20.521

Quelle: *Kommunalverband Ruhrgebiet (1991, 1995): Städte- und Kreisstatistik Ruhrgebiet*

5 Die Vorgeschichte und das World Tourist Center Oberhausen

5.1 Die Krisensituation der 80er Jahre

Die Auswirkungen des wirtschaftlichen Niedergangs der Stadt waren mehrschichtig. Erstens ergab sich für die Stadt eine angespannte kommunale Haushaltslage, die aus dem Arbeitsplatzabbau der Montanindustrie, dem Verlust an Steueraufkommen und den gestiegenen Ausgaben für Sozialhilfeleistungen resultierte. War die Stadt im Jahre 1980 noch mit insgesamt 362,9 Mio. DM verschuldet gewesen (Kommunalverband Ruhrgebiet 1981), so stieg der Schuldenstand vor allem in der zweiten Hälfte der 80er Jahre weiter an. 1990 belief er sich bereits auf 465,3 Mio. DM (Kommunalverband Ruhrgebiet 1991) - zwischen 1985 und 1990 war der Schuldenstand damit um 16,5 % gewachsen.

Tab. 2:   Schuldenstand der Stadt Oberhausen, 1980-1990

	1980	1985	1986	1987	1988	1989	1990
Schuldenstand in Mio. DM	362,9	399,3	409,5	441,5	449,1	457,5	465,3

Quelle: Kommunalverband Ruhrgebiet (1981, 1986, 1987, 1988, 1989, 1990, 1991): Städte- und Kreisstatistik Ruhrgebiet

Zweitens hatten die Beschäftigungsverluste im primären und sekundären Sektor bedeutende Auswirkungen für die Entwicklung gerade des tertiären Sektors in der Stadt aufgrund der Multiplikatorwirkung der montanindustriellen Arbeitsplätze. Der zunehmende Ausfall von regelmäßigen Lohnzahlungen hatte dementsprechend negative Auswirkungen auf das verfügbare Einkommen der Oberhausener Bevölkerung insgesamt, was wiederum für die Entwicklung des Einzelhandels innerhalb der Stadt eine schwere Hypothek darstellte. Die relativ schwache Position des Oberhausener Einzelhandels läßt sich an den Zahlen der Handels- und Gaststättenzählung 1985 belegen (siehe Tab. 3, S. 47).

Tab. 3: Daten zum Einzelhandel, 1978-1985[43]

	Umsatz	Beschäftigte	Umsatz je Einwohner	
	Entwicklung 1978-84 in %	Entwicklung 1979-85 in %	Entwicklung 1978-84 in %	1984 in DM
Oberhausen	+ 9,4	- 6,4	+ 13,0	6.810
Essen	+ 24,6	- 8,4	+ 31,2	8.568
Mülheim	+ 24,8	- 14,3	+ 32,7	9.633
Ruhrgebiet	+ 15,5	- 11,3	+ 20,1	7.563

Quelle: IHK Essen (1988), S. 44, 57

Insbesondere die Umsatzentwicklung blieb zwischen 1978 und 1984 deutlich hinter den allgemeinen Trends zurück. Die weniger deutliche Abnahme der Beschäftigten weist auf eine insgesamt geringere Dynamik im Einzelhandel der Stadt hin. Die auch für das Ruhrgebiet unterdurchschnittlichen Umsatzzahlen je Einwohner sind ein erstes Indiz für die Kaufkraftabflüsse in die Nachbarstädte, die von der Stadt bei den Planungen der Neuen Mitte später immer wieder betont wurden.

Die Abnahme der Einwohnerzahl um ca. 34.000 Personen zwischen 1961 und 1987 war logische Folge des wirtschaftlichen Niedergangs in Verbindung mit den ballungsraumweiten Suburbanisierungsprozessen. Erst mit dem vermehrten Zuzug von Aus- und Übersiedlern sowie Asylanten stieg die Einwohnerzahl gegen Ende der 80er Jahre wieder leicht an (Richter 1992, S. 38).

Drittens darf man aber auch die erheblichen mentalen Auswirkungen dieser Wandlungsprozesse nicht aus dem Blick verlieren, und zwar sowohl bei den von den Arbeitsplatzverlusten direkt Betroffenen als auch bei den Einzelhändlern und den leitenden Politikern und Beamten der Stadt. Das nach innen wie nach außen wirkende Bewußtsein einer massiven Krise sowie die Erfahrung einer weitgehenden Hilflosigkeit gegenüber nicht vor Ort beeinflußbaren und entschiedenen Entwicklungen riefen bei vielen potentiellen Handlungsträgern ein zunehmendes Gefühl von Fremdbestimmtheit und Verzweiflung hervor, da die weitgehend fordistisch geprägten Produktionsformen und Regulationsweisen mit ihren lange Zeit stabilen Orientierungsrahmen und Wertmustern zerbrachen. Dieses Gefühl

---

[43] Oberhausen bildet mit Mülheim und Essen einen gemeinsamen Kammerbezirk.

der Aussichtslosigkeit und Mutlosigkeit, ein grundlegender Pessimismus gegenüber Besserungen in der Zukunft ist in vielen Gesprächen mit Bürgern und Politikern zum Ausdruck gekommen.

Die Krise war aber auch räumlich erkennbar und stellte ein stadtplanerisches bzw. städtebauliches Problem erster Größenordnung dar. Die großen Industrieareale, allen voran die über 100 ha großen Flächen der ehemaligen GHH-Betriebe beiderseits der Essener Straße, welche für so viele tausende Oberhausener über Jahre beruflicher Mittelpunkt ihres Lebens gewesen waren, wurden über die Jahre sukzessive stillgelegt und entvölkert. Sie wurden dementsprechend immer mehr zu einem störenden Fremdkörper, gerade auch aus Sicht der räumlichen Planung in der und für die Stadt. Sie stellten mehr ein Problemgebiet dar, als daß sie als Chance zur Flächenneuentwicklung gesehen wurden, was aufgrund der bestehenden Besitzverhältnisse sicherlich auch keine abwegige Einschätzung darstellte.

Mitte der 80er Jahre wurden in Oberhausen durchaus Überlegungen angestellt zur planerischen Inwertsetzung dieser Areale. So gab es Bemühungen, auch mit planerischen Mitteln gegen die Krisensicht der Stadtentwicklung vorzugehen und wegweisende Projekte gerade zur Verbesserung der lebensräumlichen Qualität in Angriff zu nehmen. Die Konzeption der Grünen Mitte Oberhausen (ca. 1986/87), die eine ökologische Erneuerung und Naherholungsnutzung der Industriezone entlang des Rhein-Herne-Kanals mit den Möglichkeiten zum langsamen Wachsen neuer Industrie- und Gewerbeflächen verband, brachte der Stadt Oberhausen planerische Meriten ein: Man wurde Sieger des Landeswettbewerbs 1987 zur Innenstadtentwicklung der Städte und erhielt eine Sonderauszeichnung des Bundesbauministeriums (Blase 1988, S. 1038). Diese Planungen, vorangetrieben vom stellvertretenden Amtsleiter des Planungsamtes und dem damaligen Planungsdezernenten (Günter 1994, S. 110), nahmen damit mehr oder weniger deutlich Abschied von der traditionell an Großstrukturen orientierten Flächenentwicklungsplanung durch die Stadt und versuchten, die Wachstumsschwächen Oberhausens als Voraussetzung aufzugreifen und eine stückchenhafte Entwicklung des Thyssen-Areals zu ermöglichen.[44]

Die Betonung der "grünen" Qualitäten dieser Flächenentwicklung sowie die offensichtliche Abkehr von Großstrukturen und -projekten als Entwicklungs- und Wachstumsansatz stießen jedoch auf erheblichen Widerstand und Unverständnis bei vielen der mehr oder weniger einflußreichen politischen Akteure. Angesichts der gleichzeitigen Schließungswellen bei den Thyssenschen Stahlbetrieben ließen sich die scheinbar primär ökologisch orientierten Planungen vielen Akteuren nicht

---

[44] Damit weisen einzelne Projekte wie auch das Gesamtkonzept der Grünen Mitte eine offensichtliche inhaltliche Nähe zu Leitlinien und Grundvorstellungen der IBA auf. Der damalige stellvertretende Planungsamtsleiter wechselte Anfang 1989 zur IBA und wurde dort zum Bereichsleiter "Arbeiten im Park".

vermitteln. In den Augen vieler kommunaler SPD-Politiker, mit ihrer Orientierung an bzw. Herkunft aus dem Umfeld der Industriearbeiter der GHH und HOAG/ Thyssen, brachte eine Grüne Mitte keine Arbeitsplätze[45]. Stattdessen stellte man sich eher eine neue große Industrieansiedlung vor, die mit einem einzigen Schritt erhebliche Beiträge zur Verbesserung der Arbeitsplatzsituation liefern sollte.

Insofern bestand also innerhalb von Verwaltung und Politik kein allgemeiner Konsens über wichtige Leitlinien der Stadtentwicklung. Zwar gab es das Planungskonzept der Grünen Mitte, doch in Ermangelung konkreter Handlungsalternativen bestand auch kein Anlaß, divergierende Politiken oder Leitlinien offen zu vertreten. Es gab aber verschiedene Gruppen mit unterschiedlichen Interpretationen der ökonomischen Rahmenbedingungen für die Oberhausener Stadtentwicklung, die bei einem entsprechenden Anlaß durchaus eine Umorientierung dieser Politik in die Wege leiten konnten. Der Anlaß sollte schneller kommen als erwartet oder erträumt.

5.2 Das World Tourist Center Oberhausen

Als 1988 erstmals Pläne zur Erstellung eines World Tourist Centers (WTC) in Oberhausen bekannt wurden, dauerte es nicht lange, bis die Stadt Oberhausen die Entwicklungskonzeption der Grünen Mitte aufgab und auf die Hoffnung einer Großinvestition zur Entwicklung der Thyssen-Flächen setzte. Angesichts der oben skizzierten objektiven Problemfelder und der historisch bedingten Problem- und Lösungswahrnehmung vieler damals beteiligter Entscheidungsträger kann es wohl auch nicht übermäßig verwundern, daß man in Oberhausen überwiegend enthusiastisch reagierte.

Die kanadische Investmentgesellschaft Triple Five, im wesentlichen ein Familienunternehmen der Familie Ghermezian, nahm im November 1988 Kontakt mit der Landesregierung in Düsseldorf auf, um einen gigantisch anmutenden Projektvorschlag ins Gespräch zu bringen: Auf jenem von Thyssen bereits weitgehend stillgelegten Industrieareal von etwa 100 ha, das heute zur Neuen Mitte geworden ist, sollte nach Vorstellung der Investoren das seinerzeit größte Freizeit- und Einkaufszentrum der Welt entstehen. 61 ha sollten überbaut werden mit einer Gesamtgeschoßfläche von 850.000 m^2, dazu noch einmal 700.000 m^2 Parkplatzflächen für 27.500 Fahrzeuge auf zwei Ebenen. Für dieses Center war ein vielfältiges Nutzungskonzept vorgesehen, das unter anderem zum Inhalt hatte:
- ein Einkaufszentrum von 250.000 m^2 mit über 800 Läden (mittel- und langfristiger Bedarf) und vier bis fünf Warenhäusern als Magneten;
- ein Freizeitzentrum von 92.000 m^2 mit Wellenbad, Hallenkirmes, Eisstadion, Meeresattraktionen, Kinokomplexen, Spielkasino, Gastronomie etc.;

---

[45] Bezeichnend dafür ein Zitat von OB van den Mond: "Mir nützt kein Park (...) in einer Stadt, in dem Arbeitslose gut spazieren gehen können." (Interview van den Mond)

- ein Tagungs- und Ausstellungscenter von 33.000 m²;
- eine Marina inkl. Hotelkomplex mit 3.000 Betten am Rhein-Herne-Kanal;
- ein Bürocenter von 90.000 m², bestehend aus drei oder vier zwölfgeschossigen Bürohäusern
(Blotevogel & Deilmann 1989, S. 641; Triple Five Continental Development o. J.; o. V. 1989, S. 1156 ff.).

Das Nutzungskonzept und die architektonische Gestaltung des WTC orientierten sich sehr stark an der ebenfalls von Triple Five erbauten und betriebenen West Edmonton Mall im kanadischen Edmonton. Die Architekten und Projektmanager waren im wesentlichen aus Kanada nach Düsseldorf gekommen, auch wenn man sich in bezug auf die Planung und Entwicklung des Einkaufszentrums mit dem deutschen Marktführer unter den Einkaufscenter-Managementgesellschaften, der Hamburger Firma ECE, zusammengetan hatte. Gestützt auf die Erfahrungen aus Alberta errechnete man erwartete Besucherausgaben von jährlich 1,6 Mrd. DM im Einzelhandelsbereich und noch einmal 1,5 Mrd. DM im Tourismusbereich. Das Investitionsvolumen von drei bis fünf Milliarden DM sollte während der Betriebsphase über 14.000 Arbeitsplätze schaffen, während der Errichtungsphase sollten darüber hinaus 68.000 Mannjahre Arbeit anfallen (Blotevogel & Deilmann 1989, S. 641; Triple Five Continental Development o. J.).

Das Wirtschaftsministerium in Düsseldorf zeigte sich als erster Ansprechpartner den Plänen der kanadischen Investoren gegenüber sehr aufgeschlossen. In den ersten Vorgesprächen mit der Regierung wurde allerdings bald klar, daß Triple Five sich für die erwarteten regionalwirtschaftlichen Effekte durchaus weitreichende Zugeständnisse materieller Art seitens der Stadt und vor allem des Landes vorstellte:

- Das Land sollte das Gelände von Thyssen "beschaffen", eventuelle Altlasten beseitigen sowie für die Erstellung der planungsrechtlichen Grundlagen sorgen.
- Die verkehrsmäßige Erschließung sollte vom Land finanziert und bewerkstelligt werden (Autobahn- und Straßenausbau, S-Bahn-Anbindung mit eigenem Bahnhof, Bootshafenbau am Rhein-Herne-Kanal).
- Eine Spielkasino-Lizenz sollte erteilt werden und das Land auf die übliche Gewinnbeteiligung verzichten.
- Eine Grundsteuerbefreiung für 35 Jahre wurde ebenso verlangt wie die Bereitstellung eines zinsverbilligten Kredites (zu 4 %) mit 35-jähriger Laufzeit.
- Eine Befreiung vom Ladenschlußgesetz sollte erwirkt werden, die es ermöglichen sollte, die Läden sieben Tage in der Woche bis 21:00 Uhr geöffnet zu halten.

- Die Stadt schließlich sollte das Kongreßzentrum für 35 Jahre anmieten und Triple Five als Manager des Zentrums beauftragen und bezahlen (Triple Five Continental Development o. J.; Blotevogel & Deilmann 1989, S. 641).

Trotz dieser weitreichenden Forderungen war man seitens der Stadt Oberhausen recht euphorisch. Der Oberbürgermeister und die SPD-Mehrheitsfraktion reagierten ebenso positiv auf diese als einmalige Chance angesehene glückliche Fügung des Schicksals[46] wie die oppositionellen CDU- und FDP-Fraktionen. Im lokalpolitischen Spektrum wollte nur die Bunte Liste, eine gemeinsame Liste verschiedener lokaler Alternativbewegungen und der Grünen, die Pläne nicht gutheißen. Der Einzelhandelsverband zog mit, und auch die Verwaltungsspitze ließ zumindest nach außen keine Zweifel daran aufkommen, daß man hier das Projekt der Stadtentwicklung Oberhausens schlechthin gefunden hatte. Die Besichtigungsreise führender Oberhausener Politiker und Interessenvertreter nach Edmonton im Dezember 1988 und ihre Äußerungen in der Presse bezeugen diesen Enthusiasmus (vgl. z. B. Kirbach 1988, 1989).

Dabei kann es keine Zweifel daran geben, daß sowohl einigen politischen Entscheidungsträgern als auch einigen Mitgliedern der Verwaltungshierarchie im Bereich Stadtentwicklung und -planung verschiedene Aspekte des Projektes nicht geheuer waren. Vor allem die Größe des Zentrums und die damit verbundenen Auswirkungen auf die umliegende (Oberhausener wie nachbarstädtische) Zentrenstruktur einerseits sowie die Auswirkungen auf die Verkehrsstrukturen im gesamten nordwestlichen Ruhrgebiet andererseits mußten bereits bei oberflächlicher Betrachtung der Projektvorstellungen Probleme bereiten. Ein solches Projekt ließ sich nicht nur mit dem Selbstverständnis sinnvoller und am Gemeinwohl orientierter Planung schwer in Einklang bringen, es widersprach auch dem persönlichen Erfahrungshorizont aller beteiligten Planer.

Letzteres trifft natürlich ebenso zu für die Oberhausener Kommunalpolitiker, die ja in der Tradition der montanindustriell geprägten Ruhrgebietsstädte im wesentlichen bodenständige, traditionsbewußte Männer mit historisch-politischer Basis in den Gewerkschaften und im Arbeitermilieu waren.[47] Projekte solcher Größenordnung, noch dazu vorgestellt mit einem offensiven, stark amerikanisch geprägten Marketingkonzept, waren wohl manchem instinktiv nicht geheuer. Dies läßt sich auch aus der scheinbaren Naivität der Äußerungen vor der Presse entnehmen (Kirbach 1988, 1989).

---

[46] Hierzu wurden in den geführten Gesprächen Ausdrücke wie "sechs Richtige im Lotto" oder "goldenes Kalb" verwendet.

[47] OB van den Mond war noch bis 1985 als Steiger auf der Zeche Osterfeld beschäftigt (o. V. 1995, S. 66 f.), CDU-Fraktionschef Eckhold absolvierte ursprünglich eine Maschinenschlosserlehre bei der GHH (Interview Eckhold).

Entscheidend bei der Bearbeitung des Projektvorschlages von Triple Five war aber nicht die kommunalpolitische Ebene. In diesem Punkt stimmen die Einschätzungen und Bewertungen sämtlicher Gesprächspartner ebenso überein, wie es auch die Sekundärquellen zum Ausdruck bringen. Das Projekt war im November 1988 von Triple Five zuerst an die Landesregierung herangetragen worden, welche dann einen konkret ausformulierten Projektvorschlag anforderte, der am 13. April 1989 eingereicht wurde. Die Stadt Oberhausen wurde zwar konsultiert (auch damals war ja das Oberhausener MdL Heinz Schleußer schon als Finanzminister Mitglied des Kabinetts), doch die Meinungsfindung und die Bearbeitung des Projektvorschlages fanden im wesentlichen auf der Ebene des Kabinetts bzw. der beauftragten Ministerien statt. Zunächst wurde eine interministerielle Arbeitsgruppe eingerichtet, die die weitere Beratung und Beurteilung des Projektes in die Wege leiten sollte und von einem Leitenden Ministerialrat des federführenden Wirtschaftsministeriums (MWMT) geleitet wurde. Die an dieser Arbeitsgruppe hauptsächlich beteiligten Ministerien waren das Städtebauministerium (unter Christoph Zöpel), das Wirtschaftsministerium (unter Reimut Jochimsen) und das Umwelt- und Raumordnungsministerium (unter Klaus Matthiesen). Des weiteren waren Mitarbeiter des Innenministeriums (unter Herbert Schnoor), der Staatskanzlei (zunächst unter Klaus-Dieter Leister[48], ab Januar 1989 unter Wolfgang Clement), des Ministeriums für Arbeit und Soziales (unter Hermann Heinemann) und des Finanzministeriums (unter Heinz Schleußer) beteiligt. Letztere kamen aber erst später hinzu, als die fachliche Prüfung bereits vorangeschritten war und über mögliche Folgenutzungen nachgedacht wurde (Interview Becker).

Die Meinung des Kabinetts war durchaus gespalten. Während Jochimsen und Matthiesen das Projekt unterstützten, lehnte Zöpel es klar ab (Blotevogel & Deilmann 1989, S. 641; Kirbach 1989, S. 42). Nachdem im April 1989 mit dem schriftlichen Projektvorschlag von Triple Five erstmals so etwas wie konkrete Pläne mit projizierten Flächengrößen, Besucherströmen und Umsatzzahlen auf dem Tisch lagen, bestellte die Landesregierung auf Anregung der interministeriellen Arbeitsgruppe ein Gutachtergremium, das die verschiedenen Auswirkungen des projektierten WTC analysieren und bewerten sollte - allerdings bei einer lediglich zweimonatigen Bearbeitungszeit (Wiese von Ofen, Müller-Trimbusch & Stumpfl 1989)!

Zur gleichen Zeit hatten sich jedoch bereits die Interessenvertreter der Nachbarstädte in Düsseldorf lauthals zu Wort gemeldet, sowohl über die Ebene der

---

[48] Leister wechselte anschließend zur West LB und wurde später in den Aufsichtsrat der Grundstücksentwicklungsgesellschaft Oberhausen berufen, als diese (im gemeinsamen Eigentum von Land, Stadt Oberhausen und der West LB) zwischen Herbst 1989 und Jahresende 1991 die Investorensuche und das Grundstücksgeschäft für die Neue Mitte vorantrieb (siehe dazu Kap. 6.1.1, S. 59 ff.).

Fraktionen als auch direkt bei der Regierung (Kirbach 1988). Früh einigten sich die Nachbarstädte darauf, ihre Aktivitäten in einem interkommunalen Arbeitskreis zu koordinieren, was dann unter Führung der Stadt Essen auch geschah. Dieses Vorgehen wurde durch die Landesregierung ausdrücklich befürwortet, wohl auch in Anerkennung der beträchtlichen Dynamik, die die Nachbarstädte in dieser Frage bereits entwickelt hatten. Der interkommunale Arbeitskreis seinerseits bestellte beim Essener Büro Ageplan und dem Duisburger Geographieprofessor Hans Heinrich Blotevogel ein weiteres Gutachten.

Beide Gutachten wurden in ihren Grundzügen bereits im Juni 1989 der Öffentlichkeit vorgestellt, und beide kamen zu einer eindeutig ablehnenden Beurteilung des Projektvorschlages. Das Gutachten der Nachbarstädte konstatierte im wesentlichen, daß das geplante Einkaufszentrum den im Landesentwicklungsprogramm genannten Anforderungen nicht genüge, da es der im LEP I/II ausgewiesenen Zentrenstruktur zuwiderlaufe und daher ein entsprechender Bebauungsplan nicht genehmigungsfähig wäre (Blotevogel & Deilmann 1989, S. 644).

Das vom Land in Auftrag gegebene Gutachten, das von einer Gruppe von sieben Gutachterbüros unter der Koordination von Professor Farenholtz erstellt wurde, nahm in seiner über 500 Seiten starken Endfassung zu verschiedenen Aspekten des eingereichten Unternehmenskonzeptes Stellung (Arbeitsgemeinschaft der Gutachter 1989). Nach einer ausführlichen Darstellung "allgemeiner Trends als Rahmenbedingungen" und der "Analyse vergleichbarer existierender Projekte" erfolgte zunächst eine "Plausibilitätskontrolle der vorliegenden Unternehmenskonzeption", bevor dann eine detaillierte "Wirkungsabschätzung" vorgenommen wurde. Diese behandelte Auswirkungen auf die Zentrenstruktur im Einzugsbereich, insbesondere auf den Einzelhandel, auf das Freizeit- und Tourismusverhalten, auf den Verkehr, auf die Umwelt sowie auf das soziale Umfeld, die Stadtstruktur und das städtische Leben. Sowohl in bezug auf die Plausibilität des Unternehmenskonzeptes als auch in bezug auf die zu erwartenden Auswirkungen kamen die Gutachter zu einer negativen Bewertung des konkreten Projektvorschlags, betonten aber gleichzeitig die Entwicklungspotentiale der Fläche selbst und machten auch Vorschläge und Anregungen für eine zukünftige Entwicklung von Nutzungskonzepten.

Auf Grundlage dieser Gutachten traf die Landesregierung bereits am 20. Juni 1989 per Kabinettsbeschluß die Entscheidung, "das WTC-Projekt - zumindest in der vorliegenden Konzeption - nicht weiter zu verfolgen" (Blotevogel & Deilmann 1989, S. 645). De facto war damit das WTC-Projekt insgesamt gestorben, und Triple Five nahm von weiteren Planungen und Verhandlungen Abstand.

Die Bewertung des Vorgehens der Landesregierung bzw. der interministeriellen Arbeitsgruppe ist, gerade aus mehrjährigem zeitlichen Abstand gesehen, nicht unproblematisch. Nach formalen und sachlichen Kriterien sind zwar die aufgebauten Beratungs- und Entscheidungsstrukturen sowie das Einkaufen von renommiertem fachwissenschaftlichen Sachverstand logisch nachvollziehbar.

Sicherlich standen dabei aber nicht nur fachliche Gesichtspunkte im Mittelpunkt der Entscheidung.

Eine interministerielle Arbeitsgruppe unter Beteiligung von fünf Ministerien und der Staatskanzlei erscheint aus organisationstechnischen Überlegungen heraus nicht optimal. Die Hypothese liegt nahe, daß die bekannten Positionen einzelner Minister innerhalb des Kabinetts nicht kompromißfähig waren und deshalb eine Verlagerung aus dem Kabinett angestrebt wurde, wobei dann sowohl Gegner als auch Befürworter zusammen mit einigen weniger festgelegten Ministerien zusammengeführt werden mußten.

Die schon frühzeitig organisierte und lautstarke Gegnerschaft der Nachbarkommunen und -kreise dürfte schnell signalisiert haben, mit welch massivem Widerstand die Landesregierung zu rechnen gehabt hätte, wenn man sich offiziell zur Bejahung - und damit auch gleichzeitig zur Förderung - des WTC-Projektes entschieden hätte. Der politische Preis für eine SPD-Landesregierung, eine solche Vielzahl von durchweg ebenfalls SPD-regierten Kommunen und damit einen beträchtlichen Teil der eigenen Parteibasis zu ignorieren bzw. mit der Entscheidung der Landesregierung zu brüskieren, war damit von vornehrein sehr hoch anzusetzen. Durch das frühe Bekanntwerden der kanadischen Planungen war eine nicht nur parteiinterne Öffentlichkeit mobilisiert worden, die die Landesregierung unter einen erheblichen Legitimationsdruck setzte. Zum Abbau dieses Druckes war die Beauftragung eines vielköpfigen und angesehenen Gutachtergremiums sicherlich ein angebrachtes politisches Hilfsmittel.

Ob die ablehnende Entscheidung der Landesregierung in erster Linie politisch oder doch fachlich motiviert war, läßt sich nicht eindeutig bestimmen.[49] Das hohe Renommee der beteiligten Gutachter steht außer Frage, und die mangelnde örtliche und regionale Verträglichkeit des WTC-Projektes werden heute auch von Oberhausener Politikern und Planern durchweg anerkannt.

Die Verantwortlichen der Stadt Oberhausen waren an den Abstimmungsprozessen auf Ebene der Landesregierung nur am Rande beteiligt. Man reiste zwar mit einer Delegation nach Edmonton - ebenso wie die Minister Jochimsen und Matthiesen sowie der Leiter der interministeriellen Arbeitsgruppe, Wolf Schöde - und äußerte sich bei allen Gelegenheiten euphorisch, möglichst visionär und optimistisch. Eine eigenständige Strategie aber, wie das WTC in Oberhausen oder von Oberhausener Seite aus durchzusetzen war, kam damals nicht zustande, so daß man die Rolle der Stadt eher als reaktiv bezeichnen muß. Konkrete Planungen im Sinne offizieller Planverfahren (GEP-Änderung, FNP-Änderung, Bebauungsplan) waren bis zum Kabinettsentscheid im Juni 1989 nicht eingeleitet

---

[49] Auch wenn die endgültige Veröffentlichung des Gesamtgutachtens erst im Oktober 1989 erfolgte - also drei Monate nach dem Kabinettsbeschluß -, so lagen die Untersuchungen der interministeriellen Arbeitsgruppe vor dem Kabinettsbeschluß vor und erfuhren danach lediglich redaktionelle Veränderungen (Interview Becker).

worden, so daß auf planerischer Ebene seitens der Stadt noch keine Arbeiten angelaufen waren.

Aus Sicht der Stadt Oberhausen werden die Diskussionen um das WTC-Projekt und dessen letztliches Scheitern im wesentlichen politisch interpretiert, während die fachlich-planerischen Aspekte der Entscheidung als unbedeutend angesehen werden (Interview Hoefs I).

5.3 Die Folgen des gescheiterten WTC-Projektes

Trotz der Ablehnung des WTC-Projektvorschlages war allein durch die öffentliche Diskussion eine Dynamik entstanden, die die politische Lage der Stadt Oberhausen im Rahmen der Landespolitik stärkte. Auch aus Sicht der Oberhausener Politiker war klar, daß man selbst bei einem Scheitern der erwünschten Ansiedlungspläne einen Druck erzeugen könnte, um vermehrte Unterstützung des Landes für spezielle Projekte des Strukturwandels zu erhalten - zumindest wird das von verschiedenen Politikern im Nachhinein behauptet. Diese Art von "Entschädigungsanspruch" der Stadt Oberhausen war also ein direktes Ergebnis des WTC-Projektvorschlages, und es ist für die spätere Entwicklung der Neuen Mitte bedeutsam, daß er letztlich sowohl von der Landesregierung als auch bis zu einem gewissen Grad von den Nachbarstädten anerkannt wurde.

Erste Konsequenz dieser Dynamik war, daß die Landesregierung bereits in der Kabinettssitzung vom 20. Juni 1989, in der die Ablehnung des WTC-Projektes beschlossen wurde, ihren Willen zum Ausdruck brachte, Oberhausen bei der Bewältigung des Strukturwandels aktiv zur Seite zu stehen. Dementsprechend wurden drei Beschlüsse gefaßt:
- Das Land würde die Sicherung der Thyssen-Flächen für Zwecke der Wirtschaftsförderung gewährleisten, um "eine Parzellierung oder unterwertige Nutzung" zu verhindern (Beschluß der Landesregierung vom 20. Juni 1989; zitiert in: Arbeitsgemeinschaft der Gutachter 1989, S. B).
- Dafür sollte es einen Ideenwettbewerb geben, der über ein besonderes Projektmanagement vorangetrieben werden sollte (in Kooperation von Land und Stadt).
- Die Landesregierung unterstrich ihre Absicht, bestehende Pläne für ein Fernsehtechnik- und Medienzentrum in Oberhausen zu fördern (Arbeitsgemeinschaft der Gutachter 1989, S. B).

Bedeutsam für die Einordnung dieses Beschlusses ist, daß der Finanzminister zum verantwortlichen Regierungsmitglied für die Sicherung der Thyssen-Flächen bestimmt wurde (Bericht des FM; in: PUA-Bericht, S. 45). Zwar geschah diese Arbeitsanweisung offiziell auf Grundlage seiner Funktion als Liegenschaftsminister, doch angesichts der Tatsache, daß es sich hierbei weder um eine landeseigene Fläche handelte noch ein landeseigener Flächenbedarf vorlag, läßt sich die Verantwortungszuteilung eher aus der Affinität des Finanzministers für seine

Heimatstadt erklären - zumal für Fragen der Wirtschaftsförderung oder des Städtebaus eher das Wirtschafts- bzw. das Städtebauministerium zuständig gewesen wären.

So konnte die Landesregierung der Stadt Oberhausen deutlich machen, daß man zu wirklichem Engagement bereit war, indem man dem sicherlich stark motivierten Befürworter Oberhausener Interessen im Kabinett die Verantwortung für die weiteren Entwicklungen übertrug. Gleichzeitig konnte man in beträchtlichem Maße den Legitimationsdruck auf die Stadt Oberhausen und ihre politischen Interessenvertreter abwälzen. Die Nennung des später als High-Definition-Oberhausen bezeichneten Projektes eines Fernsehtechnik- und Medienzentrums war eine erste Reaktion auf die "Bring-Schuld" des Landes.

Die Beauftragung des Finanzministers gab diesem aber zudem die Möglichkeit, über den ministeriellen Verwaltungsapparat Strukturen zu schaffen und Ressourcen zu mobilisieren, die die Projektfindung und -entwicklung wirksam vorantreiben konnten. Dadurch wurde unter der Führung Schleußers Düsseldorf zum ersten originären Schauplatz einer Projektentwicklung, die letztlich zur Realisierung der Neuen Mitte führen sollte.

6 Der Schauplatz Düsseldorf

Die Entstehung des Projektes Neue Mitte Oberhausen ist auf enge Weise mit den politischen Verhältnissen und Beratungen auf Ebene der Landespolitik verknüpft. Wie bei kaum einem anderen Projekt der Stadtentwicklung oder des Flächenrecyclings in den letzten Jahren tritt der Schauplatz Düsseldorf bei der Problemerkenntnis, der Suche nach Lösungswegen und der schließlichen Hilfestellung bei der Umsetzung so deutlich zutage wie bei diesem Oberhausener Großprojekt. Dies ist, wie in Kapitel 5 erläutert, eine direkte Folge der Vorgeschichte der Neuen Mitte, in erster Linie des gescheiterten Ansiedlungsvorhabens der kanadischen Triple-Five-Gruppe und der daraus entstandenen politischen Dynamik.

Der Schauplatz Düsseldorf umfaßt in diesem Zusammenhang verschiedene Gremien, Ministerien und Behörden des Landes, deren Arbeit sowohl einzeln als auch in ihrem Zusammenspiel im folgenden nachgezeichnet werden soll. Dabei wird auch der Regierungspräsident in Düsseldorf eine Rolle spielen, soweit verschiedene Abteilungen dieser Behörde in Koordination mit den Ministerien frühzeitig in die Fragen der Projektentwicklung einbezogen wurden. Die regionale Planungsebene der Bezirksregierung wird dagegen im Kontext der regionalen Abstimmungen der Stadt Oberhausen und ihrer Nachbarstädte im folgenden Kapitel 7 aufgegriffen werden. Diese Strukturierung ergibt sich nicht nur aus der gewählten Form der Darstellung der Zusammenhänge nach verschiedenen Handlungsschauplätzen, sondern auch aus der damit verknüpften sachlich-inhaltlichen Einbindung, wie sie auch in der Chronologie der Aktivitäten auf den verschiedenen Schauplätzen zum Ausdruck kommt.

Damit wird aber schon deutlich, wie heterogen sich die Landesebene in diesem Fall darstellt. Von einem einzigen Schauplatz zu sprechen, erscheint daher in diesem Kontext zumindest zweifelhaft. Im einzelnen sind involviert:
- die Landesregierung (das Kabinett),
- das Finanzministerium,
- das Ministerium für Umwelt, Raumordnung und Landwirtschaft (MURL),
- das Ministerium für Stadtentwicklung, Wohnen und Verkehr (MSWV), später das Ministerium für Stadtentwicklung und Verkehr (MSV),
- das Ministerium für Wirtschaft, Mittelstand und Technologie (MWMT),
- der Landtag, insbesondere in Form seines Parlamentarischen Untersuchungsausschusses,
- die Westdeutsche Landesbank, Investitionsbank des Landes, Westdeutsche Landesbank Immobilien GmbH und Gebietsentwicklungsgesellschaft Oberhausen mbH (GEG),

- der Regierungspräsident Düsseldorf als Bündelungsbehörde bei Anträgen zur regionalen Wirtschaftsförderung.

Mit dem ablehnenden Votum des Landeskabinetts bezüglich des Triple-Five-Projektvorschlags am 20. Juni 1989 wurden gleichzeitig Beschlüsse gefaßt, die eine Einbindung der Landesregierung und ihrer nachgeordneten Behörden zur Folge hatte (siehe Kap. 5.3, S. 55). Dem Finanzminister wurde in seiner Funktion als Liegenschaftsminister die Verantwortung dafür übertragen, die Fläche als Ganze für Zwecke der Wirtschaftsförderung zu sichern, also eine kleinteilige Vermarktung oder unterwertige Nutzung zu verhindern (Bericht des FM; in: PUA-Bericht, S. 43). Daraus ergibt sich logischerweise eine bestimmte Hierarchisierung der folgenden Ausführungen. Das Finanzministerium war zuerst und federführend mit der Entwicklung eines neuen Nutzungskonzeptes für die Thyssen-Flächen beauftragt; die Einbindung der anderen Ministerien und nachgeordneten Behörden bzw. Institutionen erfolgte unmittelbar oder mittelbar durch das Finanzministerium. Deshalb wird im folgenden zunächst die dortige Arbeit dargestellt werden, aus der sich die Einbindung der anderen Ministerien und Behörden ergibt. Da aber auf der operativen Seite die Suche nach neuen Projektideen und Investoren im wesentlichen Aufgabe der GEG wurde, soll die Arbeit von Finanzministerium und GEG parallel analysiert werden.

6.1 Das Finanzministerium und die GEG

6.1.1 Vorarbeiten der Projektentwicklung

Im Anschluß an die Beauftragung des Finanzministers erfolgten erste Sondierungsgespräche, in denen die grundlegende Problematik des Thyssengeländes in Oberhausen mit verschiedenen Fachleuten erörtert wurde. Unter anderem wurde die West LB in diese Beratungen einbezogen, die den Sachverstand ihrer Tochtergesellschaft, der West LB Immobilien GmbH, mit einbrachte (Aussage Ohl, S. 105). Schon im August war im Finanzministerium beabsichtigt, die Flächen von Thyssen zu kaufen, weshalb Finanzminister Schleußer schon Gespräche mit dem damaligen Vorsitzenden der Thyssen Stahl AG aufnahm (PUA-Bericht, S. 63). Um in diesem Kontext über die inhaltliche und organisatorische Umsetzung des Kabinettsbeschlusses zu beraten, fand man sich am 8. September 1989 zu einer interministeriellen Besprechung im Finanzministerium zusammen (PUA-Bericht, S. 144 f.), an der bereits Vertreter des MURL, des MSWV und des MWMT beteiligt waren. Für die West LB war Dr. Schulz zugegen, für die West LB Immobilien ihr Geschäftsführer Dr. Ohl - also die beiden späteren Geschäftsführer der GEG. Schon damals wurden die Modalitäten des Ankaufs durch das Land besprochen, ebenso wie die Möglichkeiten einer Einbeziehung von Fördermitteln bereits Gegenstand der Diskussion waren. Schließlich einigte man sich darauf, das vom Kabinettsbeschluß geforderte Projektmanagement durch Gründung einer privatrechtlichen Projektentwicklungsgesellschaft zu etablieren.

Organisation und Aufgabenverteilung

Die ersten Ergebnisse dieser frühen Besprechungen waren organisatorischer und personeller Natur. Zunächst richtete das Finanzministerium zur Umsetzung des Kabinettsbeschlusses mit Verfügung vom 8. September 1989 das Referat A III 5 ein, das unter dem Titel "Sonderaufgaben der Finanz- und Wirtschaftspolitik" mit der Aufgabe Neue Mitte Oberhausen betraut wurde. Personell wurden die entsprechenden Besetzungen im Oktober vorgenommen, so daß das Referat im Herbst arbeitsfähig wurde (PUA-Bericht, S. 46).

Zeitgleich erfolgte am 28. September 1989 die Gründung der GEG, indem eine Tochtergesellschaft der West LB Immobilien umfirmiert wurde (PUA-Bericht, S. 46; Interview Ohl). Zu diesem Zeitpunkt war die GEG eine hundertprozentige Tochtergesellschaft der West LB Immobilien GmbH, die zukünftige Beteiligung des Landes und der Stadt Oberhausen (jeweils ein Drittel der Geschäftsanteile, vollzogen am 4. April 1990) war jedoch bereits früh verabredet. Durch die Kontakte zur West LB war es auch gelungen, den West-LB-Berater und Aufsichtsratsvorsitzenden der West LB Immobilien Dr. Lennings einzubeziehen, der durch seine beruflichen Tätigkeiten und Aufsichtsratsmandate sehr gute Beziehungen in der Industrie besaß.[50]

Damit wurden zwei organisatorisch getrennte Handlungsstränge eingerichtet, die sich in den späteren Entwicklungen immer stärker verflechten, zeitweilig aber auch behindern sollten, nämlich einerseits der vom Finanzministerium vorangetriebene Ankauf der Flächen, andererseits die von der GEG betriebene Suche nach neuen Nutzungen und Investoren. Grundlegend für die Arbeit der GEG war der Erfolg, den das Finanzministerium in den Verhandlungen mit Thyssen erreicht hatte, nämlich ein Bekenntnis zu den von der Landesregierung verabschiedeten Zielen der Flächensicherung und das Versprechen, auf eine unterwertige Veräußerung oder die Entwicklung eigener Nutzungsvorstellungen für die Dauer der Projektentwicklung zu verzichten[51] (PUA-Bericht, S. 45).

---

[50] Lennings ist gebürtiger Oberhausener, promovierter Bergbauingenieur und war bis 1983 Chef der Oberhausener Gutehoffnungshütte. Seit seinem damaligen Rücktritt ist er Berater der West LB und "Berufsaufsichtsrat" (Stern 1995, S. 148-150) - zur damaligen Zeit war er unter anderem Aufsichtsratsvorsitzender der Friedrich Krupp AG.

[51] Damit war insbesondere auch eine kleinteilige Vermarktung der Fläche gemeint. Man war der Ansicht, daß die Größe der Fläche im Ruhrgebiet durchaus Seltenheitswert besaß und gegenüber potentiellen Investoren ein Pfund war, mit dem man wuchern könnte. Daß dann natürlich lediglich Großinvestoren mit großen Lösungen möglich waren, wurde also frühzeitig festgelegt.

Zur Unterstützung der Vermarktungsbemühungen der GEG beauftragte die Stadt Oberhausen den TÜV Rheinland am 4. Oktober mit einem Gutachten zur Altlasten-Gefährdungsabschätzung, wofür Fördermittel des Landes bewilligt wurden.

Somit hatte die GEG die Möglichkeit, sich in der Folgezeit auf die Suche nach potentiellen Investoren zu begeben. Der Kreis der daran beteiligten Personen war jedoch ausgesprochen klein. Im wesentlichen war er beschränkt auf die Geschäftsführer der GEG, Ohl und Schulz, die dabei in enger Abstimmung mit Lennings vorgingen, der seinerseits über vielfältige Gespräche mögliche Ansiedlungsprojekte zu eruieren versuchte (Interview Ohl). Eine klar ausformulierte Zielvorstellung des zu entwickelnden Nutzungskonzeptes gab es zu diesem Zeitpunkt nicht, weder beim Finanzministerium noch bei der Kommune. Unter dem Eindruck der ersten Bemühungen, mit potentiellen Investoren ins Gespräch zu kommen, verabschiedete sich Ohl auch recht bald von den ursprünglichen Vorstellungen des Landes, einen Investorenwettbewerb durchzuführen. Zwar gab es eine Vielzahl von Anfragen, die meisten waren jedoch lediglich unverbindlich und spekulativer Natur und fußten nicht auf konkreten Ansiedlungsvorhaben, so daß sie eher als lose Kontakte zu bezeichnen waren. Unter diesen Voraussetzungen erschien es unrealistisch, über einen Wettbewerb zu einem tragfähigen Investor zu kommen, da es als unsinnig eingeschätzt wurde, Entwicklungskonzepte in Auftrag zu geben oder sogar als Absichtserklärung zu prämieren, ohne daß sie eine Aussicht auf Realisierung gehabt hätten. Ernsthafte Investoren, soviel stellte sich schnell heraus, waren nicht leicht und nicht in großer Zahl zu finden (Interview Ohl). So unterrichtete auch Wirtschaftsminister Jochimsen schon im Dezember den Landtag, daß die Ausschreibung eines konkreten Investorenwettbewerbs nicht mehr beabsichtigt sei (Bericht des FM; in: PUA-Bericht, S. 43).[52]

Bei der Investorensuche verfolgte die GEG zwei Stoßrichtungen: zum einen sah man die Möglichkeiten einer industriellen Folgenutzung, zum anderen konnte man sich auch Folgenutzungen des Dienstleistungssektors vorstellen. Sicherlich auch bedingt durch Lennings Kontakte in die Schwerindustrie kamen einige Gespräche um industrielle Ansiedlungsüberlegungen zustande. Wirklich konkret wurden die Gespräche allerdings nur mit der Heidelberger Druckmaschinen AG, die sich im Laufe des Jahres 1990 ergaben und vertieften (Interview Ohl). Diese über einen längeren Zeitraum geführten Gespräche scheiterten aber letztlich im Dezember 1990. Als Hauptgrund dafür wird übereinstimmend genannt, daß die deutsche Wiedervereinigung die Ansiedlungsbemühungen deutlich erschwerte. Einerseits entstand dadurch eine neuartige "Förderlandschaft" mit einem generell

---

[52] Hier zeigt sich wieder einmal die ungewöhnliche Aufgabenteilung im Kabinett: Der Wirtschaftsminister berichtet dem Landtag über ein Vorhaben der regionalen Wirtschaftsförderung, das völlig außerhalb seines Ressorts im Finanzministerium bzw. bei der GEG bearbeitet wird.

beträchtlich besseren Subventionsangebot in den Neuen Bundesländern, andererseits wurde auch ein gewisser moralischer Druck spürbar, angesichts der massiven Beschäftigungseinbrüche gerade im sekundären Sektor Neuinvestitionen vermehrt dort zu tätigen (Interview Ohl; Interview Groschek).

Diese Schwierigkeiten der spezifischen historischen Situation in Verbindung mit den generellen Problemen der Vermarktung eines Altstandorts, auf dem sich Altanlagen und sogar noch arbeitende Fertigungsbetriebe befanden, begründeten die Erfolglosigkeit der Bemühungen der GEG über das Jahr 1990.

Im Finanzministerium konzentrierte man sich währenddessen auf die Gespräche mit Thyssen und auf Überlegungen, wie die Umsetzung des Kabinettsbeschlusses zu finanzieren sei. Schon im August 1989 hatte man in den Verhandlungen erste Modelle entwickelt, wie die Flächen aus dem Besitz von Thyssen herausgelöst und für Zwecke zukünftiger Ansiedlungen aufbereitet werden könnten. Den ursprünglichen Vorstellungen des Finanzministers zufolge sollte dabei das Land als Käufer nicht in Erscheinung treten. Vielmehr sollte Thyssen die Flächen in Eigenregie räumen und aufbereiten und diese Kosten über den Kaufpreis wieder ausgleichen, zusammen mit einem "Nettoerlös" für die Flächen selbst von ca. 20 Mio. DM. Das Land wollte lediglich den Investor benennen, an den die Flächen dann von Thyssen zu verkaufen seien (PUA-Bericht, S. 63).

Aber auch die Möglichkeit eines Ankaufs durch das Land war von Anbeginn an in der Diskussion. Einerseits war sie schon implizit im Kabinettsentscheid vom Juni 1989 enthalten gewesen ("Das Grundstück in Oberhausen soll umgehend für Zwecke der Wirtschaftsförderung gesichert werden." [Bericht des FM; in: PUA-Bericht, S. 42]), andererseits war schon bei der ersten interministeriellen Besprechung im Finanzministerium am 8. September 1989 ausführlich über die verschiedenen haushaltsrechtlichen Möglichkeiten eines Erwerbs durch das Land gesprochen worden. Gleichwohl lautete die damalige Einschätzung, daß das Finanzministerium über keine eigenen Mittel für Grunderwerb für Zwecke der Wirtschaftsförderung verfüge und eine Finanzierung über den Haushalt des Landes daher ausscheide (PUA-Bericht, S. 144). Auch über den Einsatz von Fördermitteln wurde damals schon diskutiert; aber auch hier wurde keine Chance gesehen, den Grundstückserwerb über die in Betracht kommenden Förderprogramme zu finanzieren.

Dennoch kam man im Finanzministerium zu der Überzeugung, daß das Land wohl selbst als Käufer der Flächen in Erscheinung treten müsse. Das wurde den Mitgliedern der interministeriellen Arbeitsgruppe, die sich schon am 8 September 1989 mit dieser Problematik beschäftigt hatte, auf einer weiteren Besprechung am 9. März 1990 mitgeteilt (PUA-Bericht, S. 145). Inwieweit die ursprünglich negative Einschätzung einer Haushaltsfinanzierung bis zu diesem Zeitpunkt revidiert worden war oder ob man eine "kreative Lösung" dieses Problems erarbeitet hatte, läßt sich aus den Akten und Interviews nicht nachvollziehen.

Dieses Datum aber läßt zumindest an der später vom Finanzministerium verbreiteten These zweifeln, die den Zwischenerwerb durch das Land als unumgängliche Notwendigkeit beschreibt. In dem vom Finanzministerium für den Parlamentarischen Untersuchungsausschuß zusammengestellten Bericht werden dafür nämlich drei Gründe genannt (Bericht des FM; in: PUA-Bericht, S. 45):
- die durch die Verhandlungen mit Heidelberger Druckmaschinen deutlich gewordenen Veränderungen der "neuen" deutschen Förderlandschaft,
- die Signalisierung von Thyssen, daß man das Versprechen eines Nichtverfolgens eigener Nutzungsüberlegungen nicht unbefristet aufrecht erhalten könne, und
- die Sicherung der landesplanerischen und städtebaulichen Interessen des Landes.

Alle drei Begründungen waren aber im März 1990 noch nicht virulent. Die Verhandlungen mit Heidelberger Druck scheiterten erst im Dezember, der angesprochene Druck von Thyssen wurde erst im Jahre 1991 aufgebaut, die landesplanerischen und städtebaulichen Interessen waren abgesehen von der Beteiligung des MSWV an der interministeriellen Arbeitsgruppe noch gar kein Thema der Beratungen.

Jedenfalls hatte das Finanzministerium bis zum 9. März 1990 seine Überlegungen umgestellt auf einen Erwerb der Flächen durch das Land. Thyssen sollte dabei nach § 6 b Einkommensteuergesetz Steuervorteile erlangen, die die Belastungen des Landeshaushalts reduzieren sollten (deshalb auch "Steuermodell" oder "§ 6 b-Modell" genannt). Dieses Modell war Grundlage der Verhandlungen mit Thyssen bis ca. Anfang/Mitte Mai 1991 (PUA-Bericht, S. 62), wobei es gleichzeitig darum ging, eine Regelung zu finden, wie die Beseitigung der noch auf dem Grundstück befindlichen Altanlagen und die Umlagerung der noch benötigten Infrastruktur zu finanzieren seien. Thyssen Stahl betrieb ja damals östlich der Osterfelder Straße noch das Ende 1997 stillgelegte Elektrostahlwerk, für das unter anderem ein Kraftwerk auf der freizulegenden Fläche bestand. Die Kosten für die Verlagerung dieser Einrichtungen wollte Thyssen verständlicherweise vom Land erstattet bekommen.

Zumindest in puncto Vertragsverhandlungen mit Thyssen kamen aber 1990 die beiden Handlungsebenen Finanzministerium und GEG enger zusammen. Am 4. April 1990 übernahmen das Land und die Stadt Oberhausen jeweils ein Drittel der Geschäftsanteile der GEG (PUA-Bericht, S. 207), während gleichzeitig ein Aufsichtsrat konstituiert wurde, dem Leister (West LB)[53], Schleußer, Hoefs (Planungsdezernent Oberhausen) und Lennings angehörten. Letzterer wurde zum Vorsitzenden gewählt (PUA-Bericht, S. 209). Wenige Tage später beauftragte Finanzminister Schleußer die GEG, die Kaufvertragsverhandlungen mit Thyssen zu begleiten (Bericht des FM; in: PUA-Bericht, S. 46).

---

[53] Ehemals Chef der Staatskanzlei in Düsseldorf

Im Geschäftsbesorgungsvertrag zwischen dem Land und der GEG, in dem das Land die GEG mit dem Projektmanagement für die Vermarktung der Thyssen-Flächen beauftragte, wurde gleichzeitig die finanzielle Ausstattung geregelt. Danach sollte die GEG zum Selbstkostenpreis 1990 bis zu maximal 1,5 Mio. DM, in den Folgejahren maximal 2 Mio. DM berechnen dürfen. Da die GEG bis dato aber lediglich auf dem Papier als Firma bestanden hatte und da die operative Arbeit auch durch die West LB Immobilien (Ohl und Schulz) vorangetrieben wurde, kam es gleichzeitig zu einem Geschäftsbesorgungsvertrag zwischen der GEG und der West LB Immobilien, die deren Aufgaben des Projektmanagements gegen ein pauschales Monatsentgelt von zunächst 70.000 DM übernahm (PUA-Bericht, S. 210 f.).

Die Aufgabenverteilung und Abstimmung zwischen den verschiedenen Handlungsträgern waren also im Frühjahr 1990 zunächst abgesteckt, und das Schwergewicht lag eindeutig in Düsseldorf, bei der GEG und dem Finanzministerium. Daran änderte auch die Kabinettsumbildung nach der Landtagswahl im Frühsommer nichts. Günther Einert übernahm das Wirtschaftsministerium, bedeutsamer für den Fall Neue Mitte aber waren ohne Zweifel die Veränderungen im MSWV. Christoph Zöpel, der wohl vehementeste Gegner des Triple-Five-Projektes und bekannter Bekämpfer von Einkaufsmaschinen auf der grünen Wiese, schied aus der Regierung aus. Sein Ministerium wurde aufgeteilt und im wesentlichen als Ministerium für Stadtentwicklung und Verkehr von Franz-Josef Kniola übernommen.

Haushaltsplanung

Während die GEG 1990 potentielle Investoren suchte und vom Herbst an ernsthaft mit Heidelberger Druckmaschinen verhandelte, war man im Finanzministerium bemüht, Geld für den Ankauf der Thyssen-Flächen in den Haushaltsentwurf für 1991 einzuplanen. So kam es ab Sommer 1990 im Finanzministerium zu einem intensiven Austausch der Abteilung I, die den Haushaltsplan aufstellt und bearbeitet, und der Abteilung III, in der das Referat III A 5 mit der konkreten Projektabwicklung Oberhausen angesiedelt war.

Bei der ersten vorsorglichen Anmeldung wurde am 19. Juli um eine Etatisierung von 120 Mio. DM für den Erwerb der Thyssen-Flächen gebeten. Dieser Ansatz sollte erfolgen im Kapitel 20 020 Titel 821 00, der die Zweckbestimmung "Erwerb von Grundstücken zur Strukturförderung im Ruhrgebiet" trägt. Zum damaligen Zeitpunkt ging das Referat III A 5 von einem Vertragsabschluß im Jahre 1991 aus, allerdings war noch nicht sicher, ob ein Teil oder der Gesamtkaufpreis auch 1991 schon zu zahlen war. Dies ist haushaltsrechtlich insofern relevant, als daß im Haushalt einerseits Baransätze enthalten sind, andererseits dort auch Verpflichtungsermächtigungen aufgeführt werden, die Verpflichtungen des Landes zu Zahlungen in einem späteren Haushaltsjahr decken. Diese müssen in den Haushalt eingestellt werden, um dem Parlament eine Planung und Kontrolle der Ausgaben des Landes zu ermöglichen. Präzisiert wurde diese Anmeldung des Referats III A 5 am 5. September. Danach wurde für 1991 kein Baransatz eingeplant, aber eine Verpflichtungsermächtigung von jetzt 150 Mio. DM, wobei von einer Kassenwirksamkeit gegen Ende 1993 ausgegangen wurde (Akten des FM; in: PUA-Bericht, S. 165 f.).

Diese Haushaltskonzeption wurde am 24. September geändert, "da auf Wunsch von Herrn Minister [Schleußer; Anm. d. Verf.] der Ansatz so niedrig wie möglich bemessen und die Zweckbestimmung so allgemein wie möglich formuliert werden sollten" (Akten des FM; in: PUA-Bericht, S. 166; vgl. Aussage Meyer, S. 8 f.). Zur Lösung des Problems teilte man schließlich die Verpflichtungsermächtigung auf zwei verschiedene Kapitel auf. Zum einen wurden in dem o. g. Kapitel 20 020 Titel 821 00 eine Verpflichtungsermächtigung von 60 Mio. DM vorgesehen und die Zweckbestimmung "Erwerb von Grundstücken zur Strukturförderung im Ruhrgebiet" nicht mit weiteren Erläuterungen versehen. Zum anderen wurden weitere 60 Mio. DM (also insgesamt wieder eine Reduzierung auf 120 Mio. DM) als Verpflichtungsermächtigung im Kapitel 20 630 Titel 821 00 angesetzt. Dieses Kapitel trug die Zweckbestimmung "Erwerb von unbebauten und bebauten Grundstücken für den Bau- und Unterbringungsbedarf des Landes" und wurde ebenso nicht mit weiteren Erläuterungen versehen. Allerdings wurde hinter der Verpflichtungsermächtigung der Vermerk eingefügt, daß sie auch zugunsten Kapitel 20 020 Titel 821 00 (also der zuerst erwähnte, nach der Zweckbestimmung der Mittel eigentlich einleuchtende Etatposten) in Anspruch genommen werden dürfe. Diese Lösung ging zurück auf den zwischenzeitlich eingeholten persönlichen Vorschlag des Finanzministers (Akten des FM; in: PUA-Bericht, S. 166 f.).

Zeitgleich erfolgte aber eine weitere Etatisierung von Mitteln für den Erwerb der Thyssen-Flächen, die weder der Abteilung I (Haushalt) noch der Abteilung III bekannt war, sondern auf die persönliche Entscheidung Schleußers zurückging. Am 19. September, also fünf Tage vor der gerade erläuterten Besprechung der beiden betroffenen Abteilungen, bat der Finanzminister die Haushaltsabteilung um Rücksprache bezüglich des Ansatzes im Einzelplan 20 (Grundstücke). Der Abteilungsleiter Dr. Meyer beauftragte den zuständigen Gruppenleiter Dr. Fricke mit der Wahrnehmung dieser Rücksprache und bedeutete ihm, "es dürfte um 'Oberhausen' gehen" (Akten des Finanzministeriums, zitiert nach PUA-Bericht, S. 168). Nach Rücksprache mit dem zuständigen Referatsleiter III A 5, Lebro, notierte sich Fricke in Vorbereitung auf die Rücksprache mit Schleußer den damaligen Stand der Haushaltsplanung - also den Stand vor der o. g. Besprechung am 24. September. Danach waren ja 150 Mio. DM (ursprünglich 120 Mio. DM) als Verpflichtungsermächtigung im Kapitel 20 020 Titel 821 00 (Grundstücke für die Wirtschaftsförderung) eingeplant. Versehen mit diesem Wissensstand nahm

Fricke die Rücksprache mit dem Finanzminister wahr, die am darauffolgenden Tag nach einer Sitzung im Landtag erfolgte (Aussage Fricke, S. 15-17). Die Darstellungen dieser Rücksprache von Fricke und Schleußer widersprechen sich grundsätzlich. Nach den Aussagen Schleußers wies er Fricke an, im Haushalt (zusätzliche) 20 - 25 Mio. DM für Grundstückserwerb zur Wirtschaftsförderung zu veranschlagen. Über Oberhausen sei dabei nicht gesprochen worden, obwohl dem Minister klar gewesen sei, daß die Mittel dafür vorgesehen waren (Aussage Schleußer, S. 123 f.). Eine konkrete Nennung von Kapitel oder Titel erfolgte jedoch nicht.

Auch nach der Aussage Frickes wollte Schleußer unter Bezug auf eine Kabinettssitzung zusätzliche 20 - 25 Mio. DM für Grunderwerb etatisiert haben. Allerdings habe er nachgefragt, ob dieses Geld für Oberhausen vorgesehen sei, was der Minister verneint habe. Vielmehr handele es sich um einen Grunderwerb des Wirtschaftsministeriums, für den Minister Einert für das Jahr 1991 einen Baransatz gesichert sehen wolle (Aussage Fricke, S. 11, 18). Folgerichtig wies Fricke sofort den zuständigen Sachbearbeiter an, im Kapitel 20 630 Titel 821 00 ("Erwerb von unbebauten und bebauten Grundstücken für den Bau- und Unterbringungsbedarf des Landes") zusätzliche 25 Mio. DM als Baransatz einzuarbeiten, wobei er weiterhin darauf hinwies, daß sich Minister Schleußer die vorherige Zustimmung der Ausgabeermächtigung selbst vorbehalte (Akten des FM; in: PUA-Bericht, S. 168 f.).

Der Widerspruch zwischen den beiden Aussagen ließ sich auch durch den Parlamentarischen Untersuchungsausschuß des Landtages nicht auflösen. Die Indizien sprechen allerdings deutlich für die Version Dr. Frickes. Wie seine Information über den geplanten Grundstückserwerb des Wirtschaftsministers hätte entstehen können, ist in keiner Weise nachzuvollziehen. Seine eigenen Notizen über die Rücksprache sind eindeutig und detailliert, die Unterrichtung des Sachbearbeiters und der anderen betroffenen Abteilungen im Finanzministerium erfolgte spätestens am nächsten Tag (Akten des FM; in: PUA-Bericht, S. 168 f.).

Relevant für diese Einschätzung ist aber auch, daß Schleußer diesen "Fehler" in der Haushaltsplanung fast sieben Monate lang nicht korrigierte, bis Ministerialrat Dahnz aus der Haushaltsabteilung in einer Besprechung am 15. April 1991 direkt zur Zweckverwendung dieses Baransatzes nachfragte und dann schließlich vom Minister die korrekte Antwort "Oberhausen" erhielt (Aussage Dahnz, S. 59; Aussage Meyer, S. 31). Während der Beratung des im Dezember in den Landtag eingebrachten Haushaltsentwurfs, insbesondere im Haushalts- und Finanzausschuß, gingen die Beamten des Ministeriums immer noch von der Zweckbestimmung "Wirtschaftsministerium" aus. So wurde die Erhöhung des Ansatzes für das Kapitel 20 630 im Einführungsbericht des Finanzministers (datiert vom 20. Dezember) auch explizit mit der Erhöhung des Titels 821 00 für den dringend notwendigen Raumbedarf der Landesverwaltung begründet (Akten des FM; in: PUA-Bericht, S. 170).

Im Januar fertigte Dahnz dann für den Minister einen Sprechzettel für eine Sitzung des Haushalts- und Finanzausschusses an, in dem diese Begründung "Wirtschaftsministerium" erneut explizit ausgeführt wurde. Der Sprechzettel wurde jedoch nicht vorgetragen. Anschließend war aber von seiten eines CDU-Abgeordneten die Frage aufgetaucht, ob für den erhöhten Ansatz bereits bestimmte Projekte bzw. Liegenschaften vorgesehen waren. Die schließlich schriftlich erfolgte Beantwortung der Anfrage stützte sich immer noch auf diesen Sprechzettel. Zwischenzeitlich hatten die Beamten versucht, die konkrete Zweckbestimmung untereinander aufzuklären. Da sich aber außer den ursprünglichen Informationen durch Fricke keinerlei Hinweise auf eine Verwendung des Wirtschaftsministers finden ließen, wurde dieser Hinweis in der schriftlichen Beantwortung nicht mehr übernommen (PUA-Bericht, S. 170-172). Der Finanzminister unterzeichnete das Antwortschreiben am 11. März, ohne dem Abgeordneten oder seinen eigenen Beamten eine nähere Erläuterung mitzuteilen. Nach seiner Aussage hat er das Schreiben nicht detailliert überprüft (Aussage Schleußer, S. 119).

Erst am 15. April erfolgte also eine Aufklärung aufgrund der expliziten Nachfrage von Ministerialrat Dahnz. Dieser äußerte in dem Zusammenhang auch Zweifel bezüglich der unkorrekten Etatisierung, da ja ein Grunderwerb zur Wirtschaftsförderung aus diesem Titel eigentlich nicht erfolgen durfte, wurde aber vom Minister mit dem Hinweis beruhigt, daß sein Gruppenleiter Fricke dem Minister schließlich mitgeteilt habe, daß dies möglich sei (Aussage Dahnz, S. 59 f.). Auch diese Aussage des Finanzministers ist sachlich nicht schlüssig, denn nach übereinstimmenden Aussagen war der konkrete Titel, unter dem die Einstellung der 20 - 25 Mio. DM erfolgen sollte, kein Gegenstand des Gesprächs am 20. September zwischen Schleußer und Fricke.

Auf jeden Fall gelangte diese interne Aufklärung nicht nach außen. Der zu diesem Zeitpunkt noch nicht in dritter Lesung verabschiedete Haushalt wurde weder mit zusätzlichen Erläuterungen versehen noch wurde die Titelzuweisung korrigiert. Im Ergebnis waren so für die gesamte Finanzierung des Erwerbs der Thyssen-Flächen 140 - 145 Mio. DM im Haushalt 1991 bereitgestellt worden, darunter 120 Mio. DM als Verpflichtungsermächtigungen. Davon war lediglich eine Verpflichtungsermächtigung von 60 Mio. DM unter dem Haushaltstitel 20 020 821 00 aufgeführt, der der Zweckbestimmung der Gelder entsprach. Während die zweite Verpflichtungsermächtigung wenigstens noch mit dem Vermerk versehen worden war, daß sie auch zugunsten des o. g. Haushaltstitels in Anspruch genommen werden könne, fehlte ein solcher Vermerk bei dem etatisierten Baransatz völlig. Genau in diesem Punkt wies der Verfassungsgerichtshof des Landes in seinem Urteil vom Mai 1994 dem Finanzminister einen Verstoß gegen die Landesverfassung nach (VerfGH 10/92; zitiert in: PUA-Bericht, S. 233-237).

6.1.2 Erfolgreiche Investorensuche und Konkretisierung der Projektentwicklung

Im November 1990 knüpfte die GEG erstmals vertrauliche Kontakte zur Firmengruppe Stadium und ihrem Chef Edwin Healey (PUA-Bericht, S. 75).[54] Der Kontakt entstand zunächst indirekt, indem Geschäftsführer Ohl von Unternehmen, mit denen er Gespräche führte, auf Healey und ein von ihm in Sheffield realisiertes Projekt hingewiesen wurde. Daraufhin lud die GEG Healey nach Deutschland ein, und kurze Zeit später fuhr man auf Healeys Einladung nach Sheffield, um sich von dem dortigen Projekt ein Bild zu machen. Die Kontakte vertieften sich, und bald charterte die GEG einen Hubschrauber, um Healey per Flug über das Ruhrgebiet eine Einordnung der Oberhausener Fläche in den räumlichen Zusammenhang zwischen Dortmund und Duisburg zu vermitteln. In der Folgezeit kam Healey noch einige Male mit eigenen Beratern nach Oberhausen, um die Verhältnisse vor Ort genauer zu begutachten, wobei die GEG die Organisation der Besuche übernahm, u. a. da man für die noch im Thyssen-Besitz befindlichen Werksflächen ja jedesmal eine Zugangsberechtigung benötigte (Interview Ohl).

Am 13. März 1991 waren Healeys konzeptionelle Überlegungen soweit konkretisiert worden, daß die GEG zumindest dem engen Kreis der Betroffenen in einer Präsentation im Kongreß-Center der Düsseldorfer Messe die Firma Stadium als potentiellen Investor vorstellte. Stadium entwickelte dort ihre Pläne, innerhalb eines internationalen Konsortiums als Projektentwickler und Investor ein Gesamtprojekt zu verwirklichen, das sich zwar am Vorbild der Sheffielder Meadowhall orientierte, allerdings bezüglich weiterer Nutzungen weit darüber hinausging. Mit großem technischem Aufwand wurden Ideen dargestellt, die einen Tivoli-Garten nach Kopenhagener Vorbild, ein Europa-Sport-Zentrum, ein Marina-Hotel am Kanal, ein Kongreßzentrum mit eigenem Hotel, einen Büro-Park, Grünflächen, Fußgängerzonen sowie Freizeit- und Unterhaltungseinrichtungen als weitere Teilbereiche neben dem überdachten Einkaufszentrum umfaßten (Bericht des FM; in: PUA-Bericht, S. 47).

Mit dieser ersten Vorstellung des Investors und seiner ursprünglichen Nutzungskonzeptionen erhielt die Arbeit an den Thyssen-Flächen sowohl im Finanzministerium als auch bei der GEG eine neue Dynamik. Wichtig ist insbesondere, daß damit einerseits die Verhandlungslandschaft komplexer wurde, weil nun in zwei Richtungen Kauf- bzw. Verkaufsverhandlungen zu führen waren, daß andererseits aber auch neue Akteure in Erscheinung traten und ein neuer Handlungsschauplatz entstand, was einen gesteigerten Koordinierungsbedarf auslöste. Bei der Präsentation in Düsseldorf war nämlich zum ersten Mal offiziell die Stadt

---

[54] Die Kontaktaufnahme fällt also in einen Zeitraum, als man auch noch in Verhandlungen mit Heidelberger Druck stand, da diese Gespräche erst im Dezember endgültig scheiterten.

Oberhausen eingeschaltet worden, bei der am 1. März Burkhard Drescher das Amt des Oberstadtdirektors übernommen hatte (Interview Drescher). Zwar war seit April 1990 die Stadt Oberhausen Teilgesellschafter der GEG und über ihren Planungsdezernenten Hoefs auch im Aufsichtsrat vertreten, die Suche nach Investoren hatte sich aber im wesentlichen auf Lennings und die Geschäftsführer Ohl und Schulz beschränkt. Die Abstimmungen mit der Stadt waren bis dahin informativer Natur gewesen und über Hoefs, den damaligen OStD Uecker oder den Leiter des Planungsamtes, Böhner, erfolgt. Mit der Vorstellung des Investors Stadium und dem gleichzeitigen Amtsantritt Dreschers entwickelte sich jedoch auf kommunaler Ebene eine völlig neue Konstellation, die dazu führte, daß die Stadt Oberhausen - wenn auch zunächst fast ausschließlich in Person ihres neuen Oberstadtdirektors - als handelnder Akteur im Kreis der Beteiligten auftauchte.

Dabei handelt es sich aber nicht einfach um das Entstehen eines kommunalen Handlungsschauplatzes. Vielmehr wurde Drescher als Person einbezogen, und er eröffnete gleichzeitig neue Verhandlungen, insbesondere den Dialog mit anderen Fachministerien, um den Weg für die kommunale Planungsarbeit zu ebnen. Der Übersichtlichkeit halber sollen die Verhandlungen zwischen diesen neuen Akteuren später dargestellt werden (siehe Kap. 6.2). Wenn aber im folgenden die weitere Arbeit des Finanzministeriums und der GEG geschildert wird, so darf nicht übersehen werden, daß die Abstimmungen sich durch diese Entwicklungen komplexer gestalteten. Dies gilt in ganz besonderem Maße für die GEG, die nun immer stärker in zwei Richtungen verhandeln mußte.

Ein neues Finanzierungsmodell

Im Finanzministerium begann man im Frühjahr 1991 damit, das bisher verfolgte "§ 6 b-Modell" kritisch zu überprüfen. Aus den bisherigen Gesprächen mit Thyssen war klargeworden, daß die Verlagerung der Betriebsanlagen und die Aufbereitung der Flächen eine sehr komplexe Problematik darstellten, insbesondere auch in bezug auf die haushaltsrechtliche Behandlung. Außerdem hatte man seit der Präsentation von Stadium konkretere Vorstellungen erhalten, welche Anforderungen an die Verlagerung und Aufbereitung im Hinblick auf eine zukünftige Nutzung zu stellen waren. So fertigte man im Ministerium genauere Rechnungen an, bei denen dem "§ 6 b-Modell" ein neues Finanzierungsmodell gegenübergestellt wurde, das vom zuständigen Referat bald als erfolgversprechender eingeschätzt wurde und dem Finanzminister als Grundlage für ein Gespräch mit dem Vorstandsvorsitzenden der Thyssen Stahl AG am 24. Mai erstmals genauer erläutert wurde (PUA-Bericht, S. 62; Aussage Lebro II, S. 5 f.).

Dieses neue Finanzierungsmodell sah nun vor, daß das Land die Flächen gleich in ihrem gegenwärtigen Zustand aufkaufen sollte, um dann die Verlagerung und Aufbereitung in eigener Verantwortung zu organisieren und durchführen zu lassen. Diese Variante orientierte sich explizit an den Richtlinien des Grundstücksfonds NRW, der über die Landesentwicklungsgesellschaft (LEG) ähnliche Aufbereitungsprojekte von Altindustrieflächen vor allem im Ruhrgebiet seit Jahren durchgeführt hatte, und wurde nun unter der Bezeichnung "LEG-Modell" Grundlage der weiteren Planungen und Verhandlungen. Diese Überlegungen des Referats III A 5 fußten auf verschiedenen Erfahrungen der bisherigen Vermarktungsbemühungen der GEG. Zum einen war Stadium, wie eigentlich alle potentiellen Investoren bisher, an einer bereits aufbereiteten Fläche interessiert: Bei einer Eigentümerschaft des Landes und entsprechender Kontrolle über die Aufbereitungsmaßnahmen konnte man einfacher und zielstrebiger mit Stadium verhandeln. Zum anderen hatte man schon im Oktober 1990 beim zuständigen Ministerium für Bauen und Wohnen (MBW) eine Wertermittlung in Auftrag gegeben, deren Ergebnis am 19. April 1991 vorlag. Danach wurde der Wert der Flächen (ohne das Teilgrundstück Hauptlagerhaus, das schon aus den zukünftigen Investorenkonzepten ausgeklammert worden war) zum damaligen Zeitpunkt auf 17,6 Mio. DM angesetzt, der Wert nach Aufbereitung mit ca. 50 Mio. DM eingeschätzt. Die Kosten der Verlagerung und Aufbereitung waren also keinesfalls durch die Wertsteigerung des Grundstückes zu realisieren, was der Erfahrung der meisten Industriebrachen im Ruhrgebiet entsprach und daher seinerzeit zur Einrichtung der LEG und des Grundstücksfonds geführt hatte. Mit dem LEG-Modell strebte man gleichzeitig eine stärkere finanzielle Einbindung der Thyssen Stahl AG bei der Sanierung der Flächen an, da bei LEG-Vorhaben der Voreigentümer an den Abbruchs- und Bodensanierungskosten zu 50 % beteiligt wurde (Aussage Lebro II, S. 5-8). Es ist allerdings zu betonen, daß eine Abwicklung über die LEG nicht angestrebt wurde, sondern das Projektmanagement und die Vermarktung weiterhin über die GEG laufen sollten. "LEG-Modell" bedeutet also nicht Einbindung der LEG, sondern lediglich eine Orientierung an dem sonst von der LEG angewendeten Verfahren.

Auch die Grundstücksabteilung Thyssens hatte inzwischen vielfältige Bedenken gegen das ursprünglich angestrebte Steuermodell und war im Vorfeld des o. g. Gesprächs zwischen Schleußer und dem Vorstandsvorsitzenden Schulz ebenfalls zu dem Ergebnis gekommen, daß man nur über eine Art LEG-Modell zu einer Lösung kommen könne. Allerdings wollte man dort - verständlicherweise - von einer weiteren Kostenübernahme nichts wissen. Vielmehr sollte auf einem Nettoerlös von 20 Mio. DM, der ja schon im Herbst 1989 Grundlage der Gespräche mit dem Land gewesen war, bestanden werden. Nach dem neuen Finanzierungsmodell würde sich der Kaufpreis auf eben diese Summe belaufen; eine Finanzierung der Verlagerungs- und Aufbereitungsmaßnahmen durch das Land sollte davon nicht betroffen sein (PUA-Bericht, S. 63).

Während das Finanzministerium die Umstellung des Finanzierungsmodells vorbereitete, beschäftigte sich die GEG - neben ihrer Einbindung in die Überlegungen des Finanzministeriums - mit der Konkretisierung der Pläne Stadiums. Die

Gespräche der GEG mit Stadium liefen seit der Präsentation am 13. März immer auch über OStD Drescher, der insbesondere den persönlichen Kontakt zu Healey aufbaute und pflegte. Daraus resultierte schon im Mai ein von Stadium formulierter Bedingungskatalog, in dem Zeitvorstellungen für die Projektrealisierung entwickelt wurden und gleichzeitig ein Kaufpreis für das aufbereitete Grundstück von £ 20 Mio. genannt wurde (PUA-Bericht, S. 75). Dieser Bedingungskatalog gelangte im Juni auch ins Finanzministerium, während man dort in enger Absprache mit der GEG die Vorgespräche für die anstehenden Verhandlungen mit Thyssen führte. Im Juni wurde die GEG damit immer mehr zum Dreh- und Angelpunkt sämtlicher Verhandlungen. Auf der einen Seite erfolgten laufend Absprachen mit dem Finanzministerium und Vorgespräche mit der Grundstücksabteilung von Thyssen, auf der anderen Seite war man ständig (z. T. über Drescher) mit Healey in Kontakt, der darauf drängte, in die Vertragsverhandlungen mit Thyssen einbezogen zu werden, um seine eigenen Planungen darauf besser abstellen zu können. Anfang Juli unterbreitete Stadium der GEG auch bereits einen ersten Kaufvertragsentwurf (PUA-Bericht, S. 80).

Verhandlungen mit Thyssen

Am 12. Juli 1991 begannen die konkreten Kaufvertragsverhandlungen mit Thyssen auf Grundlage des LEG-Modells. Von diesem Zeitpunkt an lief die Arbeit von Finanzministerium und GEG im wesentlichen parallel, wobei die GEG auch noch den Kontakt zu Stadium pflegte. Da Healey aber gleichzeitig mit der planerischen Vorbereitung und Absicherung beschäftigt war, konnte man sich bei der GEG hauptsächlich auf die Verhandlungen mit Thyssen konzentrieren. Obgleich die Verhandlungsführer des Landes bemüht waren, Thyssen und Stadium auseinanderzuhalten - z. B. Stadiums Drängen nach Beteiligung an den Kaufvertragsverhandlungen (noch) nicht nachzugeben (Aussage Lebro I, S. 135, 161; Interview Ohl) -, zeigte sich die Grundstücksabteilung von Thyssen bereits in der zweiten Verhandlungsrunde am 1. August von den neuen Planungen in fast allen Einzelheiten informiert (Akten des FM; in: PUA-Bericht, S. 65). Entgegen den verschiedenen wohlwollenden Bereitschaftserklärungen, die Finanzminister Schleußer vom Thyssen-Vorstand erhalten hatte, schien die Grundstücksabteilung eine kompromißlose Verhandlungslinie zu halten, die den von Healey ausgeübten zeitlichen Druck gegenüber dem Land zum eigenen Vorteil auszunutzen versuchte (Aussage Schleußer, S. 54). Dabei ging es vordergründig nicht um den Kaufpreis, sondern vielmehr um Verlagerungskosten, Abbruch- und sogar die Altlastensanierungsmaßnahmen, die Thyssen mehr oder weniger ausschließlich auf das Land abwälzen wollte. Über den Monat August, in dem in mehreren Verhandlungsrunden die Vertragsentwürfe sowohl von Thyssen als auch von der GEG immer wieder überarbeitet wurden, verstärkte Thyssen den Druck auf das Land zudem durch wiederholt vorgetragene Überlegungen, ob man nicht auf eigene Rechnung eine andersartige Parzellierung und Neunutzung der Flächen durchführen sollte; vor allem wurde die Ansiedlung von Fügebetrieben als Zulieferer der Automobilindustrie erwogen (Aussage Drescher, S. 35). Gleichzeitig erhöhte Thyssen die geforderten Entschädigungen für Verlagerungsmaßnahmen auf 58,6 Mio. DM (PUA-Bericht, S. 67).

Der Verhandlungsführer des Landes, Abteilungsleiter Oerter aus dem Finanzministerium, zeigte sich dementsprechend Anfang September außerordentlich skeptisch und regte interne Diskussionen an, ob die Großinvestorenlösung Stadium angesichts der hohen Kosten für das Land gegenüber einer von Thyssen durchgeführten kleinteiligen Vermarktung noch zu favorisieren sei. Thyssen war nicht bereit, sich an Abbruch- und Sanierungskosten zu beteiligen und verlangte eine Entschädigung für die zu verlagernden Einrichtungen, so daß die Grundzüge eines wirklichen LEG-Modells nicht durchzusetzen waren. Demnach würden sich die Ausgaben des Landes auf ca. 200 Mio. DM summieren - 20 Mio. DM Kaufpreis, 60 Mio. DM Verlagerungsentschädigung, 120 Mio. DM Abbruch, Sanierung und Erschließung - gegenüber einer Einnahme von gerade einmal 60 Mio. DM aus dem Verkauf an Stadium. In den parallel von der GEG geführten Gesprächen mit Stadium hatte man auch Konzeptänderungen verhandelt, die die Abbruchs- und Verlagerungskosten von Thyssen hätten senken können. Eine Neuverhandlung des Kaufpreises hatte Healey aber kategorisch abgelehnt (Akten des FM; in: PUA-Bericht, S. 67-69).

So kam man am 16. September im Finanzministerium zu einem Abstimmungsgespräch zusammen, um die von Oerter oben angesprochene grundsätzliche Abwägung zu diskutieren. An diesem Gespräch nahmen der Finanzminister und seine Beamten, die GEG mit beiden Geschäftsführern und Lennings sowie Drescher teil, der in den vergangenen Monaten die planerischen (Vor-) Abstimmungen mit den zuständigen Ministerien durchgeführt hatte (PUA-Bericht, S. 69 f.) (siehe Kap. 6.2). Gerade aus Oberhausener Sicht war man zu diesem Zeitpunkt nicht mehr bereit, auf den durch das Stadium-Projekt erhofften Strukturimpuls zu verzichten. Im Ergebnis entschied man sich daher letztlich dazu, das Projekt auch angesichts der hohen Kosten weiter zu verfolgen. Zwar wollte man den Gesamtkaufpreis durch Herunterverhandlung der Verlagerungsentschädigungen auf unter 60 Mio. DM drücken, die 120 Mio. DM für die weiteren Maßnahmen wurden aber als der nun einmal notwendige Beitrag des Landes zur Strukturverbesserung angesehen, wie er nach dem Kabinettsbeschluß aus dem Jahr 1989 auch zu akzeptieren sei (Akten des FM; in: PUA-Bericht, S. 70).

Mit dieser Position begab man sich in die weiteren Verhandlungen mit Thyssen am 17. September und brachte die Verträge auch im wesentlichen zur Abschlußreife. Die vom Land angestrebte Reduzierung der Verlagerungskosten gelang dadurch, daß man die Posten Regiekosten, unvorhergesehene Kosten sowie diejenigen einer Schalthausverlagerung abzog, so daß eine Gesamtentschädigung von 44,6 Mio. DM zu leisten war, deren Einzelposten über einen Sachverständigen zu überprüfen waren. Mehrkosten würden nur bis zu einem Gesamtvolumen von 48 Mio. DM vom Land erstattet.[55] Dazu wurde ein wechselseitiger Verzicht auf Immissionsschutz vereinbart. Zu diesem Zeitpunkt ging man bereits von einem Vertragsabschluß und einer Kaufpreiszahlung - vier Wochen nach Abschluß - im Jahre 1991 aus (PUA-Bericht, S. 70 f.).

Verhandlungen mit der Firma Stadium

Im Finanzministerium hatte man sich also im wesentlichen um den Flächenkaufvertrag mit Thyssen und die haushaltsrechtliche Bereitstellung von Mitteln für die Fläche und ihre Aufbereitung gekümmert. Der GEG oblag es dagegen, die Vertragsverhandlungen mit Stadium zu führen. Auch wenn Stadium schon im Mai einen Bedingungskatalog inkl. Kaufpreisangebot von £ 20 Mio. vorgelegt hatte, so lag das dortige Hauptaugenmerk zunächst auf der Weiterentwicklung der Projektideen und der Abstimmung mit den planungsrechtlich relevanten Ministerien (siehe Kap. 6.2).

Anfang Juni berichtete OStD Drescher Finanzminister Schleußer schriftlich vom Stand der Gespräche mit Stadium (Brief Drescher-Schleußer; in: PUA-Bericht, S. 77 f.). Danach hatte Healey auch eingewilligt, das vom Land geförderte Projekt High-Definition-Oberhausen (Erstellung eines Fernsehproduktionszentrums für hochauflösende Fernsehtechnologie) durch Beteiligung an der Betreibergesellschaft zu unterstützen, in der Hoffnung, dadurch das Land zu einer schnelleren Entscheidung bewegen zu können. Angesichts aufgelaufener Planungskosten versuchte Healey aber nun zunehmend, Druck auf das Land auszuüben. Da gleichzeitig Fragen in den Vordergrund rückten, die die Terminierung der Kaufverträge und der Freilegung betrafen - welche Verhandlungsgegenstand zwischen dem Land (plus der GEG) und Thyssen waren -, drängte Stadium auch ab Juni immer wieder auf Beteiligung an den Verhandlungen mit Thyssen, was aber vom Land abgeblockt wurde, um Thyssen gegenüber freier verhandeln zu können (siehe S. 70). Am 20. Juni unterbreiteten Stadiums deutsche Rechtsanwälte der GEG erstmals den offiziellen Wunsch, die Grundstückskaufverhandlungen aufzunehmen, und Anfang Juli lieferten sie einen ersten Rohentwurf für einen Kaufvertrag (PUA-Bericht, S. 79 f.). Bis zur grundlegenden Einigung mit Thyssen um den 17. September aber hielt die GEG Stadium hin, auch wenn man die Gespräche nicht abreißen ließ (Interview Ohl). Den Kontakt zu Healey hielt Drescher aufrecht, der ja mindestens als Aufsichtsrat der GEG einen gewissen Einblick in den Verhandlungsstand hatte. So kann man mutmaßen, daß Healey zumindest grob über den Fortgang der Verhandlungen informiert war.

---

[55] Der vom Land angestrebte "Gesamtkaufpreis" von unter 60 Mio. DM konnte also nicht realisiert werden. Kaufpreis und Verlagerungsentschädigung würden sich auf 64,6 - 68 Mio. DM belaufen.

Dies war vor allem deshalb notwendig, da schon seit Anfang Juni geplant war, nach grundsätzlicher Einigung mit Thyssen und Stadium zunächst das Kabinett zu unterrichten und sodann das Projekt auf einer großen Veranstaltung der Öffentlichkeit zu präsentieren (Brief Drescher-Schleußer; in: PUA-Bericht, S. 78). Durch die langwierigen Verhandlungen mit Thyssen kam es erst am 1. Oktober zur Unterrichtung des Kabinetts. Da sich die Landesregierung aber weigerte, dem Parlamentarischen Untersuchungsausschuß hierzu Unterlagen zur Verfügung zu stellen, können die näheren Umstände der Benachrichtigung und die Billigung der bisherigen Aktivitäten des Finanzministers durch das Kabinett nicht nachvollzogen werden.

Die öffentliche Präsentation des Projektes hatte man in den letzten Septemberwochen für den 8. Oktober ins Auge gefaßt. Trotz der zeitgleich durch Drescher erfolgten Information über den Verhandlungsstand war Healey aber nicht bereit, eine öffentliche Präsentation des Projektes durchzuführen, ohne vorher vom Land eine Art Zusicherung erhalten zu haben, daß die Voraussetzungen für die Projektrealisierung auch erfüllt würden. Deshalb kam es kurzfristig am 2. Oktober endlich zum ersten direkten Gespräch zwischen den Vertretern der Firma Stadium (ohne Healey selbst) auf der einen Seite und den Beamten des Finanzministeriums - und der GEG - auf der anderen Seite (Aussage Lebro I, S. 148 f.). Von diesem Zeitpunkt ab verliefen also die (Ver-) Handlungsstränge von GEG und Finanzministerium wieder parallel, obgleich die GEG über die Verhandlungspositionen Healeys selbstverständlich besser informiert war als die Beamten der Abteilung III im Finanzministerium.

Bei dem Gespräch am 2. Oktober präsentierte Stadium einen Vorvertrag, den Healey vor der Präsentation als letter of intent vom Land unterzeichnen lassen wollte. Zwar hatte man Stadium einen grundsätzlichen letter of intent zugesagt, die Regelungstiefe des vorgestellten Vorvertrags überraschte aber die Beamten des Finanzministeriums. Unter anderem war für einen Teilbereich der Flächen schon ein Besitzübergang an Stadium am 1. Dezember vorgesehen - eine Zeitplanung, die also direkte haushaltsrechtliche Konsequenzen hatte (Aussage Lebro I, S. 148; PUA-Bericht, S. 87).

Offensichtlich hatte auf seiten des Landes in diesem Punkt die Abstimmung zwischen dem Finanzministerium und der GEG nicht gut funktioniert. Bei der GEG wußte man ja über das Drängen des Investors bestens bescheid, und gleichzeitig konnte man im Finanzministerium wohl kaum erwarten, daß sich der Investor sechs Tage vor einer öffentlichen Absichtserklärung mit lockeren und unverbindlichen Grundsatzgesprächen zufrieden geben würde, zumal er seit drei Monaten auf die Aufnahme der Kaufvertragsverhandlungen gedrängt hatte. Ohne diesen letter of intent, der Healey in der nächsten Verhandlungsrunde am 7. Oktober vorgelegt werden sollte, sei Healey nach Angaben seiner Vertreter nicht bereit, die öffentliche Präsentation am nächsten Tag durchzuführen (Aussage Lebro I, S. 148).

Dermaßen unter Druck gesetzt, versuchte man im Finanzministerium, bis zum 7. Oktober eine alternative, weniger konkrete Formulierung für einen letter of intent zu entwerfen. Damit wollte man einerseits Zeit gewinnen, um sich in das Vertragswerk genauer einzuarbeiten, andererseits ergaben sich Zweifel an der Möglichkeit des Landes, die notwendigen Mittel ohne Nachtragshaushalt bereitzustellen. Deshalb fertigten die Beamten auf Weisung von Finanzminister Schleußer einen alternativen letter of intent an, in dem Stadium lediglich zugesichert wurde, daß das Land weiterhin beabsichtige, die Flächen an Stadium zu veräußern, daß man innerhalb einer Frist von sechs Wochen die Verträge zur Abschlußreife bringen und innerhalb der nächsten sechs Monate mit keinen anderen möglichen Bewerbern für die Flächen verhandeln wolle. Dieser letter of intent wurde Healey am 7. Oktober übergeben. Bei Stadium war man davon nicht begeistert, dennoch erklärte sich Healey zur Präsentation des Projektes am nächsten Tag bereit (PUA-Bericht, S. 88).

Die neuen Haushaltsplanungen

Im Finanzministerium mußte man sich nun wieder dringlich mit den Fragen der Finanzierung auseinandersetzen. Wie oben dargestellt (siehe Kap. 6.1.1, S. 66), waren im Haushalt 1991 insgesamt 140 - 145 Mio. DM für das Projekt enthalten, davon aber lediglich 20 Mio. DM als Baransatz. Diese Barmittel waren für die Kaufpreiszahlung an Thyssen vorgesehen, so daß keine weiteren Barmittel zur Verfügung standen, weder für die Zahlung von Verlagerungsentschädigungen - inzwischen ja festgesetzt auf 44,6 Mio. DM (bis maximal 48 Mio. DM) - noch für die Aufbereitung der Flächen, deren Kosten nun nur noch auf ungefähr 80 Mio. DM geschätzt wurden. Vom Gesamtvolumen der Verpflichtungsermächtigungen her hätte man die Verträge also abdecken können, jedoch waren die Kosten für die Altlastensanierung und weitere Aufbereitung noch nicht verläßlich spezifiziert.

Zudem standen aber zu diesem Zeitpunkt die Verpflichtungsermächtigungen gar nicht mehr im vollen Umfang zur Verfügung. Da man zuletzt nicht mehr von einem Vertragsabschluß mit Stadium noch im Jahre 1991 ausgegangen war, hatte Referatsleiter Lebro kurz zuvor einen Betrag von 30 Mio. DM aus der Verpflichtungsermächtigung für einen anderen Grundstückskauf abgetreten. Haushaltsrechtlich war das Land also nicht mehr in der Lage, die anvisierten vertraglichen Verpflichtungen noch im Jahre 1991 einzugehen (Aussage Lebro I, S. 149 f.).

Bei den Planungen für den Haushalt 1992 waren die Haushälter ja am 15. April 1991 über die wahre Verwendung der 20 Mio. DM im Grunderwerbstitel aufgeklärt worden. Zum damaligen Zeitpunkt war ihnen auch mitgeteilt worden, daß ein Mittelabfluß wohl erst 1992 erfolgen würde, weshalb im Entwurf des Haushaltsplans 1992 diese Mittel erneut etatisiert werden sollten - wieder im eigentlich nicht einschlägigen Kapitel 20 630, wobei diesmal allerdings ein einseitiger Deckungsvermerk zugunsten von Kapitel 20 020 eingetragen werden sollte. Anfang Juli hatte man diese Haushaltsplanung umgestellt, nachdem das "LEG-Modell" das "§ 6 b-Modell" abgelöst hatte. Für 1992 waren nun gleich 120 Mio. DM als Baransatz für Kapitel 20 020 Titel 821 00 vorgesehen worden, die Titelbestimmung sollte erweitert werden auf "Erwerb *und Nutzbarmachung* von Grundstücken zur Strukturförderung im Ruhrgebiet" (Akten des FM; in: PUA-Bericht, S. 177; Hervorhebung d. Verf.), damit auch die Verlagerungs-, Sanierungs- und Aufbereitungskosten gedeckt wären. Mit dieser Formulierung war der Haushaltsentwurf 1992 auch im September in den Landtag eingebracht worden. Eine Erläuterung, daß diese Mittel speziell und ausschließlich für die Thyssen-Flächen in Oberhausen vorgesehen waren, war aber weder im Haushaltsplan noch in den Beratungen des Haushalts- und Finanzausschusses im September erfolgt (PUA-Bericht, S. 178 f.).

Für das Jahr 1992 war man in bezug auf die zur Verfügung stehenden Baransätze also Anfang Oktober 1991 bestens vorbereitet. Die Handlungsfähigkeit im Jahr 1991 stellte jedoch ein Problem dar, was jetzt kurzfristig zu Überlegungen führte, ob man über Fördergelder einen alternativen Finanzierungsplan auf die Beine stellen könnte. Dazu wurde am 16. Oktober bei Minister Schleußer eine Besprechung durchgeführt, bei der die Beamten des Finanzministeriums mit Experten aus dem Wirtschaftsministerium (Staatssekretär Krebs und der für Wirtschaftsförderung zuständige Ministerialrat Schulz) mit Ohl von der GEG und mit Drescher zusammenkamen. Im Verlauf dieser Besprechung entwickelte Schulz im wesentlichen ein neues Finanzierungsmodell, das eine weitgehende Inanspruchnahme von Fördermitteln zum Inhalt hatte, was allerdings - aufgrund der Antragsberechtigung für Mittel der regionalen Wirtschaftsförderung - eine kommunale Trägerschaft voraussetzte. Deshalb wurde angeregt, die GEG durch Verkauf der Geschäftsanteile des Landes an die Stadt Oberhausen zu einer mehrheitlich kommunalen Gesellschaft umzuwandeln (Interview Schulz; PUA-Bericht, S. 90 f.).

6.1.3 Das Fördermodell als Finanzierungslösung

Mit der Umstellung auf dieses dritte Finanzierungsmodell, das sogenannte "Fördermodell", erfolgte eine Erweiterung des Beteiligtenkreises, der an der Finanzierung mitarbeitete, ohne die die vertragliche Bindung des Investors nicht gelingen konnte. Zum einen wurde nun eine Kooperation zwischen Finanzministerium und MWMT notwendig, zum anderen wurde der Regierungspräsident in Düsseldorf eingeschaltet - als zuständige Behörde für die Bearbeitung von Anträgen zur regionalen Wirtschaftsförderung. Gleichzeitig wurde die Position der Stadt Oberhausen wesentlich wichtiger, da die GEG nun zu einer mehrheitlich kommunalen Gesellschaft umgewandelt werden mußte, was die direkte Einbeziehung von Drescher auch in die Finanzierungsfragen zur Folge hatte.

Die Idee eines Fördermodells wurde auf der Arbeitsebene am 24. Oktober bereits in konkrete Formen gegossen, nachdem sich Wirtschaftsförderer Schulz mit den Unterlagen zum Projekt Thyssen-Flächen vertraut gemacht hatte. An dieser Arbeitssitzung waren das Finanzministerium, das MWMT, ein Vertreter des Städtebauministeriums, das Regierungspräsidium Düsseldorf, die GEG und OStD Drescher für die Stadt Oberhausen beteiligt. In puncto Förderung kam man zu folgenden Überlegungen (Akten des FM; in: PUA-Bericht, S. 92-94):
- der Kaufpreis von 20 Mio. DM sei nicht förderbar und daher aus den bereits etatisierten Mitteln zu finanzieren;
- die Verlagerung sei nur förderbar, wenn sie in kommunaler Trägerschaft geschähe; deshalb sei sie von der GEG zu übernehmen, die dann ihrerseits Thyssen damit beauftragen könne;
- förderfähig seien die Abbruch- und Sanierungsarbeiten, sofern sie in kommunaler Trägerschaft durch die GEG geschähen;
- maximal könnten 80 % der Finanzierung aus Mitteln der regionalen Wirtschaftsförderung bestritten werden; das derzeit hochgerechnete Gesamtvolumen betrug 110 Mio. DM (43 Mio. DM Verlagerung, nur noch 67 Mio. DM Aufbereitung); wenn die GEG als Maßnahmenträger ihre 40 Mio. DM Verkaufserlös einbringe (Kaufpreis Stadium [60 Mio. DM] minus Kaufpreis Land/GEG [20 Mio. DM]), könne daraus der notwendige Eigenbeitrag finanziert werden.

Der Hauptgrund für die Suche nach einem Fördermodell waren ja die Schwierigkeiten gewesen, den noch 1991 anstehenden Finanzierungsbedarf zu decken.[56] Daher war natürlich die Verfügbarkeit von Wirtschaftsförderungsmitteln im Jahre 1991 Voraussetzung. Für eine Infrastrukturmaßnahme, als die dieses Projekt zu deklarieren war, standen grundsätzlich zwei verschiedene Finanzierungsprogramme der regionalen Wirtschaftsförderung zur Auswahl: zum einen die von Bund und Land finanzierte Gemeinschaftsaufgabe "Verbesserung der regionalen Wirtschaftsstruktur", zum anderen die EG-finanzierten Ziel-2 und RECHAR Förderprogramme (Interview Schulz). Leider standen zum damaligen Zeitpunkt keine Mittel aus den EG-finanzierten Programmen zur Verfügung, obwohl entsprechende Verhandlungen in Brüssel bereits liefen (Aussage Thomalla, S. 40-42). Im Rahmen der Gemeinschaftsaufgabe war jedoch der für 1991 verfügbare

---

[56] Finanzminister Schleußer hat zwar betont, daß damit auch eine Schonung des Landeshaushalts erreicht werden sollte (Aussage Schleußer, S. 47), wie es auch von den Beamten des Ministeriums später immer wieder herausgestellt worden ist, jedoch taucht diese Begründung in den Unterlagen des Ministeriums bis zu diesem Zeitpunkt an keiner Stelle auf. Insofern erscheint diese zweite Begründung der Umstellung auf das Fördermodell eher nachträglich konstruiert. Warum den schon im Sommer 1989 vom MWMT eingebrachten Überlegungen zur Förderbarkeit von Teilen des Projektes bis zu diesem Zeitpunkt, Mitte Oktober 1991, nicht nachgegangen wurde, erscheint aus diesem Blickwinkel völlig unverständlich.

Bewilligungsrahmen noch nicht ausgeschöpft, so daß dort noch ausreichende Finanzmittel vorhanden waren (Aussage Schulz, S. 103).

Problematisch an einer solchen Finanzierung war allerdings, daß nach dem Rahmenplan der Gemeinschaftsaufgabe - und auch nach den darauf basierenden Förderrichtlinien des Landes - bei Erschließung von Gewerbegebieten nur Betriebe mit Primäreffekt förderbar waren, die vorgesehenen Einzelhandelsnutzungen also nicht. Diese Einschränkung existierte dagegen bei den über die EG finanzierten Förderprogrammen nicht (Interview Schulz). Für alle Finanzierungsprogramme gleichermaßen aber galt das vom MWMT selbst erlassene Förderschema vom 7. Juni 1990, wonach der maximale Investitionszuschuß bei Infrastrukturmaßnahmen nach Gesamtvolumen und Förderquote begrenzt war. Eine Steigerung dieser Quote auf maximal 80 % oder ein Überschreiten der maximalen Einzelförderung von 5 Mio. DM war bei Maßnahmen von besonderer Strukturrelevanz zulässig, allerdings nur dann, wenn sie aus EG-Programmen finanziert wurden (Akten des MWMT; in: PUA-Bericht, S. 97).

Die Lösung des letzteren Problems war relativ einfach. Das Förderschema des MWMT wurde per Erlaß neu geregelt. Nach der Neufassung war auch dann eine höhere Förderung möglich, wenn die Maßnahmen aus EG-Programmen finanziert werden *konnten* - unabhängig davon, ob sie auch tatsächlich aus EG-Mitteln finanziert wurden. Zur Begründung wurde angeführt, daß die Regelung aus dem Jahre 1990 in Zeiten extremer Mittelknappheit eingeführt worden war, sich die finanzielle Situation aber mittlerweile so entspannt hatte, daß man die erläuterte Änderung des Förderschemas durchführen konnte (Interview Schulz; Akten des MWMT; in: PUA-Bericht, S. 97).

Die Problematik der Förderprogramme wurde ähnlich flexibel und kreativ gelöst. Zunächst wurden aus den vorliegenden Planungskonzepten diejenigen vorgesehenen Nutzungen herausgefiltert, denen nach dem Rahmenplan ein Primäreffekt attestiert wurde (Gewerbe, Mehrzweckhalle und Hotels), und ihr prozentualer Flächenanteil errechnet - 35 %. Danach wären 35 % des gesamten Fördervolumens aus Mitteln der Gemeinschaftsaufgabe finanzierbar (Akten des MWMT; in: PUA-Bericht, S. 98; Aussage Schulz, S. 110). Die übrigen 65 % sollten aber zunächst ebenfalls aus diesen Mitteln gezahlt werden. Für 1992 wurde dann eine Refinanzierung geplant, sobald über die Beratungen in Brüssel neue Mittel im Rahmen der genannten EG-Programme zur Verfügung ständen (Aussage Schulz, S. 107).

Anpassung von Verträgen und Haushaltsplanungen

Diese Förderfinanzierung wurde in weiteren Arbeitssitzungen am 28. und 31. Oktober konkretisiert, während gleichzeitig das Finanzministerium und die GEG die notwendige Überarbeitung der Vertragswerke in Angriff nahmen. Die vertraglichen Regelungen mit Thyssen mußten insofern geändert werden, als die zugesicherten Entschädigungszahlungen für die Verlagerungsmaßnahmen (44,6 bis maximal 48 Mio. DM) auszuklammern waren und stattdessen das Land die Verlagerungen selbst durchzuführen hatte, diese allerdings weitergeben konnte an die GEG. Das Land aber mußte für die Durchführung dieser Arbeiten die volle Haftung übernehmen. Gleich während des ersten Besprechungstermins im MWMT am 24. Oktober hatte Drescher die Änderungsüberlegungen telephonisch mit der Grundstücksabteilung von Thyssen abgestimmt (Akten des MWMT; in: PUA-Bericht, S. 95; PUA-Bericht, S. 99).

Die Ausführung der Verlagerungs- und Sanierungsarbeiten wurde also nun zwecks Einsatzes von Fördermitteln Aufgabe der GEG. Thyssen war damit aber nur einverstanden, wenn zum einen das Land die Gewährleistung für die GEG übernehme und zum anderen Thyssenunternehmen die Verlagerungsarbeiten ausführten. Nach dem bis dato verfolgten LEG-Modell hätte Thyssen diese Arbeiten ja in Eigenregie durchführen lassen, und ein Auftragsvolumen von bis zu 48 Mio. DM wollte man sich schließlich nicht einfach entgehen lassen. So wurde also ein vierter Vertrag in das Gesamtpaket eingebunden, in welchem die GEG die Firma Thyssen-Stahl mit der Durchführung der Verlagerungsarbeiten beauftragte. Diese wurden per Anlage genau bezeichnet, ein öffentlich bestellter und vereidigter Sachverständiger sollte die tatsächliche Kostenrechnung überprüfen und eventuelle Ersparnisse sowie direkte oder indirekte Fördermittel in Abzug bringen. Die Problematik einer öffentlichen Ausschreibung dieses lukrativen Auftrags durch den kommunalen Maßnahmenträger GEG wurde mit Hinweis auf das Expertenwissen der Thyssen-Stahl AG umgangen, die allein eine Verlagerung bei weiterlaufendem Betrieb durchzuführen in der Lage sei (PUA-Bericht, S. 113-115).

Die Anpassungen des Vertragswerkes waren im Grundsatz bereits Ende Oktober abgeschlossen. Strittig blieb noch länger die Notwendigkeit der Beurkundung des Verlagerungsvertrages. Obgleich es sich eigentlich nur um eine normale Beauftragung handelte, entschloß man sich letztlich auf Drängen des beauftragten Notars zur Beurkundung, da dieser in der Verbindung mit den drei Grundstückskaufverträgen eine Einheit sah (PUA-Bericht, S. 115 f.).[57]

Im Finanzministerium wurde mit der Umstellung auf das Fördermodell zudem die Anpassung der Haushaltsplanungen für das Jahr 1992 notwendig. Nachdem der Wirtschaftsminister zugesagt hatte, bei Aufstockung der Ziel-2-Fördermittel in seinem Etat (Einzeltitel 08) die vorgesehenen Maßnahmen in Oberhausen zu fördern, beschloß Minister Schleußer Ende Oktober die entsprechende Erhöhung (Aussage Meyer, S. 20 f.). Daraufhin wurde in der Ergänzung des Haushaltsent-

---

[57] Die Entscheidung für eine Beurkundung hatte natürlich eine Auswirkung auf die zu zahlenden Notargebühren, welche sich am Vertragsvolumen orientieren. Zum politischen Streitfall in Düsseldorf wurde die Auswahl des Notars Heinemann aufgrund dessen familiärer Beziehungen zu Ministerpräsident Rau und seines langjährigen SPD-Landtagsmandats.

wurfs für 1992 vom 15. November der etatisierte Baransatz von 120 Mio DM im Kapitel des Finanzministeriums ("Erwerb und Nutzbarmachung von Grundstücken zur Strukturförderung im Ruhrgebiet") gestrichen. Der zu erwartende Erlös (Kap. 20 020 Titel 131 10) des Flächenverkaufs wurde von 60 Mio. DM auf 20 Mio. DM reduziert, da ja nach dem neuen Modell die GEG als Verkäufer gegenüber Stadium auftreten würde (PUA-Bericht, S. 182).

Obgleich also der Baransatz des Kap. 20 020 Titel 821 00 für 1992 gerade gestrichen wurde, legte das Referat III A 5 ebenfalls am 15. November einen Antrag auf teilweise Inspruchnahme der für 1991 etatisierten Verpflichtungsermächtigung vor, und zwar um die Verlagerungsverpflichtung der GEG gegenüber Thyssen absichern zu können (48 Mio. DM plus MWSt = 54,72 Mio. DM). Da diese Verpflichtungsermächtigung im laufenden Haushalt bestand, wurde ihre Inspruchnahme genehmigt, auch wenn zu diesem Zeitpunkt noch nicht sicher war, ob die EG das Ziel-2-Programm erneut auflegen würde, eine letztliche Zahlung also 1992 aus dem Etat des MWMT erfolgen könnte (PUA-Bericht, S. 185 f.; Aussage Meyer, S. 22-27).

Die neue Rolle der GEG und der Vertragsabschluß

Die bedeutsamsten Änderungen durch die Umstellung auf das Fördermodell ergaben sich aber für die GEG. Mit dem Auftreten als Zwischenkäufer und Vertragspartner der Firmen Thyssen und Stadium kam es zu einer massiven Ausweitung der Aufgaben und Verantwortlichkeiten. Damit entwickelte die GEG auch zum ersten Mal ein deutliches Eigeninteresse, wenn auch nur aus der Notwendigkeit der Geschäftsführung heraus, die Gesellschaft (und sich selbst) vor völlig neuen Risiken und Haftungsansprüchen zu schützen. Um den Regelungen des Kaufvertrags Thyssen - Land gerecht zu werden und gleichzeitig die kommunale Antragsberechtigung für Fördermittel zu erhalten, mußte das Land die Verlagerungsverpflichtungen an die GEG weitergeben. Da aber die GEG zum Zeitpunkt des Flächenkaufs keine Eigenmittel zur Verfügung hatte[58], mußte die Geschäftsführung schon aus Gründen des Selbstschutzes darauf drängen, vom Land eine Haftungsfreistellung und eine Übernahmegarantie für möglicherweise anfallende Kosten zu erhalten - einerseits für den Fall, daß die Fördermittel nicht bewilligt würden, andererseits für den Fall, daß der Investor zwischenzeitlich vom Vertrag zurücktreten würde. Letzteres hätte ja durch den Wegfall des Verkaufserlöses dazu geführt, daß der Eigenanteil an der Finanzierung der Aufbereitungsmaßnahmen nicht mehr aufzubringen gewesen wäre, was auch den Verlust der

---

[58] Das Stammkapital der Gesellschaft betrug lediglich 50.000 DM, und der zu erwartende Erlös von 40 Mio. DM aus dem Weiterverkauf an Stadium war erst mit zeitlichem Abstand zu erwarten. Zudem war ja geplant, daß das Land zum Zeitpunkt des Vertragsabschlusses nach der Veräußerung seiner Anteile an die Stadt Oberhausen kein Gesellschafter der GEG mehr sein sollte.

Fördermittel zur Folge gehabt hätte. Darüber hinaus wären in diesem Fall Rückabwicklungskosten entstanden, für die ebenfalls keine Mittel zur Verfügung standen (Akten des FM; in: PUA-Bericht, S. 102 f.).

Diese Differenzierung der bisher weitgehend interessengleichen Akteure GEG und Finanzministerium erschwerte den Entwurf des neuen Kaufvertrages zwischen dem Land und der GEG. Die Absicherung der GEG durch das Land war natürlich auch für den Investor wichtig, da auch Stadium bei einem Scheitern der GEG den Verlust seines Flächenanspruchs und der bisherigen Planungskosten zu befürchen hatte. Insofern mußte man sich im Finanzministerium Ende Oktober mit den als legitim anerkannten Forderungen der GEG dringend auseinandersetzen.

Bedeutsam war die Absicherung der GEG insbesondere aus haushaltsrechtlichen Gründen. Nach Einschätzung der Beamten handelte es sich bei den oben skizzierten Ansprüchen der GEG gegenüber dem Land um Gewährleistungen, die nach § 39 der Landeshaushaltsordnung (LHO) durch eine Ermächtigung im Haushalt abgedeckt sein mußten, was - bei jetzt geplantem Vertragsabschluß noch im Jahre 1991 - praktisch einen Nachtrag im Haushalt erfordert hätte. Um diese parlamentarisch schwierige Situation zu umgehen[59], regten die Beamten die Übernahme einer harten Patronatserklärung durch Dritte an, in diesem Fall durch die West LB (Akten des FM; in: PUA-Bericht, S. 102 f.).

Anfang November führte Finanzminister Schleußer in diesem Sinn ein Telephongespräch mit dem Vorstandsvorsitzenden der West LB, Friedel Neuber, der aber eine Patronatserklärung ablehnte (Aussage Schleußer, S. 82 f.). Deshalb brauchte man bis ca. Mitte November, um eine alternative Absicherung zu konstruieren, die haushaltsrechtlich als unproblematisch eingestuft wurde, gleichzeitig aber die Interessen der GEG und Stadiums abdeckte. Nach dieser Regelung wurden die Gewährleistungen bei Rücktritt in die Rückabwicklungsregelungen eingebaut, was nach Einschätzung der Beamten im Finanzministerium dazu führte, daß keine Gewährleistungen im Sinne des § 39 LHO mehr bestanden (Aussage Jaeger, S. 52-60).[60]

Die Absicherung der GEG bezüglich der zu erhaltenden Fördermittel wurde dadurch geleistet, daß eine Auftragsvergabe der Verlagerungsarbeiten erst nach

---

[59] Hinzu kam auch die Schwierigkeit, eine solche Ermächtigung der Höhe nach korrekt zu bestimmen, was haushaltsrechtlich aber erforderlich gewesen wäre.

[60] Die Klärung der Rechtmäßigkeit dieses Vorgehens, also der Richtigkeit dieser Einschätzung, war auch Bestandteil des Verfahrens vor dem Verfassungsgerichtshof. Im Urteil vom 3. Mai 1994 (VerfGH 10/92) wurde dazu festgestellt, daß diese Regelung nicht gegen § 39 LHO und damit gegen die Landesverfassung verstieß. Allerdings wurde nicht entschieden, daß das Land mit diesem Vertrag keine Gewährleistung übernommen hatte - diese Frage blieb unbeantwortet -, sondern es wurde festgestellt, daß die vom Land eingegangenen Verpflichtungen der Sache nach nicht neu waren, da sie sich bereits aus dem Vertrag zwischen dem Land und der Thyssen Stahl AG ergaben. Die Verfassungsmäßigkeit jenes Vertrages aber war nicht Gegenstand der angestrebten Klage gewesen (VerfGH 10/92; in: PUA-Bericht, S. 238-240).

Eingang eines Bewilligungsbescheids durch das MWMT erfolgen sollte. Gleichzeitig wurde die Antragsstellung durch die GEG, die Stadt Oberhausen und den Regierungspräsidenten vorbereitet. Dazu war ja in der ersten Arbeitsbesprechung im MWMT am 24. Okotober erstmals der Dezernent für Wirtschaftsförderung beim Regierungspräsidenten in Düsseldorf (Olmes) hinzugezogen worden, da dort die Anträge zur Prüfung öffentlich-rechtlicher Bedenken vorgelegt werden mußten, bevor sie von dort an das MWMT weitergeleitet werden konnten (Aussage Olmes, S. 112). Um die Überprüfung etwaiger öffentlich-rechtlicher Bedenken einzuleiten, stellte Drescher das Projekt am 14. November sämtlichen relevanten Dezernaten beim Regierungspräsidenten vor[61] (Interview Schnell; Interview Drescher). Daran anschließend wurde am 18. November der Förderantrag durch die GEG eingereicht, worin auch die Bitte formuliert wurde, zur Sicherstellung der beantragten Maßnahme von dem vorherigen Einsatz des vorgeschriebenen Eigenanteils abzusehen - dieser Eigenanteil sollte ja erst durch den Verkauf der Flächen an Stadium erlöst werden (PUA-Bericht, S. 150). Am 19. November veräußerte das Land seine Geschäftsanteile an der GEG an die Stadt Oberhausen.

Zu dieser Zeit einigte man sich auf den 5. Dezember als Datum für den Vertragsabschluß beim Notar (PUA-Bericht, S. 121).[62] Damit war aber verbunden, daß bis dahin der Förderantrag keinesfalls geprüft und bewilligt werden konnte. Deshalb erhielt die GEG am 21. November einen letter of intent vom MWMT, in dem ihr der Wirtschaftsminister - "vorbehaltlich der Vorlage und Prüfung eines entsprechenden Förderantrages und eines detaillierten Nutzungskonzeptes" (letter of intent des MWMT; in: PUA-Bericht, S. 149) - einen Investitionszuschuß von maximal 112,14 Mio. DM zusagte.

Über diese Regelungen sollten die Risiken der GEG aufgefangen werden. Deren legitimes Interesse an einer solchen Absicherung erschwerte allerdings das

---

[61] Im einzelnen waren daran beteiligt die damaligen Dezernate 31 (Gewerbeaufsicht), 35 (Städtebau), 52 (gewerbliche Wirtschaft - inkl. Olmes selbst), 54 (Wasser- und Abfallwirtschaft), 55 (Gewerbeaufsicht), 61 (Bezirksplanungsbehörde), 62 (Raumordnung und Landesplanung) (Aussage Olmes, S. 113; Interview Schnell). Diese Sitzung führte auch zur Einleitung eines Verfahrens zur Änderung des Gebietsentwicklungsplans und damit zur planungsrechtlichen Einbindung des Regierungspräsidenten als Behörde. Dies ist im Zusammenhang mit den regionalen Abstimmungen weiter unten dargestellt (siehe Kap. 7.2.1, S. 99 f.).

[62] Dieser Termin entstand am 18. November in Verhandlungen zwischen Thyssen, der GEG und Stadium. Stadium bestand nun angesichts der sechs-Wochen-Frist im letter of intent des Finanzministers vom 7. Oktober auf Vertragsabschluß bis zum 6. Dezember, eine Forderung, die Thyssen aus Gründen der vorgesehenen Freimachungsfristen unterstützte. Aber auch für das Land bestand Eile, da nach Umstellung auf das Fördermodell für 1992 keine entsprechenden Haushaltsansätze mehr zur Verfügung standen. Da Oerter als Verhandlungsführer des Landes am 6. Dezember nicht zur Verfügung stand, wurde der Termin auf den 5. Dezember vorverlegt.

Gesamtvertragswerk im Hinblick auf die mit Stadium zu treffenden Vereinbarungen. Auch für Stadium war die GEG ob ihres geringen Stammkapitals und des Austritts des Landes ein potentiell unsicherer Vertragspartner als das Land. Deshalb hatte man seitens des Finanzministeriums und der GEG zunächst am 5. November die oben erläuterte Patronatserklärung als Sicherheit offeriert. Als diese aber nach Weigerung der West LB in der nächsten Verhandlungsrunde am 11. November zurückgenommen werden mußte, erzeugte man damit bei Stadium eine deutliche Verstimmung. Zwar bemühte man sich darum, die Absicherung der GEG durch das Land seitens der Vertragskorrekturen möglichst plausibel zu machen, die prinzipielle Abhängigkeit der GEG von noch nicht vorliegenden Fördermitteln konnte aber nicht abgestellt werden. Da auch der letter of intent des MWMT vom 21. November nur unter Vorbehalt der Prüfung des Förderantrags erfolgte, wollte die GEG diesen Vorbehalt auch in den Vertrag mit Stadium übertragen. Eine solche Lösung wurde von Healey und seinen Anwälten jedoch nicht akzeptiert. Erst Anfang Dezember einigte man sich auf Vorschlag des englischen Rechtsanwalts Healeys auf einen Kompromiß. Danach sollte die GEG versuchen, bis zum Jahresende (oder einem späteren von Stadium akzeptierten Termin) einen Bewilligungsbescheid zu erhalten. Sollte ihr das nicht gelingen, so sollte die GEG innerhalb von zwei Wochen vom Vertrag zurücktreten können, wobei sie dann aber sämtliche Vertragskosten zu tragen hätte (Vertrag GEG - GOP; in: PUA-Bericht, S. 120 f.).

Mit dieser Einigung waren alle wesentlichen Punkte der drei Kaufverträge abgestimmt. Lediglich die Frage nach den Planungskosten im Falle einer Rückauflassung war noch offen. Das Land wollte dieses Risiko gegenüber der GEG nicht übernehmen, sondern an die Stadt Oberhausen weitergeben, die für die planungsrechtliche Sicherung im Rahmen der Bauleitplanung verantwortlich war (siehe Kap. 8). Nach einigem Hin und Her wurde dieser Punkt schließlich erst während des Notartermins am 5. Dezember von der Stadt und Healey akzeptiert (PUA-Bericht, S. 129).

Der Beurkundungstermin am 5. Dezember dauerte fast den gesamten Arbeitstag, endete jedoch mit der Beurkundung der drei Kaufverträge und des Verlagerungsvertrags zwischen der GEG und der Thyssen Stahl AG (PUA-Bericht, S. 125-142). Während des Termins wurden noch verschiedene Einzelpunkte diskutiert und verhandelt - eine recht außergewöhnliche Situation, die aus der engen Terminierung und den komplexen Abstimmungsnotwendigkeiten der verschiedenen, aufeinander bezogenen Verträge resultierte. Lediglich die endgültige Sicherung der Fördermittel war noch zu erwirken.

Aber auch dieser noch offene Punkt wurde zügig bereinigt. Schon am Tag der Vertragsabschlüsse erstellte der Regierungspräsident seinen Bericht an den MWMT, in dem der Förderantrag der GEG befürwortet wurde (Brief RP-

MWMT; in: PUA-Bericht, S. 151 f.).[63] Bereits eine Woche später, am 12. Dezember wurde der Förderantrag im Arbeitskreis Infrastruktur des MWMT beraten[64], so daß das MWMT schon am 16. Dezember der GEG die Zusage über einen Investitionszuschuß von 107,673 Mio. DM machen konnte. Lediglich die Bewilligung der Managementkosten der GEG wurde zunächst zurückgehalten. Gleichzeitig wurde die Investitionsbank NRW (bei der West LB) angewiesen, der GEG den entsprechenden Bewilligungsbescheid auszustellen (PUA-Bericht, S. 156 f.).

In der Folgezeit waren lediglich noch die vertraglichen Beziehungen zu bereinigen. Am 20. Dezember wurde der Geschäftsbesorgungsvertrag zwischen dem Land und der GEG rückwirkend zum 30. November aufgelöst, ebenso der Geschäftsbesorgungsvertrag zwischen der GEG und der West LB Immobilien. Bei der GEG übernahm fortan der bisherige Leiter des Planungsamtes der Stadt Oberhausen die Funktion des Geschäftsführers, Finanzminister Schleußer legte sein Aufsichtsratsmandat am 23. November nieder (PUA-Bericht, S. 217). Mit dem Jahresende 1991, zu dem das Land den Kaufpreis von 20 Mio. DM an Thyssen überwies (PUA-Bericht, S. 186 f.), war der Auftrag an den Finanzminister, die Umsetzung des Kabinettsbeschlusses vom 20. Juni 1989 sicherzustellen, auf der Ebene der Projektentwicklung erfüllt.

6.2 Landesplanerische Abstimmungen mit dem MSV und dem MURL

Bis zur internen Vorstellung des Investors am 13. März wurde die Projektentwicklung Thyssen-Flächen also im Finanzministerium und durch die GEG vorangetrieben. Wie oben dargestellt (siehe Kap. 6.1.2, S. 67 f.), führte die Einbeziehung der Stadt Oberhausen mit diesem Datum zu einer Ausweitung des Kreises der Beteiligten und zu einer neuen Aufgabenverteilung. Teilweise resultierte dies aus der jetzt entstehenden Notwendigkeit, die planerischen Vorarbeiten des Projekts zu konkretisieren und voranzutreiben. Mit dem Auftauchen eines konkret interessierten Investors entstand also zu diesem Zeitpunkt erst ein Planungsfall oder ein konkretes Stadtentwicklungsprojekt "Neue Mitte Oberhausen"[65], das planerisch zu bearbeiten war. Die neue Aufgabenverteilung ergab

---

[63] Der Antrag war erst am 18. November von der GEG eingereicht worden, die Prüfungszeit des Regierungspräsidenten betrug also gerade zweieinhalb Wochen.

[64] Im Arbeitskreis Infrastruktur sind die Bezirksregierungen, das MSV und das MWMT vertreten. Dort werden Förderprojekte diskutiert und es wird über ihre Förderung Einigung erzielt. Die Entscheidung wird dann vom MWMT vertreten und dem Antragsteller bestätigt, die Bewilligung der Fördermittel erfolgt danach durch die Investitionsbank des Landes (Interview Schulz, Aussage Thomalla, S. 42-44).

[65] Der Name oder Titel des Projektes "Neue Mitte Oberhausen" freilich entstand erst später. Stadium operierte während des Projektablaufs mit verschiedenen Namen, gründete auch

sich aber zum anderen auch aus der Einbindung von OStD Drescher, der sich mit Elan der neuen Projektvorschläge annahm und selbst eine Vermittlerrolle übernahm, um die Interessen der Stadt wahrzunehmen (Interview Drescher). So hakte er immer wieder im Finanzministerium und bei der GEG nach, um die Verhandlungen mit Thyssen voranzutreiben - wobei ihm sein langjähriger Kontakt zu Schleußer sehr hilfreich sein mußte -; gleichzeitig aber wurde er zur zentralen Schaltstelle der planerischen Entwicklung. Diese Rolle kam ja, wie oben dargestellt, GEG und Finanzministerium sehr entgegen, welche Stadium zu diesem Zeitpunkt aus den Verhandlungen mit Thyssen noch heraushalten wollten.

Im Zusammenspiel der verschiedenen Projektbeteiligten war es gesetzesgemäß Aufgabe der Stadt Oberhausen, die planungsrechtlichen Voraussetzungen für die Umsetzung der Neuen Mitte zu schaffen. Nachdem nun die ersten Projektkonzeptionen vorlagen, war es nur folgerichtig, eine Beurteilung der bestehenden planungsrechtlichen Situation vorzunehmen und die erforderlichen Änderungen zu sondieren. Aus diesen Überlegungen heraus kam es durch Drescher zur Einbeziehung des MURL und des MSV.

Ende März bis Anfang April wurde so der zuständige Abteilungsleiter im MSV, Dr. Roters, von den Projektvorschlägen in Kenntnis gesetzt und in die Beratungen einbezogen (Aussage Roters, S. 92). Über Minister Schleußer - und in dessen Beisein - kam es am 25. April zu einem Gespräch zwischen Drescher und Städtebauminister Kniola, in dem Roters Rolle als zentraler Ansprechpartner der Stadt Oberhausen bestätigt wurde. Am 3. Mai sprachen Schleußer und Drescher bei dem für die Belange der Raumordnung zuständigen Minister Matthiesen vor, wo ihnen Dr. Ritter als Ansprechpartner vermittelt wurde (Aussage Drescher, S. 4, 25 f.). Dieser war als Abteilungsleiter Chef der obersten Landesplanungsbehörde, der Rechtsaufsicht über die Bezirksplanungsbehörde.

Die Sondierungsgespräche mit dem MURL und dem MSV verliefen im wesentlichen parallel, wobei allerdings die inhaltlichen Anliegen des MSV offenbar einen breiteren Raum einnahmen als die des MURL. Das ergab sich u. a. auch aus dem Aufgabenbereich von Dr. Roters, der neben der Rechtsaufsicht über die kommunale Bauleitplanung auch die Zuständigkeit für allgemeine Fragen des Städtebaus und der Städtebauförderung hatte. Zudem war er mit der Koordinierung der Aufgaben der IBA Emscher-Park betraut, was angesichts der zentralen Lage der Thyssen-Flächen im Projektraum der IBA auch von Bedeutung war (Aussage Roters, S. 90).

Schon in den ersten Gesprächen wurden verschiedene inhaltliche Aspekte besprochen und Anregungen geliefert, die für die weitere Behandlung der Neuen

---

eine eigene Tochterfirma für die Projektentwicklung unter dem Namen "Gartenstadt Oberhausen". Erst später entwickelte Stadium seinen Projektnamen "CentrO", während die Stadt das Gesamtprojekt recht bald schon als "Neue Mitte Oberhausen" führte.

Mitte Oberhausen auch in der späteren Diskussion mit den Nachbarstädten von Bedeutung waren.

Dem MSV wurde von Drescher zunächst eine Karte vorgelegt, auf der die verschiedenen Nutzungsvorstellungen des Investorenkonzepts festgehalten waren (Aussage Roters, S. 97). Dabei führte die Stadt bereits die Landesgartenschau und das Projekt High-Definition-Oberhausen als Bausteine des Gesamtprojektes mit auf; das zentrale Einkaufszentrum wies nach der Konzeption der Firma Stadium eine Nettoverkaufsfläche von 95.000 m^2 auf. Roters regte daraufhin an, über ein externes Büro eine städtebauliche Rahmenkonzeption entwickeln zu lassen, um von der scheinbar willkürlichen räumlichen Anordnung von einzelnen Projektbestandteilen zu einem integrierten Gesamtkonzept zu kommen (Aussage Roters, S. 101) (vgl. zu dem folgenden auch Kap. 8.2.2,S. 161 ff.).

Diese Anregung wurde von Drescher aufgenommen, und der Düsseldorfer Architekt und Stadtplaner Jochen Kuhn wurde von der Stadt Oberhausen beauftragt, einen solchen städtebaulichen Konzeptentwurf zu entwickeln, der die Vorstellungen des Investors und der Stadt - und nun eben auch die des Landes - zusammenbrachte sowie planerisch umsetzte. Kuhn erstellte daraufhin in den folgenden Monaten (Mai/Juni 1991) zwei sogenannte Testentwürfe, die später weiterentwickelt wurden zu einem städtebaulichen "Rahmenplan", der für die folgende Diskussion und die städtebaulich-planerische Umsetzung von wegweisender Bedeutung war (Interview Drescher).

Noch ein zweiter Auftrag wurde nach den Rücksprachen mit dem MSV durch die Stadt Oberhausen vergeben. Das renommierte Planungsbüro Retzko + Topp (Büro Düsseldorf) wurde beauftragt, eine Untersuchung der verkehrlichen Auswirkungen der Neuen Mitte durchzuführen und Hinweise zu liefern, wie diese möglichst umwelt- und stadtfreundlich zu regulieren seien. Dabei mußte natürlich in enger Abstimmung mit dem Büro Kuhn vorgegangen werden, da die städtebauliche Konzeption und die verkehrlichen Folgen ja eng miteinander verzahnt waren. Für eine wirkliche Integration in die Gesamtstadt war es unumgänglich, gerade die Komponente des Öffentlichen Personennahverkehrs detailliert zu untersuchen.

Während Healey zeitlich und inhaltlich Druck auf das Land und die GEG ausübte - schon im Mai formulierte er den o. g. Bedingungskatalog für sein Engagement -, war Drescher sein Ansprechpartner in bezug auf die planerischen Abstimmungen. Weder Roters noch Ritter hatten einen direkten Kontakt zu Healey oder seinen Repräsentanten, sie führten die Gespräche stets mit der Stadt Oberhausen, also mit Drescher bzw. seinen Mitarbeitern im Koordinierungsbüro O. 2000 (siehe Kap. 8.2.1, S. 160 f.) und den von ihm verpflichteten externen Beratern bzw. Gutachtern (Aussage Roters, S. 92 f.; Interview Ritter; Interview Drescher).

Während die originären Vorstellungen von Stadium über die Testentwürfe Kuhns und das Gutachten von Retzko + Topp verfeinert und abgesichert wurden, drängte Roters auf eine Verringerung der geplanten Einzelhandelsverkaufsfläche, da ihm 95.000 m² Nettoverkaufsfläche doch bedenklich erschienen⁶⁶. Ende Mai wurde bereits in den Gesprächen mit der Stadt die Zahl von 70.000 m² Nettoverkaufsfläche diskutiert, die als landesplanerisch eher unbedenklich angesehen wurde. Aus diesen Gesprächen entstand dann auch die Überlegung, die Vorstellungen der Flächendimensionierung des Einkaufszentrums ebenfalls durch gutachterliche Untersuchungen überprüfen zu lassen. Dazu sollten die derzeitigen Kaufkraftabflüsse aus Oberhausen erforscht werden, um solidere Planungsdaten bezüglich der Einbindung in das landesplanerische Zentrengefüge zu erhalten (Brief Drescher-Schleußer; in: PUA-Bericht, S. 78).

Über diesen Sachstand informierte Drescher am 3. Juni per Brief Minister Schleußer. Darin heißt es:

"In dem Konzept von Stadium war eine Einzelhandelsfläche vorgesehen, die 95.000 qm netto betrug. In Gesprächen mit Stadium und Städtebauministerium sowie MURL ist die Gesamtfläche auf 70.000 qm festgeschrieben" (Brief Drescher-Schleußer; in: PUA-Bericht, S. 78).

Und weiter:

"Ein kurzfristig zu erstellendes Gutachten soll belegen, daß über die geplanten Einkaufsflächen lediglich der Kaufkraftabfluß aus Oberhausen kompensiert wird" (Brief Drescher-Schleußer; in: PUA-Bericht, S. 78).

In einem Brief an Healeys Beauftragte Weinberger⁶⁷ vom 7. Juni äußerte er sich ähnlich:

"Der Einkaufsbereich darf nach den Vorabsprachen in den zuständigen Ministerien eine Größe von 70.000 m² Nutzfläche nicht überschreiten⁶⁸. Landes- und stadtpolitisch sollte der Einkaufspark nicht als besondere Attraktion hervorgehoben werden, sondern als ökonomische Notwendigkeit

---

⁶⁶ Zum Vergleich: Die anderen beiden großen, einheitlich geplanten Einkaufszentren des Ruhrgebietes sind das Rhein-Ruhr-Zentrum in Mülheim (an der Stadtgrenze zu Essen) sowie der Ruhrpark im Osten Bochums. Beide wiesen damals eine Nettoverkaufsfläche von jeweils ca. 50.000 m² auf (Aussage Roters, S. 98). In den Jahren seit 1991 sind allerdings beide Einkaufszentren erweitert, ergänzt und modernisiert worden. Das Rhein-Ruhr-Zentrum wurde verkauft und von seinen neuen Eigentümern und Betreibern in Antizipation der entstehenden Konkurrenz einem kompletten "Facelifting" unterzogen. Einer der neuen Eigentümer, der ursprüngliche Architekt des Rhein-Ruhr-Zentrums, Walter Brune, ist als erfolgreicher Entwerfer und Bauherr von hochmodernen Einkaufszentren international bekannt geworden - wie z. B. der Kö-Galerie in Düsseldorf.

⁶⁷ Die deutschstämmige Kanadierin Marion Weinberger fungierte über einige Jahre vor Ort in Düsseldorf und Oberhausen als eine der wichtigsten Repräsentanten Healeys. Interessanterweise war sie nur einige Jahre zuvor unter ihrem damaligen Namen Marion von Bathory-Corsbie eine der Verhandlungsführerinnen der Triple-Five-Gruppe, für die sie ursprünglich in Kanada gearbeitet hatte (Kirbach 1993b).

⁶⁸ Gleichzeitig offerierte Drescher aber eine Art "Hintertür": "Da vom MSV das Thyssen-Areal als integrierter Standort angesehen wird, können arrondierende Verkaufsflächen z. B. im Sport- und Freizeitbereich untergebracht werden" (Brief Drescher-Weinberger; in: PUA-Bericht, S. 75; Hervorhebung im Original).

in den Hintergrund treten" (Brief Drescher-Weinberger; in: PUA-Bericht, S. 75).

Zumindest für Drescher war daher die Marschrichtung der folgenden Begutachtung bereits klar. Um ein renommiertes Planungsbüro mit dem Fall zu betrauen, wurden Anfang Juni mit der Prognos AG erste Gespräche geführt und ihr nach dem 18. Juni auch ein entsprechender Auftrag offiziell erteilt. Auftraggeber war dabei im übrigen die GEG, die zu diesem Zeitpunkt ja nur zu einem Drittel der Stadt Oberhausen gehörte, während das Land und die West LB Immobilien die anderen zwei Drittel der Geschäftsanteile hielten (Prognos AG 1991, S. 15). Die Entwürfe des Büros Kuhn wurden Prognos für die Begutachtung gleich zur Verfügung gestellt (vgl. Prognos AG 1991, S. 187-202).

In der im Oktober vorgelegten Endfassung heißt es zur Frage der vertretbaren Verkaufsflächen:

"Mit Blick auf Umsatzkennziffern pro Verkaufsfläche, wie sie als Durchschnittswerte bekannt sind, ergaben sich Größenordnungen, die die wirtschaftliche Tragfähigkeit des geplanten Einkaufszentrums *durch das einzelhandelsrelevante Kaufkraft-Potential von Oberhausen* bestätigen" (Prognos AG 1991, S. 6; Hervorhebung d. Verf.).

Dieses Gutachten mit dem Titel "Kaufkraftströme und Attraktivitätsgefälle zwischen der Stadt Oberhausen und den unmittelbaren Nachbarstädten" war in der Frühphase der Beratungen und Gespräche der Stadt Oberhausen mit den Nachbarstädten und der Bezirksplanungsbehörde von großer Bedeutung, wurde allerdings im Laufe der späteren Planungen und Gespräche immer weniger beachtet und 1992 als Diskussionsgrundlage durch zwei später angefertigte Gutachten ersetzt[69] (siehe Kap. 7.2.1, S. 101 ff.).

Die Abstimmungen mit dem MURL erwiesen sich demgegenüber als relativ unkompliziert. Als Ritter am 3. Juni mit Drescher und Kuhn (und einem weiteren Oberhausener Beamten des Koordinierungsbüros O. 2000) zusammenkam, um die derzeitigen Planungen zu diskutieren[70], konnte er keine landesplanerischen Hindernisse des Projektes erkennen (Aussage Ritter, S. 78). Interessant erscheint aber die dort offenbar von Ritter vertretene Auffassung, daß zwar kommunales Planungsrecht zu schaffen, eine Änderung des Gebietsentwicklungsplanes (GEP)

---

[69] Vor allem aufgrund erheblicher Kritik am Prognos-Gutachten. Aus methodischer Sicht wurde vor allem der fehlende Vergleich mit ähnlichen Großanlagen bemängelt, aus empirischer Sicht wurde die weitgehende Übernahme von Planungsdaten des Triple-Five-Projektes kritisiert (Aussage Roters, S. 96 f.). Dies veranlaßte den Rechtsanwalt des Investors im Oktober 1991 dazu, einen neuen Gutachtenauftrag an die Gesellschaft für Konsumforschung (GfK) anzuregen, um diese "als Gegengutachter auszuschalten" (Brief Elsing-Drescher; in: Aussage Elsing, S. 170 f.).

[70] Zu diesem Zeitpunkt hatte also bereits die "Verkleinerung" auf 70.000 m^2 Nettoverkaufsfläche stattgefunden, die von Roters angeregten Entwürfe von Kuhn lagen schon vor, und die Beauftragung von Retzko + Topp war auch bereits erfolgt.

aber nicht nötig sei und eine Abstimmung mit dem Bezirksplanungsrat demnach wohl entfalle (Brief Drescher-Schleußer; in: PUA-Bericht, S. 77). Die diesen Überlegungen zugrunde liegende Logik läßt sich laut Ritter so verstehen, daß man von der letzten Nutzung der Fläche ausgegangen war und demnach jegliche nicht-industrielle Neunutzung zu einer Verbesserung der Umwelt- und städtebaulichen Situation führen werde (Interview Ritter). Die Frage nach der GEP-Relevanz der Oberhausener Planungen zur Neuen Mitte blieb noch über Monate offen. Drescher, der dem Projekt sicherlich den Weg über den Bezirksplanungsrat am liebsten erspart hätte, mußte aber schließlich im November die gegenteilige Auffassung der Bezirksplanungsbehörde Düsseldorf anerkennen, nachdem die verschiedenen Dezernate des Regierungspräsidenten im Vorfeld der Prüfung des Förderantrags ausführlich über das Projekt informiert worden waren (siehe S. 81 und Fußnote 61).

Anfang Juni waren demnach die wichtigen Sondierungsgespräche mit dem MSV und dem MURL begonnen und damit eine fachlich gründliche Absicherung des Projektes eingeleitet, um ein Fiasko wie beim Scheitern von Triple Five zu vermeiden. Die entsprechenden Gutachten waren in Auftrag gegeben und wurden über die Sommermonate erstellt. Zeitgleich, also im Juli und August 1991, gingen ja, wie oben dargestellt (siehe Kap. 6.1.2, S. 70 ff.), die Kaufvertragsverhandlungen mit Thyssen in ihre heiße Phase. Ihre weitgehende Abschlußreife Anfang bis Mitte September fiel dann wieder zusammen mit der Vorlage der gutachterlichen Ergebnisse: Am 5. September legte Prognos seinen Zwischenbericht vor, am 9. September präsentierte Kuhn seine weiterentwickelten Entwürfe einer städtebaulichen Rahmenplanung (PUA-Bericht, S. 81).

Damit hatte man zu diesem Zeitpunkt neue Planungsgrundlagen zur weiteren Abstimmung. Am 11. September kam man in einer großen Runde zusammen, um die noch offenen Fragen zu diskutieren und das weitere Vorgehen abzusprechen. Außer den Hauptbeteiligten Roters, Ritter, Drescher und Kuhn war auch der zuständige Abteilungsleiter des Finanzministeriums, Oerter, beteiligt, da er die beiden Handlungsstränge Flächenkauf und Projektentwicklung spätestens jetzt zusammenführen mußte (PUA-Bericht, S. 81). Dies war einerseits auf Healeys Drängen nach planungsrechtlicher Sicherheit zurückzuführen, andererseits aber auch auf die Intention des Finanzministers, noch vor der öffentlichen Präsentation Anfang Oktober das Landeskabinett zu informieren. Angesichts der Kuhnschen Rahmenplanung und der im Prognos-Zwischenbericht attestierten Zentrenverträglichkeit des geplanten Einkaufszentrums kam diese interministerielle Runde im Ergebnis zu einer übereinstimmenden Einschätzung hinsichtlich der landesplanerischen Kompatibilität und Tragfähigkeit der Gesamtkonzeption, wenn auch eine planerische Feinabstimmung in vielen Punkten noch ausstand (z. B. Abstimmung mit der IBA, Verkehrsanbindung, UVP) (Akten des FM; Akten des MSV; in: PUA-Bericht, S. 81-83). Entsprechend wurde am 1. Oktober das Landeskabinett unterrichtet (PUA-Bericht, S. 85), und eine Woche später erfolgte die öffentliche

Präsentation des Projektes, auf der auch Grundaussagen der Gutachten vorgestellt wurden. Als materielle Konsequenz dieser Abstimmungsgespräche mit den Ministerialbeamten blieben also im wesentlichen drei Dokumente externer planerischer Berater, die in erster Linie die landesplanerische Kompatibilität der Neuen Mitte Oberhausen nachweisen sollten. Später, als sich im November die Notwendigkeit einer GEP-Änderung herauskristallisierte, ermöglichten und vereinfachten sie aber zudem eine fachlich-sachliche Abstimmung mit den Nachbarstädten. Alle drei Gutachten entstanden proaktiv, also bevor die Nachbarstädte zu dem Planungsfall in Verhandlungen oder Abstimmungen einbezogen wurden, und alle hatten die Stadt Oberhausen als Auftraggeber - wenn auch im Falle des Prognos-Gutachtens nur indirekt über die GEG. Anders als beim Triple-Five-Projektvorschlag hatte kein Landesministerium einen Gutachterauftrag vergeben.

7 Die Nachbarstädte und die Bezirksplanung

7.1 Einleitender Exkurs: Kooperation und Konkurrenz im Ruhrgebiet

Ein Großvorhaben wie die Neue Mitte Oberhausen hat natürlich Konsequenzen, die das Territorium der Stadt Oberhausen weit überschreiten. Einerlei, welche Folgen man berücksichtigen mag - seien es die verkehrlichen Folgewirkungen, die ökonomischen Auswirkungen eines Einkaufszentrums von 70.000 m² oder eines verkehrsgünstig gelegenen Kino-Centers oder sei es die Attraktivität einer modernen Veranstaltungshalle wie der Arena - in jedem Fall ergeben sich für das nähere und evtl. weitere Umfeld der Stadt Oberhausen Konsequenzen. Konkurrierende Wirtschaftsunternehmen und verkehrlich betroffene Bewohner stellen nur zwei potentielle Akteursgruppen dar, die die politischen Handlungs- und Entscheidungsträger in den benachbarten Gebietskörperschaften zumindest zu einer Auseinandersetzung mit der Neuen Mitte Oberhausen zwingen. Ohnehin ist eine Rezeption solcher Planungsvorhaben durch Politik und Verwaltung der Nachbarkommunen innerhalb der kommunalpolitischen Landschaft Nordrhein-Westfalens die Regel, ganz abgesehen von ihrer planungsrechtlichen Einbindung bei Fragen der Änderung von Gebietsentwicklungsplänen oder der Aufstellung von Bebauungsplänen, wie sie auch im oft als "Zöpel-Erlaß" bezeichneten Gemeinsamen Runderlaß nochmals betont wird (Gemeinsamer Runderlaß vom 16.07.1986).

In einem polyzentrischen Agglomerationsraum wie dem Ruhrgebiet kommt hinzu, daß die funktionalen Raumbezüge nicht mit einer simplen analytischen Dichotomie von "Stadt und Umlandgemeinden" zu fassen sind. Wie bei der Schilderung der historischen Bedingungen der Stadtwerdung in Oberhausen bereits deutlich geworden ist (siehe Kap. 4.2), haben sich aufgrund von Planungen, die sich damals fast einseitig an den Interessen von Industrie und Eisenbahn orientierten, zerrissene und z. T. sehr ungeordnete Raumstrukturen ergeben, die in der Bevölkerung zu relativ komplexen Raumnutzungs- und Raumaneignungsmustern geführt haben. Diese Beobachtung gilt dabei nicht nur für Oberhausen, sondern für fast das gesamte Ruhrgebiet. Trotz der Veränderungen, die im Zuge des Strukturwandels gerade in den letzten Jahrzehnten eingetreten sind, ist die Komplexität der Raumbeziehungen kaum geringer geworden. Eher das Gegenteil ist der Fall, was sich beispielsweise am Pendler-, Einkaufs- und Freizeitverhalten der Bewohner erkennen läßt. Daraus resultiert in einem solchen polyzentrischen Agglomerationsraum wohl auch ein starkes Bewußtsein bei Bewohnern und Politikern, daß Entwicklungen in den Nachbarstädten auch für die eigenen Entwicklungen und Planungen höchst relevant sind, da sich Sachfragen nicht an kommunalen (oder anderen) Grenzen orientieren. Im Ergebnis kann man daher durchaus von einem gewissen Zwang zur kommunalen Zusammenarbeit zwischen den Ruhrgebietsstädten sprechen, welcher angesichts seiner historischen Herausbildung auch unter dieser Perspektive betrachtet werden muß.

Zu diesem generellen Faktor der Interdependenz durch Lage im Verflechtungsraum kommt aber im Ruhrgebiet eine Besonderheit hinzu, die sich in ähnlich klaren Kategorien kaum fassen läßt. Zwischen den meisten Kommunen im Ruhrgebiet existiert seit den Anfängen der industriellen Stadtwerdung ein Geist von Konkurrenz und Gegnerschaft, der in Verbindung mit dem ebenfalls verbundenen Bewußtsein der Interdependenz zu einer ambivalenten Beurteilung des regionalen Zusammenhalts führt. Kilper spricht in diesem Zusammenhang von einer "interkommunale[n] Balance zwischen Kooperation und Konkurrenz" (Kilper 1995, S. 87) und betont die historische Dimension dieser Balance, die je nach den spezifischen ökonomischen, gesellschaftlichen und politischen Rahmenbedingungen mal stärker zur Konkurrenz und mal stärker zur Kooperation geneigt hat.

Der Zwang zur kommunalen Zusammenarbeit entstammt dem historischen Wachstumsprozeß des Ruhrgebiets und damit primär den Ansprüchen des montanindustriellen Komplexes an Industrie- und Siedlungsflächen, infrastrukturellen Ver- und Entsorgungseinrichtungen sowie ökologischen und sozialen Ausgleichs- und Erholungsflächen bzw. -einrichtungen. Erste Bemühungen zur Zusammenarbeit ergaben sich deshalb dort, wo die Voraussetzungen bzw. Folgewirkungen dieser montanindustriellen Entwicklung in Gefahr gerieten und die Steuermöglichkeiten der einzelnen Gemeinden nicht mehr ausreichten. Im Ruhrgebiet waren dies Fragen der Wasserver- und -entsorgung und die damit zusammenhängenden hygienischen Probleme, die Anfang des 20. Jahrhunderts zu einer gemeinsamen Lösung führten: Genossenschaften wurden gegründet, um eine ausgeglichenere Versorgung zu gewährleisten sowie die Entsorgung über das offen kanalisierte Emschersystem sicherzustellen und damit Überflutungen und Epidemien vorzubeugen (Korte 1990, S. 582 ff.; von Petz 1995, S. 9; Kilper 1995, S. 79 ff.).[71]

Aus weitgehend gleicher Logik heraus wurde dann im Jahre 1920 der Siedlungsverband Ruhrkohlenbezirk gegründet. Wie der Name schon sagt, standen bei seiner Gründung - zumindest nach der offiziellen Gesetzesvorlage[72] - zunächst Fragen der Siedlungsentwicklung und -planung im Vordergrund, als es nach dem Ersten Weltkrieg zu einer massiven Anwerbung von Zuwanderern kam, um angesichts des territorialen Verlustes anderer Kohlereviere eine erhebliche Produktionssteigerung der Ruhrgebietszechen zu erreichen. Auch wenn somit ein externer Anstoß vorlag, so wurde die Problemlage innerhalb des Ruhrgebiets früh erkannt und wurde die Gründung des SVR im wesentlichen von Kommunalver-

---

[71] 1899 wurde der Ruhrtalsperrenverein gegründet, 1904 die Emschergenossenschaft, die anderen Wasserwirtschaftsverbände folgten.

[72] Vgl. die Argumentation bei von Petz 1995, S. 15 ff.

tretern des Ruhrgebiets vorangetrieben (von Petz 1995, S. 15; Schnur 1970, S. 13). Die Förderung der Siedlungstätigkeit als Verbandszweck bedeutete letztlich einen Ansatz zu regionaler Raumordnungspolitik (Kilper 1995, S. 83), ein Verständnis der Verbandsaufgaben, das von seinem ersten Verbandspräsidenten Robert Schmidt maßgeblich und offensiv vertreten wurde (vgl. von Petz 1995, S. 12 ff; Korte 1990, S. 591; Reulecke 1981, S. 19).

Der SVR als Regionalplanungsbehörde wurde zum Jahresende 1975 aufgelöst. Der Kommunalverband Ruhrgebiet (KVR) als Nachfolgeorganisation bekam eine neue, eingeschränkte Aufgabenstellung. Die regionale Entwicklungsplanung wurde ihm entzogen und den neugeschaffenen Bezirksplanungsräten der Regierungsbezirke zugewiesen. Kilper sieht die Auflösung des SVR im historischen Zusammenhang eines stärker zentralistischen Staatsverständnisses. Die Landesregierung reagierte auf die Strukturkrisen des Ruhrgebiets, die zumindest zum Teil durch Veränderungen der globalen Wirtschaftsstrukturen ausgelöst worden waren, mit umfassend angelegten Strukturprogrammen, die zentral von Düsseldorf aus gesteuert wurden.[73] Sicherlich war die Beschneidung des SVR aber auch mit der Einschätzung verbunden, daß die formellen wie informellen Strukturen der regionalpolitischen Entscheidungsfindung den aktuellen Problemstellungen nicht mehr angemessen waren. Gerade die enge Verknüpfung der kommunalen Vertreter mit den lange Zeit dominanten Interessen der Montanindustrieunternehmen wurde als entwicklungspolitisch nachteilig angesehen und sollte durch eine Verlagerung der Entscheidungskompetenz auf regional unbeteiligte Ebenen der Landesverwaltung vermieden werden (Korte 1990, S. 591).[74] Diese augenscheinlich so einleuchtende Argumentation muß gesehen werden im Zusammenhang mit dem bereits angesprochenen Wandel des Staats- und Planungsverständnisses (vgl. auch Projektgruppe Ruhrgebiet 1987, S. 53) und dem weitverbreiteten Glauben an zentralstaatlich organisierte und planerisch umsetzbare Rationalität. In Nordrhein-Westfalen führte dies zu von der Landesregierung vorangetriebenen Diskussionen und Planungen einer verwaltungsmäßigen Funktional- und Territorialreform, die 1975 als Kommunalreform umgesetzt wurde und zur Schaffung größerer Kommunen und neuer, größerer Landkreise führte. Ohne

---

[73] Dabei wurde das Ruhrgebiet häufig zum Testfall für später auf ganz Nordrhein-Westfalen ausgeweitete Strukturprogramme: Entwicklungsprogramm Ruhr (1968) - Nordrhein-Westfalen-Programm 1975 (1970), Aktionsprogramm Ruhr (1979); später auch die Zukunftsinitiative Montanregionen (ZIM), die zur Zukunftsinitiative Nordrhein-Westfalen (ZIN) ausgeweitet wurde. Bedeutsam ist in diesem Zusammenhang auch die Einbeziehung der Bundesregierung durch die Schaffung der Gemeinschaftsaufgaben im Rahmen der Großen Finanzreform von 1969 (vgl. Projektgruppe Ruhrgebiet 1987, S. 58; Kilper 1995, S. 86 f.).

[74] Vgl. aber Projektgruppe Ruhrgebiet 1987, S. 65 f. zur Ambivalenz der sozialdemokratischen Modernisierungspolitik, deren sozialstaatlicher Reformansatz auf wirtschaftlichem Wachstum basierte und damit einen Neokorporatismus stärkte, der nun lediglich nicht mehr kommunal strukturiert war.

diesen Hintergrund ist die eingeleitete Strukturreform des SVR selbstverständlich nicht zu verstehen.

So verständlich und rational orientiert die Argumentation auch war, mit der Aufgabenbeschneidung des SVR wurde ein Ansatz zur institutionalisierten Selbstkoordination der Ruhrgebietskommunen zerstört. Die Bedeutung überörtlicher Regierungsebenen für die Vergabe ebenfalls immer wichtiger werdender zentralstaatlicher Mittel leistete auch einen wesentlichen Beitrag zu einem verschärften Konkurrenzverhalten der Kommunen. Die ehedem für die wirtschaftliche Entwicklung der Kommunen so wichtigen guten Beziehungen zu den Großunternehmen der Montanindustrie verloren damit zusehends an Bedeutung, während gleichzeitig gute Beziehungen der Gemeindevertreter zu den Entscheidungsträgern der die Fördermittel bewilligenden Ministerien bzw. deren politischen Führungskräften bedeutender wurden. Der direkte Verhandlungsweg führte damit aber zu weitgehend (regional) unkontrollierten und nicht-öffentlichen Abstimmungsprozessen (Pankoke 1990, S. 55). Die kurzen Drähte mußten nun nach außerhalb der Region gezogen werden, und bei der Mittelvergabe war der Gewinn der einen Kommune immer der Verlust einer anderen[75].

Kirchturmdenken und interkommunale Konkurrenz lassen sich historisch natürlich schon weit früher nachweisen. Dabei stand die wirtschaftliche bzw. fiskalische Stellung der Kommunen immer im Zentrum der Überlegungen der Gemeindevertreter, was sich historisch recht deutlich einerseits am kommunalen Widerstand gegen "zu weitgehende Kompetenz[en] einer überregionalen Ruhrgebietsinstitution" (Reulecke 1981, S. 26), andererseits an den verschiedenen Diskussionen um Eingemeindungsfragen zeigen läßt, wie es z. B. Reif (1993) für Oberhausen belegt. Das Konkurrenzdenken kommt in deutlicher Weise in den Diskussionen zwischen Politikern, Verwaltungen und Bürgern immer wieder zum Vorschein, wenn Fragen und Probleme überkommunaler Tragweite anstehen. Dabei handelt es sich also keinesfalls lediglich um eine von Wissenschaftlern und externen Beobachtern konstruierte Denkkategorie. Dazu tauchen Konkurrenzdenken, Abgrenzungen und kleinräumige Identifikationen viel zu häufig und deutlich in Meinungsumfragen und alltagsweltlich ausgerichteten Untersuchungen auf (z. B. Kruse & Lichte 1991, S. 277; Petzina 1993, S. 44). In vielerlei Hinsicht scheinen sie gegenüber dem Bewußtsein, Teil einer gemeinsamen Region zu sein, zu dominieren.

Wie am Beispiel der Auflösung des SVR dargestellt, sind für das Entstehen solcher Denk- und Handlungskategorien aus historischer Perspektive auch externe Politikebenen verantwortlich. Schon zu Zeiten der Gründung des SVR war gerade von den Regierungspräsidenten der damaligen preußischen Provinzen Westfalen und Rheinland befürchtet worden, daß damit verdeckt die Gründung

---

[75] Vgl. beispielsweise die Diskussion um den Standort der ersten Ruhrgebietsuniversität, auch wenn dies zeitlich schon Anfang der 60er Jahre geschah.

einer neuen Ruhrprovinz betrieben werden sollte. Ein solchermaßen politisch oder administrativ geeintes Ruhrgebiet erschien gerade den Außenstehenden jedoch als ökonomisch für das Umland zu dominant und politisch damit als ein zu bedeutsamer Machtfaktor. Bis heute verläuft demnach die Trennlinie zwischen den Landschaftsverbänden Rheinland und Westfalen-Lippe mitten durch das Revier, und weiterhin ist das Ruhrgebiet politisch aufgeteilt auf drei verschiedene Regierungsbezirke: Arnsberg und Münster in Westfalen, Düsseldorf im Rheinland. Die Entscheidungen des territorialen Zuschnitts solcher administrativer Einheiten oder auch die Kompetenzbeschneidung und Abschaffung der Planungshoheit des SVR sind Beispiele für politisch motivierte Entscheidungen, in denen politische Akteure anderer Regionen und Regierungsebenen massiven Einfluß geltend gemacht haben, um die Macht des Ruhrgebiets als Region bewußt zu beschneiden (vgl. Fürst 1995, S. 131). Solche Entscheidungen haben sich hinsichtlich ihrer Rationalität daher auch nicht primär an Fragen der Stadtentwicklung oder Raumordnung und deren Anforderungen orientiert, weshalb unter diesen Gesichtspunkten sicherlich keine optimalen Strukturen entstanden sind. Dies zeigt sich im Fall der Neuen Mitte daran, daß der maßgebliche Bezirksplanungsrat beim Regierungspräsidenten in Düsseldorf nicht alle betroffenen Nachbargemeinden Oberhausens repräsentiert, da Bottrop und Gladbeck dem Regierungsbezirk Münster angehören. Aus diesen Überlegungen heraus wird aber schon deutlich, daß beispielsweise die Diskussion um einen einheitlichen Regierungsbezirk für das Ruhrgebiet, die immer wieder einmal in der Öffentlichkeit geführt wird[76], mit Argumenten der Planungsrationalität allein nicht zu führen ist.

Aber das Konkurrenzdenken lediglich als von außen konstruiertes Element einer "Divide and Rule"-Politik zu interpretieren, greift sicherlich zu kurz. Im Bereich der Strukturentwicklung z. B. bestand die Konkurrenz auch schon zu Zeiten des SVR; zudem erkannte die Landesregierung während der 80er Jahre die o. g. Probleme einer nicht regional abgestimmten Förderpolitik, was letztlich zu einer Neuorientierung im Rahmen der regionalisierten Strukturpolitik führte (vgl. Kap. 7.4[77]). Will man das interkommunale Konkurrenzdenken im Ruhrgebiet verstehen, so kann man aus historischer Perspektive einerseits nicht von einer vereinten externen Gegnerschaft regionaler Einheit ausgehen, andererseits darf man regionsinterne Faktoren nicht aus den Augen verlieren. Von diesen erscheinen vor allem zwei wichtig.

Lange vor der aktuellen Diskussion um eine verschärfte interkommunale Konkurrenz im Rahmen eines globalisierten Standortwettbewerbs haben Wirtschaftsunternehmen dieses Konkurrenzdenken geschürt, um es zum eigenen Vorteil aus-

---

[76] Vgl. z. B. Pankoke 1990, S. 50 und - aktueller - das Interview mit Johannes Rau in: NRZ vom 19.10.1994.

[77] Siehe dort auch Anmerkungen zu kritischen Interpretationen der Rationalität einer Regionalisierung der Strukturpolitik.

zunutzen, wenn es um Subventionen oder Zugeständnisse bei der eigenen Standortentwicklung ging. Die großen Montanunternehmen, die für die Arbeitsplätze und das Steueraufkommen in den meisten Ruhrgebietskommunen über viele Jahrzehnte maßgeblich waren, waren ja bezüglich ihrer Absatzverflechtungen nicht auf lokale Kleinmärkte orientiert. Zwar waren die Zechen standortgebunden, die Stahlunternehmen und Verarbeitungsbetriebe aber waren zumindest auf regionaler Ebene schon recht flexibel. Für sie stellte das Ruhrgebiet in vielerlei Hinsicht einen relativ einheitlichen Standortraum dar, in dem eine Differenzierung von Standortfaktoren auf kommunaler Ebene eben nur dort relevant war, wo es um von der kommunalen Wirtschaftsförderungspolitik beeinflußbare Faktoren ging: Flächen für Betriebserweiterungen, Preise für Gewerbeflächen und - bedingt - lokale Infrastrukturmaßnahmen. Ansonsten ließen sich ob der allgemein hervorragenden Verkehrsanbindungen und ähnlichen raum- und wirtschaftsstrukturellen Gegebenheiten die einzelnen Kommunen relativ einfach gegeneinander ausspielen - nicht nur zu der Zeit, als die Großunternehmen durch ihren Grundbesitz die Flächenreserven der Kommunen ohnehin kontrollierten, sondern auch noch später, als im Zuge des Strukturwandels seit den späten 1950er Jahren der Einfluß der Großunternehmen langsam schwand (Korte 1990, S. 591).[78]

Hinzu kommt aber als zweiter regionsinterner Faktor sicherlich eine historisch gewachsene Identifikation der Bevölkerung mit ihrer Heimat. Hier kann und soll nicht die Forschung zur räumlichen Identifikation und Identität aufgearbeitet werden, die v. a. in den letzten Jahren immer wieder von einer lebensweltlichen Orientierung her auf die Schwierigkeiten hingewiesen hat, selbst so etwas wie eine stadtbezogene Identifikation mit Sinn zu füllen. Wie auch schon verschiedentlich angesprochen, orientiert sich diese Identifikation eben nicht immer oder nicht in erster Linie an den administrativen Stadtgebilden - gerade Oberhausen ist dafür ein treffliches Beispiel (Kruse & Lichte 1991, S. 277). Doch wenn schon für die Bewohner der einzelnen Städte des Ruhrgebiets eine Identifikation mit "ihrer" Stadt nur schwer festzustellen ist, umso größer erscheinen die Schwierigkeiten, solche Gefühle auf Konstrukte oder gar Konzepte wie "das Ruhrgebiet" zu über-

---

[78] Die Flächenbevorratung der Großunternehmen hatte dabei während der verschiedenen Phasen der industriewirtschaftlichen Entwicklung unterschiedliche Ziele. Stand ursprünglich die Sicherung einer von städtischen Planungen unbehinderten Werksentwicklung im Vordergrund (vgl. z. B. für Oberhausen und die GHH Reif 1993), so folgte diese Flächensperre nach dem zweiten Weltkrieg und in der Frühphase des Strukturwandels zwei anderen Hauptzielen. Einerseits sollte die Ansiedlung von Unternehmen verhindert werden, welche auf dem Arbeitsmarkt als konkurrierende Nachfrager nach Arbeitskräften auftreten konnten, andererseits versuchten die Bergwerksbetreiber die Bergschädenhaftung durch Nicht-Entwicklung zu vermeiden (Blotevogel, Butzin & Danielzyk 1988, S. 12). Letztlich trat mit den zunehmenden Bemühungen um Wiederentwicklung der Industriebrachen - und zunehmender finanzieller Beteiligung des Landes - die spekulative Bedeutung dieser Flächen hinzu, wie sich auch an der Neuen Mitte Oberhausen beobachten läßt.

tragen, die von der alltagsweltlichen Erfahrung der Bewohner noch weiter entfernt sind (Butzin 1995, S. 145).

Kann man auch aus der Organisationsstruktur des politisch-administrativen Systems eine Dominanz des Konkurrenzgedankens gegenüber der Kooperationsbereitschaft ableiten? Verallgemeinernd läßt sich dazu feststellen, daß sich die Bezugsebene der Kommune als herausragend durchgesetzt hat. In den Ruhrgebietsstädten schlagen sich die oben beschriebenen stadtteil- oder viertelbezogenen Identitäten zwar auch im politischen System in der Arbeit der Bezirksvertretungen nieder (Pankoke 1990, S. 65), doch in den meisten Ratsversammlungen dominieren tendenziell gesamtstädtische Macht- und Entscheidungsstrukturen, selbst wenn auf kommunaler Ebene der Machtausgleich von städtischen Teilräumen zweifellos eine Rolle spielt (z. B. bei der Bestellung der Bürgermeister). Durch das System der repräsentativen Demokratie kann aber eben auch auf kommunaler Ebene schon eine gesamträumliche Rationalität mehr Einfluß gewinnen. Das Fehlen einer regional-, in diesem Falle also ruhrgebietsbezogenen Vertretungs- und Entscheidungsstruktur begünstigt aber hier eine kommunale gegenüber einer ruhrgebietsbezogenen Identifikation von Bevölkerung und Politikern gleichermaßen - dieses Spannungsverhältnis wird im Hinblick auf den Bezirksplanungsrat und die Entscheidungen um die Neue Mitte Oberhausen weiter unten noch genauer untersucht. Wenn also irgendwo Entscheidungen gefällt werden, die offensichtlich lokale Bedeutung besitzen, dann geschieht dies vorwiegend im Stadtrat, denn die Entscheidungen auf Landesebene sind ja selten auf eine bestimmte Kommune bezogen.

Natürlich darf bei dieser Betrachtung des politisch-administrativen Systems des Ruhrgebiets der nach 1975 neu formierte SVR und spätere KVR nicht außer acht gelassen werden, da er ja als Organisation auf diesen regionalen Zusammenhalt hin ausgerichtet ist. Seine Kompetenzen, die ihm nach der Umstrukturierung noch verblieben sind, beschränken sich im wesentlichen auf Freiraumsicherung/Erholungsplanung, Öffentlichkeitsarbeit und Kartographie (von Petz 1995, S. 49). Hinzu kommen Tätigkeiten, die er im Auftrag seiner Mitgliedskommunen übertragen bekommt, wo er also zum Dienstleister wird. Diese äußerst eingeschränkte Kompetenzzuweisung ist wieder im Zusammenhang mit den oben bereits angesprochenen externen Politikentscheidungen zu sehen, die auf eine bewußte Verhinderung von eigenständiger regionalplanerischer und -politischer Bedeutung des Verbandes verweisen (vgl. Fürst 1995, S. 128 ff.). Gleichwohl ist der KVR bedeutsam, unter anderem, weil er sich mit der Außendarstellung des Ruhrgebiets als ganzem befaßt und dazu eine - nach Einschätzung der meisten Veröffentlichungen höchst erfolgreiche - groß angelegte Image- und Werbekampagne ins Leben gerufen hat (Blotevogel 1993, S. 52; Kerkemeyer & Thies 1993, S.142; kritisch dazu aber Kirbach 1993a). Seinem Charakter als kommunalem Verband entsprechend wird aber die Verbandsversammlung des KVR mit Vertretern der Kommunen und Kreise besetzt. Diese haben zudem ein gebundenes Mandat und bleiben daher auch in den Beratungen des Verbandes in die Interessenvertretung der sie entsendenden Kommunen und Kreise eingebunden. Auch die Fraktionen der politischen Parteien in der Verbandsversammlung leiden unter dem primären Selbstverständnis ihrer Mitglieder als Vertreter ihrer jeweiligen Kommune bzw. ihres Kreises. Das führt dazu, daß sich die Verbandsversammlung tendenziell nur gering politisch zu profilieren sucht und sich stattdessen "eher wie ein 'Aufsichtsrat' als ein Richtlinien setzendes Legislativorgan" verhält (Fürst 1995, S. 133).

Wenn aber damit die Frage der politischen Parteien erwähnt worden ist, so ist in diesem Zusammenhang auch die hegemoniale Stellung der SPD in den Kommunen des Ruhrgebiets nach dem Ende des Zweiten Weltkriegs anzusprechen. Abgesehen von den letzten Kommunalwahlen, die aus z. T. sehr komplexen Gründen zu einem Verlust der langjährigen absoluten SPD-Mehrheiten in Mülheim und Gladbeck führten, sind die Ruhrgebietskommunen schlichtweg *die* Hochburg der Sozialdemokraten, in denen komfortable und absolute Mehrheiten gerade bei Landtags- und Bundestagswahlen seit Jahrzehnten die Regel sind; die absolute Mehrheit im Düsseldorfer Landtag ging 1995 zum ersten Mal seit 1980 verloren. Diese allgemein bekannte Tatsache, die einerseits aus der großindustriell geprägten Wirtschaftsgeschichte, andererseits aus den spezifischen historischen Erfahrungen der NS-Zeit und der politischen Nachkriegsentwicklung zu erklären ist (vgl. Blotevogel, Butzin & Danielzyk 1988, S. 11), hat zu einer engen Verflechtung von Arbeiterschaft, Gewerkschaften und SPD-dominierten Stadtregierungen geführt, was auch oft als neo-korporatistisches Modell beschrieben wird (vgl. Rohe 1984, S. 143). Auch wenn die Stabilität dieser Verflechtungen in letzter Zeit unter zunehmenden Druck geraten ist, so hat sich das oft von den Oppositionsparteien zitierte Image vom "roten Filz" in den Rathäusern noch nicht grundlegend verflüchtigt (wie es eben auch die o. g. Ergebnisse der letzten Kommunalwahlen illustrieren). Unterschiede der parteipolitischen Mehrheitsverhältnisse in den Ruhrgebietskommunen scheiden damit aber offenbar als einfacher Erklärungsfaktor für die konstatierte Kirchturmpolitik aus.

Wenn jedoch die Organisationsstrukturen innerhalb der SPD betrachtet werden, so orientieren sich diese, zumindest was bedeutendere Entscheidungsebenen betrifft, vornehmlich an den gebietskörperschaftlichen Ebenen, also dem Land (Landesverband bzw. Landtagsfraktion) und der Kommune (Unterbezirk bzw. Ratsfraktion). Die dazwischen angesiedelte Ebene der Bezirke spiegelt dagegen alte administrative Grenzziehungen wider, die eben nicht mit einer Region Ruhrgebiet korrelieren. Ähnlich wie bei den Regierungsbezirken des Landes ist das Ruhrgebiet räumlich auf mehrere SPD-Bezirke aufgeteilt: Niederrhein (zu dem Oberhausen gehört), Westliches Westfalen und Mittelrhein. Zwar gibt es regelmäßige Treffen der führenden SPD-Politiker des Ruhrgebietes, eine klare parteiinterne Organisationsebene, auf der regionale, ruhrgebietsbezogene Identität und Einheit hätten wachsen können, ist aber innerhalb der SPD-

Organisationsstruktur nicht vorzufinden, wenn man einmal von der Fraktion in der Verbandsversammlung des KVR absieht.

Angesichts dieser Analysen wird verständlich, warum von vielen Beobachtern des Ruhrgebiets eher ein Auseinanderdriften denn ein Zusammenwachsen konstatiert wird (z. B. Fürst 1995, S. 131; Kirbach 1993a).[79] Die eingangs skizzierten Tendenzen einer stärker werdenden interkommunalen Konkurrenz und der Betonung weicher Standortfaktoren für die Ansiedlung und Erhaltung von Unternehmen sind auf politischer Ebene längst rezipiert worden. Offenbar scheint sich dabei unter den kommunalen Politikern die Meinung durchzusetzen, daß diese Entwicklung ohnehin nicht aufzuhalten ist - wohl auch in Ermangelung glaubhafter Gegenentwürfe von Seiten der Wissenschaftler. Diejenigen Kommunen, die dazu Möglichkeiten sehen, streben dementsprechend nach dem eigenen, besonderen Image, das nicht durch irgendwelche Assoziationen mit einer schmutzigen Ruhrgebietsvergangenheit befleckt werden soll. "Dortmund als Metropole des westlichen Westfalens", "Duisburg als Metropole des Niederrheins", "Hagen als Tor zum Sauerland", das alles sind Slogans, die bewußt versuchen, die Beziehung zum Ruhrgebiet zu vermeiden (oder zu verstecken), und die stattdessen Landschaftsbegriffe heranziehen, welche eher Naturnähe und Ländlichkeit suggerieren (vgl. Kirbach 1993a). Auch in bezug auf den KVR scheint es gegenwärtig politisch eher opportun zu sein, aus fiskalischen Gründen eine weitere Reduzierung der Aufgaben, Kompetenzen und Ausstattung zu fordern. So bleibt letztlich wohl weniger "ein starkes Stück Deutschland" denn "ein stark zerstückeltes Stück Deutschland" übrig.

Dies ist ein breiter Hintergrund, vor dem nun zu analysieren ist, wie sich die Nachbarstädte im Fall der Neuen Mitte Oberhausen verhalten haben. Deutlich geworden sind bereits die vielfältigen Ebenen der möglichen Einflußnahme, welche den Interessengruppen, den Verwaltungen und den politischen Entscheidungsträgern in den Nachbarkommunen offen stehen. Daß sie prinzipiell sowohl in der Lage als auch willens sind, diesen Einfluß zu nutzen, hat nicht zuletzt das Scheitern des Triple-Five-Projektvorschlags im Jahre 1989 eindrucksvoll bezeugt.

Die Neue Mitte Oberhausen aber ist Realität geworden. Politische und planungsrechtliche Fragen und Bedenken sind geklärt oder zurückgestellt worden, so daß der Bezirksplanungsrat Düsseldorf am 15. Oktober 1992 die Planungen im wesentlichen akzeptiert und die entsprechenden Änderungen des Gebietsentwicklungsplans beschlossen hat. Wie reibungslos und zügig aber ist dieser Planungsprozeß auf Ebene der Gebietsentwicklungsplanung verlaufen? Welche Abstimmungsprozesse haben hier stattgefunden, (wie) haben die Nachbargemeinden ver-

---

[79] Parallel dazu wird auch eine "weitgehende Auflösung der alten *sozialkulturellen* Muster" konstatiert (Blotevogel, Butzin & Danielzyk 1988, S. 12; Hervorhebung d. Verf.) im Rahmen einer Entwicklung hin zu einer "regional nicht mehr identifizierbare[n] Ballungsraumkultur" (Rohe 1984, S. 144).

sucht, das Vorhaben zu ver- oder behindern? Welche Faktoren können erklären, warum die benachbarten Gemeinden nicht versucht haben, die Neue Mitte Oberhausen mit allen Mitteln zu verhindern, so daß letztlich doch ein relativ reibungsloser planungsrechtlicher Ablauf zu beobachten ist?

7.2 Die Bezirksplanung

7.2.1 Die Bezirksplanungsbehörde

Der Regierungspräsident Düsseldorf war in zweifacher Hinsicht in das Projekt Neue Mitte Oberhausen eingebunden. Zum einen ist er zuständig für die Bearbeitung von Anträgen zur regionalen Wirtschaftsförderung. In dieser Funktion wurde auch das entsprechende Dezernat schon im Oktober 1991 in die Sondierungen um die Finanzierung des Projektes und die Möglichkeiten einer Förderung durch öffentliche Mittel einbezogen, nachdem am 16. Oktober in einer Besprechung im Finanzministerium erstmals die Umstellung auf ein solches Fördermodell ernsthaft erörtert worden war. Die Rolle des Regierungspräsidenten bei der Überprüfung und Befürwortung der Förderanträge - und die führende Rolle des MWMT bzw. Finanzministeriums bei der Konstruktion des Fördermodells - ist bereits im Zusammenhang mit dem Handlungsschauplatz Düsseldorf dargestellt worden (siehe Kap. 6.1.3).

Zum anderen aber ist der Regierungspräsident als planungsrechtliche Behörde relevant. Erstens fungiert er als Kontrollbehörde der kommunalen Planungen (Flächennutzungs- und Bebauungspläne), zweitens ist die Bezirksregierung die für die Landesplanung im Regierungsbezirk zuständige Behörde (Bezirksplanungsbehörde), die also die entsprechenden Gebietsentwicklungspläne erarbeitet. Als Behörde wird sie dabei von einem eigens eingerichteten politischen Gremium kontrolliert, dem Bezirksplanungsrat, der aus gewählten Gemeindevertretern der kreisfreien Städte bzw. Kreise besteht. Der Bezirksplanungsrat beschließt die Aufstellung bzw. Änderung von Gebietsentwicklungsplänen, wie sie im Fall der Neuen Mitte Oberhausen anstand. Die politischen Diskussionen und Verhältnisse innerhalb des Bezirksplanungsrates Düsseldorf sollen weiter unten behandelt werden. Zunächst soll jedoch die Arbeit der Bezirksplanungsbehörde im Vordergrund der Betrachtung stehen, da ihre Einbeziehung zeitlich vor der des Bezirksplanungsrates liegt.

Eine erste breite Vorstellung der Planungen zur Neuen Mitte Oberhausen beim Regierungspräsidenten in Düsseldorf erfolgte am 14. November 1991. Das für Fragen der Wirtschaftsförderung zuständige Dezernat war also zu diesem Zeitpunkt bereits umfassend über das Projekt informiert - die GEG stellte im gleichen Monat bereits den Antrag auf Zuweisung von Fördermitteln. Die öffentliche Vorstellung der Pläne des Investors und der städtebaulichen Planungen hatte in Oberhausen am 8. Oktober bereits stattgefunden. Nun wurden sämtliche relevanten

Dezernate der Bezirksregierung (vgl. Kap. 6.1.3, S. 81 und Fußnote 61) an einem Tag zusammengerufen und durch die Stadt Oberhausen über das gesamte Projekt und den Bearbeitungsstand informiert. Dazu brachte OStD Drescher einen vielköpfigen Mitarbeiterstab nach Düsseldorf, der auch einen Mitarbeiter des extern beratenden Rechtsanwaltsbüros einschloß.

Nach Aussagen der Bezirksplaner bestand seitens der Bezirksplanungsbehörde sofort die Einschätzung, daß das geplante Vorhaben GEP-relevant sei (Interview Schnell). Die Stadt Oberhausen hatte in dieser bis dahin noch nicht abschließend geklärten Frage gehofft, eine GEP-Änderung (mit ihren politischen Entscheidungsprozessen im Bezirksplanungsrat) vermeiden zu können. Seitens des Regierungspräsidenten wurde jedoch in dieser Diskussion darauf hingewiesen, daß einerseits eine Rechtssicherheit für alle weiteren Verfahren sicherlich auch im Sinne der Stadt Oberhausen sei und daß andererseits keine Verzögerung der Planungen erwartet werde, da das GEP-Änderungsverfahren zeitgleich zur Aufstellung des Flächennutzungsplanes bearbeitet werden könne.

So wurde nach den entsprechenden Vorgesprächen eine erste Vorlage für den Bezirksplanungsrat erarbeitet, auf deren Grundlage dann am 23. Januar 1992 der Erarbeitungsbeschluß zur 35. Änderung des GEP gefaßt wurde. Dies geschah nicht im normalen Verfahren über einen Beschluß des vierteljährlich tagenden Bezirksplanungsrates, sondern im vereinfachten Verfahren durch Beschluß des Vorsitzenden (Duisburgs OB Krings) und eines weiteren Mitglieds (in diesem Fall des Vorsitzenden des Planungsausschusses, des Krefelder OB Pützhofen) gemäß § 15 Abs. 4, Satz 2-3 Landesplanungsgesetz (Sachdarstellung BPB; in: Regierungspräsident Düsseldorf 1992, S. 1). Dort wird das vereinfachte Verfahren ausdrücklich erlaubt, solange Grundsätze der Landesplanung nicht betroffen sind und der Bezirksplanungsrat als ganzes in seiner nächsten Sitzung der Eröffnung des Verfahrens zustimmt.[80] Nach einhelliger Beurteilung der Planer der Bezirksregierung und der angesprochenen Politiker ging es in diesem Falle bei der Entscheidung für ein vereinfachtes Verfahren einzig darum, Zeit bei der Verfahrenseröffnung zu sparen (Interview Tietz, Interview Schnell). So wurde weder der Kreis der Beteiligten eingeschränkt noch die dreimonatige Beteiligungsfrist verkürzt. Auf den nächsten turnusmäßigen Sitzungen des Planungsausschusses und des gesamten Bezirksplanungsrates im März wurden die Oberhausener Planungen dann den Mitgliedern des Bezirksplanungsrates vorgestellt (durch die Bericht-

---

[80] Im Landesplanungsgesetz heißt es dazu: "Die Vereinfachung kann sich auf die Abgrenzung des Kreises der Beteiligten, soweit ihre Beteiligung nicht zwingend vorgeschrieben ist, und auf die Beteiligungsfrist beziehen. Darüber hinaus genügt im vereinfachten Verfahren für die Eröffnung des Erarbeitungsverfahrens der Beschluß des Vorsitzenden und eines weiteren stimmberechtigten Mitgliedes des Bezirksplanungsrates; bestätigt der Bezirksplanungsrat bei seiner nächsten Sitzung diesen Beschluß nicht, hat die Bezirksplanungsbehörde die Erarbeitung der Änderung des Gebietsentwicklungsplanes einzustellen" (Landesplanungsgesetz Nordrhein-Westfalen).

erstatter der Bezirksplanungsbehörde und Vertreter der Stadt - Umweltdezernent Kolter bzw. OStD Drescher). Der Beschluß zur Verfahrenseröffnung wurde daraufhin am 19. März 1992 bestätigt - lediglich die drei Vertreter der Grünen stimmten dagegen (PA-Protokoll vom 12. März 1992; BPR-Protokoll vom 19. März 1992; Interview Tietz).

Schon vor der Eröffnung des GEP-Änderungsverfahrens waren, wie bereits ausgeführt, Zweifel aufgetaucht, ob das Gutachten der Prognos AG für eine Beurteilung der landesplanerischen Verträglichkeit des Projektes Neue Mitte in bezug auf die Ablenkungen der Kaufkraftströme ausreichte. Dies belegt unter anderem eine Vorlage des Oberhausener Planungsdezernenten Hoefs, in der Drescher auf eine fehlende entsprechende gutachterliche Absicherung hingewiesen wird (PUA-Bericht, S. 83 f.). Diese Problematik, nämlich daß aus dem Prognos-Gutachten keine Aussagen zu den Auswirkungen der Neuen Mitte auf die Stadt- und Stadtteilzentren der Nachbarstädte abzuleiten waren, war auch bei der Bezirksplanungsbehörde erkannt worden. In diesem Punkt drängten auch die Nachbarstädte auf Klärung, so daß in der Folge zwei weitere Gutachten in Auftrag gegeben wurden: ein "Markt- und Standort-Gutachten für den Einzelhandel in der Neuen Mitte Oberhausen", erstellt von der Gesellschaft für Konsumforschung (GfK) in Nürnberg, sowie das Gutachten "Oberhausen als Einzelhandelsstandort - Markt- und Tragfähigkeitsuntersuchung" des Instituts für Stadt-, Standort-, Handelsforschung und -beratung Dr. H. Danneberg & Partner (hiernach kurz als "ish" bezeichnet) in Düsseldorf. Maßgeblich für die Beauftragung der GfK durch den Investor war insbesondere das Bestreben, die GfK als möglichen Gegengutachter zu Prognos auszuschalten (Aussage Elsing, S. 170 f. - vgl. Fußnote 69, S. 87).

Bereits am 7. Februar 1992 fand auf Einladung der Bezirksplaner in Oberhausen eine Besprechung mit den Nachbarstädten statt, auf der die Notwendigkeit dieser ergänzenden Gutachten besprochen wurde (Interview Schnell). Die Begutachtung, so wurde dort beschlossen, sollte von den Nachbarstädten kritisch begleitet werden, wozu sich die Städte Duisburg, Essen, Mülheim, Dinslaken und Bottrop, der Kreis Wesel und die Industrie- und Handelskammern Duisburg, Essen und Münster zu einem Arbeitskreis "Einzelhandel und Verkehr" zusammenschlossen (Interview Alberts).[81] Damit wurde seitens der Bezirksplanungsbehörde im GEP-Änderungsverfahren von vornherein darauf hingearbeitet, die

---

[81] Ein gemeinsames Vorgehen und eine eigene gutachterliche Begleitung war zwischen den Nachbarstädten aber schon vorher vereinbart worden - schon am 4. Februar hatte man sich zur Abstimmung dieses Gesprächs mit der Stadt Oberhausen und der Bezirksplanungsbehörde getroffen. Zu diesem Zeitpunkt lag bereits das angefragte Angebot für eine gutachterliche Begleitung des Büros Ageplan vor - das gleiche Büro, das die Nachbarstädte schon beim Triple-Five-Projekt beraten hatte (siehe Kap. 5.2, S. 53), und auf den Beratungsumfang jenes Gutachtens (Ageplan & Blotevogel 1989) wurde explizit bezug genommen (Akten PlA Essen).

Nachbarstädte, -kreise und IHKs in ein kooperatives Planungsverfahren einzubinden. Das sofortige Offenlegen der von der Stadt (im Falle ish) und dem Investor (im Falle GfK) in Auftrag gegebenen gutachterlichen Untersuchungen sollte dazu dienen, Bedenken und Einsprüche der Beteiligten - vor allem der Nachbargemeinden - frühzeitig diskutieren zu können, sie also möglichst vor den offiziell eingeforderten schriftlichen Stellungnahmen bereits zur Sprache zu bringen, so daß bei den Planungen darauf reagiert werden konnte (Interview Schnell).

Dieses konsensual orientierte Vorgehen der Bezirksplanungsbehörde verdient eine etwas genauere Darstellung. Von den meisten Politikern, die mit der Arbeit der Bezirksplanung vertraut sind, wird der Bezirksplanungsbehörde attestiert, daß sie generell auf Ausgleich und Konsensschaffung ausgerichtet ist (z. B. Interview Tietz; Interview Heiming). Dies ist auch nicht verwunderlich, da es ja ihr gesetzesmäßiger Auftrag ist, einen möglichst weitgehenden Ausgleich der Meinungen herbeizuführen, ohne darüber aber landesplanerische Zielvorgaben aus den Augen zu verlieren. Angesichts ihrer Kontrolle durch den Bezirksplanungsrat und die obere Landesplanungsbehörde (das MURL) würde es demnach für die Bezirksplaner nur logisch erscheinen, sich durch frühzeitigen Ausgleich späteren Ärger ersparen zu wollen.

In diesem Fall aber reicht diese Argumentation wohl nicht, um das Vorgehen der Bezirksplanungsbehörde zu erklären. Nach Aussagen der Planer war man sich gleich zu Beginn der Beschäftigung mit diesem Projektvorschlag darüber klar geworden, daß man eine andere Vorgehensweise einschlagen müsse als bei den üblichen GEP-Änderungsverfahren. Und zwar sollte von Anbeginn des Verfahrens an eine konsensuale Abstimmung erfolgen, also nicht eine Ausarbeitung von Vorschlägen, die dann den Nachbarstädten und anderen Verfahrensbeteiligten vorgelegt würden, sondern deren Einbeziehung gleich zu Anfang (Interview Schnell/Zuleger).

Die Begründung für diese Entscheidung, mit der man nach eigener Einschätzung durchaus Neuland betrat, war im wesentlichen zweigleisig. Der wesentliche und originäre Punkt war die Frage der Zeit. Mit Vorstellung des Projektes beim Regierungspräsidenten am 14. November 1991 wurde den Bezirksplanern gleichzeitig der von der Stadt bzw. dem Investor ins Auge gefaßte Zeitplan vorgestellt. Danach sollte Ende 1992 bereits der Bebauungsplan fertiggestellt sein, so daß die Stadt dann auch gleich die Baugenehmigungen aussprechen könnte. Diese Zeitvorstellungen der Stadt, die eine wesentlich schnellere Bearbeitung als im Regelfall bedeuteten, wurden als Arbeitsauftrag an die Bezirksplaner weitergegeben, wobei es der Regierungspräsident Dr. Behrens selbst war, der die Priorität für die Oberhausener Planungen festsetzte (Interview Schnell).[82] Bei solchen Zeitvor-

---

[82] Es ist allerdings zu konstatieren, daß die "Regelhaftigkeit" recht schwierig zu bestimmen ist. Die Streuung um einen Durchschnittswert ist offenbar recht groß, "normal ist fast

gaben aber erschien es den Planern unmöglich, ein linear hintereinandergeschaltetes Planungsverfahren zu betreiben, so daß man bestrebt war, die Diskussionen mit allen Beteiligten möglichst gleichzeitig zu führen, was wohl die Komplexität des Verfahrens erhöhen, den Bearbeitungszeitraum aber verkürzen würde.

Der zweite Grund für das gewählte Vorgehen war mit dem Zeitfaktor eng verknüpft. Bei der Tragweite dieses Projektes wollte die Bezirksplanungsbehörde auf jeden Fall einen breiten regionalen Konsens herbeiführen. Einerseits geschah dies aus der o. g. Überzeugung, daß der vorgesehene zeitliche Rahmen sonst nicht aufrechtzuerhalten wäre. Ebenso wichtig war jedoch andererseits, daß auch den Bezirksplanern das Negativbeispiel des Triple-Five-Projektvorschlages allzu deutlich im Gedächtnis geblieben war, so daß jeder Nachfolgevorschlag von vorne herein umstritten wäre. Die Bedeutung, die einem regionalen Konsens zugemessen wurde, war aber in der Zwischenzeit durch den Aufbau der regionalisierten Strukturpolitik in Nordrhein-Westfalen zusätzlich gestärkt worden. Und, soviel war den Planern gleich klar, sollte es über dieses Projekt erneut zum Streit zwischen Oberhausen und seinen Nachbarstädten kommen, so wären jegliche Kooperationsansätze mindestens im Rahmen der Region Mülheim-Essen-Oberhausen (MEO) auf absehbare Zukunft zerstört (Interview Schnell).[83]

Aus diesen Überlegungen resultierte aber darüber hinaus ein etwas anders geartetes Rollenverständnis der Bezirksplanungsbehörde. Angesichts der Umstrittenheit des Projektes, des großen und heterogenen Kreises der Beteiligten und auch der Größe des Projektes war die hohe Komplexität des GEP-Änderungsverfahrens von Anfang an klar. In Verbindung mit der angestrebten Konsensorientierung des Verfahrens zogen die Bezirksplaner daraus die Konsequenz, ihre eigene Rolle primär als sachlich weitgehend unbeteiligte Vermittler zwischen den Interessen zu definieren. So problematisch die Eindeutigkeit einer solchen Rollenzuweisung in Mediatoren- oder diskursiven Verfahren aus theoretischer Sicht auch erscheinen mag, im Selbstverständnis der beteiligten Planer ist dieses selbstgewählte neuartige Aufgabenverständnis durchaus festzustellen (Interview Schnell/Zuleger).

Ohne behaupten zu wollen, daß ähnliche Funktionen nicht in mehr oder weniger allen Verfahren erfüllt werden, so erscheint diese Vermittlerrolle in diesem Fall durchaus eine besondere Qualität besessen zu haben. Bezeichnend ist, daß diese Rolle von den Beteiligten offensichtlich anerkannt wurde. So fungierte die Bezirksplanungsbehörde immer wieder als Kontaktvermittler bzw. Botschafter, um Unstimmigkeiten und Informationen zwischen der Stadt Oberhausen und ihren Nachbarstädten (bzw. in geringerem Umfang auch der anderen Ver-

---

nichts". Trotzdem ist die Zeitvorgabe den Planern als gleich zu Anfang enormer Zeitdruck im Gedächtnis verblieben.

[83] Zur damaligen und heutigen Bedeutung der MEO siehe Kap. 7.4.

fahrensbeteiligten) bekannt zu machen (Interview Alberts). Die Tatsache, daß sich die Nachbarstädte, diesmal unter Federführung der Stadt Duisburg, zu dem o. g. Arbeitskreis zusammengeschlossen hatten, kam der Bezirksplanungsbehörde durchaus entgegen, reduzierte sich dadurch doch der Koordinations- und Vermittlungsaufwand. Zudem bestand zwischen dem Dezernatsleiter beim Regierungspräsidenten und dem in Duisburg für die Koordination des Arbeitskreises zuständigen Mitarbeiter des Planungsamtes eine relativ problemlose und vertrauensvolle professionelle Beziehung - ein recht kurzer Draht, wie es bezeichnet wurde (Interview Alberts; Interview Schnell).

Die Bezirksplanungsbehörde wurde von den verschiedenen Interessengruppen des öfteren als Vermittler angesprochen, was als Indiz dafür gelten kann, daß diese Rolle akzeptiert und damit auch die weitgehende Neutralität der Bezirksplanungsbehörde anerkannt wurde. Offenbar konnten die Beteiligten davon überzeugt werden, daß das Ergebnis des Verfahrens zumindest seitens der Bezirksplanungsbehörde nicht vorherbestimmt war, so daß man sich auf weitgehend sachbezogene Argumentationen beschränkte und die gutachterliche Beurteilung der Zentrenverträglichkeit in den Mittelpunkt rückte. Dies ist zumindest für die beteiligten Planer der Nachbarstädte zu konstatieren - seitens der Lokalpolitiker war man zu dieser Zeit wohl eher auf eine politische Meinungsfindung und Abstimmung ausgerichtet. Die Zeit, die dies benötigte, mag auch erklären, warum das Verfahren gerade in der ersten Hälfte 1992 auf planerischer Ebene relativ sachbezogen vorangetrieben werden konnte und weshalb die gutachterliche Beurteilung der Zentrenverträglichkeit in den Mittelpunkt des Verfahrens rückte. Diese Ausrichtung im Verfahren, die auch von den Planern der Nachbarstädte mitgetragen wurde, liefert bereits einen ersten Hinweis darauf, daß einer vollständigen Verhinderung des Projektes wenig Chancen eingeräumt wurden, und ebnete wohl der letztlichen "Lösung" über Verkaufsflächenbegrenzungen den Weg.

Zu dieser Zeit stand die Zahl von 70.000 m^2 Nettoverkaufsfläche als angestrebte Größe der Oberhausener Planungen bereits fest. Gerade um diese Flächenbegrenzung wurde auf politischer wie auch auf planerischer Ebene im ersten Halbjahr gestritten. Die beiden o. g. ergänzenden Gutachten zur Zentrenverträglichkeit des Einkaufszentrums der Neuen Mitte wurden im Frühjahr 1992 erstellt. Nachdem Dr. Danneberg die Eckdaten des ish-Gutachtens am 7. Mai der Presse vorgestellt hatte, wurde dieses am 14. Mai der Stadt Oberhausen übergeben (ish 1992). Zusammen mit dem GfK-Gutachten (GfK 1992) und einer wertenden Stellungnahme des Planungsdezernenten Hoefs wurde dieses am 18. Mai an die Nachbarstädte bzw. Beteiligten des GEP-Änderungsverfahrens versandt. Zeitgleich wurden die Beteiligten durch den Regierungspräsidenten zur Stellungnahme bis zum 23. Juni aufgefordert, damit am 13. Juli der gesetzlich vorgesehene Erörterungstermin stattfinden konnte (Akten PlA Essen).

Durch die Gutachtenerstellung, die ja einer konsensualen und damit - so wurde gehofft - schnelleren Bearbeitung des Änderungsverfahrens dienen sollte, ergaben sich allerdings einige Verzögerungen des geplanten Zeitablaufs. Zunächst mußte die im Februar angekündigte Frist für Stellungnahmen vom 15. Mai auf den 23. Juni 1992 verschoben werden, da die Gutachten noch nicht vorlagen, anschließend (am 26. Juni) wurde der Erörterungstermin vom 13. Juli verschoben, da die Gutachten noch Diskussionsbedarf bei den Beteiligten offenließen. Unter anderem hatten die Arbeitsgemeinschaft der Nachbarstädte und des Kreises Wesel ja das Büro Ageplan damit beauftragt, die vorliegenden neuen Gutachten in bezug auf ihre Plausibilität, Konsistenz und Logik zu überprüfen. Ziel war nach ihrem Auftrag nicht ein neues oder ein Gegengutachten, sondern lediglich eine gutachterliche Stellungnahme. Da Ageplan für diese Stellungnahme aber ca. einen Monat Zeit benötigte und eine politische Beratung anzuschließen war, hatten sich die Nachbarstädte schon vor Veröffentlichung der neuen Gutachten darauf geeinigt, auf eine zeitliche Verzögerung hinzuwirken, was von der Bezirksplanungsbehörde auch akzeptiert wurde (Akten PlA Essen). Die Ageplan-Stellungnahme war Ende Juni fertiggestellt und zirkuliert. Der Beratungsbedarf wurde seitens der Bezirksplanungsbehörde zum Anlaß genommen, am 13. Juli anstelle der ursprünglich vorgesehenen Erörterung zu einem weiteren Informationsgespräch nach Oberhausen einzuladen, um die verschiedenen Aussagen der Gutachten zur Zentrenverträglichkeit des Projektes zu diskutieren. Konsequenterweise verlängerte der Bezirksplanungsrat in seiner Sitzung am 9. Juli die Beteiligungsfrist bis zum 15. September (BPR-Protokoll vom 9. Juli 1992).

Bei dem Informationsgespräch im Rathaus in Oberhausen trafen die Beteiligten mit den drei involvierten Gutachterbüros zusammen, wobei letztere ihre Gutachten bzw. Stellungnahme vorstellten, erläuterten und für Nachfragen zur Verfügung standen (Sachdarstellung BPB; in: Regierungspräsident Düsseldorf 1992; Akten PlA Essen). Moderiert wurde die Veranstaltung vom zuständigen Abteilungsleiter der Bezirksplanungsbehörde. Laut Aussagen der beteiligten Planer der Bezirksplanungsbehörde war dieses Informationsgespräch auch für sie hilfreich, um ihre eigene Bewertung der vorliegenden Gutachten und die Gutachter hinsichtlich ihres Umgangs mit Rückfragen zu überprüfen. Als wichtiges Ergebnis dieses Termins läßt sich festhalten, daß es dem Gutachterbüro der Nachbarstädte nicht gelang, die Aussagen vor allem des ish-Gutachtens zu entkräften oder zu widerlegen. Vielmehr wurde Ageplan durch die Stadt Oberhausen selbst kritisiert (Interview Schnell/Zuleger). Auch wenn dieses Informationsgespräch sicherlich nicht dazu führte, daß die Beteiligten und die Nachbarstädte ihre Bedenken ausgeräumt sahen, so kann man feststellen, daß von diesem Zeitpunkt an keine grundsätzlich neuen Kritikpunkte oder Anmerkungen mehr in der Diskussion auftauchten. Die Stadt Oberhausen war damit auch bezüglich der Offenlegung und der gutachterlichen Untermauerung ihrer Planungen den Wünschen bzw. Forderungen der Nachbarstädte und anderer am Änderungsverfahren Beteiligter voll entgegengekommen - wenn auch teilweise wohl nur aufgrund des Drängens der Bezirksplanungsbehörde.

Eine einvernehmliche Regelung war damit aber noch keineswegs erreicht - auch weil die Beschlußfassung der politischen Gremien in den Nachbarstädten noch ausstand und z. T. die politische Willensbildung dort wohl auch noch nicht abgeschlossen war. Bei der Bezirksplanungsbehörde bemühte man sich währenddessen um einen weitestgehenden Ausgleich der Meinungen. Der Eckpfeiler einer Verkaufsflächenbegrenzung von 70.000 m^2 stand im wesentlichen fest. Ein pauschales Nein der Nachbarstädte war zwar nicht mehr zu erwarten, zur weiteren planerischen Bearbeitung wurden sie aber aufgefordert, ihre "Bedingungen" für eine Zustimmung zu dem Projekt zu formulieren. Schon am 24. Juli 1992 fand deshalb nochmals eine Besprechung bei der Bezirksplanungsbehörde statt, an der wieder die Nachbarstädte, die drei betroffenen IHKs, Vertreter des Regierungspräsidenten Münster sowie der Stadt Oberhausen teilnahmen (Sachdarstellung BPB; in: Regierungspräsident Düsseldorf 1992, S. 3).

In den anschließenden Monaten bis zum Erörterungstermin wurden eine Vielzahl einzelner Gespräche mit verschiedenen Beteiligten geführt und Einzelfragen geklärt. Dabei versuchten die Nachbarstädte, sowohl inhaltliche Regelungen durchzusetzen, wie z. B. die Behandlung anderer bekannter einzelhandelsrelevanter Projekte in Oberhausen (das Hirsch-Projekt in Sterkrade, die Erweiterungsvorhaben des Möbel- und Einrichtungshauses Rück sowie des BERO-Einkaufszentrums), als auch formal die spätere Durchsetzung dieser Regelungen zu sichern (Interview Alberts; Interview Schnell). Nachdem man zunächst von einer Festschreibung der Nettoverkaufsfläche in der Neuen Mitte über den Bebauungsplan ausgegangen war, erklärte sich Anfang September die Stadt Oberhausen nach Rücksprachen mit dem Investor dazu bereit, stattdessen eine entsprechende Baulast eintragen zu lassen und den Nachbarkommunen und -kreisen im Rahmen einer Verpflichtungserklärung zuzusichern, daß diese Baulast nur im Einvernehmen mit ihnen zu verändern sei (Akten PlA Essen). Im Rahmen dieser Verhandlungen wurde die Stadt Oberhausen offenbar noch unter erheblichen Druck gesetzt, den Forderungen der Nachbarstädte entgegenzukommen, auch um eine weitere Verlängerung der Beteiligungsfrist (bis zum 15. September) und eine Verschiebung des Erörterungstermins (am 25. September) zu vermeiden. Mitte September waren damit die wesentlichen Bedingungen der Nachbarstädte erfüllt, die dortigen politischen Willensbildungsprozesse damit auch zum (im Oberhausener Sinne positiven) Abschluß geführt. Die Stellungnahme der Stadt Essen wurde am 23. September 1992 beschlossen, die der Stadt Duisburg am 28. September.

Die Intensität dieser Vorabstimmungen vor dem Erörterungstermin wird von den beteiligten Planern als außergewöhnlich bezeichnet und als direkte Folge des Bemühens um einen konsensualen Ausgleich gewertet. Bis zum Abschluß der politischen Beratungen im Hintergrund erschien ihnen der letztlich erfolgreiche Abschluß des GEP-Änderungsverfahrens auch noch nicht gesichert.

In den nächsten Tagen wurde dann der Bericht der Erörterung angefertigt, in dem die Bedenken und Ausgleichsvorschläge aufgeführt wurden sowie die

Punkte, zu denen weiterhin abweichende Meinungen bestanden. Die entsprechende Beschlußvorlage der Bezirksplanungsbehörde wurde daher in den Oktobersitzungen des Planungsausschusses und des Bezirksplanungsrates diskutiert. Am 15. Oktober 1992 wurde die Aufstellung der 35. Änderung des Gebietsentwicklungsplans beschlossen (BPR-Protokoll vom 15. Oktober 1992). Interessanterweise fand diese entscheidende Sitzung des Bezirksplanungsrates in der Oberhausener Luise-Albertz-Halle statt. Die ursprüngliche Planung, die den Sitzungsort Düsseldorf vorgesehen hatte, war auf Anregung der Stadt Oberhausen vom Regierungspräsidenten im Einvernehmen mit dem Duisburger Oberbürgermeister Krings als Vorsitzendem des Bezirksplanungsrates geändert worden (Angaben Schnell).

Die wesentliche inhaltliche Regelung des Aufstellungsbeschlusses sicherte die Umwidmung der ehemaligen Thyssen-Flächen in einen Wohnsiedlungsbereich und schuf damit die planungsrechtlichen Voraussetzungen für die Ansiedlung des Einkaufszentrums. Auch in Osterfeld wurden Flächen um die ehemalige Zeche Osterfeld in einen Wohnsiedlungsbereich umgewidmet, das Gelände für die Landesgartenschau wurde zu einem Freizeit- und Erholungsschwerpunkt, ebenfalls ein Uferstreifen beiderseits des Rhein-Herne-Kanals und die Flächen für den vorgesehenen Freizeitpark neben dem Einkaufszentrum (Regierungspräsident Düsseldorf 1992; BPR-Protokoll vom 15. Oktober 1992).

Der Beschluß enthielt zudem Aussagen, die sich aus den Abstimmungen und Diskussionen mit den Nachbarstädten ergaben. So wurde zum einen die Verkaufsfläche im neuen Einkaufszentrum auf maximal 70.000 m^2 begrenzt, zum anderen wurde die Stadt Oberhausen verpflichtet, andere erhebliche Verkaufsflächenerweiterungen, die eine Obergrenze von insgesamt rund 76.000 m^2 zusätzlicher Verkaufsfläche überschreiten würden, zu verhindern. Des weiteren sollte die Stadt die Anbindung an Alt-Oberhausen vorantreiben - unter anderem durch Realisierung der neuen ÖPNV-Trasse - und eine zeitlich parallele Verwirklichung der verschiedenen Projektbestandteile sicherstellen (Regierungspräsident Düsseldorf 1992; BPR-Protokoll vom 15. Oktober 1992) (vgl. Kap. 7.6, S. 152 ff.).

Am 21. Oktober leitete die Bezirksplanungsbehörde den Aufstellungsbeschluß des Bezirksplanungsrates per Bericht an das MURL als zuständige Landesplanungsbehörde zur Genehmigung weiter. Nach Abstimmung mit den entsprechenden Landesministerien - in diesem Fall vor allem mit dem MSV - wurde die GEP-Änderung per Antwortschreiben an den Regierungspräsidenten vom 19. Januar 1993 schließlich genehmigt (Brief MURL; Ministerium für Umwelt, Raumordnung und Landwirtschaft des Landes Nordrhein-Westfalen 1993).

Versucht man abschließend, die Qualität des GEP-Änderungsverfahrens zu beurteilen, so lassen sich einige wesentliche Punkte aufführen, in denen sich das Verfahren um die Neue Mitte von der gewohnten Routine unterschied. Erstens wurden extrem eng gesteckte Zeitvorgaben von oben vorgegeben und im wesentlichen erfolgreich umgesetzt. Zweitens wurde ein konsensuales Abstimmungsverfahren angestrebt, in dem sich die Bezirksplanungsbehörde aus eigenen Überlegungen heraus primär in eine Mediatorenrolle begab. Und drittens griff man bei der Vermittlung und abschließenden Beurteilung in sehr starkem Maße auf externe Gutachter zurück, die auch immer wieder bei Erörterungen und Diskussionsterminen in das Verfahren eingebunden wurden.

Darüber hinaus ist aber auch die politische Dimension des Planungsverfahrens zu kommentieren. Bemerkenswert erscheint die Betonung sachlich-planerischer Arbeit in diesem doch vehement politischen Planungsfall. So ist zum einen die offenbar von den verschiedenen Beteiligten akzeptierte weitgehende Neutralität der Behörde zu vermerken. Des weiteren stellen die Planer der Bezirksplanungsbehörde unabhängig voneinander und einmütig fest, daß eine der für sie überraschendsten Erfahrungen des gesamten Verfahrens die Tatsache war, daß sie wirklich frei von politischen Einflußnahmen oder Vorgaben operieren konnten. Diese Bewertung tritt sowohl in direkt darauf abgestellten Fragen zutage, als auch in offenen Fragen zu Besonderheiten dieses speziellen Änderungsverfahrens. Zwar waren die zeitlichen Rahmenvorgaben extrem eng gesteckt und die Dringlichkeit des Projektes damit eindeutig von oben vorgegeben, das Ergebnis der landesplanerischen Prüfung war aber nach ihren Aussagen völlig offen gelassen worden. Ob sich bei einem anderslautenden Ergebnis des Verfahrens solch ein politischer Druck nachträglich bemerkbar gemacht hätte, ist eine spekulative Frage (Interview Schnell; Interview Schnell/Zuleger).

Deutlich geworden ist aber auch, daß sich hinter der scheinbar dominant sachlich-fachlichen Diskussion innerhalb des GEP-Änderungsverfahrens sehr wohl eine weitere, primär politische Diskussionsebene verbarg, die lediglich im Rahmen des GEP-Änderungsverfahrens kaum zum Tragen kam - hauptsächlich, weil die Fristsetzungen des Verfahrens fachliche Vorentscheidungen verlangten, wo politische Willensbildungsprozesse noch nicht abgeschlossen waren. Die lokale Politik wurde also von der Planung durchaus vorangetrieben, auch wenn die endgültige Abstimmung im Planungsverfahren erst nach Abschluß der politischen Willensbildung stattfinden konnte.

Daher soll im folgenden zunächst die politische Seite der Ebene der Bezirksplanung untersucht werden, also die Beschäftigung des Bezirksplanungsrates mit dem GEP-Änderungsverfahren und dort bzw. in den Fraktionen abgelaufenen politischen Abstimmungen. Die kommunale Politikebene der Nachbarstädte wird dabei bald in den Mittelpunkt der Betrachtungen rücken.

Die oben nur kurz skizzierten inhaltlichen Festsetzungen und wörtlichen Formulierungen des Aufstellungsbeschlusses, des Genehmigungsschreibens des MURL und der offiziellen Bekanntmachung sollen weiter unten diskutiert werden (Kap. 7.6, S. 152 ff.).

7.2.2 Der Bezirksplanungsrat

Der Bezirksplanungsrat ist gemäß §§ 5 - 10 Landesplanungsgesetz das Beratungs- und Entscheidungsgremium der Gebietsentwicklungsplanung im Regierungsbezirk und damit Weisungsinstanz für die Bezirksplanungsbehörde. Er setzt sich zusammen nach dem Parteienproporz der Gemeindewahlergebnisse, wobei zunächst die kreisfreien Städte und Kreise ihre direkten Vertreter benennen und über die Reservelisten der Parteienproporz hergestellt wird. Sämtliche Mitglieder müssen gewählte Vertreter von Gemeinden im Regierungsbezirk sein. Hinzu kommt eine Vielzahl von beratenden Mitgliedern, wozu einerseits Verwaltungsbeamte der Kreise und kreisfreien Städte sowie andererseits Vertreter bestimmter überlokaler Verbände zählen (KVR, Landschaftsverband, Naturschutzverbände, Gewerkschaften, Arbeitgeber etc.).

Der Bezirksplanungsrat steht demnach in einem Spannungsverhältnis zwischen kommunalen und landespolitischen Interessen, ohne direkt durch Wahlen legitimiert zu sein - ähnlich der Mittelinstanz der Bezirksregierung, bei der er angesiedelt ist, und der Bezirksplanungsbehörde, die seine Geschäftsführung besorgt. Daher sind zur Rolle des Bezirksplanungsrates zwei Fragen maßgeblich: Wieviel eigenständige Politik kann er betreiben und betreibt er tatsächlich? Und wie wird im Bezirksplanungsrat Politik betrieben, welche Entscheidungsfindungsmuster lassen sich erkennen? Zur Beantwortung der ersten Frage sind zunächst einige strukturelle Untersuchungen notwendig, die sich nicht ausschließlich auf den Planungsfall Neue Mitte beziehen. Die Beantwortung der zweiten Frage dagegen soll am konkreten Planungsfall orientiert sein und damit zur Ebene der lokalen Politik überleiten.

Die Beurteilung der politischen Bedeutung und Eigenständigkeit des Bezirksplanungsrates ist ambivalent. Zunächst ist festzuhalten, daß nach Einschätzung vieler Politiker der Bezirksplanungsrat als *Beratungs*gremium mehr oder weniger unwichtig ist (Interview Tietz, Interview Heiming, Interview Rommelspacher). Danach ist der Bezirksplanungsrat im wesentlichen ein *Beschluß*gremium, das selten öfter als zu den vier gesetzlich vorgeschriebenen Sitzungen pro Jahr zusammentritt, was eine konsequente sachlich-politische Begleitung von Planungen kaum ermöglicht. Die Tatsache, daß im Fall der Neuen Mitte der Bezirksplanungsrat erst im März, also knapp zwei Monate nach der Eröffnung des vereinfachten Verfahrens, den Erarbeitungsbeschluß bestätigen konnte, im Februar aber bereits nachweislich intensive Beratungsgespräche zwischen den städtischen Verwaltungen und der Bezirksplanungsbehörde stattfanden, weist darauf hin, daß Planung und die durch sie ausgelösten lokalen und interlokalen politischen Diskussionen stattfinden, ohne daß ein institutionalisiertes *Beratungs*gremium wie der Bezirksplanungsrat dazu nötig ist. Gleiches gilt für den Planungsausschuß des Bezirksplanungsrates, der auch nur vierteljährlich und jeweils eine Woche vor der Bezirksplanungsratssitzung tagt. Vielmehr wird der Bezirksplanungsrat als

"Akklamationsgremium" verstanden, in dem andernorts ausgehandelte Entscheidungen und Kompromisse letztlich die gesetzlich geforderte Bestätigung einer politischen Versammlung auf Regierungsbezirksebene erhalten. Das soll nicht bedeuten, daß im Bezirksplanungsrat nicht politisch gestritten wird, nur werden die Möglichkeiten, sich durch Diskussionen im Bezirksplanungsrat politisch zu profilieren, übereinstimmend als gering eingeschätzt. Das parteipolitische Konfliktpotential ist tendenziell ebenso gering, was sich auch in der weitgehenden Übereinstimmung der Fraktionen bei den meisten Beschlüssen widerspiegelt (Interview Heiming, Interview Tietz). Allerdings ist festzuhalten, daß bestimmte Kräfte gerade des Düsseldorfer Bezirksplanungsrates in mancherlei Hinsicht eine Politisierung der eigenen Arbeit anstreben und eine stärkere Eigenständigkeit zu etablieren suchen. Zentral ist dabei die Forderung nach einer Entscheidungskompetenz für die Vergabe von Fördermitteln, ohne die sinnvolle Planungspolitik eben nicht betrieben werden kann.[84] Auch über Veränderungen der Sitzungsmodalitäten (Sachvortrag durch Politiker, nicht mehr durch die Bezirksplanungsbehörde) und der Aufwandsentschädigungen wird versucht, das eigenständige Profil und die Professionalität des Bezirksplanungsrates zu stärken - Bestrebungen, die vor allem von den Geschäftsführern der Fraktionen vorangetrieben werden (Interview Tietz, Interview Bruckmann).

Die dennoch geringe Eigenständigkeit des Bezirksplanungsrates ist aber auch schon durch die Art der Mitgliederberufung vorbestimmt. Drei Viertel der Mitglieder werden direkt von den kreisfreien Städten und Kreisen benannt, nur ein Viertel über die Reservelisten der Parteien. Sowohl diese "Listenmitglieder" als auch die von den Kreisen entsandten Vertreter müssen aber Mitglieder kommunaler Ratsversammlungen sein. Zudem achten die Fraktionen auch auf eine in etwa räumlich ausgeglichene Reserveliste. Auch wenn die Mitglieder des Bezirksplanungsrates nach § 10 Abs. 1 Landesplanungsgesetz nur ihrer eigenen Überzeugung verpflichtet sind, also de jure kein gebundenes Mandat besitzen, so leitet sich aus ihrer kommunalpolitischen "Abordnung" doch eine klare Orientierung an den Interessen der entsendenden Gemeinde ab - eine Situation, die der Zusammensetzung der Verbandsversammlung des KVR ähnelt und eine starke regionale Planungskompetenz hier wie dort verhindert. Gerade dies war ja eine ganz bewußte Intention der Planungsreform der 70er Jahre und ist Ausdruck der zentralen, aber auch kommunalen Kontrollbestrebungen regionaler, vor allem ruhrgebietsbezogener Planungskompetenzen (siehe Kap. 7.1, S. 92 ff.).

---

[84] Damit orientiert sich diese Kritik an der bestehenden Praxis auch an den Diskussionen um die Regionalisierte Strukturpolitik des Landes. Dezentralisierte, regionale Entwicklungsprioritäten feststellen zu lassen, ohne auch die Kompetenz der Mittelvergabe zu dezentralisieren, erscheint vielen Kritikern als halbherzig - oder als bezeichnend: die mühsame Kompromißfindung wird von der Landesebene in regionale Eigenverantwortlichkeit übergeben, das letztlich entscheidende Kontrollinstrument Geldvergabe aber wird von der Zentralinstanz nicht aufgegeben.

Diese primär kommunale Logik des Mandats wird durch eine sekundäre Logik, nämlich die der Fraktionszugehörigkeit, ergänzt, die allerdings in der Praxis bei den meisten Entscheidungen wenig relevant erscheint. Vielfach finden sich relativ breite, fraktionsübergreifende Mehrheiten, was im Düsseldorfer Bezirksplanungsrat der letzten Legislaturperiode auch dadurch unterstützt wurde, daß bei vier vertretenen Parteien keine Fraktion eine absolute Mehrheit aufwies (17 SPD, 13 CDU, 2 FDP, 3 Die Grünen). Dies führte einerseits zu routinemäßigen interfraktionellen Absprachen und andererseits zur Tendenz, über weitgehend entpolitisierte "Sachfragen" zu entscheiden, was die Rolle des Akklamationsgremiums unterstützte (Interview Bruckmann, Interview Tietz, Interview Heiming).

In Beantwortung der ersten o. g. Fragestellung läßt sich also feststellen, daß von einer prinzipiellen Eigenständigkeit und freien politischen Entscheidungsfindung des Bezirksplanungsrates aufgrund struktureller Gegebenheiten nur sehr eingeschränkt auszugehen ist. Wie aber sieht es mit der konkreten Politik im Einzelfall aus? Wie lassen sich die Prozesse der politischen Entscheidungsfindung des Düsseldorfer Bezirksplanungsrates im Fall Neue Mitte nachzeichnen?

Geht man zunächst vom letztendlichen Ergebnis aus, so blieben nach dem Erörterungstermin vom 25. September eine Reihe von Bedenken und Anregungen bestehen, über die keine Einigkeit erzielt werden konnte. In der Sitzungsvorlage zum Aufstellungsbeschluß wird das Ergebnis der Erörterung in diesem Punkt folgendermaßen wiedergegeben:

"Zusammenfassend lehnen die IHK Duisburg, die Vestische Gruppe der IHK Münster [mit Sitz in Gelsenkirchen; Anm. d. Verf.], die Handwerkskammer Münster, der Bezirksplanunsrat Münster, die Stadt Gladbeck, der Kreis Recklinghausen und die Stadt Recklinghausen und die anerkannten Naturschutzverbände die Gebietsentwicklungsplan-Änderung wegen grundsätzlicher Bedenken gegen das geplante Einkaufszentrum ab. Sie halten das Einkaufszentrum für überdimensioniert und nicht integriert.

Die IHK Duisburg, die Vestische Gruppe der IHK Münster, der Bezirksplanungsrat Münster und die anerkannten Naturschutzverbände hielten ihre grundsätzlichen Bedenken wegen der verkehrlichen Auswirkungen aufrecht.

Die IHK Essen stimmt der Planung zu. Sie hält das Projekt bei einer rechtlich unzweideutigen Beschränkung der Verkaufsfläche auf 70.000 m^2 noch für regionalverträglich.

Die Nachbarstädte Duisburg, Essen, Mülheim, Dinslaken und Bottrop, der Kreis Wesel und der Regierungspräsident Münster erkennen überwiegend an, daß mit dem Projekt auch positive Wirkungen verbunden sind (...). Sie sind bereit, ihre Sorgen und Bedenken gegen das Projekt unter bestimmten Bedingungen zurückzustellen" (Sachdarstellung BPB; in: Regierungspräsident Düsseldorf 1992, S. 4).

Daraus läßt sich ersehen, daß diejenigen aus dem Kreis der Beteiligten, die die GEP-Änderung rundherum ablehnten, sei es aus Gründen der Regionalverträglichkeit und/oder aus Gründen der verkehrlichen Auswirkungen, allesamt keine stimmberechtigten Vertreter im Bezirksplanungsrat des Regierungsbezirks Düsseldorf hatten. Die Städte Gladbeck und Recklinghausen gehören ja - wie im übrigen auch die Stadt Bottrop - zum Regierungsbezirk Münster, dessen Bezirksplanungsrat seinerseits eine ablehnende Stellungnahme beschlossen hatte.

Sämtliche im Bezirksplanungsrat Düsseldorf vertretenen Städte bzw. Kreise hatten also im Rahmen der Erörterung seitens ihrer Vertreter bereits zu erkennen gegeben, daß sie unter Auflagen den Planungen zustimmen würden - eben jenen Auflagen, die in Form der Verkaufsflächenobergrenze für das Einkaufszentrum selbst und der maximalen Verkaufsflächenausweitung in Oberhausen ja auch Bestandteil des Aufstellungsbeschlusses wurden. Die entsprechenden Stellungnahmen der Ratsversammlungen waren vor der abschließenden Sitzung des Bezirksplanungsrates verabschiedet worden. Aus ihren Reihen kam also auch die Zustimmung, die im Bezirksplanungsrat die erforderliche Mehrheit für die GEP-Änderung hervorbrachte. Von den 29 abstimmenden Mitgliedern stimmten am 15. Oktober 1992 lediglich fünf gegen den Aufstellungsbeschluß. Diese Gegenstimmen kamen zum einen von der dreiköpfigen Fraktion der Grünen, zum anderen von zwei Mitgliedern der CDU-Fraktion.

Analysiert man dieses Abstimmungsverhalten nach den oben dargestellten Erklärungsansätzen, so erkennt man, daß eine eindimensionale Interpretation nach kommunaler Herkunft oder Parteizugehörigkeit zu kurz greift.

Die Mitglieder der Fraktion der Grünen, die alle über die Parteiliste berufen wurden, stammten aus Düsseldorf, Remscheid und dem Kreis Neuss (Kaarst) (Interview Tietz). Sie kamen also allesamt aus Kommunen, die im Rahmen des GEP-Änderungsverfahrens nicht als Beteiligte vertreten waren, die allerdings unter Aspekten des Kaufkraftabflusses oder der Verkehrsbelastung wohl auch kaum spürbare negative Auswirkungen zu befürchten hatten. Ein an kommunalen Interessen ausgerichtetes Abstimmungsverhalten ist hier ebenfalls zu verneinen, da alle Vertreter anderer Parteien aus diesen kreisfreien Städten und Kreisen für die Beschlußvorlage stimmten. Aus den geführten Interviews sowie den Protokollen von Sitzungen des Planungsausschusses und des Bezirksplanungsrates ist vielmehr klar ersichtlich, daß im Falle der Grünen eine eindeutig fraktionspolitische Entscheidung getroffen wurde. Die ablehnende Haltung wurde vollständig über sachpolitische Argumente begründet, bei denen zwar auch die Betroffenheit der Umgebung in puncto Kaufkraftabfluß und Umweltqualität angeführt wurde, diese aber standortunabhängig reklamiert wurde. Die Kritik richtete sich also gegen die Art und Form des Projektes und seine daraus abgeleiteten Auswirkungen, nicht aber gegen den Standort an sich (Interview Tietz; PA-Protokolle; BPR-Protokolle). Untermauert wird diese Interpretation durch die engen inhaltlichen und prozessualen Abstimmungen mit der Landtagsfraktion, die sich für die Partei der Grünen im Fall der Neuen Mitte als zentrale politische Handlungsebene herauskristallisierte - wichtiger wohl noch als die Grünen vor Ort, was weiter unten noch näher auszuführen sein wird (Interview Tietz; Interview Rommelspacher).

Kann also im Falle der Grünen die Fraktionslogik als Erklärung dienen, so greift dieses Argument bei den anderen Nein-Stimmen nicht. Die CDU-Fraktion stimmte nicht geschlossen ab, lediglich Vertreter aus Essen und Velbert (Kreis Mettmann) stimmten mit Nein (WAZ vom 16.10.1992; WAZ Oberhausen vom 16.10.1992). Für Velbert ist eine direkte Betroffenheit sicherlich kaum zu konstatieren, und der zweite Vertreter des Kreises Mettmann, ein SPD-Mitglied aus Wülfrath, stimmte mit Ja. Anders ist da die Nein-Stimme aus Essen einzuschätzen, da Essen als unmittelbare Nachbarstadt vor allem in seinen nordwestlichen Stadtteilen Borbeck und Frintrop mit Kaufkraftabflüssen zu rechnen hatte und als Stadt Verfahrensbeteiligte war. Wenn auch die Essener SPD- und FDP-Vertreter im Bezirksplanungsrat für die Vorlage stimmten, so zeichnet CDU-Ratsfrau Heiming in ihren Ausführungen ein deutliches Bild der kommunalen Betroffenheit als Grundlage ihrer ablehnenden Entscheidung - wie sie auch schon der Stellungnahme des Rates der Stadt Essen vom 23. September ihre Zustimmung verweigert hatte (Interview Heiming).

Die SPD-Fraktion des Bezirksplanungsrates stimmte dagegen ebenso geschlossen für den Aufstellungsbeschluß wie auch die beiden Vertreter der FDP (aus Essen und Solingen). Aus den unmittelbaren Nachbarstädten und dem Kreis Wesel, die sich als Verfahrensbeteiligte auch zu der o. g. Arbeitsgemeinschaft zusammengeschlossen hatten, kam mit Ausnahme der genannten CDU-Ratsfrau aus Essen keine einzige ablehnende Stimme.

So reicht also weder eine rein an kommunaler Herkunft orientierte noch eine fraktionsorientierte Erklärung aus. Auf Seiten der SPD muß man sicherlich eine starke Fraktionseinheit feststellen, da auch in den tendenziell am stärksten betroffenen Nachbargemeinden keiner ihrer Vertreter zur Ablehnung der Pläne bereit war. Bei den Grünen und der FDP lag zwar auch ein einheitliches Abstimmungsverhalten vor, angesichts der geringen Zahl von Vertretern darf man das aber nicht überwerten, obwohl bei beiden eindeutig parteipolitische Grundeinstellungen zur Begründung herangezogen wurden. Auf Seiten der CDU jedoch versagt die Fraktionsdisziplin als Erklärung. Wie aus den Äußerungen der Essener Ratsfrau ersichtlich wird, läßt sich hier zumindest ansatzweise kommunales Konkurrenzdenken finden.

Auch in diesem Fall scheint sich also die Tendenz zu recht einmütigen Entscheidungen des Bezirksplanungsrates durchzusetzen, ein Ergebnis, das ob der Größe und Ausstrahlung des Projektes sowie seiner Politisierung auf Ebene des Landtages (mit Einrichtung eines Parlamentarischen Untersuchungsausschusses) erstaunen muß. Gleichzeitig aber zeigen gerade die Haltung der Essener CDU-Ratsfrau Heiming sowie die Verzögerungen des GEP-Verfahrens durch die Beratungen in und zwischen den Nachbarstädten, daß der Planungsfall Neue Mitte nur auf der oberflächlichen Ebene eines um Versachlichung bemühten

Bezirksplanungsrates so wenig kontrovers und so wenig als politisches Streitobjekt erscheint. Angesichts der harten politischen Diskussionen in vielen Nachbarstädten zeigt sich einmal mehr, daß der Bezirksplanungsrat auch in diesem eigentlich kontroversen Planungsfall primär als Entschlußgremium fungiert, das Entscheidungen transportiert, die an anderen politischen Schauplätzen gefällt werden. Diese kommunalen und interkommualen Kontexten werden im folgenden näher betrachtet.

7.3 Lokale Politik in den Nachbarstädten

7.3.1 Die Einbeziehung der Nachbarstädte

Für das Verständnis der Haltung der Nachbarstädte zur Neuen Mitte Oberhausen ist es bedeutsam, daß sie als Nachfolgeprojekt des Triple-Five-Vorhabens entstand. Wie im Zusammenhang mit der Vorgeschichte der Neuen Mitte dargestellt (siehe Kap. 5.2, S. 52 ff.), war dieser erste Projektvorschlag auf die einhellige Ablehnung und den entschiedenen Protest der umliegenden Kommunen gestoßen. Damals war eine breite Interessenskoalition entstanden, die letztlich über intensive gutachterliche Begleitung und politischen Widerstand zur negativen Beurteilung und Ablehnung des Vorschlags durch die Landesregierung geführt hatte. Die Stadt Essen hatte seinerzeit die Federführung dabei übernommen, das Vorgehen der Nachbarstädte untereinander abzustimmen und zu koordinieren (Interview Alberts).

Die Entscheidungen, die zum Scheitern des Triple-Five-Projektvorschlages führten, erscheinen aber im Rückblick trotz der erheblichen kommunalpolitischen Mobilisierung im wesentlichen auf Kabinettsebene gefällt worden zu sein. Zur Eröffnung eines GEP-Änderungsverfahrens kam es seinerzeit überhaupt nicht, so daß die landesplanerische Grobprüfung auch auf Ministerialebene durchgeführt wurde - also ohne formale Beteiligung der Bezirksplanung oder der Kommunen und Kreise.

Hatte es also keine wesentliche Mobilisierung der Planungsverwaltung in den Kommunen gegeben, so hatten die nur sehr grob umrissenen Planungen doch schnell zu einer Mobilisierung der politischen Meinung geführt. Die verbliebene Grundinterpretation war grob gesagt die, daß "die Oberhausener" damals ohne viel Rücksichtnahme auf regionale Verträglichkeit ein gigantisches Projekt hatten "durchziehen" wollen.

Eine skeptische Grundeinstellung gegenüber jeglichen Nachfolgeprojekten war geblieben - aber wohl auch das Bewußtsein, daß man der Stadt Oberhausen da eine Hoffnung zerstört hatte, die jede andere Stadt wohl ebenso begeistert zu realisieren getrachtet hätte (Interview Klabuhn). Mißtrauen und ein wenig ein schlechtes Gewissen, so läßt sich die stark verallgemeinerte Einstellung der Politiker der Nachbarkommunen wohl am ehesten beschreiben. Und gleichzeitig wußte man dort auch, daß die Stadt Oberhausen mit Unterstützung der Landesregierung um die Realisierung einer Nachfolgenutzung der Thyssen-Flächen bemüht war, daß also früher oder später dort irgend etwas geschehen würde. Wie bereits dargestellt, entstand die Dynamik um den neuen potentiellen Investor Stadium Ende 1990 bis Frühjahr 1991 (siehe Kap. 6.1.2, S. 67 ff.). Nach dem Scheitern der GEG-Verhandlungen mit Heidelberger Druck im Dezember war der Kontakt zu Stadium vertieft worden, der dazu führte, daß die Stadt Oberhausen im März mit Stadiums Vorstellungen und Projektideen vertraut gemacht wurde.

Die erste öffentliche Vorstellung des Projektes geschah aber erst am 8. Oktober 1991. Über diese Veranstaltung wurde in den Medien ausführlich berichtet, wobei gerade in den Lokalzeitungen der Nachbarstädte der Darstellung der Projektideen und der anschließenden Diskussion viel Platz eingeräumt wurde[85]. OStD Drescher betont, daß er schon im September 1991, also kurz vor der offiziellen Bekanntmachung, mit den damaligen Plänen, Skizzen und Unterlagen in die Nachbarstädte gereist war, um seine Kollegen zu informieren (Interview Drescher). In Essen und Duisburg waren daher die Oberstadtdirektoren kurz vor der Präsentation von den Grundzügen des Projektes in Kenntnis gesetzt worden (WAZ vom 07.10.1991, b), jedoch waren diese Kontakte nicht auf die politischen Spitzen hin ausgerichtet, obwohl bei den damaligen politischen Konstellationen davon ausgegangen werden muß, daß eine Informationsweitergabe an die entsprechenden Bürgermeister und evtl. Fraktionsvorsitzenden erfolgte. Eine weiterreichende Informierung z. B. der Planungsverwaltungen läßt sich hingegen nicht nachweisen, wie auch die kleineren Nachbarstädte wohl noch nicht informiert worden waren (siehe z. B. Äußerungen der Bottroper Stadtspitze - WAZ vom 08.10.1991). Obgleich die Stadt Oberhausen also bereits seit einigen Monaten mit den Ministerien über das Projekt diskutierte, war es offenbar gelungen, das Projekt bis zu diesem Zeitpunkt im Herbst unter Verschluß zu halten.

Auch die Presse berichtete erst Anfang Oktober erstmals von den Projektvorschlägen einer Neuen Mitte Oberhausen: Am 5. Oktober, also gerade drei Tage vor der offiziellen Projektvorstellung, erschien eine erste Pressemeldung auf der Titelseite der WAZ. Auffällig an den ersten Presseberichten, sowohl im Hauptteil als auch im Oberhausener Lokalteil der WAZ, ist die Subsumierung des Projektes unter dem Begriff "Super-Freizeitpark" - das Einkaufszentrum spielte in der gesamten Berichterstattung zunächst eine lediglich untergeordnete Rolle, was Dreschers Informationsstrategie sicherlich sehr entgegenkam.[86]

---

[85] Ein besonders gutes Beispiel hierfür stellen die Borbecker Nachrichten dar.

[86] Vgl. die Berichte auf den Titelseiten der WAZ vom 05.10.1991 ("Jetzt planen Briten Super-Freizeitpark für Oberhausen") und vom 07.10.1991 (a) ("Super-Freizeitpark kostet 2 Mrd Mark"). Auch in den Berichten "Aus dem Westen" des überregionalen Teiles der WAZ ist vom "Super-Park" und vom "Freizeitpark" die Rede (WAZ vom 07.10.1991, b), lediglich in

Der Vorstellungstermin am 8. Oktober 1991 war sorgfältig geplant worden. Auf dem Podium in den Räumlichkeiten der Stadtsparkasse Oberhausen saßen sechs Personen, die im folgenden verschiedene Erläuterungen zu dem geplanten Projekt abgaben: Seitens der Stadt Oberhausen Oberbürgermeister Friedhelm van den Mond und Oberstadtdirektor Burkhard Drescher, Finanzminister Heinz Schleußer, der Stadtplaner und Architekt Jochen Kuhn, Dr. Manfred Lennings als Aufsichtsratsvorsitzender der GEG und schließlich Edwin Healey. Nachdem van den Mond und Drescher die Ausgangssituation und die Aufgabenstellung referiert hatten, stellte Kuhn seine städtebaulichen Konzeptentwürfe ("Rahmenplan") vor und erläuterte das angefertigte Verkehrsgutachten. Finanzminister Schleußer übernahm die Darstellung der zurückliegenden Vermarktungsbemühungen und der Investorensuche, und Lennings stellte dann als Ergebnis dieser Bemühungen den Investor vor. Daraufhin skizzierte Healey (mit seinem Sohn) die Projektvorstellungen, die mit Hilfe aufwendiger farbiger Perspektivzeichnungen illustriert wurden.[87] Die Vorstellung des Projektes geschah damals noch unter dem Namen "Gartenstadt Oberhausen"; die von Healey gegründete Projektentwicklungsgesellschaft firmierte zunächst unter eben diesem Namen (GOP = Gartenstadt Oberhausen Projektentwicklungsgesellschaft), bevor sie später den etwas farbigeren, phantasievolleren Namen CentrO erhielt.

Mit der Form und Organisation dieses Vorstellungstermins vermittelte die Stadt Oberhausen neben den Inhalten des Projektes zwei wesentliche Mitteilungen von erheblicher Relevanz für die Nachbarstädte: Auf der einen Seite wurde klar demonstriert, daß bereits erhebliche Vorarbeiten für das Projekt geleistet worden waren, bei denen sowohl externe Berater als auch Ministerialbürokratien eingeschaltet worden waren, was auf eine Vorabstimmung und politische Unterstützung auf Landesebene hindeutete. So hatte auch Prof. Ganser als Direktor der IBA auf dem Podium Platz genommen, und der Hinweis von Finanzminister Schleußer, daß die Landesregierung hinter dem Projekt stehe und die Minister Matthiesen und Kniola die Verträglichkeit aus Sicht der Umwelt- und Verkehrsbelastungen bereits bestätigt hatten, ließ an Eindeutigkeit nichts zu wünschen übrig.

Auf der anderen Seite zielte die Veranstaltung auf eine Demonstration von Kompetenz und Seriösität. Am Tisch saß nicht "nur" die Stadtspitze aus Politik und Verwaltung, sondern der Finanzminister selbst war gekommen, und mit Manfred Lennings war ein weit bekannter Wirtschaftsmanager anwesend, der ebenso in verantwortungsvoller Stellung das Projekt vorangetrieben und begleitet hatte. Hinzu kam mit Jochen Kuhn ein anerkannter Fachmann aus dem Bereich

---

Oberhausen setzt sich in den Wochen danach relativ schnell der Begriff "Neue Mitte Oberhausen" durch.

[87] Vgl. die verschiedenen Presseberichte, z. B. in der WAZ vom 09.10.1991, der WAZ Oberhausen vom 09.10.1991 (a,b,c) oder den Borbecker Nachrichten vom 11.10.1991.

Architektur und Städtebau, der die abgeschlossenen Gutachten zweier renommierter Gutachterbüros präsentieren konnte: der Prognos AG aus Basel bzw. Köln und des Verkehrsbüros Retzko + Topp aus Darmstadt. Gerade Retzko + Topp waren noch beim Triple-Five-Projekt Mitglied der von der Landesregierung beauftragten Gutachtergruppe gewesen und hatten an der Ablehnung jenes Projektvorschlages mitgearbeitet. Und schließlich wurde Edwin Healey selbst präsentiert, als etwas zurückhaltender, ruhiger Mann, der in Sheffield bereits einschlägige Erfahrungen mit der Revitalisierung einer ähnlichen Industriebrache gesammelt hatte. Der positive, seriöse Eindruck seines Auftritts kommt in vielen Presseberichten zum Vorschein:

"Fast scheint es, als gehörte er gar nicht dazu: Der Mann, der Oberhausen in die Zukunft katapultieren will, sitzt schweigsam am Tisch, verfolgt aufmerksam die vielen Reden am Podium, die eine neben ihm sitzende Dolmetscherin simultan übersetzt. Hin und wieder lächelt er freundlich oder streicht sich mit der Hand nachdenklich übers Kinn. Große Worte liegen Edwin D. Healey offenbar nicht" (Ulrich Lota in den Borbecker Nachrichten vom 11.10.1991).

Diese beiden Aspekte der Projektvorstellung setzten das Vorhaben demonstrativ ab von dem früheren Projektvorschlag von Triple Five, dem quasi allgegenwärtigen Vergleichsmaßstab im Bewußtsein der Presse wie der Nachbarstädte: Eine bereits informierte und offenbar positiv überzeugte Landesregierung und eine maßstäblich vorstellbare und realistisch erscheinende Planung, die zudem in einem anderen schwerindustriell geprägten Problemgebiet Europas bereits ansatzweise erfolgreich getestet war; ein Investor, der in Erscheinung und Auftreten keinen größeren Kontrast zu den befremdlich großspurigen, schillernden Ghermezians hätte bilden können. Ein "persischer Teppichhändler", denn so war ja der aus Armenien stammende kanadische Familienclan häufig - und nicht einmal hinter vorgehaltener Hand - tituliert worden, war dieser Edwin Healey ganz offensichtlich nicht.

Die Oberhausener Nachricht an die Nachbargemeinden war also deutlich: Hier saßen keine Amateure, sondern ernstzunehmende Geschäftsleute und Manager, und an der politischen Unterstützung aus Düsseldorf und dem technisch-planerischen Vorsprung der Stadt Oberhausen war ebenso nicht zu zweifeln.

Dieser Projektvorstellung folgte nur kurze Zeit später die planungsrechtliche Einbindung der Nachbarstädte. Dabei waren drei Arten von Planungsverfahren betroffen: die Änderung des Gebietsentwicklungsplanes (GEP), die Verfahren zur Änderung des Flächennutzungsplanes (FNP) und die Aufstellung verschiedener Bebauungspläne im Stadtgebiet Oberhausen.

Auch wenn das Verfahren zur Änderung des Gebietsentwicklungsplans oben bereits dargestellt worden ist, so ist diese Trennung aus analytischen Gründen nur bedingt sinnvoll. Alle Planungsverfahren verliefen zeitlich weitgehend parallel. Ihre inhaltlich-planerische Einheit lag von Anfang an klar zu Tage, weshalb z. B.

die Nachbarstädte Duisburg und Essen jeweils lediglich eine Stellungnahme beschlossen, die explizit sowohl für die GEP-Änderung als auch für die verschiedenen Bebauungsplanverfahren bestimmt war. Die separate Behandlung des GEP-Verfahrens erfolgte nur aus einem Grund, nämlich um die Bedeutung einer potentiell regionalen Vermittlungsebene zwischen Oberhausen und den Nachbarstädten zu untersuchen, sowohl auf der behördlichen Ebene als auch auf der politischen Ebene des Bezirksplanungsrates. Wie dort herausgearbeitet worden ist, war die eigentliche (Ver-) Handlungsebene aber kommunal. Zwar konnte das regionale Planungsverfahren zu einem gewissen Maße zeitlichen Druck erzeugen, letztlich mußten aber die politischen Entscheidungsfindungsprozesse in den Kommunen abgewartet werden, bevor es zum Abschluß gebracht werden konnte. Da die Nachbarstädte aber planungsrechtlich im Rahmen der FNP- und Bebauungsplanverfahren direkt eingebunden waren, kommen bei der nun folgenden Betrachtung der kommunalen Ebene immer wieder die Eckpfeiler dieser Planungsverfahren zum Vorschein.

Nachdem der "Rahmenplan Neue Mitte Oberhausen" von Jochen Kuhn im Jahr 1991 in Abstimmung mit den Ministerien erarbeitet und bei der Projektpräsentation am 8. Oktober vorgestellt worden war, wurde er auch zur Grundlage der Bauleitplanverfahren. Schon am 14. Oktober beauftragte der Rat der Stadt Oberhausen die Verwaltung, darauf aufbauend die entsprechenden planungsrechtlichen Voraussetzungen zur Realisierung der Neuen Mitte zu schaffen (Ratsprotokoll Oberhausen vom 14. Oktober 1991) (siehe Kap. 8.3). Der ursprüngliche Ratsbeschluß zur Änderung des FNP und zur Aufstellung eines Bebauungsplanes für das Planungsgebiet wurde bereits Ende August 1989 gefaßt. Damals gab es im wesentlichen keine umsetzbaren Planvorstellungen, weshalb man diesen Ratsbeschluß auch als politische Willensbekundung verstehen muß (siehe Kap. 8.1, S. 157).

Im November 1991 erhielten demnach die Nachbarstädte mehrere Anschreiben aus Oberhausen, in denen sie offiziell von den Grundzügen der Planung in Kenntnis gesetzt und im Rahmen der Beteiligungsverfahren des Baugesetzbuches als Träger öffentlicher Belange eingebunden wurden. Mitgeliefert wurden unter anderem eine textliche Kurzbegründung der Planungen mit Darstellung der Ziele und des Planungskonzeptes (zunächst auf zwei Seiten), einige Kernaussagen der bis dato erstellten Gutachten von Prognos und Retzko + Topp und schließlich auch eine A4-Kopie der 1:5.000 Strukturkarte des "Rahmenplans" von Kuhn. In einem Schreiben vom 13. November wurden die Nachbarstädte um Antworten bis zum 2. Januar 1992 gebeten (Akten PlA Essen).

Das schnelle Vorpreschen der Stadt Oberhausen wurde im folgenden aber etwas abgebremst. Das geschah einerseits auf Ebene der Bezirksplanung, die ja am 14. November erstmals eingebunden wurde, aber sogleich auf die Notwendigkeit eines GEP-Änderungsverfahrens hinwies (Interview Schnell) (siehe Kap. 7.2.1, S. 100). Andererseits reagierten die Nachbarstädte im Dezember mit dem

Hinweis, daß die Komplexität der Planungen es erforderten, die von Oberhausen gesetzten Fristen für die Stellungnahmen beträchtlich zu verlängern, zumal ja zunächst kein fertiger Bebauungsplanentwurf vorlag. Daraufhin versprach die Stadt Oberhausen einen endgültigen Bebauungsplanentwurf für den 24. Februar 1992 - dieser befinde sich gegenwärtig noch in Abstimmung mit der Bezirksplanungsbehörde und der IBA - und bat um Stellungnahmen bis zum 9. März, hielt also an einer Frist für Stellungnahmen von vierzehn Tagen fest (Akten PlA Essen, Interview Alberts).

Gleichzeitig mit dem Bemühen um Fristverlängerung aber reaktivierten die Nachbarstädte die zu Zeiten des Triple-Five-Projektes etablierten Abstimmungskanäle untereinander. Diese Abstimmungen lassen sich nicht eindeutig einem einzigen politischen oder planerischen Schauplatz zuordnen, vielmehr wurden beide Einflußmöglichkeiten ausgelotet. Zum einen wurde offensichtlich vorsichtig geprüft, ob die Ministerien bzw. das Kabinett eine gutachterliche Überprüfung ähnlich des Triple-Five-Projektes in Erwägung zögen. Angesichts der bereits stattgefundenen Abstimmungen zwischen Oberhausen und den Ministerien sowie des 1989 formulierten Kabinettswillens, die Vermarktung der Oberhausener Fläche unterstützend voranzutreiben, mag die Weigerung Düsseldorfs, ein ähnliches Gutachterverfahren einzuleiten, nicht sonderlich überraschen. Gleichwohl nahmen die Nachbarstädte, diesmal unter Duisburger Federführung, wieder Kontakt zur Ageplan auf und ließen sich im Januar 1992 ein Angebot für eine gutachterliche Begleitung und Stellungnahme unterbreiten, das auch angenommen wurde (Interview Alberts, Akten PlA Essen).

Wie eng die interkommunale Ebene mit dem GEP-Änderungsverfahren verknüpft war, läßt sich daran erkennen, daß das Oberhausener Koordinierungsbüro O. 2000 Ende Januar für den 7. Februar 1992 zur konstituierenden Sitzung eines Arbeitskreises "Einzelhandel und Verkehr" einlud, in welchem sich die Stadt Oberhausen gemeinsam mit den Nachbarstädten über die sich herauskristallisierenden Streitfragen verständigen wollte (Sachdarstellung BPB; in: Regierungspräsident Düsseldorf 1992, S. 1). Die Anregung einer solchen Verständigung war von der Bezirksplanungsbehörde gekommen, die, wie oben dargestellt, ja eine bewußt konsensorientierte Strategie eingeschlagen hatte (Interview Schnell). So wurde hier versucht, zwischen den Interessen der Stadt Oberhausen und denen der Nachbarstädte zu vermitteln. In der Frage der Zentrenverträglichkeit des geplanten Einkaufszentrums konnte man der Stadt Oberhausen deutlich machen, daß die bestehenden Gutachten keine ausreichende Entscheidungsgrundlage darstellten, und spezifizierte schon im Januar Forderungen an ein zu erstellendes, ergänzendes Gutachten, das dann auch im Februar durch die GEG in Auftrag gegeben wurde. Und um eine wirkliche Vermittlung zwischen Oberhausen und seinen Nachbarn zu erreichen, kam es zur Bildung des o. g. Arbeitskreises, in dem die Nachbarstädte ihre Vorstellungen und Fragen eben schon in gebündelter Form mit der Stadt Oberhausen besprechen konnten. Dieser Arbeitskreis tagte zwischen Februar 1992 und Mai 1993 allein sechsmal (Angaben Faßbender).

Damit engagierten sich die Nachbarstädte also zweigleisig. Untereinander traf man Absprachen zum gemeinsamen Vorgehen, einerseits gegenüber der Bezirksplanungsbehörde, andererseits bezüglich der direkten Verhandlungen mit der Stadt Oberhausen im Rahmen dieses gemeinsamen Arbeitskreises. Durch Ageplan ließ man einen Fragenkatalog bzgl. des geplanten Einkaufszentrums erstellen, welcher der Stadt Oberhausen schon am 24. Februar übergeben wurde (Akten PlA Essen). Durch diese Einbindung der Bezirksplanungsbehörde und der Stadt Oberhausen konnten die Nachbarstädte aber gleichzeitig zumindest Zeit gewinnen in bezug auf die Erarbeitung eigener Stellungnahmen auch im Rahmen der Bauleitplanverfahren, sowohl auf Seite der Planungsverwaltung als auch auf Seite der Stadtpolitik.

Angesichts der Bedeutung des GEP-Änderungsverfahrens ist es sinnvoll, zunächst die Entwicklungen in den im Bezirksplanungsrat Düsseldorf vertretenen Kommunen nachzuzeichnen, bevor kurz auf die Situation der Städte Bottrop und Gladbeck eingegangen wird. Dabei sollen die Städte Essen und Duisburg im Vordergrund stehen, weil ihre potentielle Gegenmacht zu den Oberhausener Planungen angesichts ihrer Größe und der - auch SPD-internen - Stellung ihrer Oberbürgermeister bzw. Fraktionsvorsitzenden am wichtigsten erscheint und da eine detaillierte Darstellung der lokalpolitischen Diskussionen aller Nachbarstädte den Rahmen des Forschungsvorhabens eindeutig gesprengt hätte.

7.3.2 Essen

Für die Stadt Essen waren die Oberhausener Planungen aus mehrfacher Hinsicht bedeutsam. Zum einen waren für die Stadtteilzentren im Essener Norden, vor allem in Frintrop und Borbeck, direkte und erhebliche Auswirkungen in bezug auf den Kaufkraftabfluß zum neuen Einkaufszentrum zu erwarten, zum anderen bildeten die Ausweitungen der Einzelhandelsverkaufsflächen in Oberhausen im mittel- und längerfristigen Bedarf einen Gegenpol zu den bestehenden und in Umsetzung begriffenen Planungen einer Modernisierung und erheblichen Expansion der Einzelhandelsfunktion der Essener Innenstadt (Interview Rommelspacher, Interview Heiming, Interview Bruckmann). Damit lassen sich auch bereits die zwei hauptsächlichen Interessengruppen identifizieren, die inner- und außerhalb der parteipolitischen Konfliktlinien in der lokalpolitischen Diskussion auftraten: der Einzelhandelsverband und speziell die "Betroffenen" im Essener Nordwesten.

Für die Essener Lokalpolitik war und ist eine SPD-Hegemonie zu konstatieren, die von Kennern der Essener Szene relativ einmütig eingeschätzt wird (Interview Rommelspacher, Interview Wermker). Nach fast einhelliger Meinung gibt es eine starke Fraktionsspitze, die gegenüber Bürgermeistern und Verwaltungsspitze dominiert. Im Rahmen der Behandlung des Themas Neue Mitte lassen sich entsprechende Indizien durchaus beobachten. Im Rat der Stadt besaß die SPD 1992 mit 43 von 83 Sitzen eine absolute Mehrheit.

Eine wirkliche politische Auseinandersetzung fand in den Gremien des Rates lange Zeit nicht statt. Ein erster Versuch, das Thema im Rat zu diskutieren, wurde in der Ratssitzung am 29. April 1992 von den Grünen unternommen, die durch einen Antrag eine ablehnende Stellungnahme der Stadt Essen veranlassen wollten. Nach der Bitte des Planungsdezernenten Schulte, zunächst die in Arbeit befindlichen Gutachten abzuwarten, und der Aufforderung seitens der SPD-Fraktion, die Beratung zur gegebenen Zeit in den Ausschuß für Stadtentwicklung und Stadtplanung (ASP) einzubringen, wurde der Antrag zurückgezogen (Ratsprotokoll Essen vom 29. April 1992). In der nächsten Ratssitzung am 27. Mai brachten die Grünen den Antrag erneut auf die Tagesordnung; diesmal wurde er vom SPD-Fraktionsvorsitzenden Nowack mit dem Hinweis abgeblockt, daß noch immer keine ausreichenden Daten und Fakten für eine solche Diskussion vorlägen. Der Übergang zur Tagesordnung wurde gegen die Stimmen aller drei Oppositionsfraktionen beschlossen (Ratsprotokoll Essen vom 27. Mai 1992). Die Weigerung der SPD-Fraktion, am 27. Mai im Rat über die Neue Mitte zu diskutieren, verwundert insofern, als das ish-Gutachten bereits am 7. Mai der Presse vorgestellt und am 18. Mai - zusammen mit dem GfK-Gutachten - an die Städte übersandt worden war. Zum damaligen Zeitpunkt war nämlich von der Bezirksplanungsbehörde die Frist für Stellungnahmen auf den 23. Juni festgesetzt worden, so daß durch die verhinderte Diskussion ein Ratsbeschluß zu einer Verwaltungsstellungnahme für diesen Termin nicht mehr hätte hergestellt werden können (Sachdarstellung BPB; in: Regierungspräsident Düsseldorf 1992, S. 2).

Im Rat der Stadt wurde in den anschließenden Sitzungen über die Neue Mitte Oberhausen nicht mehr verhandelt. Erst am 23. September 1992 kam das Thema wieder auf die Tagesordnung, als der Beschluß zur Stellungnahme anstand, den die Verwaltung über das letzte dreiviertel Jahr erarbeitet und - angesichts der Entwicklungen des GEP-Änderungsverfahrens sowie der Gespräche im gemeinsamen Arbeitskreis - immer wieder überarbeitet hatte (Akten PlA Essen). Die CDU und die Grünen hatten Anträge vorgelegt, die Stellungnahme der Verwaltung abzulehnen und einen die Neue Mitte ablehnenden Beschluß zu fassen, SPD und FDP aber stimmten für die Beschlußvorlage aus dem Planungsdezernat (Ratsprotokoll Essen vom 23. September 1992).

Interessanterweise läßt sich aber auch im Ausschuß für Stadtentwicklung und Stadtplanung (ASP) keine besonders intensive Diskussion feststellen. Zwar hatte CDU-Bürgermeisterin Heiming schon im Februar und März erste Anfragen an die Verwaltung gestellt, ob eine Stellungnahme bereits erarbeitet und wie der terminliche Ablauf projektiert sei, doch wurde seitens der Verwaltung darauf hingewiesen, daß die gutachterliche Bearbeitung noch nicht abgeschlossen sei (ASP-Protokoll Essen vom 20. Februar 1992). Noch am 19. März wurde in einer

Terminübersicht dargestellt, daß die Gutachten Ende April vorliegen würden und nach Beratung im ASP am 7. Mai der Rat seine Stellungnahme zur GEP-Änderung schon am 15. Mai verabschieden würde (ASP-Protokoll Essen vom 19. März 1992, Anlage). In der Sitzung am 7. Mai aber berichtete die Verwaltung von Verzögerungen durch die notwendige Aufarbeitung der Gutachten und die momentanen Bestrebungen seitens der Stadt Duisburg, bei der Bezirksplanungsbehörde eine Fristverlängerung für Stellungnahmen durchzusetzen. Vorläufige Aussagen über die Tendenz der Bewertung durch die Verwaltung wollte der Planungsdezernent nicht machen, sicherte aber einen Zwischenbericht für den nicht-öffentlichen Teil der nächsten ASP-Sitzung am 21. Mai zu (ASP-Protokoll Essen vom 7. Mai 1992).

In diesem Zwischenbericht und der Beantwortung der anschließenden Fragen wurden vier Punkte mitgeteilt: Zunächst wurde der Eingang der Gutachten am 19. Mai bestätigt und zweitens die Fristverlängerung für Stellungnahmen bis zum 23. Juni bekanntgegeben. Drittens wurde die Einschätzung der Verwaltung dargestellt, daß die bisher geplanten rechtlichen Absicherungen der Verkaufsflächenbegrenzungen im Einkaufszentrum unzureichend seien. Viertens vermied die Verwaltung es erneut, eine vorläufige Stellungnahme abzugeben (trotz expliziter Nachfragen der Grünen), mit Hinweis auf das Bestreben der Nachbarstädte, abgestimmte Stellungnahmen abzufassen (ASP-Protokoll Essen vom 21. Mai 1992).

Dazu erarbeitete die Ageplan im Juni 1992 die bereits erwähnte gutachterliche Stellungnahme. In den ASP-Sitzungen im Sommer war die Neue Mitte Oberhausen aber kein Thema. Die dazu geplante Sondersitzung des ASP am 23. Juni wurde aufgrund der Fristverlängerung seitens der Bezirksplanungsbehörde abgesagt, und erst am 3. September tauchte das Thema Neue Mitte Oberhausen wieder im ASP auf.

Diesmal lag nun endlich die Stellungnahme der Verwaltung vor, also erst knappe drei Wochen vor der beschlußfassenden Ratssitzung, dreieinhalb Monate nach Erhalt der Gutachten von ish und GfK und über zwei Monate nach Fertigstellung der gutachterlichen Stellungnahme durch Ageplan. Dieser 3. September 1992 war auch der erste und einzige ASP-Termin, bei dem die Anfragen, Diskussionen und Mitteilungen zur Neuen Mitte Oberhausen im öffentlichen Teil der Sitzung behandelt wurden - an allen anderen Sitzungsterminen war dies stets im nicht-öffentlichen Teil geschehen. Aber auch diesmal kam es zu keiner Diskussion: Auf Vorschlag des (SPD-) Vorsitzenden Bruckmann wurde beschlossen, die Verwaltungsstellungnahme als eingebracht entgegenzunehmen und an den Rat zur abschließenden Behandlung weiterzuleiten. Diese Nicht-Diskussion wurde begründet mit dem Plan der SPD, zur Neuen Mitte Oberhausen ein öffentliches Hearing durchzuführen. Trotz Bedenken stimmten die Grünen dieser Regelung zu, da sie für den ASP nicht unüblich war (ASP-Protokoll Essen vom 3. September 1992). Die Fragen, die ein sachkundiger Bürger in dieser Sitzung an die Verwaltung stellte, wurden in der Folge schriftlich beantwortet, so daß auch am 17. September, in der letzten ASP-Sitzung vor dem Ratsbeschluß, keine Diskussion oder Auseinandersetzung zu diesem Thema stattfand (ASP-Protokoll Essen vom 17. September 1992).

Als Fazit läßt sich festhalten, daß weder im Rat noch im ASP eine wirkliche politische oder planerische Diskussion um die Oberhausener Pläne geführt wurde. Ebenso ist festzustellen, daß die Essener Planungsverwaltung mit ihren Informationen für Rat und Ausschuß außerordentlich zurückhaltend war und immer wieder versicherte, daß die Informationsbasis für fundierte Stellungnahmen noch nicht ausreiche.

Demgegenüber arbeiteten die Grünen in Essen auf lokalpolitischer Ebene an einer Thematisierung der Neuen Mitte, während sie gleichzeitig Kontakt zu den Parteifreunden in Oberhausen und zu der Landtagsfraktion in Düsseldorf hielten, um Widerstand gegen die Oberhausener Pläne zu mobilisieren (Interview Rommelspacher). In Essen selbst hielten sich ihre Aktivitäten allerdings in Grenzen, was angesichts der bestehenden Mehrheitsverhältnisse auch nicht allzu verwunderlich war.

Für die Essener FDP war eine Befürwortung des Projektes offenbar schon recht bald beschlossene Sache. Im Planungsausschuß des Bezirksplanungsrates verkündete der Solinger FDP-Vertreter Freund schon im März eine positive Bewertung seiner Fraktion (PA-Protokoll vom 12. März 1992), deren einziges anderes Mitglied die Essener Ratsfrau Kaiser war, die diese Haltung auch auf lokaler Ebene vertrat. Stimmte die FDP-Fraktion auch in der Ratssitzung im Mai gegen die SPD-initiierte Vertagung, so ist von ihrer Seite keinerlei weitere Einflußnahme auf die Vorgänge im Rat bzw. im ASP zu erkennen. Bei der Beratung des Rates am 23. September stimmte sie mit der SPD-Fraktion für die Verwaltungsstellungnahme.

Die Essener CDU dagegen kam in ihrem Meinungsbildungsprozeß zu einer ablehnenden Haltung. Auch der Besuch der Oberhausener Parteikollegen, die der Essener Fraktion das Projekt nochmals vorstellten, erläuterten und für Unterstützung warben (Interview Heiming, Interview Eckhold), konnte die Essener CDU nicht zu einer Aufgabe ihrer ablehnenden Haltung bringen. Diese vertrat in der lokalpolitischen Diskussion im wesentlichen zwei Argumentationslinien: Da war zum einen diejenige des Einzelhandelsverbandes der Stadt Essen (EHV), welcher Kaufkraftabflüsse insbesondere aus dem Essener Norden befürchtete, zum anderen die der daraus mittelbar resultierenden Schwächung der kommunalen Einnahmen (Interview Heiming). Zum offenbar wichtigsten Ansprechpartner der CDU wurde dabei der Einzelhandelsverband. Dies mag zum einen darauf zurückzuführen sein, daß die unabhängigen klein- und mittelständischen Einzelhandelsunternehmer von ihrer parteipolitischen Orientierung her ohnehin eher der CDU als der Mehrheitsfraktion nahestanden. Zum anderen war und ist die Bedeutung der CDU in den Stadtteilen des Essener Nordens eher gering einzuschätzen. Weitestgehend analog zu einem Süd-Nord-Gefälle in bezug auf den sozioökonomischen Status der Bevölkerung lassen sich in den stärker von Arbeitern und Angestellten bevölkerten Stadtteilen des Essener Nordens relativ wenige CDU-Wähler feststellen. Umso bedeutsamer erscheint in diesem Zusammenhang also die Rolle des EHV.

Dort läßt sich der deutlichste Widerstand einer Betroffenengruppe innerhalb der Stadt Essen feststellen[88]. Jedenfalls bestand beim EHV nicht nur die Überzeugung einer direkten negativen Betroffenheit, sondern als Verband verfügte er auch über die institutionellen Rahmenbedingungen und die Professionalität bei der Artikulation und Vertretung der eigenen Interessen. So gründete man einen gemeinsamen Arbeitskreis mit den Einzelhandelsverbänden der Nachbarstädte, der auch die Städte Gelsenkirchen, Bottrop und Gladbeck einschloß. Im Rahmen der Bauleitplanverfahren der Stadt Oberhausen verfaßte man im Juli 1992 eine unmißverständlich negative Stellungnahme. Später beauftragte man auch noch ein Anwaltsbüro, die Möglichkeiten einer Verwaltungsgerichtsklage gegen die verabschiedeten Planungen zu prüfen (Interview König). Der Druck, den der Essener Einzelhandelsverband innerhalb Essens ausübte, wurde aber im politischen Spektrum von der SPD-Fraktion weitgehend abgeblockt. Der Meinungsaustausch sowie die Zusammenarbeit mit der CDU-Fraktion und den Grünen (Interview Rommelspacher) reichten demnach nicht aus, um auf Ebene des Rates eine negative Stellungnahme zu erreichen.

Die Essener SPD konnte sich als absolute Mehrheitsfraktion dem parteipolitischen Druck der CDU und der Grünen durchaus entgegenstellen. Es ist aber festzuhalten, daß sie in den Fragen um die Neue Mitte in eine defensive Rolle gedrängt wurde, die zu einer abwartenden, eher reagierenden Haltung führte. Offenbar war man sich auf Fraktionsebene zunächst nicht sicher, wie man mit den Oberhausener Planungen umgehen sollte.

Wie oben dargestellt, waren die Verwaltungs- und Parteispitze von den Planungen und den Abwägungsprozessen in den Nachbarstädten und den Planungsbehörden frühzeitig und umfassend informiert worden. Die zögerliche Haltung der Planungsverwaltung wurde bereits dargelegt. Doch auch bei der SPD-Fraktion ist erkennbar, daß sie einer frühzeitigen Öffnung des Themas für die Diskussion in den politischen Gremien oder in der generellen Öffentlichkeit entgegenarbeitete. Die Terminierung des o. g. Hearings am 15. September belegt eindeutig, daß es dabei für die Politiker nicht darum ging, die Meinungen und Anregungen der Bürger zu erfahren. Dort stellte der Oberhausener OStD Drescher die Planungen vor, die Kritiker des Projektes meldeten sich in Person des Geschäftsführers und Vorsitzenden des Essener Einzelhandelsverbandes eindringlich zu Wort. Das Hearing war der Lokalredaktion der WAZ keine Nach-

---

[88] Das wird auch in Presseberichten deutlich, beispielsweise über das SPD-Hearing am 15. September - vgl. NRZ Essen vom 16.09.1992, Borbecker Nachrichten vom 17.09.1992.

richt wert, in der Lokalausgabe der NRZ fanden sich lediglich ein einspaltiger Artikel und ein Photo von Drescher. Danach war es die Zielsetzung des Hearings, " im Vorfeld der noch ausstehenden abschließenden Stellungnahme der Stadt (...) zusammen mit Oberhausens Oberstadtdirektor Burkhard Drescher den aktuellen Sachstand zu erörtern. (...) Wie am Rande zu hören war, will die Essener SPD-Ratsfraktion - im Gegensatz zur CDU und den Grünen - eine positive Grundrichtung in der für den 23. September erwarteten städtischen Stellungnahme unterstützen" (NRZ Essen vom 16.09.1992).

Die Meinungsfindung der SPD-Fraktion war also bereits abgeschlossen, wie ja auch zu diesem Zeitpunkt die Verwaltungsstellungnahme bereits ausgearbeitet war. Der ASP war mit der Vorlage nicht mehr beschäftigt, und acht Tage später wurde die Verwaltungsstellungnahme ja auch im Rat abschließend beraten und beschlossen.

Dabei war man aber durch den Oberhausener Oberstadtdirektor in Essen schon vor der Projektvorstellung - also ca. ein Jahr vor Hearing und Ratsbeschluß - von den Planungen unterrichtet worden. Informationen waren damit innerhalb der Fraktionsspitze frühzeitig vorhanden, und über Gespräche kamen weitere hinzu. Dabei konnte man auf die Parteiverbindungen nach Oberhausen und nach Düsseldorf zurückgreifen, die dazu führten, daß man zum Zeitpunkt der erstmaligen Beschäftigung des Bezirksplanungsrates mit dem Projekt bereits einen umfassenderen Wissensstand hatte, als aus den Planungsunterlagen abzuleiten war (Interview Bruckmann). Die Abstimmungen zwischen den Nachbarstädten verliefen über die Ebene der (Ober-) Bürgermeister und Oberstadtdirektoren, die in Essen, Duisburg und Mülheim, aber auch in Bottrop und Gladbeck allesamt von der SPD besetzt waren. In Essen kann es als sicher gelten, daß der Fraktionsvorsitzende genauestens informiert war bzw. bei den Abstimmungen über das gemeinsame Vorgehen direkt eingebunden war. Die vorsichtigen Anfragen in Düsseldorf, ob man dort zu einer Triple-Five-ähnlichen Begutachtung bereit sei (Interview Alberts), dürften im wesentlichen auch über Gespräche mit Parteikollegen erfolgt sein.

Dort erkannte man also auch frühzeitig die landespolitische Unterstützung der Oberhausener Pläne, die ja auf der Projektvorstellung am 8. Oktober 1991 so deutlich demonstriert worden war. Insofern fand sich (nicht nur) die Essener SPD in einem Dilemma wieder: Wollte man stadteigene Interessen vertreten bzw. den wenigen sich artikulierenden Betroffenengruppen in Essen Gehör schenken, so mußte man zu einer kritisch bis ablehnenden Haltung zu den Oberhausener Plänen gelangen, wie man sie auch beim Triple-Five-Projekt lautstark artikuliert hatte. Ganz deutlich aber war ersichtlich, daß dieses Projekt bereits anders vorbereitet und besser abgesichert war - eine Verhinderung erschien recht bald als unrealistisch, die grundsätzliche Entscheidung offenbar nicht mehr revidierbar. Dazu mag auch das eingangs beschriebene "schlechte Gewissen" beigetragen haben, mit Triple Five seinerzeit eine Oberhausener Hoffnung zunichte gemacht zu haben. Das vorsichtige Abtasten der Möglichkeiten einer Triple-Five-ähnlichen Begutachtung (Interview Alberts) belegt bereits, daß die Nachbarstädte und ihre Mehrheitsfraktionen vom prinzipiellen Eigeninteresse her in Opposition auch zum neuen Planungsvorhaben standen. Jegliche Betonung der positiven Bedeutung des Projektes für das Ruhrgebiet insgesamt - sei es als progressiver Konkurrenzschub oder als Beispiel für die Möglichkeiten, im Ruhrgebiet große Investitionsvorhaben umsetzen zu können (Interview Bruckmann) - erscheinen vor diesem Hintergrund als nachträglich konstruiert. Auch wenn sich kein SPD-Politiker in den betroffenen Nachbargemeinden offen zu einer solchen Haltung bekennt, ist ihre eigentlich ablehnende Position aus diesem Zusammenhang heraus nachweisbar.

Grundsätzlich boten sich der Essener SPD zwei Alternativen: Man konnte einerseits versuchen, eine möglichst lautstarke und mächtige Opposition auf die Beine zu stellen, oder andererseits den Projektbetreibern ein grundsätzliches Einverständnis übermitteln und die schädlichen Auswirkungen des Vorhabens im Abstimmungsprozeß so weit wie möglich zu minimieren suchen. Beide Strategien mußten hinsichtlich ihrer Erfolgschancen und politischer Konsequenzen bewertet werden.

Im ersten Fall waren die Erfolgsaussichten äußerst ungewiß, sie wurden aber nicht nur in Essen insgesamt als sehr gering eingeschätzt (Interview Bruckmann) - was angesichts der oben dargelegten Hinweise durch die Projektvorstellung und die folgenden Anfragen in Düsseldorf durchaus verständlich ist. Gleichzeitig hätte eine solche Strategie erhebliche politische Kosten verursacht. Zum einen wäre ein sehr aufwendiger Koordinationsbedarf mit den anderen Parteien sowie Interessengruppen auf lokaler Ebene entstanden, der eine massive Mobilisierung von personellen und evtl. auch finanziellen Ressourcen erfordert hätte. In der Zukunft wäre es zudem schwieriger geworden, sich in anderen Fragestellungen von den anderen Parteien und Gruppen deutlich abzugrenzen - eine große Koalition auf überlokaler Ebene hätte eine spätere lokale Profilierung erschwert. Zum anderen wäre der Schaden durch Gegenmaßnahmen aus Oberhausen oder auch aus Düsseldorf schwer abzuschätzen gewesen. Sich möglicherweise das Wohlwollen des Finanzministers und anderer Fördermittel bewilligender Ministerien zu verscherzen, mußte angesichts der überstrapazierten kommunalen Haushaltssituation als gravierendes politisches Risiko erscheinen.

Die zweite Strategie dagegen barg ebenso ungewisse Erfolgsaussichten in bezug auf die Modifizierung der Oberhausener Pläne und die Minimierung der schädlichen Auswirkungen auf die Stadt Essen, die Versorgungssituation der Bürger im Essener Norden und die in der Stadt ansässigen Einzelhändler. Hinzu kam die Möglichkeit, daß Interessen- und Bürgergruppen, die lokale Presse sowie die lokalen Oppositionsparteien die Chance nutzen würden, einen starken lokalpolitischen Handlungsdruck aufzubauen, und sich daraus ein politischer Schaden ergeben würde. Denkbar war aber auch, daß man sich im Gegenzug durch ein solches Vorgehen das Wohlwollen und die Dankbarkeit vor allem der Düsseldorfer Regierungsebenen sichern konnte.

Wie oben belegt, weist das tatsächliche Verhalten der Essener SPD eindeutig in Richtung dieser zweiten Strategie. Frühzeitig wurde im Einvernehmen mit den Mehrheitsfraktionen der Nachbarstädte versucht, die Erfolgsaussichten und wahrscheinlichen parteiinternen Konsequenzen eines massiven Widerstands abzuklären. Die Integration einer breiten, überparteilichen lokal-regionalen Opposition wurde erst gar nicht versucht, Gespräche mit anderen Parteien fanden nicht statt. Stattdessen bemühte man sich auf Ebene der Essener Kommunalpolitik, Zeit zu gewinnen und die lokalpolitische Diskussion möglichst nicht zu forcieren. Dies ist ein klares Indiz dafür, daß sich die Essener SPD schon auf Basis der Abstimmungen mit den SPD-Spitzen der Nachbarstädte für die zweite Strategie entschied.

Wenn denn eine grundsätzliche Verhinderung als parteipolitisch nicht machbar erschien, mußte man stattdessen eine Strategie entwickeln, um dem zu erwartenden Handlungsdruck auf Ebene der Lokalpolitik möglichst frühzeitig entgegenzuwirken und eine plausible Position aufzubauen. Gerade dafür aber war es notwendig, Zeit zu gewinnen, die Diskussion zu vertagen, zu verschleppen oder erst gar nicht aufkommen zu lassen. In der rückblickenden Selbstdarstellung des eigenen Vorgehens erscheint die Haltung der SPD-Fraktion verständlicherweise sehr anders (Interview Bruckmann). Die dort konstatierte offensive Informationspolitik und Offenheit für lokale Diskussionen im Rat und in der Öffentlichkeit läßt sich aber mit dem Verhalten im Ausschuß für Stadtentwicklung und Stadtplanung bzw. mit der zeitlichen Planung von Sitzungen und öffentlichem Hearing in keiner Weise in Einklang bringen. Von einem Zuhören und einem Einbringen nicht partei- bzw. verwaltungsinterner Positionen in die laufenden Planungsprozesse kann in Essen keine Rede sein.

7.3.3 Duisburg

Die kommunalpolitische Situation stellte sich in Duisburg in den Grundsätzen ähnlich dar wie in Essen. Auch hier fanden sich ein seit langen Jahren von der SPD mit absoluter Mehrheit dominierter Stadtrat (SPD 49 Sitze, CDU 20, Grüne 6) sowie lokale Politiker, die über ihre langjährige politische Arbeit und aufgrund der Größe der Stadt eine gewisse Bedeutung innerhalb der nordrheinwestfälischen SPD erlangt hatten. Wie Essen hatte auch Duisburg die Opposition gegen die Pläne der Triple Five Corporation im Jahre 1989 deutlich vorangetrieben.

OStD Klein war, wie sein Essener Kollege Busch, vom Oberhausener OStD Drescher kurz vor der offiziellen Projektvorstellung am 8. Oktober 1991 informiert worden, auch dies ein Fingerzeig auf die politische Bedeutung, die Duisburg und Essen offenbar von seiten der Stadt Oberhausen zugemessen wurde (WAZ vom 07.10.1991, b). Hinzu kam natürlich die Tatsache, daß der Duisburger Oberbürgermeister Krings als Vorsitzender des Bezirksplanungsrates Düsseldorf ohnehin frühzeitig eingebunden werden mußte, da er ja die Eröffnung des GEP-Änderungsverfahrens im vereinfachten Verfahren beschließen mußte. Ansonsten verlief aber die Einbindung in die offiziellen Beteiligungsverfahren der Bauleitplanung (ab November 1991) und der Gebietsentwicklungsplanung (ab Januar 1992) dann zeitlich parallel wie in allen anderen direkten Nachbarstädten. Das heißt natürlich auch, daß Duisburg in dem gemeinsamen Arbeitskreis der Nachbarstädte mit der Stadt Oberhausen beteiligt war, dabei für die Abstimmungen zwischen den Nachbarstädten sogar die Federführung übernahm und die Koordination mit dem später beauftragten Gutachterbüro Ageplan abwickelte (Interview Alberts; Akten PlA Essen).

Während also die Verwaltungs- und zumindest die SPD-Spitze frühzeitig eine politische Grundsatzentscheidung über das weitere Vorgehen traf - nämlich, wie in Essen, leise zu verhandeln statt auf Opposition zu setzen -, machte sich die Planungsverwaltung an die Arbeit, wobei drei hauptsächliche Arbeitsschwerpunkte zu erkennen sind: Erstens versuchte man im Arbeitskreis der Nachbarstädte die Abstimmungen der Verwaltungs- und SPD-Spitzen in Strategien für die anstehenden Planungsverfahren umzusetzen, welche dann zweitens in Verhandlungen mit der Bezirksplanungsbehörde in Düsseldorf verfolgt wurden. Drittens begann die Arbeit an der förmlichen Stellungnahme der Stadt Duisburg als Verfahrensbeteiligte, welche letztlich am 28. September durch den Stadtrat beschlossen wurde (Interview Alberts).

Wie bedeutsam die Vorentscheidung über eine Strategie des Nicht-Verhinderns und wie eingegrenzt der Kreis der Entscheidungsträger war, läßt sich daran belegen, daß eine Diskussion im Rat oder in den Ausschüssen zunächst überhaupt nicht geführt wurde. Die erste Behandlung des Themas Neue Mitte Oberhausen erfolgte auf der Sitzung des Haupt- und Finanzausschusses (HFA) am 29. Juni 1992, auf der von der Verwaltung Informationen zum aktuellen Sach- und Verfahrensstand gegeben wurden (Stadt Duisburg 1992a). Zur terminlichen Einordnung: Am 23. Juni lief die offizielle Frist für Stellungnahmen im GEP-Änderungsverfahren aus. Erst im Laufe dieses Monats erfolgte zunächst die mündliche, gegen Ende Juni dann die schriftliche Zusage einer Verlängerung der Beteiligungsfrist und der Verschiebung des Erörterungstermins.

Eine politische Diskussion in den Gremien erfolgte erst, als im September die fertige Stellungnahme der Verwaltung vorlag. Am 10. September beriet man die Vorlage in einer gemeinsamen Sitzung des Ausschusses für Planung und Stadtentwicklung (APS) und der Bezirksvertretungen Hamborn, Meiderich/Beeck und Innenstadt (APS-Protokoll Duisburg vom 10. September 1992), am 21. September war die Vorlage Beratungsgegenstand im Haupt- und Finanzausschuß (HFA-Protokoll Duisburg vom 21. September 1992). In der beschlußfassenden Ratssitzung am 28. September kam es dann auch nicht mehr zu einer eigentlichen Diskussion (Ratsprotokoll Duisburg vom 28. September 1992). Die Verwaltungsvorlage, die als Diskussionsgrundlage in die Gremien gegeben wurde, enthielt zunächst ein umfangreiches Informationspaket. Darin wurden der Verfahrensstand aufgearbeitet und das Projekt recht detailliert dargestellt (inkl. verschiedener Planungskarten aus dem GEP- bzw. Bebauungsplanverfahren). Die einzelnen Gutachten wurden vorgestellt und bezüglich ihrer Kernaussagen zusammengefaßt, bevor ein Fazit für die Verwaltungsstellungnahme gezogen wurde. Nach diesem 20-seitigen Bericht folgte die von der Verwaltung erarbeitete Stellungnahme von nochmals sieben Seiten, die für alle anstehenden Planungsverfahren (GEP, FNP, verschiedene Bebauungspläne) gleichermaßen verwendet wurde. In dieser Stellungnahme wurden sowohl kritische Anmerkungen zur grundsätzlichen Begründung der Planvorhaben gemacht als auch detaillierte Bedenken zur städtebaulichen Integration, zur Zentrenverträglichkeit, zu den Verkaufsflächen und dem Verkehr formuliert. Diese Bedenken, die sich auf die geplanten Festsetzungen der verbindlichen Bauleitplanung konzentrierten, setzten sich dabei mit den verschiedenen Gutachten und ihren Annahmen auseinander.

Es verblieb eine offensichtliche Unsicherheit angesichts der z. T. stark divergierenden Grundannahmen und prognostizierten Eckdaten in bezug auf die Entwicklung der Kaufkraft und der Kaufkraftabflüsse in der Region sowie der offiziell daraus abgeleiteten Dimensionierung des Einkaufszentrums. Für die Duisburger Stadtteilzentren wurden die von den Gutachtern prognostizierten Umsatzeinbußen als zu gering veranschlagt eingeschätzt. Deshalb wurden eine Reihe von Voraussetzungen aufgestellt bzw. von den Gutachtern übernommen, ohne deren Berücksichtigung die Sorgen und Bedenken der Stadt Duisburg nicht zurückzustellen seien. Darunter fielen etwa die Aufgabe anderer Planungen zur Erweiterung der Einzelhandelsflächen in Oberhausen - das Hirsch-Projekt in Sterkrade sowie die Erweiterungen von Möbel Rück und des Bero-Centers -, eine öffentlich-rechtliche statt einer privat-rechtlichen Festschreibung der Oberhausener Verkaufsflächen-Obergrenze sowie eine Umorientierung des gesamten Planungskonzeptes, um eine innenstädtische Integration in Oberhausen wirklich erreichen zu können. Gerade zu diesem letzten Punkt der städtebaulichen Integration wurde recht unverhohlene Kritik an den Oberhausener Planungen formuliert, nämlich daß man pro forma im GEP einen Wohnsiedlungsbereich für das Gewerbegebiet südlich der Essener Straße ausweise, ohne aber die Mängel des eigentlichen Planungskonzeptes in bezug auf diesen Punkt korrigiert zu haben (siehe Kap. 7.6, S. 154 f.).

Insgesamt dokumentiert die Stellungnahme eine durchaus kritische und sachlich fundierte Auseinandersetzung mit dem Planungskonzept und seiner Umsetzung. Interessant, und aus der Logik der Stellungnahme heraus nicht völlig nachzuvollziehen, ist die Schlußfolgerung. Bezeichnenderweise tauchte sie aber in ihrer ganzen Klarheit weder in der Stellungnahme selbst noch im Wortlaut des

Ratsbeschlusses auf, sondern lediglich am Ende des Erläuterungsberichtes zur vorgeschlagenen Stellungnahme:
"Bei einer vorbehaltlos positiven Stellungnahme zum Projekt der Neuen Mitte müßte befürchtet werden, daß die bisher auf den Schutz gewachsener Zentren ausgerichteten landesplanerischen Vorgaben in Frage gestellt würden.
Eine vollständige Ablehnung des Oberhausener Projektes wird nach Abwägung aller Gesichtspunkte jedoch nicht vorgeschlagen" (Stadt Duisburg 1992b, S. 20).

Genau dieser Punkt ist es auch, der in der politischen Diskussion aufgegriffen wurde, jedoch nicht in der Planungsausschußsitzung vom 10. September, sondern erst im Haupt- und Finanzausschuß am 21. September. Nachdem die Grünen, wie auch die SPD und die CDU, die Verwaltung ausdrücklich für eine vorzügliche Arbeit gelobt hatten, erklärte Ratsherr Thelen (Die Grünen), daß er nach den von ihm voll unterstützten Aussagen der Verwaltung eigentlich eine scharfe Ablehnung des Projektes erwartet habe und das "Ja zur Neuen Mitte" nicht nachvollziehen könne. Ihm antwortete StD Giersch für die Verwaltung, daß man sich angesichts der Unsicherheiten der gutachterlichen Aussagen im wesentlichen an die Aussagen des von der Stadt Oberhausen selbst beauftragten Gutachters gehalten und daraus die entsprechenden Forderungen abgeleitet habe. Deshalb sei man zu einem "Ja bei Erfüllung bestimmter Voraussetzungen gekommen" (HFA-Protokoll Duisburg vom 21. September 1992).

Unbeantwortet blieb aber die Frage, weshalb auf die Erarbeitung eines eigenständigen Standpunktes verzichtet wurde, also aus der nachvollziehbaren Kritik auch am ish-Gutachten (z. B. in bezug auf die prognostizierten Umsatzrückgänge in den Stadtteilzentren des Duisburger Nordens) keine Stellungnahme entwickelt wurde, die eben die nachvollziehbaren Zweifel an der Zentrenverträglichkeit zum Kernpunkt eines ablehnenden Votums machte. Insofern kann man erkennen, daß eine sachlich vertretbare Maximalforderung bzw. -position der Stadt Duisburg nicht entwickelt wurde. Offensichtlich war es nicht beabsichtigt, eine grundlegende Oppositionsrolle einzunehmen, womit sich die oben schon skizzierten Indizien einer politischen Vorentscheidung verdichten.

Interessant erscheint im Zusammenspiel der Duisburger Lokalpolitik vor allem die Rolle der CDU. Zwei Funktionsträger tauchen in den Diskussionen auf: der Fraktionsvorsitzende Dr. Kämpgen, gleichzeitig einziger Duisburger CDU-Vertreter im Bezirksplanungsrat, und Ratsherr Hainbucher, Mitglied des Planungsausschusses und gleichzeitig Vorsitzender der CDU-Fraktion in der Verbandsversammlung des KVR. In der APS-Sitzung am 10. September gab Kämpgen bereits die Zustimmung der CDU-Fraktion zu der Verwaltungsstellungnahme bekannt und begründete dies mit der grundsätzlichen Unterstützung des Strukturwandels im Ruhrgebiet. Gleichzeitig verwies er auf die offenen Fragen der Verkaufsflächenbegrenzung im Einkaufszentrum und in Oberhausen insgesamt, die aber auch schon in den Diskussionen des Bezirksplanungsrates behandelt worden seien (APS-Protokoll Duisburg vom 10. September 1992). Später betonte er im Haupt- und Finanzausschuß sowie in der abschließenden Ratssitzung zudem die "Bauchschmerzen", die die CDU mit den Auswirkungen auf die nördlichen Stadtteile hätte, jedoch wurden die entsprechenden Anmerkungen in der Stellungnahme als ausreichend angesehen (HFA-Protokoll Duisburg vom 21. September 1992; Ratsprotokoll Duisburg vom 28. September 1992), so daß die grundsätzliche Zustimmung zum Strukturwandel offenbar ausschlaggebend für eine positive Haltung der Duisburger CDU war.

Ratsherr Hainbucher unterstützte diese Position und verband sie schon im Planungsausschuß mit einer Kritik an der negativen Haltung der Grünen. Bezeichnend erscheint, daß er schon dort äußerte, daß das Projekt Neue Mitte Oberhausen von der Stadt Duisburg ohnehin nicht zu verhindern sei (APS-Protokoll Duisburg vom 10. September 1992). In ähnlicher Art berichtete er in der Sitzung des Haupt- und Finanzausschusses am 21. September, daß die Städte Essen, Mülheim, Duisburg und Bottrop im KVR Verbandsausschuß einer entsprechenden Vorlage bereits zugestimmt hätten, was er als bereits erzielten Konsens der Ruhrgebietsstädte auslegte (HFA-Protokoll Duisburg vom 21. September 1992). Diese Aussagen sind gekennzeichnet von einer gewissen macht- bzw. realpolitischen Sicht der Dinge. Auch wenn der Beschluß des KVR-Verbandsausschusses (siehe Kap. 7.5, S. 150) sich nur auf bestimmte fachliche Aspekte des Projektes beziehen konnte und für das Abstimmungsverhalten in den Ratsversammlungen unerheblich war, so erschien es Hainbucher offenbar doch klar, daß die SPD-Mehrheitsfraktionen in den Kommunen keine Ablehnung der Neuen Mitte durchzusetzen gedachten. Abgesehen davon aber sah er offenbar im Kern eher einen Konflikt zwischen einem von der CDU zu unterstützenden Strukturwandel und den Nein-Sagern der Grünen. Für ihn aber war die Neue Mitte ohnehin kein Thema für Duisburg, denn nach seiner Meinung war lediglich die Presse für ein gelegentliches Auftauchen des Projektes in der öffentlichen Diskussion verantwortlich (Interview Hainbucher).

Vielleicht hatten die Informationen, die die Oberhausener CDU auch ihren Parteifreunden in Duisburg vermittelt hatten (Interview Kämpgen), dort also zu einer Übernahme der offiziellen Oberhausener Interpretation geführt, nach der die Neue Mitte als Chance für den Strukturwandel in der gesamten Region zu sehen war. Im Gegensatz zur Haltung der CDU-Fraktion in Essen stimmte jedenfalls die Duisburger CDU für die Verwaltungsvorlage mit ihrem "qualifizierten Ja". Lediglich in der Bezirksvertretung Hamborn im Duisburger Norden wurde Enthaltung geübt (APS-Protokoll Duisburg vom 10. September 1992), ansonsten ließ man die Grünen mit ihrer Opposition allein.

Die Beiträge der SPD-Ratsmitglieder in den Diskussionen der verschiedenen städtischen Gremien waren recht knapp und unterstützten die von der Verwaltung erarbeitete Stellungnahme. Auf der gemeinsamen Sitzung des Planungsausschusses mit den Bezirksvertretungen wurde außer der Unterstützung der von StD Giersch erläuterten Stellungnahme lediglich die Überzeugung formuliert, daß diese Art von Stadtentwicklungsprojekt in Duisburg zwar abzulehnen sei, der Bau der Neuen Mitte jedoch eine eigenständige Entscheidung der Stadt Oberhausen darstelle. Ansonsten wurde nur Kritik an dem zeitlichen Druck aus Oberhausen geübt sowie die Forderung nach der Aufgabe weiterer Verkaufsflächenerweiterungen wiederholt (APS-Protokoll Duisburg vom 10. September 1992). SPD-Vertreter der Bezirksvertretungen und aus dem Planungsausschuß stimmten mit jeweils knappen Worten der Vorlage zu.

Auch im Haupt- und Finanzausschuß reagierte die SPD nur mit knappen Erläuterungen auf kritische Anmerkungen zur Verwaltungsvorlage aus Reihen der CDU und der Grünen. Dabei war man bemüht darzustellen, inwiefern auch die SPD-Fraktion nur ein "Ja mit Auflagen" befürworte, und zu betonen, daß die formulierten Bedingungen unbedingt einzufordern seien (HFA-Protokoll Duisburg vom 21. September 1992). Wortführerin der Duisburger SPD in beiden Ausschußsitzungen - und daher auch Berichterstatterin in der abschließenden Ratssitzung - war Ratsfrau Zieling. Als Fraktionsvorsitzende der SPD, Vorsitzende des Planungsausschusses und zweite SPD-Vertreterin im Bezirksplanungsrat war die heutige Oberbürgermeisterin auf allen parteipolitisch berührten Ebenen in den Planungsfall involviert - ähnlich wie der damalige Oberbürgermeister Krings. Gleichwohl war sie nicht zu einem Interview bereit, da sie sich bereits 1995 außerstande sah, aus ihrer Erinnerung zu den Meinungsbildungsprozessen innerhalb der Stadt und der SPD Duisburg Stellung zu nehmen.

Außerhalb der parteipolitischen Diskussion meldeten sich in Duisburg sowohl die Industrie- und Handelskammer als auch der Einzelhandelsverband zu Wort. Obgleich sie als Träger öffentlicher Belange an den Oberhausener Bauleitplanverfahren (die IHK auch am GEP-Änderungsverfahren) beteiligt waren, tauchen ihre Bedenken innerhalb der lokalen politischen Diskussion in Duisburg nicht auf, obwohl bereits im März und dann erneut im Juli 1992 ausführliche Stellungnahmen in die Planungsverfahren eingebracht wurden. In der politischen Arena in Duisburg jedenfalls machte sich niemand die Argumente und Positionen dieser Verbände zu eigen - weder die CDU noch die Grünen als Oppositionsparteien im Duisburger Rat. Wie oben erwähnt (siehe Kap. 7.2.2, S. 111 f.), hielt die IHK Niederrhein (in Duisburg) ihre ablehnende Haltung auch beim Erörterungstermin der Bezirksplanungsbehörde aufrecht, so daß es mit ihr zu keinem Ausgleich der Meinungen im GEP-Änderungsverfahren kam.

Zusammenfassend läßt sich in Duisburg eine ähnliche Situation feststellen wie in Essen. Zwar ging ein Großteil der lokalen Politiker offenbar davon aus, daß die Auswirkungen der Neuen Mitte auf Duisburg nicht so gravierend sein würden, jedoch war man darüber hinaus bemüht, das Thema innerhalb der Duisburger Politik nicht zu betonen - auch seitens der oppositionellen CDU. Die Einsicht in die Duisburger Einflußlosigkeit angesichts der landespolitischen Unterstützung der Neuen Mitte, wie sie von CDU-Ratsherr Hainbucher so deutlich formuliert wurde (APS-Protokoll Duisburg vom 10. September 1992), mag gepaart gewesen sein mit der Befürchtung, durch Opposition die dringend notwendige Unterstützung der Landesregierung bei eigenen Stadtentwicklungsprojekten (z. B. Duisburg Binnenhafen) zu gefährden. Jedenfalls ist für Duisburg eine deutliche Diskrepanz zu erkennen zwischen den kritischen Prüfungen der Planungsverwaltung einerseits und den öffentlichen Äußerungen und Handlungen der Politik (SPD und CDU) andererseits, die, wie in Essen, eher auf einen Versuch der Nicht-Thematisierung hinauslaufen; dies z. T. unter dem Vorwand, daß diese Planungen eine Oberhausener Angelegenheit darstellten (Interview mit Oberbürgermeister Krings; in: Stadt Oberhausen 1992b, S. 1).

7.3.4 Mülheim

Auch in Mülheim hatte die SPD mit 31 von 59 Mandaten eine absolute Mehrheit im Rat, in welchem neben der CDU (17 Sitze), den Grünen (6) und der FDP (4) auch ein fraktionsloser Ratsherr vertreten war. Auch hier befaßten sich die politischen Gremien monatelang nicht mit der Neuen Mitte. Anders als in Duisburg, wo es erst Ende Juni 1992 erstmalig zur Debatte kam, wurde das Thema in Mülheim schon im März auf die Tagesordnung gesetzt, zunächst des Haupt- und Finanzausschusses (HFA) und anschließend des Rates. Der Anstoß zur ersten Beratung ging dabei von der Verwaltung aus, die im Rahmen der Anhörung der Träger öffentlicher Belange zu den Oberhausener Bauleitplänen eine vorläufige Stellungnahme verfaßt hatte. Obgleich die GEP-Änderung bereits eingeleitet und der Ageplan-Fragenkatalog an die Stadt Oberhausen schon erarbeitet worden war, plante die Verwaltung zu diesem Zeitpunkt noch eine gesonderte Stellungnahme für das GEP-Änderungsverfahren.

Bemerkenswert erscheint in dieser ersten Verwaltungsvorlage die freundschaftlich entgegenkommende Darstellung des Oberhausener Vorhabens. So hieß es in der Begründung der Beschlußvorlage:

"Die Bereichsplanung umfaßt den Kernbereich der "Neuen Mitte Oberhausen". Schwerpunkte sind die Errichtung eines Freizeitparks, die Schaffung einer Marina, der Bau einer Mehrzweckhalle und die Schaffung eines Einkaufszentrums zur Minimierung des Kaufkraftabflusses aus Oberhausen. Mit der Realisierung dieses Projektes verbunden ist der Wunsch und die einmalige Chance, das bisher brachliegende Industriegrundstück mit einer Größe von ca. 100 ha kurzfristig einer einheitlichen Nutzung im Rahmen eines Gesamtkonzeptes zuzuführen und dabei gleichzeitig für Oberhausen dringend benötigte 10.000 Arbeitsplätze zu schaffen" (Stadt Mülheim a. d. Ruhr 1992a).

Mit dieser bewußten Nicht-Betonung des Einkaufszentrums vis-à-vis der anderen projektierten Nutzungen und dem Herausstellen Oberhausener Hoffnungen erinnert diese Begründung an die ersten regionalen Zeitungsartikel nach Bekanntwerden des Projektes im Oktober 1991. Dieser Eindruck wird allerdings durch die Stellungnahme selbst relativiert. Dort wurde nämlich einerseits auf den äußerst kritischen Fragenkatalog der Ageplan verwiesen (und dieser in Anlage beigefügt), andererseits wurde klargestellt, daß "das Pro und Kontra 'Neue Mitte Oberhausen' (...) auf das beherrschende Einkaufszentrum und den von ihm erzeugten Verkehr konzentriert" wurde (Stadt Mülheim a. d. Ruhr 1992a, Anlage Vorläufige Stellungnahme, S. 2). Insofern wurde verdeutlicht, daß unter Berücksichtigung anderer bestehender Projekte in Oberhausen (BERO-Center, Hirsch-Projekt) nicht nur eine Kompensation des Kaufkraftabflusses angestrebt, sondern ein Kaufkraftzufluß aus den Nachbarstädten zu erwarten sei. Die Aussagen zum Einkaufszentrum wurden allerdings den "Aussagen zur beabsichtigten Zentren-Bildung" hintangestellt, welche die Intention der Stadt Oberhausen, sich ein neues Zentrum zu schaffen, ausdrücklich als gerechtfertigt anerkannten, wenn auch ein Gutachten zur Zentrenverträglichkeit eingefordert wurde. Die Stellungnahmen zum Verkehr orientierten sich direkt an der Resolution des Arbeitskreises Verkehr der Region MEO (siehe Kap. 7.4, S. 145 f.) und übernahmen diese teilweise sogar wortgleich (Stadt Mülheim a. d. Ruhr 1992a, Anlage Vorläufige Stellungnahme).

Die vorläufige Stellungnahme wurde im Haupt- und Finanzausschuß durch OStD Gerlach vorgestellt, der dabei auf die kritische, aber konstruktive Begleitung durch den Arbeitskreis der Nachbarstädte und die angeforderten zusätzlichen Gutachten hinwies und die Neue Mitte immer wieder im Vergleich zum Projektvorschlag von Triple Five beurteilte. In der breiten Diskussion kamen aus Reihen der SPD Hinweise auf die möglichen positiven Auswirkungen der Neuen Mitte für die ganze Region, während die Grünen eher skeptisch blieben und vorschlugen, die Bedenken aus dem Ageplan-Fragenkatalog in die Stellungnahme einzuarbeiten. Bei der Abstimmung im Ausschuß stimmten die Grünen gegen die Vorläufige Stellungnahme, alle anderen Fraktionen dafür. Allerdings enthielt sich der CDU-Ratsherr (und heutige Oberbürgermeister) Specht, der später auch im Planungsausschuß des KVR ein klares Nein zur Neuen Mitte formulieren sollte, der Stimme (siehe Kap. 7.5, S. 150) (HFA-Protokoll Mülheim vom 19. März 1992).

Die anschließende Ratssitzung am 26. März brachte die Verhältnisse klar zutage: SPD und FDP beurteilten die Neue Mitte von Anfang an positiv; die CDU, die noch tags zuvor mit den Parteikollegen aus Oberhausen zusammen getagt hatte, propagierte ebenso eine grundsätzlich positive, aber kritische Haltung. Lediglich die Grünen versagten der Stellungnahme die Zustimmung (Ratsprotokoll Mülheim vom 26. März 1992, stenografische Aufnahme).

Nach dieser ersten Beschäftigung aber verschwand die Neue Mitte von der Tagesordnung der politischen Gremien der Stadt Mülheim bis zum September 1992 - genau wie das Thema ab Mai in Essen und ab Juni in Duisburg bis zu den endgültigen Beschlüssen im September von der Bildfläche verschwunden war. Bei der Sitzung des Haupt- und Finanzausschusses am 17. September lag dann die endgültige Stellungnahme der Verwaltung als Beschlußvorlage vor, die, wie in Essen und Duisburg, gleichzeitig für das GEP-Änderungsverfahren und die Bauleitpläne der Stadt Oberhausen abgegeben wurde.

Aus Anlaß der öffentlichen Auslegung der Bauleitpläne, die vom 15. Juni bis 15. Juli 1992 in Oberhausen bereits stattgefunden hatte, hatte OStD Gerlach mit Datum vom 23. Juli eine vorläufige Stellungnahme an die Stadt Oberhausen übersandt. In dieser vorläufigen Stellungnahme wurde zunächst die grundsätzlich positive Einstellung der Stadt Mülheim zur Neuen Mitte wiederholt. Daran anschließend wurden jedoch verschiedene Bedenken vorgebracht, die auch durch die Gutachten nicht ausgeräumt worden waren. Im einzelnen richteten sich diese Bedenken gegen die Kaufkraftabflüsse aus Dümpten und Styrum sowie die aus Mülheimer Sicht unzureichende Klärung der verkehrlichen Auswirkungen und schließlich gegen die Eingrenzung der Einzelhandelsflächen im Bebauungsplan 275 A, die nach Verwaltungsmeinung nicht restriktiv genug gehandhabt worden war. Wegen der Sitzungspause des Rates im Sommer wurde die Stellungnahme von Gerlach unter Vorbehalt abgegeben (Stadt Mülheim a. d. Ruhr 1992b, Anlage 3).

Zwischen dem 2. Juli und dem 24. September fand in Mülheim keine Ratssitzung statt, so daß die Thematik also gleich in der ersten Sitzung nach der Sommerpause von Ausschuß bzw. Rat verhandelt wurde. Am 17. September stellte Gerlach die nun erarbeitete Stellungnahme im Haupt- und Finanzausschuß vor. Auch hier bestätigten die SPD-Vertreter nur die schon seit Monaten feststehende grundsätzliche Unterstützung des Vorhabens, dem sich die FDP anschloß. Die noch ungeklärten Fragen der verkehrlichen Auswirkungen auf die Stadtteile Dümpten und Styrum wollte man seitens der SPD im Rahmen des GEP-Änderungsverfahrens klären. Ein Meinungsumschwung erfolgte aber bei der CDU-Fraktion. Gemeinsam mit den Grünen votierte man im Ausschuß nun gegen die Verwaltungsstellungnahme, da nach Ansicht der CDU zwar die sachlichen Auswertungen der Verwaltung nachzuvollziehen seien, daraus aber eigentlich eine ablehnende Haltung hätte resultieren müssen (HFA-Protokoll Mülheim vom 17. September 1992).

Diese Argumentation - in Duisburg in ähnlicher Weise von den Grünen verfolgt - wurde in der Ratssitzung eine Woche später fortgesetzt, wo Ratsherr Möltgen für die CDU nochmals betonte, daß die verkehrlichen Probleme immer noch nicht gelöst seien und die Oberhausener Offerte einer konkreten Vereinbarung zur Festschreibung der Verkaufsflächenobergrenze von der Stadt Mülheim nicht aufgegriffen worden sei. Kritisch wurde insbesondere angemerkt, daß die Strategie der MEO-Zusammenarbeit, die auf eine Stärkung der gewachsenen Stadtteilzentren abzielte, durch die Neue Mitte konterkariert werde. Lediglich (CDU-) Bürgermeister Schulz enthielt sich in der Abstimmung, da er beim KVR noch kurz zuvor für eine ähnliche Stellungnahme votiert hatte. Die SPD-Fraktion hatte auch hier nichts Neues zu berichten, sondern wiederholte ihre grundsätzliche Unterstützung des Projektes und beteuerte, daß die verkehrlichen Regelungen im Rahmen des GEP-Änderungsverfahrens durch den Mülheimer SPD-Vertreter Paumer weiter verfolgt würden und ansonsten OStD Gerlach, zusammen mit seinen Kollegen aus den Nachbarstädten, weiter mit Oberhausen verhandeln werde - eine Hoffnung auf die Zukunft, mit der sich die FDP zufrieden gab: Erst einmal solle man zustimmen, die Forderungen des Fragenkatalogs aber weiter verfolgen und notfalls eine erneute Abstimmung herbeiführen. Welche konkreten Konsequenzen sich aus solch einer eventuellen späteren Neubehandlung in Mülheim ergeben sollten, wenn also die Beteiligungsverfahren planungsrechtlich abgeschlossen wären, wurde allerdings mit keinem Wort erwähnt (Ratsprotokoll Mülheim vom 24. September 1992, stenografische Aufnahme).

Bei 17 Gegenstimmen aus den Reihen der CDU und der Grünen sowie des fraktionslosen Ratsherrn wurde die Stellungnahme beschlossen.

7.3.5 Bottrop und Gladbeck

Etwas schwieriger als in den bisher behandelten Städten stellte sich die Situation in den kleineren Nachbarstädten dar. Bottrop und Gladbeck gehören nicht zum Regierungsbezirk Düsseldorf, beide sind keine kreisfreien Städte und damit sowohl im Bezirksplanungsrat Münster als auch im KVR nur indirekt über Vertreter des Kreises repräsentiert. Während Bottrop als direkte Nachbarstadt jedoch im Rahmen der offiziellen Planungsverfahren sofort eingebunden worden war, mußte die Stadt Gladbeck mit einigen Schwierigkeiten kämpfen, ihren Anspruch auf Information und Beteiligung durchzusetzen. So wurde Gladbeck z. B. nicht an den Beratungen der Nachbarstädte im gemeinsamen Arbeitskreis - und damit an der Beauftragung des Büros Ageplan - beteiligt.

Bottrop

In Bottrop läßt sich eine intensive und langanhaltende politische Diskussion feststellen. Hier fand eine frühzeitige Information der Politik durch die Verwaltung statt, hochrangige Politiker nutzten einen Besuch der Partnerstadt Blackpool zu einem Abstecher nach Sheffield, um Healeys dortiges Projekt zu besichtigen, und der lokale Einzelhandelsverband meldete sich energisch zu Wort. Gleichzeitig aber verlief die gesamte politische Beratung auf Ebene des Ausschusses für Stadtplanung und Umweltschutz (ASU) und später im Haupt- und Beschwerdeausschuß (HBA), während der Rat als ganzes mit dem Planungsfall Neue Mitte Oberhausen überhaupt nicht beschäftigt wurde. Schon hieran wird deutlich, daß die Behandlung des Themas in den Gremien des Rates nur ein unzureichendes

Indiz für die tatsächliche Intensität und Kontroversität der Beratungen und Diskussionen darstellen kann.

Auch die Stadt Bottrop wurde im offiziellen Beteiligungsverfahren der Bauleitplanverfahren im November von den Oberhausener Plänen unterrichtet und zu einer ersten Stellungnahme aufgefordert. Konsequenter als in den meisten anderen Nachbarstädten wies die Planungsverwaltung der Stadt Bottrop in ihrem Antwortschreiben im Dezember - wie auch im folgenden Briefwechsel im Frühjahr 1992 - auf die viel zu knappe Terminsetzung hin und meldete vorsorglich Bedenken an. Erst Ende April aber - also nach Eröffnung des GEP-Änderungsverfahrens - kam es zu einem ersten Sachstandsbericht im Ausschuß für Stadtplanung und Umweltschutz der Stadt. Dort wurde allerdings lediglich der gegenwärtige Stand der Beteiligungsverfahren referiert, wobei auf die gemeinsamen Bemühungen der Nachbarstädte in ihrem Arbeitskreis hingewiesen wurde. Weiterhin wurde betont, daß die vorsorglich angemeldeten Bedenken wegen der befürchteten Auswirkungen auf die Bottroper Innenstadt aufrecht erhalten würden (Stadt Bottrop 1992a; ASU-Protokoll Bottrop vom 30. April 1992).

Schon Anfang April hatte eine Bottroper Delegation von Blackpool aus einen Abstecher nach Sheffield und Rotherham gemacht, um sich vor Ort über die Auswirkungen des CentrO-Vorbilds Meadowhall zu informieren. Die Delegation, bestehend aus OStD Löchelt, StD Wallmann, OB Schmitz, den SPD-Ratsmitgliedern Grasedieck (Fraktionsvorsitzender) und Strehl (MdL und Vorsitzender des ASU) sowie den CDU-Ratsmitgliedern Trottenburg (Fraktionsvorsitzender und Mitglied im Bezirksplanungsrat Münster) und Scharun, besuchte einerseits das dortige Einkaufszentrum, andererseits unterhielt man sich mit den Planungsdezernenten und Vertretern der Kaufmannschaft aus Rotherham und Sheffield (Stadt Bottrop 1992b). Die visuellen Eindrücke von Verwahrlosung und Trostlosigkeit im Lower Don Valley, in dem die Meadowhall angesiedelt ist, und in der Sheffielder Innenstadt blieben dem CDU-Fraktionsvorsitzenden Trottenburg deutlich in Erinnerung (Interview Trottenburg). Wenn dagegen SPD-MdL Strehl angab, daß nur die CDU-Mitglieder der Delegation einen negativen Eindruck von der Sheffielder Situation gewonnen hätten und im übrigen die Politik der Londoner Zentralregierung für die wirtschaftliche Krisenlage der alten Stahlstadt verantwortlich machte (Interview Strehl), so widerspricht diese Aussage der offiziellen Presseinformation der Stadt. Der Bericht über den Besuch der Meadowhall stellt vor allem durch die wiedergegebenen Daten und Meinungen der Betroffenen (u. a. 16 % Umsatzrückgang in der Sheffielder Innenstadt, 22 % in Rotherham) eine sehr kritische Auseinandersetzung mit den Oberhausener Plänen dar, wie sie auch aus den Unterlagen und dem Schriftverkehr der Planungsverwaltung mit der Stadt Oberhausen zu entnehmen ist (Stadt Bottrop 1992b; Akten PlA Bottrop).

Im ASU wurde erst am 7. Juli 1992 wieder über die Neue Mitte verhandelt, als die Verwaltung im Rahmen der zeitgleich in Oberhausen stattfindenen Offenlegung der Bauleitpläne (15. Juni bis 15. Juli) erneut vorsorglich Bedenken anmeldete, während eine abschließende Stellungnahme aufgrund der verzögert eingegangenen Gutachten und fehlender Aussagen zum Verkehrsentwicklungsplan verweigert wurde. Zu diesem Zeitpunkt hatte aber die parteipolitische Willensbildung bereits relativ klare Positionen hervorgebracht. Anders als noch in der Ausschußsitzung im März nahmen die Fraktionen die Verwaltungsstellungnahme nicht einfach zur Kenntnis. Die CDU, die sich offensichtlich der Interessengruppe der Kaufmannschaft angenommen hatte (der Vorsitzende des Bottroper Ortsvereins des EHV Westfalen-West, Reckmann, saß als sachkundiger Bürger für die CDU im Ausschuß), formulierte auf Basis der gegenwärtigen Gutachten ein Nein zu den Oberhausener Planungen, was sich sowohl auf Bedenken gegen die planungsrechtliche Sicherung der Verkaufsflächenbegrenzung als auch auf die verkehrliche Anbindung gründete. Die SPD-Fraktion dagegen hatte sich offenbar schon auf eine ähnliche Haltung geeinigt, wie sie aus der Darstellung der politischen Beratungen in Essen und Duisburg bekannt ist: Bedenken seien anzumelden und "Auflagen" zu machen - insbesondere die Verhinderung weiterer Verkaufsflächenerweiterungen, in erster Linie des Hirsch-Projektes in Sterkrade. Allerdings seien die Auswirkungen wohl nicht so schlimm, und die regionale Entwicklungskomponente dürfe nicht übersehen werden. Da lediglich die Bedenken Gegenstand der Stellungnahme der Verwaltung waren, konnte auch die Opposition zustimmen, da eine positive Bewertung der Oberhausener Pläne nicht zur Debatte stand (ASU-Protokoll Bottrop vom 7. Juli 1992).

Über den Sommer verfestigten sich die parteipolitischen Positionen, was im September deutlich wurde. Am 3. September tagte der ASU erneut, um die von der Verwaltung vorgelegten Stellungnahmen für die Oberhausener Bauleitplanverfahren und das GEP-Änderungsverfahren zu beschließen. In beiden Stellungnahmen wurden die vorsorglich angemeldeten Bedenken voll aufrecht erhalten, und die Kritik an den Oberhausener Planungen wurde in unzweideutiger Weise festgeschrieben:

"Der Bereich Einzelhandel ist, insbesondere unter Berücksichtigung der anderen Planungen (Hirsch-Projekt-Sterkrade, Bero-Center, Rück), *in der möglichen Größenordnung nach Auffassung der Stadt nicht zentrenverträglich.*

Der Bezirksplanungsrat wird daher aufgefordert, im Rahmen seiner Abwägungspflicht, nach den Maßstäben des gemeinsamen Rd.Erl. MSV vom 16.07.1986 für die Neue Mitte Oberhausen ein zentrenverträgliches Maß rechtsbeständig festzuschreiben" (Stadt Bottrop 1992c, Anlage 4: Stellungnahme im Rahmen des GEP-Änderungsverfahrens; Hervorhebungen im Original).

"Nach den landesplanerischen Voraussetzungen dürfen großflächige Handelsbetriebe nur (...) angesiedelt werden, (...) wenn sie an *städtebaulich integrierten Standorten* vorgesehen sind. (...)

In der Bewertung dieser Frage nach den konkreten Inhalten der Bauleitplanung (Anordnung des Einkaufszentrums mit Sichtkontakt zur Autobahn, Anordnung der Parkhäuser mit Barrierenwirkung zu Alt-Oberhausen) kommt man eher zu der Auffassung, daß das Projekt diesen Regeln nicht entspricht. (...)
Die von Oberhausen entwickelte Einbindung in das vorhandene Zentrensystem ist jedoch nicht nachvollziehbar, so daß unklar bleibt, welche Stellung die Neue Mitte Oberhausen im Zentrengefüge tatsächlich einnehmen wird" (Stadt Bottrop 1992c, Anlage 5: Stellungnahme im Rahmen der Oberhausener Bauleitplanverfahren; Hervorhebungen im Original).

Aufgrund der starken Kritik der Stellungnahme, die ja explizit auch die sonstigen Erweiterungsvorhaben Oberhausener Einzelhandelsbetriebe einschloß, kam es zu einer einstimmigen Annahme der Beschlußvorlage. Allerdings zeigten sich in der Debatte schon die Konfliktlinien zwischen den Parteien, was die Grundhaltung und Interpretation der Stellungnahme betraf. So kündigte die CDU bereits an, daß sie im Falle einer Festschreibung von 70.000 m² Verkaufsfläche einen Antrag einbringen werde, der die Stadt Bottrop zur Klage gegen die Planungen auffordere. Auch das aktuell eingetroffene Angebot von Drescher, eine Baulast eintragen zu lassen (maximal 70.000 m² Verkaufsfläche) und einen Vertrag mit den umliegenden Städten abzuschließen, nach dem nur eine einvernehmliche Änderung dieser Baulasteintragung vorgenommen werden könne, ging der CDU-Fraktion nicht weit genug (ASU-Protokoll Bottrop vom 3. September 1992).

Die Verfestigung der politischen Positionen zeigte sich auch am 21. September, als der Bezirksplanungsrat Münster auf maßgebliches Betreiben des CDU-Fraktionsvorsitzenden Trottenburg eine ablehnende Stellungnahme zur Neuen Mitte beschloß (siehe Kap. 7.5, S. 150 f.).

Die SPD-Fraktion stellte zwar im städtischen ASU ähnliche Forderungen hinsichtlich der Flächenbegrenzung und der zeitgleichen Realisierung der verkehrlichen Um- und Ausbaumaßnahmen, ging aber auf die Möglichkeiten einer Klage gar nicht ein. Offensichtlich war man dort eher darum bemüht, nicht in einen politischen Konflikt hineingezogen zu werden, und hoffte, den oppositionellen Druck seitens der CDU und des örtlichen Einzelhandels über diese kritische Stellungnahme abzufangen. Die Ergebnisse des GEP-Änderungsverfahrens mit der Begrenzung der Verkaufsflächenerweiterung auf 70.000 m² im CentrO und 76.000 m² in Oberhausen insgesamt sind bereits erwähnt worden (siehe Kap. 7.2.1, S. 107). Im Februar 1993 faßte der Rat der Stadt Oberhausen den Satzungsbeschluß für den Bebauungsplan der Neuen Mitte, wobei die Bottroper Bedenken zur Kenntnis genommen wurden. Die Festschreibung der 70.000 m² Obergrenze im Bebauungsplan anstelle von Baulasteintragung und Vertrag mit den umliegenden Städten wurde aber abgelehnt, wie auch bzgl. der Zentrenverträglichkeit auf den Beschluß des Bezirksplanungsrates Düsseldorf verwiesen wurde.

Die CDU und der örtliche Einzelhandelsverband jedoch ließen nicht locker. Schon im November 1992 leitete der Einzelhandelsverband eine Unterschriftenaktion ein, durch die sich die Bottroper Bürger gegen die Neue Mitte aussprechen konnten (vgl. WAZ Bottrop vom 11.11.1992). Gleichzeitig wiederholten CDU-Vertreter im ASU die Forderungen, die Stadt solle gegen den Bebauungsplan Klage einreichen. Auf Seiten der SPD spielte man jedoch auf Zeit. Zunächst wurde die Verwaltung beauftragt, Unklarheiten bzgl. der rechtlichen Wirksamkeit des Ministerialerlasses zur GEP-Änderung und der Baulasteintragung mit der Bezirksplanungsbehörde Münster und der Stadt Oberhausen schriftlich zu klären. Gleichzeitig wurden die Klagebefugnis der Stadt Bottrop grundsätzlich angezweifelt und die Erfolgschancen als gering eingeschätzt. Mit Hinweis auf die ausstehenden Antworten aus Münster und Oberhausen auf die o. g. Schreiben wurde die Entscheidung über eine Klage vertagt (ASU-Protokoll Bottrop vom 17. März 1993).

Im Haupt- und Beschwerdeausschuß (HBA) wurde am 27. April erstmals über einen vom Einzelhandelsverband vorgebrachten Bürgerantrag auf Klageerhebung diskutiert, eine Entscheidung jedoch wurde aufgrund der immer noch nicht eingetroffenen Antwortschreiben erneut vertagt. Angesichts der unterschiedlichen Rechtsauffassungen des Einzelhandelsverbandes und des städtischen Rechtsamtes brachte hier die CDU erstmals die Forderung nach Prüfung der Klagebefugnis durch einen unabhängigen Juristen in die Diskussion (HBA-Protokoll Bottrop vom 27. April 1993). Im folgenden verlief die Diskussion demnach parallel sowohl im Haupt- und Beschwerdeausschuß als auch im Ausschuß für Stadtplanung und Umweltschutz.

Anfang Mai trafen Antwortschreiben aus Oberhausen ein, in denen Drescher den Oberhausener Standpunkt erläuterte. Danach sei für die Einhaltung der gesamtstädtischen Obergrenze von 76.000 m^2 die Bezirksregierung zuständig, jedoch beabsichtige die Stadt Oberhausen keine darüber hinausgehende Ausweisung. Eine entsprechende Verpflichtungserklärung abzugeben, sei die Stadt aber nur bei vergleichbarem Vorgehen der Nachbarstädte bereit. Allerdings bestätigte er das Nichtverfolgen des gegenwärtigen Hirsch-Projektes in Sterkrade aus eben diesen Gründen. Bezüglich der Verkaufsflächenbegrenzung in der Neuen Mitte selbst werde Oberhausen die Forderungen nach Baulasteintragung für das gesamte Gelände erfüllen.

Am 31. August wurde schließlich im Haupt- und Beschwerdeausschuß über die Klageerhebung entschieden. Dazu hatte die Verwaltung eine schriftliche Vorlage zur Abschätzung der rechtlichen Situation angefertigt, in der die Zulässigkeit einer Klage untersucht wurde. Angesichts verschiedener Einzelfallentscheidungen in anderen Normenkontrollverfahren kam man zu einem unentschiedenen, aber tendenziell skeptischen Ergebnis.[89] Während die CDU und der Einzelhandelsverband auf einer Klage bestanden, konstatierte die SPD-Fraktion ein weitgehendes Entgegenkommen der Stadt Oberhausen. Angesichts der unklaren Zulässigkeit und Erfolgsaussichten eines juristischen Streits wollte man aber den Konsens mit der Nachbarstadt nicht aufgeben, so daß der Antrag abgelehnt wurde (HBA-Protokoll Bottrop vom 31. August 1993).

In letzter Konsequenz wollte die SPD in Bottrop also auch nicht in Opposition zur Neuen Mitte gehen. Zwar war man bereit, Bedenken und Forderungen zu formulieren und zu verfolgen, eine grundsätzliche Ablehnung oder Verhinderung stand aber offensichtlich niemals zur Debatte. Erhellend erscheint in diesem Zusammenhang auch die Einstellung des starken Mannes innerhalb der Bottroper SPD, MdL Strehl, die er schon direkt nach Vorstellung des Projektes im Oktober 1991 gegenüber der Bottroper Presse kundtat. Unter der Überschrift "Strehl gewinnt Freizeitpark 'sympatische Züge' ab"[90] wurde über seinen Standpunkt berichtet:

"Fest stehe schon jetzt, daß der Freizeitpark in Oberhausen weder die Gebiets-Entwicklungs-Planung noch die Landes-Entwicklungs-Planung tangiere. (...) Im Rahmen des Einvernehmens sei später zu prüfen, ob die Geschäftsfläche von 70.000 qm für den Bottroper Einzelhandel Beeinträchtigungen bringt oder ob die Konzeption nicht doch akzeptabel sei" (WAZ Bottrop vom 17.10.1991).

Sicher ist auch, daß das Thema schon frühzeitig in der Landtagsfraktion der SPD diskutiert worden war. Informationen über die dortigen Diskussionen sind allerdings nicht zu erhalten. Bekannt ist zwar, daß die SPD-MdL bzw. Fraktionsvorsitzenden der Nachbarstädte auf Ebene der Landtagsfraktion, wohl beim damaligen Vorsitzenden Farthmann, zusammenkamen; über die Kontroversen und Diskussionen, die dort geführt wurden, sind allerdings keine gesicherten Informationen zu erhalten (Interview Schnell/Zuleger; Interview Geldermann). Damit wird deutlich, daß die Haltung der Bottroper SPD sich von den Positionen der SPD in den anderen Nachbarstädten nicht grundsätzlich unterschied.

Anders stellt sich jedoch die Haltung der lokalpolitischen Opposition dar. Wie in keiner anderen Stadt bemühte sich die Bottroper CDU um eine ernsthafte Verhinderung der Oberhausener Pläne, wobei sie sich die außerordentlich massiv vorgetragenen Bedenken und Forderungen des Bottroper Einzelhandelsverbandes zu eigen machte. Die dortige Geschäftsführerin Lisa Gries, die mit eigenen Gegen-

---

[89] SPD-MdL Strehl sieht das alles wesentlich klarer. Für ihn besteht gar keine Frage, daß der Standpunkt der SPD-Fraktion der Nichtzulässigkeit einer Klage vom Rechtsamt unterstützt wurde und auch "objektiv richtig ist. (...) Wir hätten unsere Klage beim Pförtner wieder abholen können." (Interview Strehl)

[90] Mit dem Begriff "Freizeitpark" oder "Super-Freizeitpark" wurde in der Presse zunächst das gesamte Vorhaben bezeichnet.

rechnungen zu den Oberhausener Gutachten auf allen Ebenen der Planungsverfahren Stellung bezog (Einzelhandelsverband Westfalen West e. V., Geschäftsstelle Bottrop 1992), war die treibende Kraft hinter den Forderungen der CDU, die Stadt solle Klage gegen die Planungen erheben. Nachdem der SPD-dominierte Haupt- und Beschwerdeausschuß dieses abgelehnt hatte, begleitete Gries verschiedene Einzelhändler mit einer Normenkontrollklage vor das Oberverwaltungsgericht, das jedoch die Antragsbefugnis der Einzelhändler ablehnte[91]. Aber auch die Mobilisierung der lokalen Öffentlichkeit konnte die Position der SPD nicht umstoßen, keinen regional- bzw. landespolitischen Streit zu riskieren[92]. Auch die Initiative von CDU-Ratsherr Trottenburg, die am 21. September 1992 zu einer ablehnenden Stellungnahme des Bezirksplanungsrates Münster führte (WAZ Bottrop vom 22.09.1992, Interview Trottenburg), unterstreicht die deutlichen, aber letztlich erfolglosen Bemühungen der Bottroper CDU.

Gladbeck

In Gladbeck liefen die Diskussionen um die Oberhausener Planungen erst mit reichlicher Verspätung an. Da Gladbeck nicht direkt an das Oberhausener Stadtgebiet grenzt, wurde die Stadt Gladbeck in den Planungsverfahren nicht als Träger öffentlicher Belange beteiligt. So erhielt man hier auch erst im Frühjahr 1992 erste Informationen (Stadt Gladbeck 1993, Anlage 1) - zwischenzeitlich fragte StD Henneke bei der Stadt Essen um zusätzliche Informationen an, worauf ihm vom dortigen Planungsamt ein Sachstandsbericht gegeben wurde (Akten PlA Essen).

Ansonsten bemühte sich die SPD-Führung um eine Beeinflussung der Oberhausener Planungen über die Parteischiene. Noch Ende Mai wandten sich StD Henneke, Bürgermeister Röken und das Gladbecker MdL Braun an Ministerpräsident Rau, um ihrer grundsätzlichen Befürwortung des Projektes Ausdruck zu verleihen, gleichzeitig aber eine zentrenverträgliche Größe anzumahnen (Stadt Gladbeck 1993, Anlage 1). Die Verwaltung arbeitete über den Sommer eine Stellungnahme für die laufenden Planungsverfahren aus, in der insbesondere die gutachterlichen Aussagen der GfK aufgegriffen wurden, die dem Bekleidungseinzelhandel in der Innenstadt von Gladbeck Umsatzeinbußen von 7,4 % prognostizierten (Stadt Gladbeck 1992, S. 3). Dementsprechend forderte die Stadt Gladbeck eine Beschränkung der Gesamtgröße des Einkaufszentrums auf maximal 70.000 m^2 und eine Reduktion der vorgesehenen Verkaufsflächen im Bereich Oberbekleidung. Gleichzeitig wurden die vorgesehenen Absicherungen der zugestandenen Verkaufsflächenobergrenzen als rechtlich unbefriedigend eingeschätzt

---

[91] OVG Nordrhein-Westfalen, Az. 10a D 137 / 93 . NE, Beschluß vom 2. Mai 1994

[92] Hier wurden auch Ängste geschürt, daß man bei einem Konfrontationskurs Gefahr liefe, die Unterstützung des Landes für das eigene Projekt Bavaria Film-Park zu verspielen.

und die Ausweisung eines Sondergebietes (statt eines Kerngebietes) gefordert, um entsprechende branchenspezifische Kontrollen ausüben zu können. Wie in Bottrop wurde die Verwaltungsstellungnahme auch in Gladbeck lediglich im Planungsausschuß gebilligt. Nach der Zustimmung zu der kritischen und Forderungen formulierenden Stellungnahme am 22. September 1992 wurden die vorgebrachten Bedenken aber schon einen Tag später bei dem Erörterungstermin der Bezirksplanungsbehörde im GEP-Änderungsverfahren im wesentlichen zurückgewiesen.

Interessant ist in bezug auf Gladbeck, daß die Stadt in der Folgezeit ihre nicht ausgeräumten Bedenken immer wieder in die Diskussion brachte. So wandte man sich schriftlich sowohl an den Regierungspräsidenten als auch an das MURL, um die Bedenken gegen die rechtliche Genehmigungsfähigkeit der aktuellen Planungen zu bekräftigen. Auch im direkten Briefverkehr mit der Stadt Oberhausen pochte StD Henneke auf Verbesserungen der vorgesehenen Bausteineintragung, um die Verkaufsflächenobergrenze im Einkaufszentrum zu sichern (Stadt Gladbeck 1992, Anlage 1). Überlegungen, gegen die Oberhausener Bauleitpläne den Klageweg zu beschreiten, wurden bereits im Frühjahr 1993 angestellt, und die Erfolgschancen wurden zunächst von der Verwaltung positiver eingeschätzt als beispielsweise in Bottrop (siehe S. 140). Der Planungsausschuß beauftragte die Verwaltung am 8. Juni, die Klagemöglichkeit zu prüfen, und so erstattete StD Henneke am 28. Juni im Haupt- und Finanzausschuß (HFA) einen ersten Zwischenbericht (HFA-Protokoll Gladbeck vom 28. Juni 1993, S. 6 f.). Zwischenzeitlich hatte der Regierungspräsident in Düsseldorf die Oberhausener Bauleitpläne allerdings bereits genehmigt und den verschiedenen Schreiben der Stadt Gladbeck nur abschlägig geantwortet.

So wurde die Entscheidung über eine städtische Klage erst im September 1993 im Haupt- und Finanzausschuß und abschließend am 30. September im Rat behandelt. Obgleich die Erfolgsaussichten als "durchaus günstig eingeschätzt" (Stadt Gladbeck 1993, S. 7) wurden, führte die Sitzungsvorlage auch die Gegenüberlegungen explizit aus:

"Abgesehen davon ist die anstehende Entscheidung eine insgesamt politisch dimensionierte. Es sind nämlich - im folgenden nur beispielhaft aufgeführt - eine Reihe widerstreitender, wichtiger Bestimmungsgrößen zu sehen und zu wägen:
- Erhalt und Stärkung des Wirtschafts- und Handelsplatzes Gladbeck
- Mitverantwortung für den Standort Ruhrgebiet
- Sicherung der Attraktivierungsbemühungen um die Gladbecker City
- Interkommunale Solidarität" (Stadt Gladbeck 1993, S. 7).

Letztlich entschied die SPD-Ratsmehrheit gegen die oppositionellen Stimmen der CDU und der Grünen, keine Normenkontrollklage gegen den Bebauungsplan 275 A einzureichen.

Die langanhaltende Diskussion über die Möglichkeiten einer kommunalen Normenkontrollklage ist nicht auf ein akutes Bestreben der SPD zurückzuführen, die lokale Öffentlichkeit zu mobilisieren. Zu früh war man auf Ebene der dominierenden SPD-Persönlichkeiten (Bürgermeister und vor allem MdL Braun) in die überörtlichen, parteiinternen Abstimmungsprozesse eingebunden worden und hatte dort eine grundsätzliche Befürwortung oder Akzeptanz des Projektes zugesagt (Interview Klabuhn; Interview Arning), obgleich die Verwaltung unter StD Henneke die Klagechancen durchaus ernsthaft prüfte.

Der Druck, auch diese Handlungsalternativen ernsthaft auszuloten, kam aber auch in Gladbeck von außerhalb, in erster Linie aus den Reihen Gladbecker Einzelhändler (Interview Arning; Interview Klabuhn), die wie die Bottroper Einzelhändler im Einzelhandelsverband Westfalen West organisiert sind. Die Gladbecker und Bottroper Geschäftsstellen kooperierten bei ihren Interventionen in erheblichem Umfang. Die Gladbecker Geschäftsführerin und Rechtsanwältin Uta Heinrich erarbeitete eigene Stellungnahmen zur kommunalen Klagemöglichkeit, die einerseits auch von ihrer Kollegin Gries in der Bottroper Diskussion aufgegriffen wurden, andererseits gegenüber der juristischen Prüfung des Gladbecker Rechtsamts eine gewisse Kontrollfunktion ausübten.

Letztlich zog sich also die Verwaltung auch aus der Entscheidung heraus und formulierte eine offene Sitzungsvorlage, die nach einer explizit politischen Entscheidung verlangte (Stadt Gladbeck 1993, S. 7). Die SPD aber wollte zu diesem Zeitpunkt nicht, daß Gladbeck als einzige Ruhrgebietskommune den Klageweg beschritt (Interview Klabuhn) - in Bottrop hatte man sich ja bereits am 31. August gegen eine Klage entschieden (siehe S. 141). Ob dies aber jemals ernsthaft in Erwägung gezogen wurde, mag angesichts der frühzeitig dokumentierten Einbindung von MdL Braun in die Entscheidungsprozesse der Landtagsfraktion angezweifelt werden, zumal er einhellig als der bestimmende "starke Mann" der Gladbecker SPD beschrieben wurde (Interview Herrmann; Interview Arning; Interview Klabuhn).

7.4 Die Region MEO - die regionalisierte Strukturpolitik und die Planungen zur Neuen Mitte Oberhausen

Im Zusammenspiel der Kommunen des Ruhrgebietes ist seit einigen Jahren eine zusätzliche Kooperationsarena potentiell bedeutsam geworden, die aus den Bemühungen der Landesregierung entstanden ist, Strukturpolitik stärker zu dezentralisieren und interkommunale Absprachen zu fördern. Im Prozeß der Entwicklung der regionalisierten Strukturpolitik (vgl. hierzu Ministerium für Wirtschaft, Mittelstand und Technologie des Landes Nordrhein-Westfalen 1992) sind landesweit 15 Regionen entstanden, in denen Maßnahmen zur Strukturförderung zwischen den Kommunen abgestimmt werden sollen und die sich über regionale

Entwicklungskonzepte auf Leitlinien ihrer gemeinsamen Strukturentwicklung geeinigt haben.[93]

Oberhausen bildet im Rahmen der regionalisierten Strukturpolitik zusammen mit seinen Nachbarstädten Mülheim und Essen die Region MEO. Nachdem 1990 die Vorstellungen der Landesregierung konkretisiert worden waren, begann man 1991 in den drei Städten offiziell mit der Zusammenarbeit, führte eine Strukturdatensammlung durch und legte einen ersten Entwurf für ein Regionales Entwicklungskonzept vor. Auf der ersten Regionalkonferenz im Mai 1991, auf der Spitzen aus Politik, Verwaltung, Verbänden und Wirtschaft zusammenkamen, wurden Handlungsschwerpunkte bestimmt und entsprechende Arbeitskreise gebildet, deren Diskussionen und Schwerpunktsetzungen in die Überarbeitung des Regionalen Entwicklungskonzeptes einflossen (Regionalkonferenz MEO 1993, S. 7 ff.). Die Aufnahme der Zusammenarbeit im Rahmen der regionalisierten Strukturpolitik fällt also zeitlich zusammen mit den Oberhausener und Düsseldorfer Vorarbeiten für die Neue Mitte, sie fand aber vor der Benachrichtigung der Nachbarstädte statt.

Für die von der ersten Regionalkonferenz gegründeten Arbeitskreise (Qualifizierung, Soziales, Ökologie, Flächen, Verkehr - 1992 kam noch ein Arbeitskreis Wohnen hinzu) war die Neue Mitte nicht unbedingt ein zentrales Thema. Lediglich die Arbeitskreise "Flächen" und "Verkehr" waren damit eingehender beschäftigt, weshalb sie auch in die Informationsarbeit der Stadt Oberhausen eingeschlossen wurden.

Auf der dritten Sitzung des Arbeitskreises "Flächen" am 12. November 1991 stellte Drescher erneut die bestehenden Planungen vor - dort erhielten einige Ratsmitglieder der Städte Mülheim und Essen zum ersten Mal nähere Informationen aus erster Hand (Interview Heiming). Die gelieferten Informationen stimmten mit der öffentlichen Vorstellung vom 7. Oktober überein, Fragen zu den geplanten Einzelhandelsflächen beantwortete Drescher schon damals mit der Angabe einer angestrebten Größe von 70.000 m² (Angaben Preuß).

Im Arbeitskreis "Verkehr", der sich vom 4. November 1991 an mit den absehbaren Problemen der Verkehrsanbindung der Neuen Mitte Oberhausen beschäftigte, richtete man eine Unterarbeitsgruppe ein, die eine Resolution für die zweite Regionalkonferenz am 6. März 1992 erarbeitete. Darin wurde die dringliche Notwendigkeit dargestellt, den ÖPNV-Anteil über die prognostizierten 22 % zu erhöhen, wozu detaillierte Verbesserungsvorschläge sowohl für die innerstädtische Anbindung als auch für die regionale Erschließung der Neuen Mitte aufgelistet wurden. In der von der Regionalkonferenz beschlossenen Resolution wurde dementsprechend das Land aufgefordert, "die vorgeschlagenen Maß-

---

[93] Zur wissenschaftlichen Analyse und Bewertung der regionalisierten Strukturpolitik siehe z. B. Blotevogel 1994, Ministerium für Wirtschaft, Mittelstand und Technologie des Landes Nordrhein-Westfalen o. J.

nahmen vordringlich insbesondere in die Landesförderung durch Städtebau- und Gemeindeverkehrsfinanzierungsmittel aufzunehmen und entsprechende Planungs- und Investitionsmittel bereitzustellen" (Arbeitskreis Verkehr der Regionalkonferenz Mülheim/Essen/Oberhausen 1992).

Das Regionale Entwicklungskonzept wurde Anfang 1992 überarbeitet, der zweiten Regionalkonferenz im März vorgelegt, erneut überarbeitet und schließlich von der vierten Regionalkonferenz am 5. Februar 1993 verabschiedet und zum Beschluß an die Ratsversammlungen der drei Städte überwiesen. Im Regionalen Entwicklungskonzept finden sich Charakterisierungen der Handlungsfelder der Arbeitskreise sowie Darstellungen der bereits angelaufenen oder angestrebten Projekte (Reginalkonferenz MEO 1993).

Die Darstellung des Handlungsfeldes "Flächen" ist dabei extrem knapp und skizziert eher weitergehenden Beratungs- und Abstimmungsbedarf, als etwa Richtlinien einer gemeinsamen Flächenentwicklung abgesprochen würden. Kooperation und Zusammenarbeit wird mehr angemahnt denn in der Praxis dargestellt. Im Kapitel über "Sachstand und Perspektiven interkommunaler Zusammenarbeit" taucht kein einziges Projekt auf, das sich aus dem Handlungsfeld "Flächen" ergibt, und im Anhang, in dem die Projekte der Arbeitskreise im Detail vorgestellt werden, findet sich aus dem Arbeitskreis "Flächen" kein einziger Projektvorschlag. Die Neue Mitte wird nirgends thematisiert, die Konsequenzen, die sich auch im Hinblick auf die Flächenentwicklung für den Einzelhandel, für Bürostandorte oder andere Dienstleistungsunternehmen ergeben, werden mit keinem Wort erwähnt (Regionalkonferenz MEO 1993, S. 20-22).

Auch der Arbeitskreis "Verkehr" stellt im Regionalen Entwicklungskonzept keine Projektvorschläge vor. Allerdings wird eine wesentlich differenzierte Analyse des Handlungsfeldes vorgenommen, in der deutliche Aussagen zu Prioritäten getroffen werden, die die verkehrliche Anbindung der Neuen Mitte tangieren. So tauchen unter den Arbeitsschwerpunkten und Zielvorstellungen des Arbeitskreises Fragen auf, die sich um eine Verbesserung der innerregionalen Kooperation im ÖPNV sowie um Parkraumstrategien im Hinblick auf die Innenstädte drehen und damit zumindest z. T. die Themen der Resolution vom Februar 1992 wieder aufnehmen (Regionalkonferenz MEO 1993, S. 37-39).

Insgesamt wird aus dieser Analyse der Arbeitskreistätigkeiten - aber auch aus den geführten Interviews mit Politikern und Verwaltungsbeamten der MEO-Städte - sehr deutlich, daß die Neue Mitte Oberhausen im Rahmen der MEO-Zusammenarbeit kaum thematisiert wurde (Interview Wermker; Interview Heiming); abgesehen von den Problemen der verkehrlichen Anbindung, die sich für gemeinsam formulierte Forderungen an die Düsseldorfer Landesregierung eigneten - und das, obwohl sie in dieser Phase des Aufbaus der regionalen Zusammenarbeit das offensichtlich bedeutsamste Stadtentwicklungsprojekt in einer der drei Städte war. Die Erklärung dafür scheint jedoch in eben dieser Bedeutung zu liegen. Bei einem solch großen Konfliktpotential waren die meisten

Vertreter der beteiligten Kommunen stark daran interessiert, die Neue Mitte Oberhausen aus der MEO herauszuhalten, um die zaghaften Ansätze einer Zusammenarbeit nicht durch das Ausfechten kommunaler Konflikte zu zerstören, zumal die Arbeitskreise in ihrer Public-Private-Partnership-ähnlichen Zusammensetzung ja quasi-öffentliche Foren darstellten. Diese Argumentation tauchte ähnlich bereits bei den Planern der Bezirksplanungsbehörde auf (siehe Kap. 7.2.1, S. 103): Die dortige Strategie einer möglichst breiten regionalen Konsensfindung wurde auch zum Teil damit begründet, daß man ansonsten jegliche Ansätze zu einer regionalisierten Strukturpolitik in dieser Region hätte zerstören können.

Die meisten Beteiligten stellen allerdings im Rückblick auf die vergangenen Jahre der interkommunalen Zusammenarbeit innerhalb der MEO-Region keine guten Noten aus (Interview Heiming; Interview Wermker). Ein Hauptkritikpunkt ist die Schwierigkeit, die Distanz zwischen offenen Arbeitskreisen und politischen Entscheidungsträgern zu überbrücken. Während letztere vorrangig an konkreten und nachweisbaren Entscheidungen und an der Bewilligung von Projekten und Geldern interessiert sind, erfordern die Ansätze der regionalisierten Strukturpolitik den mittel- bis langfristigen Aufbau von Netzwerken, in denen die tatsächlich Beteiligten Vertrauen aufbauen können, ohne welches Kooperation nicht funktioniert. Diese projekt- und themenbezogenen Netzwerke bilden somit Schauplätze, deren Rationalität von Aushandlung und Entscheidung der etablierten Rationalität der Abstimmungsprozesse zwischen Mülheim, Essen und Oberhausen widerspricht. Letztere orientieren sich, wie in der Analyse der kommunalen Politikprozesse gezeigt werden konnte, an direkten Aushandlungsprozessen zwischen den machtvollen Entscheidungsträgern der jeweiligen lokalen politischen Systeme (wobei sich die politischen oder institutionellen Funktionen dieser Entscheidungsträger in den drei Städten durchaus unterscheiden). Die Prozesse werden vermittelt über die Zugehörigkeit zu ein und derselben Partei mit lang etablierten und sicheren Mehrheiten. Nur in Mülheim sind diese Mehrheiten bei der letzten Kommunalwahl unerwartet verloren gegangen, was auch zu einer tiefgreifenden Verunsicherung der dortigen SPD geführt hat.[94]

Für die meisten Poltiker stellten die Arbeitskreise der MEO unproduktive, da keine Entscheidungen hervorbringende Gesprächsrunden dar, weshalb sie sich dort kaum engagierten bzw. bald durch weitgehende Abwesenheit glänzten (Interview Heiming). Die Entscheidungskompetenz wurde also bei den politischen Gremien belassen, was bei den Beteiligten der Arbeitskreise zu Frustrationen führte, da erkannt wurde, daß die Regionalkonferenzen Akklamationsversamm-

---

[94] Das Dilemma von etablierten politischen Aushandlungsprozessen, die im Rahmen der regionalisierten Strukturpolitik innovative Strukturen und Projekte hervorbringen sollen, ist der Situation der IBA nicht unähnlich. Dort wird es oft als Frage formuliert: "Wie organisiert man Innovation in nichtinnovativen Milieus?" (Häußermann & Siebel 1994, vgl. hierzu auch Kilper 1995, S. 91 f.).

lungen waren, die politischen Entscheidungen aber weiterhin in den hergebrachten Aushandlungsprozessen getroffen wurden. Nur in den Bereichen, in denen Arbeitskreise Themenfelder aufgriffen, in denen interkommuale Konkurrenz relativ unbedeutsam war und die lokalen Politiker offensichtlich keine potentiellen Machtarenen erkannten, gelang es den Arbeitskreisen, tatsächlich neue, auf Kooperation ausgerichtete Projekte einzubringen: Insbesondere im Arbeitskreis Qualifizierung (Interview Wermker; vgl. auch Kilper 1995, S. 93).

Damit erscheint also die MEO als Diskussions- und Kooperationsebene für die Planungen um die Neue Mitte Oberhausen als weitestgehend unbedeutend. Für Oberhausen war die Neue Mitte offenbar so wichtig, daß man für eine offensive Entwicklung der regionalen Zusammenarbeit im Rahmen der MEO seitens der städtischen Verwaltung und Politik keine großen Ressourcen mehr zur Verfügung stellen konnte oder wollte. Die Oberhausener Verantwortlichen informierten zwar auch im Rahmen von MEO-Veranstaltungen über die Neue Mitte, jedoch wurde die MEO nicht als eigenständige Kooperationsarena für die notwendigen Abstimmungsprozesse genutzt.

7.5 Der Kommunalverband Ruhrgebiet

Im Verlauf der politischen und planerischen Auseinandersetzung wurde auch beim KVR das Projekt Neue Mitte zum Diskussionsthema. Als eine der wenigen Institutionen, in denen interkommunale Zusammenarbeit im Ruhrgebiet im Ansatz gefördert werden kann, darf dieser mögliche Schauplatz der Beratungen und Abstimmungen nicht außer acht gelassen werden. Zudem ist der KVR in GEP-Änderungsverfahren ebenso wie in kommunalen Bauleitplanverfahren als Träger öffentlicher Belange beteiligt, da er ja in Bereichen wie Landschaftsplanung, Freiraumentwicklung, Stadtentwicklung und Verkehr noch gewisse Planungskompetenzen besitzt, die eine solche Einbindung erforderlich machen. Dazu (und für Dienstleistungen an seine Mitglieder) unterhält der KVR eine eigene Planungsabteilung, die den Verbandsgremien zuarbeitet - direkt zunächst dem Fachausschuß für Planung und darüber dem Verbandsausschuß.

Die erste offizielle Beschäftigung mit der Neuen Mitte fand in der Sitzung des Ausschusses für Planung (AfP) am 30. Oktober 1991 statt, wo der Oberhausener OStD Drescher das Projekt erläuterte, so wie es drei Wochen zuvor erstmals der Öffentlichkeit vorgestellt worden war. Schon vor der Beteiligung als Träger öffentlicher Belange im Rahmen der offiziellen Planungsverfahren wurde somit der entsprechende Fachausschuß des KVR von Oberhausener Seite informiert. Des weiteren kündigte Drescher dort die Versendung einer Informationsmappe an alle KVR-Städte an (AfP-Protokoll KVR vom 30. Oktober 1991).

Interessant ist die abschließende Bemerkung des Ausschußvorsitzenden Meys: Schon zu diesem Zeitpunkt wurde das Projekt von ihm als eine große Chance für den Strukturwandel im Ruhrgebiet eingeschätzt, wenn eine verträgliche Einbindung in die vorhandenen Strukturen der Ruhrgebietsstädte geleistet würde. Außerdem wurde schon jetzt der Wunsch geäußert, daß am Ende der Diskussion möglichst eine einvernehmliche Entscheidung erzielt werden sollte (AfP-Protokoll KVR vom 30. Oktober 1991). Der Vorsitzende Meys war damals SPD-Ratsherr in Essen.

Zum Zeitpunkt der nächsten Ausschußsitzung - Mitte Januar 1992 - war der KVR im Rahmen der Oberhausener Bauleitplanverfahren bereits zur Stellungnahme aufgefordert worden, auch wenn die endgültigen Entwürfe der FNP-Änderung und des Bebauungsplans 275 A noch nicht vorlagen. Es ist allerdings wichtig festzuhalten, daß der KVR im Rahmen seiner gesetzlichen Kompetenzen lediglich zu Fragen der Freiraumverträglichkeit und der Verkehrserschließung Stellung zu beziehen hatte, was in der bereits erarbeiteten Stellungnahme auch zum Ausdruck kam. Die Eröffnung des GEP-Änderungsverfahrens war der Planungsverwaltung des KVR bereits bekannt ebenso wie die bereits getroffene Entscheidung über weitere Gutachten zur Beurteilung der Zentrenverträglichkeit. Nach einer Diskussion vor allem um Fragen der Kaufkraft- und Umsatzverlagerungen wurde dem Verbandsausschuß der Beschluß der vorliegenden Stellungnahme empfohlen (was dieser am 17. Februar auch tat). Gleichzeitig betonte der Ausschußvorsitzende die Notwendigkeit einer Diskussion auf den verschiedenen politischen Ebenen (AfP-Protokoll KVR vom 15. Januar 1992).

Nachdem im März lediglich die Eröffnung des GEP-Änderungsverfahrens bekanntgegeben worden war (AfP-Protokoll KVR vom 11. März 1992), stand die Neue Mitte in der Maisitzung des Ausschusses erneut auf der Tagesordnung, damit die angefertigte Stellungnahme beraten werden konnte. Eingangs betonte Vorsitzender Meys erneut, daß sich die Stellungnahme auf die Belange der Freiraumsicherung beschränkte, während die verkehrlichen und wirtschaftlichen Problematiken erst nach Vorlage der Gutachten beraten werden sollten. Gleichwohl trug der Oberhausener Umweltdezernent Kolter auf dieser Sitzung bereits erste grobe Ergebnisse des ish-Gutachtens vor (AfP-Protokoll KVR vom 6. Mai 1992). Die auf die Belange der Freiraumsicherung bezogene Stellungnahme zum GEP-Änderungsverfahren wurde Mitte Mai vom Verbandsausschuß beschlossen.

Die Zentrenverträglichkeit wurde dann schließlich auf der Ausschußsitzung Anfang Juli 1992 in Oberhausen beraten, wozu Drescher eingangs nochmals über das Projekt berichtete, um dann auf die Ergebnisse der Gutachten einzugehen und den weiteren zeitlichen Ablauf vorzustellen. An weiteren Wortmeldungen sind lediglich zwei protokollarisch festgehalten, nämlich eine seitens des CDU-Sprechers Pantförder (Kreis Recklinghausen) sowie eine des Vorsitzenden Meys für die SPD-Fraktion. Zwar wurden seitens der CDU Fragen des Verkehrs und des nicht ausreichend abgesicherten Wohnungsbaus kritisch bewertet, nach Studium der Gutachten sei man aber in der Fraktion zu einer tendenziell positiven Bewertung gekommen, wenn auch die Auswertung der Ageplan-Stellungnahme noch nicht vorliege. Allerdings werde der Verzicht auf weitere großflächige Einzelhandelsprojekte in Oberhausen erwartet. Für die SPD-Fraktion merkte der Vorsitzende lediglich eine grundsätzlich positive Bewertung an und verwies auf eine abschließende Entscheidung im Verbandsausschuß im September (AfP-Protokoll KVR vom 1. Juli 1992).

Bis zu diesem Zeitpunkt lassen sich also im Planungsausschuß des KVR weder intensive Beratungen noch politische Kontroversen feststellen. Die Stellungnahmen der Verwaltung orientierten sich bewußt eng am gesetzlich vorgegebenen Zuständigkeitsbereich, und die diesbezügliche Betonung des Ausschußvorsitzenden weist darauf hin, daß man hier offenbar bemüht war, die Beratungen in diesem Gremium nicht zu politisieren. Interessant ist auch die wenig konfliktträchtige Bewertung der Gutachten, die ja in der Diskussion zwischen Oberhausen und seinen Nachbarstädten bis zum Erörterungstermin im GEP-Änderungsverfahren am 13. Juli 1992 wesentlich kontroverser geführt wurde.

Die Auswirkungen der Aushandlungsprozesse der nächsten zwei Monate auf Ebene des GEP-Änderungsverfahrens zeigten sich dann aber ansatzweise in der nächsten und abschließenden Behandlung im Ausschuß für Planung am 9. September. Hier kam es nämlich schließlich doch noch zu einer Diskussion um die Zentrenverträglichkeit, die bei den Ergebnissen der Gutachten ansetzte und sich im wesentlichen um die von den Nachbarstädten angestrebte Sicherung der Verkaufsflächenbegrenzungen drehte. Auch wenn die CDU-Fraktion unter dieser Voraussetzung bei ihrer grundsätzlich positiven Einschätzung bleiben wollte, gab es trotzdem ein klares "Nein" von zwei CDU-Mitgliedern aus Mülheim und Bottrop, die auch gegen die Beschlußvorlage stimmten (AfP-Protokoll KVR vom 9. September 1992). Es muß allerdings festgehalten werden, daß die Fachausschüsse des KVR keine beschlußfassenden Gremien sind, sondern einzig der Verbandsausschuß Beschlüsse über Stellungnahmen in Planungsverfahren faßt. Am 14. September 1992 stimmte der Verbandsausschuß demnach der Stellungnahme zu (WAZ vom 15.09.1992). Die Beschäftigung der Ausschüsse des KVR mit dem Planungsfall Neue Mitte war also wenig intensiv und auch bis in die Endphase kaum durch Kontroversen geprägt.

Interessant ist aber, daß die Neue Mitte im September 1992, nach den Diskussionen im Planungs- und dem Beschluß im Verbandsausschuß, kurzzeitig die verstärkte Aufmerksamkeit der KVR-Verantwortlichen auf sich zog. Anlaß dafür war offensichtlich der Beschluß des Bezirksplanungsrates beim Regierungspräsidenten Münster, die Planungen zur Neuen Mitte abzulehnen und eine entsprechende Stellungnahme im GEP-Änderungsverfahren in Düsseldorf abzugeben (siehe Kap. 7.3.5, S. 139). Dieser Beschluß wurde in der Sitzung am 21. September 1992 gefaßt und kam für fast alle Beteiligten überraschend (WAZ Bottrop vom 22.09.1992; WAZ Bottrop vom 23.09.1992). Im Bezirksplanungsrat Münster selbst hatte die politische Stimmung mehrheitlich eher auf eine kritische Befürwortung hingedeutet, also ähnlich der Haltung der SPD-regierten

Nachbarstädte. In der abschließenden Sitzung kam es dann aber zu einer Initiative des Bottroper CDU-Fraktionsvorsitzenden Trottenburg, der vor allem verkehrliche Argumente gegen das Projekt vorbrachte. Auch die Geschäftsführerin der Industrie- und Handelskammer zu Münster (die auch überregional bekannte CDU-Politikerin Christa Thoben) gab eine deutlich ablehnende Stellungnahme ab. Als schließlich ein SPD-Vertreter gegen die Neue Mitte stimmte, stellte sich das unerwartete Ergebnis einer 9:7 Mehrheit gegen die Oberhausener Planungen ein (WAZ Bottrop vom 22.09.1992).

Auch wenn die Bedeutung dieser Entscheidung für die Abwägung der Düsseldorfer Bezirksplanungsbehörde nicht überschätzt werden darf, so kam es doch schon am nächsten Tag zu einem telephonischen Gespräch zwischen dem leitenden Planer der Düsseldorfer Bezirksplanungsbehörde, Schnell, und dem Leiter der Abteilung Planung beim KVR, Reiß-Schmidt, in dem die Entscheidung in Münster diskutiert und bezüglich ihrer Bedeutung abgewogen wurde (Akten KVR). Obgleich die politische Situation im Düsseldorfer Bezirksplanungsrat anders eingeschätzt wurde und von der SPD-Fraktionssitzung am 2. Oktober die entscheidenden Weichenstellungen erwartet wurden, entwickelte der KVR eigenständige Unterstützung. Schon am 23. September wurde seitens des KVR geplant, den Mitgliedern des Bezirksplanungsrates eine "Hilfestellung in der fachlichen Beratung" (Akten KVR) anzubieten, wofür die Bezirksplanungsbehörde eine komplette Mitgliederliste mit Adressen und Telephonnummern nach Essen faxte. Die Intention dieser "fachlichen Beratung", die für den KVR sicherlich kein alltägliches Vorgehen darstellte, dürfte am besten dadurch deutlich werden, daß schon am nächsten Tag Verbandsdirektor Gramke einen persönlichen Brief an den Düsseldorfer Regierungspräsidenten Behrens sandte (mit Kopien an Finanzminister Schleußer und die Oberhausener Stadtspitze - OB van den Mond und OStD Drescher). Nach einem Zitat des Beschlusses des Verbandsausschusses vom 14. September heißt es darin:

"Das Vorhaben 'Neue Mitte Oberhausen' ist für die Entwicklung des Ruhrgebietes von besonderer Bedeutung. Die Entscheidung über dieses Vorhaben wird ein Signal dafür setzen, ob die Region einen offensiven Weg gehen will oder sich wichtigen neuen Vorhaben ängstlich verschließt. (...) Der Kommunalverband Ruhrgebiet setzt darauf, daß der Bezirksplanungsrat bei seinen abschließenden Beratungen und seiner Abwägung ein Votum für die Neue Mitte Oberhausen trifft, um damit der durch den Strukturwandel am schärfsten getroffenen Stadt im Ruhrgebiet eine große Zukunftschance zu geben" (Brief Gramke; in: Akten KVR).

Die effektive Bedeutung dieses Briefes für das Entscheidungsverfahren im Bezirksplanungsrat und seinem Planungsausschuß ist wohl eher gering einzuschätzen. Zwar war der Regierungspräsident sowohl bei der Sitzung des Planungsausschusses als auch bei der entscheidenden Bezirksplanungsratssitzung anwesend (und ergriff auch im Planungsausschuß kurz das Wort), der KVR jedoch wurde in den Beratungen weder erwähnt noch ergriff der Vertreter des KVR das Wort - bei der Planungsausschußsitzung war er nicht einmal zugegen (PA-Potokoll vom 8. Oktober 1992; BPR-Protokoll vom 15. Oktober 1992). Trotzdem belegt dieser Tatbestand, daß es hinter der planerisch-sachlichen Beschäftigung auch beim KVR eine politische Beschäftigung mit der Neuen Mitte gab, die auf höchster Ebene zu einer eindeutigen Unterstützung des Projektes führte. Und dafür waren die entscheidenden Wahlbeamten auch bereit, ihr politisches Gewicht in die Waagschale zu werfen. Insofern schließt sich - wie bei der Bezirksplanungsbehörde - auch hier die Frage an, wie die politisch gewählten Führungsbeamten reagiert hätten, wenn die planerischen Beurteilungen zu anderen Ergebnissen und Stellungnahmen gekommen wären. Jedenfalls gab es für die beteiligten Planer wenig Zweifel am grundsätzlichen Willen der mehrheitlich SPD-bestimmten Institutionen und Verwaltungen, das Projekt Neue Mitte Oberhausen zu realisieren.

7.6 Planungsrechtliche Regelungen

Die verschiedenen Bauleitplanverfahren der Stadt Oberhausen (vgl. hierzu Kap. 8.3.2) basieren auf den rechtlichen Regelungen der 35. Änderung des Gebietsentwicklungsplanes. Obgleich die Notwendigkeit einer GEP-Änderung ursprünglich seitens der Stadt nicht als gegeben betrachtet wurde (siehe Kap. 6.2, S. 87 f.) und die zentralen Bauleitplanverfahren zur Neuen Mitte bereits vor Eröffnung des GEP-Änderungsverfahrens eingeleitet wurden, war die GEP-Änderung die Voraussetzung für die Rechtssicherheit der späteren Oberhausener Bauleitpläne. Aus diesem Grund sollen der Beschluß des Bezirksplanungsrates vom 15. Oktober und seine rechtliche Umsetzung noch einmal genauer dargestellt werden.

Wie bereits kurz skizziert (siehe Kap. 7.2.1, S. 107), betrieb die GEP-Änderung im wesentlichen die Umwidmung der Flächen der Neuen Mitte und ihrer Randbereiche. Kerninhalt des Aufstellungsbeschlusses war die Ausweisung eines Wohnsiedlungsbereiches für die gesamten Thyssen-Flächen südlich des Rhein-Herne-Kanals. Davon ausgenommen wurden lediglich die noch genutzten Flächen des Elektrostahlwerks östlich der Osterfelder Straße, die weiter als Gewerbe- und Industrieansiedlungsbereich bestehen blieben. Ausgenommen wurden ferner die Flächen für den Freizeitpark des Investors und ein Streifen entlang des Kanals, welche nun als Freizeit- und Erholungsschwerpunkt ausgewiesen wurden.

Auch die Flächen südlich der Essener Straße, auf denen neben dem Technologiezentrum Umweltschutz ein Gewerbegebiet in der Entstehung begriffen war, wurden in einen Wohnsiedlungsbereich umgewidmet, da hier über eine zusätzliche Wohnbebauung die städtebauliche Integration an den Stadtteil Alt-Oberhausen vorangetrieben werden sollte. Diese Planung entstand erst im Laufe des GEP-

Änderungsverfahrens und war eine direkte Folge des ish-Gutachtens. Der ursprüngliche GEP-Änderungsentwurf hatte diese Flächen als Gewerbe- und Industrieansiedlungsbereich belassen, die Umstellung der Planungen erfolgte erst im Juni 1992 auf Betreiben der Stadt Oberhausen (Akten PlA Essen) (vgl. hierzu Kap. 8.3.2, S. 189 f.).

Nördlich des Kanals wurden die Flächen für die projektierte Landesgartenschau ebenfalls zu einem Freizeit- und Erholungsschwerpunkt, der Flächenausgleich sollte ferner durch Ausweisung von zusätzlichen Waldbereichen entlang der A 42 in Osterfeld und entlang des Kanals sowie Ackerbereichen entlang der Ripshorster Straße südlich des Kanals sichergestellt werden. Die Bereiche im Umfeld der Landesgartenschau, insbesondere die Standorte für High-Definition-Oberhausen und für die vorgesehene Wohnbebauung entlang der Kampstraße in Osterfeld, wurden ebenfalls zu einem Wohnsiedlungsbereich. Des weiteren enthielt die GEP-Änderung eine Aktualisierung der schienengebundenen Infrastrukturplanung unter Berücksichtigung der neuen ÖPNV-Trasse (Regierungspräsident Düsseldorf 1992).

Der Beschluß des Bezirksplanungsrates enthielt aber zusätzlich die Aufforderung an den Regierungspräsidenten,
" bei der landesplanerischen Anpassung der Bauleitpläne der Stadt Oberhausen nach § 20 Landesplanungsgesetz die folgenden Rahmenbedingungen zu beachten:
a) Die Verkaufsfläche im geplanten Einkaufszentrum wird auf maximal 70.000 m^2 begrenzt.
Diese Obergrenze wird öffentlich-rechtlich abgesichert.
b) Die Stadt Oberhausen stellt durch planerische Schritte sicher, daß die derzeit an anderen Standorten möglichen und/oder geplanten erheblichen Verkaufsflächenerweiterungen, die über die Obergrenze von insgesamt rund 76.000 m^2 zusätzlicher Verkaufsfläche in Oberhausen (laut ish-Gutachten) hinausgehen, verhindert werden. Diese Obergrenze gilt, bis gutachterlich eine darüber hinausgehende Verkaufsflächenerweiterung im Benehmen mit den Nachbarstädten als zentrenverträglich nachgewiesen wird" (BPR-Protokoll vom 15. Oktober 1992, S. 10 f.).

In der Begründung des Beschlußvorschlages wurden diese Bedingungen konkretisiert. So wurde zu b) ausgeführt, daß die Stadt durch Änderung des Bebauungsplanes das BERO-Center auf den Bestand beschränken werde und das Sterkrader Hirsch-Projekt gutachterlich zu überprüfen habe.

Der Beschluß wurde im Genehmigungsverfahren des MURL im wesentlichen übernommen. Allerdings findet sich dort eine etwas verkürzte Formulierung der zweiten Beschränkung:
"[D]ie im Rahmen anderer Vorhaben geplanten Verkaufsflächenerweiterungen [sind] so zu begrenzen, daß die Obergrenze von 76.000 m^2 zusätzlicher Verkaufsfläche in Oberhausen nicht überschritten wird" (Ministerium

für Umwelt, Raumordnung und Landwirtschaft des Landes Nordrhein-Westfalen 1993, S. 83; Brief MURL, S. 1).

Damit entfällt streng genommen die Möglichkeit, daß die Stadt Oberhausen eine gutachterlich abgesicherte weitere Verkaufsflächenerweiterung für Oberhausen insgesamt - auch im Benehmen mit den Nachbarstädten - betreibt.

Die rechtliche Wirkung des Beschlusses des Bezirksplanungsrates und der Genehmigung durch das MURL sind in der Folgezeit durchaus heftig diskutiert worden. Insbesondere angesichts des immer noch verfolgten Hirsch-Projektes in Sterkrade und der Erweiterungsabsichten des BERO-Centers haben sich die Nachbarstädte verschiedentlich lautstark zu Wort gemeldet (Interview Strehl; Stadt Gladbeck 1995; Köpke 1995).

Für die Bewertung der rechtlichen Wirkung der Genehmigung sind zwei Punkte bedeutsam. Die Beschränkungen der Verkaufsflächen im Einkaufszentrum und in Oberhausen insgesamt werden angeführt in bezug auf § 20 Landesplanungsgesetz. Darin geht es um die Anpassung der kommunalen Bauleitplanung, womit aber nur neu eingereichte Planungen angesprochen werden. Eine Anpassungspflicht bereits genehmigter Bauleitpläne der Gemeinden wird hier nicht abgehandelt, sondern in § 21 Landesplanungsgesetz. Der Erlaß, der nicht für die Stadt, sondern nur für den Regierungspräsidenten als Aufsichtsbehörde bindend ist, verlangt also seitens der Stadt keine Anpassung bereits bestehender Bauleitpläne (z. B. für das BERO-Center). Zudem bildet er auch keine Handhabe gegen Bauvorhaben, die nicht über kommunale Bauleitpläne betrieben werden, sondern nach § 34 BauGB[95]. Auf dieser Basis ist 1997 für das Hirsch-Projekt auch eine Baugenehmigung erteilt worden.

Der Bezirksplanungsrat hatte in seinem Beschluß aber zudem Forderungen zur städtebaulichen Integration der Neuen Mitte aufgestellt. Dies betraf einerseits "die bauleitplanerische Umwandlung des Gebietes südlich der Essener Straße entsprechend der Darstellung als Wohnsiedlungsbereich im Gebietsentwicklungsplan" (BPR-Protokoll vom 15. Oktober 1992, S. 12), andererseits die verkehrliche Erschließungssicherung über eine neue ÖPNV-Trasse und eine mit den Nachbarstädten abgestimmte Straßenausbauplanung. Des weiteren wurde eine in etwa zeitgleiche Realisierung der verschiedenen Projektbestandteile gefordert. Auch diese Forderungen wurden im Genehmigungsverfahren vom MURL übernommen.

Jedoch stellt sich auch hier das Problem, daß der Regierungspräsident erst dann nach Maßgabe des Erlasses entscheiden kann, wenn die Stadt Oberhausen Bauleitpläne zur Genehmigung vorlegt. Er kann also nur reagieren, hat aber keine

---

[95] Hiernach ist ein Bauvorhaben innerhalb der im Zusammenhang bebauten Ortsteile zulässig, "wenn es sich nach Art und Maß der baulichen Nutzung, der Bauweise und der Grundstücksfläche, die überbaut werden soll, in die Eigenart der näheren Umgebung einfügt und die Erschließung gesichert ist" (BauGB, § 34 Abs. 1) - also auch ohne Bebauungsplan.

Möglichkeiten, selbst initiativ zu werden, da die Stadt im Rahmen ihrer kommunalen Planungshoheit über die Aufstellung entsprechender Pläne entscheidet. Willensbekundungen der Stadt Oberhausen sind aus dieser Sicht ohne rechtliche Folgewirkung.

Diese Problematik läßt sich an der tatsächlichen Entwicklung in Oberhausen illustrieren. Die Schwierigkeiten bei der Suche nach Investoren für die vorgesehene Wohnbebauung im Nordosten des Einkaufszentrums haben dazu geführt, daß ein Bebauungsplan 275 B erst 1997 fertig geworden ist. Er enthält zwar Flächen für die Marina, ein Hotel, ein Meerwasseraquarium und eine Fertighausausstellung, der ursprünglich geplante (soziale) Wohnungsbau ist darin aber nicht mehr enthalten. Gleiches gilt für das Gewerbegebiet südlich der Essener Straße, das zur städtebaulichen Anbindung an Alt-Oberhausen für weitere Wohnbebauung vorgesehen war. Für beide Gebiete wurden 1993 städtebauliche Wettbewerbe durchgeführt (siehe Kap. 8.3.2, S. 185 ff.), die aber in beiden Fällen nicht zur konsequenten Ausarbeitung neuer Bebauungspläne geführt haben. Insofern läßt sich auch die Forderung nach einer in etwa zeitgleichen Verwirklichung der einzelnen Baumaßnahmen durch die Genehmigungstätigkeit des Regierungspräsidenten kaum umsetzen.

Es bleibt allerdings festzuhalten, daß die rechtliche Situation allein nicht maßgeblich ist für das weitere Vorgehen der Stadt Oberhausen und ihrer Nachbarstädte. Wie die Analyse der politischen und planerischen Abstimmungsprozesse in den Nachbarstädten gezeigt hat, spielen bei Entscheidungen über das planerische Vorgehen der Kommunen die rechtlichen Möglichkeiten nicht die einzige oder die ausschlaggebende Rolle. Vielmehr ist auch das Geflecht von politischen Beziehungen und Abhängigkeiten zwischen den Kommunen bedeutsam. Die Pflege dieser interkommunalen Kommunikationsprozesse ist für alle zukünftigen Planungen eine Voraussetzung. Das Bewußtsein gegenseitiger Abhängigkeiten und der Notwendigkeit von fallweisen Kooperationen ist in vielen Fällen für Entscheidungen über das tatsächliche Vorgehen in Planungsfragen wichtiger als die rein rechtlichen Spielräume. In vielen Gemeinden wird diese Haltung auch durch das Bewußtsein der Abhängigkeit von der Landesregierung gestützt, deren Wohlwollen man bei der Mittelzuweisung (z. B. in der Städtebauförderung) nicht gefährden will (Interview Trottenburg; Interview Klabuhn; Interview Arning). Inwiefern diese Art von politischer Interpretation der eigenen Handlungsspielräume gerade auch das Verhalten der Stadt Oberhausen geprägt hat, wird im folgenden Kapitel deutlich werden.

8 Oberhausen: Verwaltung, Stadtrat, Bürger

8.1 Die Stadt und die Flächen vor dem Projekt Neue Mitte Oberhausen

Die Problematik der Oberhausener Stadtentwicklung, die sich aus dem Rückzug der über viele Jahrzehnte das Stadtbild bestimmenden Montanindustrie ergab, hatte über die 80er Jahre im Bewußtsein der politisch Handelnden und der Bewohner einen immer dominierenderen Platz eingenommen. Der massive Abbau von Arbeitsplätzen und das Brachfallen von großen, ehemals industriell genutzten Flächen waren die Eckpunkte der lokalen Erfahrung von Strukturwandel, die in Politik und Bevölkerung eine starke Verunsicherung und eine gewisse Mut- und Ratlosigkeit ausgelöst hatten (Interview van den Mond; vgl. hierzu Kruse & Lichte 1991). Ferner war man seit Jahrzehnten an eine von außen gesteuerte Dynamik gewohnt, deren Impulse nicht aus dem vor Ort vorhandenen Potential (an Arbeitskräften, Innovationskraft, Standortvorteilen etc.) kamen, sondern vielmehr von Unternehmen oder Regierungsebenen, die außerhalb Oberhausens angesiedelt waren. Zwar gab es über Gewerkschaften und SPD immer Kontakte auch zur Landesregierung, verallgemeinernd kann man aber konstatieren, daß Persönlichkeiten aus Oberhausen keine bedeutenden Führungspositionen innerhalb des Ruhrgebietes oder des Landes einnahmen. Eine gewisse Skepsis und "Klagemauermentalität" (Interview Groschek) hatten sich verbreitet, während gleichzeitig auf eng eingegrenzter lokaler Ebene verschiedene Kräfte versucht hatten, in ihrem direkten Wohnumfeld aktiv zu werden. Dabei ging es vornehmlich um die Erhaltung bestehender Werkssiedlungen - z. B. in den 70er Jahren um Eisenheim, die erste Koloniesiedlung des Ruhrgebiets, dann im Zusammenhang mit der Innenstadterweiterung City-West um die Gustavstraße oder schließlich um die Kolonie an der Ripshorster Straße, aus der die auch für die Neue Mitte bedeutsame Bürgerinitiative Riwetho hervorging (Interview Wilke). Die meisten dieser Initiativen entwickelten sich allerdings primär aus einer eher alternativen Szene heraus und in Opposition zu den von Rat und Verwaltung verfolgten Modernisierungsbestrebungen.

Natürlich gab es auch innerhalb der Verwaltung und der Politik Personen, die Ideen entwickelten, wie man trotz der recht trostlosen Rahmenbedingungen Stadtentwicklung konzipieren konnte - auch in bezug auf die nun von der Neuen Mitte eingenommenen Thyssen-Flächen (vgl. das Konzept der Grünen Mitte, Kap. 5.1, S. 48 f.). In Verbindung mit dem Projektvorschlag der Triple-Five-Gruppe war aber auch deutlich geworden, wie schnell sich lokale Mehrheiten für einen von außerhalb vorgegebenen und kontrollierten "Königsweg" finden ließen. Und klar geworden war auch, wie schnell solche Planungen durch nicht von

Oberhausen aus zu steuernde Prozesse zum Scheitern gebracht werden konnten. Gleichwohl kann man davon ausgehen, daß sich für die Stadt Oberhausen über den Triple-Five-Vorschlag ohne viel eigenes Zutun ein nicht näher zu bestimmender Anspruch auf "Entschädigungsleistungen" ergeben hatte. So hatte die Landesregierung bei der Ablehnung des Triple-Five-Projektes ein Landesinteresse an der Entwicklung und Vermarktung der Thyssen-Flächen erklärt und Finanzminister Schleußer mit dieser Aufgabe betraut (siehe Kap. 5.3, S. 55 f. und Kap. 6, S. 58). In dieser Anfangsphase dominierte der Handlungsschauplatz Düsseldorf, da dort strukturelle, personelle und inhaltliche Entscheidungen getroffen wurden, die von der Stadt weder beeinflußt noch mitbestimmt werden konnten. Die Firmierung und Beauftragung der GEG als private Projektentwicklungsgesellschaft, die dort erfolgte Entscheidung gegen einen öffentlichen städtebaulichen oder Investorenwettbewerb, die Finanzierungsmodelle und Kaufvertragsverhandlungen mit Thyssen im Finanzministerium, all diese Aktivitäten verliefen im wesentlichen ohne Einbindung der Stadt Oberhausen oder ihrer Planungsverwaltung.

Der Rat der Stadt Oberhausen beschränkte sich zunächst darauf, am 28. August 1989 den Aufstellungsbeschluß für den Bebauungsplan Nr. 275 zu fassen. Damit wurde für das gesamte Thyssenareal zwischen Essener Straße und Rhein-Herne-Kanal[96] eine planungspolitische Willensbezeugung abgelegt. Eine hohe städtebauliche und ökologische Qualität der zu erstellenden Bebauung wurde damals vorgegeben, wie auch die Schaffung von Arbeitsplätzen als Ziel besonders betont wurde (Stadt Oberhausen 1993, S. 15) - all dies waren allgemeingültige und völlig unkonkrete Zielsetzungen. Angesichts des Fehlens konkreter Nutzungsabsichten oder Investoren war dieser Aufstellungsbeschluß also im wesentlichen ein politisch-symbolischer Akt. Zwar wurde der TÜV Rheinland mit einer Altlastengefahrenabschätzung beauftragt (Bericht des FM; in: PUA-Bericht, S. 46), doch ein Bebauungsplanentwurf wurde nicht angefertigt, da eine realistische Konkretisierung der Planungsziele ja noch ausstand. Zu diesem Zeitpunkt waren die Flächen noch Eigentum des Thyssen-Konzerns, und die Grundstücksverhandlungen waren wenig konkret.

Die notwendigen Vorarbeiten erfolgten also in Düsseldorf. Obgleich die Stadt Oberhausen (wie auch das Land) im April 1990 Gesellschafter der GEG wurde und über ihren Planungsdezernenten Hoefs im Aufsichtsrat vertreten war, änderte sich an der operativen Arbeit der GEG zunächst nichts (Interview Ohl). Dort waren die Geschäftsführer Ohl und Schulz sowie der Aufsichtsratsvorsitzende Lennings mit der Investorensuche beschäftigt. Gab es Abstimmungsbedarf mit der

---

[96] Erst später wurde dieses Planungsgebiet geteilt (siehe Kap. 8.3.2, S. 177). Der zentrale Bereich mit Einkaufszentrum, Arena und Freizeitpark wurde zum Bebauungsplan Nr. 275 A, da sich die Beplanung der nicht von Stadium zu entwickelnden Flächen - die Wohnbebauung und Marina etc. - angesichts von Schwierigkeiten bei der Investorensuche erheblich verzögerte.

Stadt Oberhausen, so waren der damalige OStD Uecker, Planungsdezernent Hoefs oder Planungsamtsleiter Böhner die Ansprechpersonen (siehe Kap. 6.1.2, S. 68).

Die Stadt Oberhausen befand sich zu diesem Zeitpunkt in einer abwartenden Position. Zwar waren die erwähnten Personen informiert, gerade was die längeren Verhandlungen mit der Firma Heidelberger Druckmaschinen betraf, doch eine wirkliche Einbeziehung und Gestaltungsmöglichkeiten von Verantwortlichen der Stadt ergaben sich erst, nachdem der Kontakt zu Edwin Healey hergestellt war und dieser bereits mit seinen Beratern ein erstes Konzept für eine mögliche Nutzung der Flächen entwickelt hatte. Die Entstehung eines Oberhausener Handlungsschauplatzes läßt sich demnach recht exakt auf den 13. März 1991 terminieren, den Tag der Präsentation im Kongreß-Center der Messe Düsseldorf, an dem der neue Oberstadtdirektor Drescher erstmals die Oberhausener Belange vertrat (siehe Kap. 6.1.2, S. 67).

8.2 Oberhausener Neubeginn: ein neuer Oberstadtdirektor und ein neuer Investor

8.2.1 Der Aufbau neuer Projektstrukturen

Anfang März 1991 hatte Burkhard Drescher sein Amt als Oberstadtdirektor angetreten, nachdem er in den davorliegenden Monaten bereits den aus Krankheitsgründen abwesenden OStD Uecker vertreten hatte. Die Kontaktaufnahme mit Healey fiel damit direkt in seine Amtsübernahme, und Drescher erklärte das Projekt Neue Mitte - das damals diesen Namen noch gar nicht trug - sofort zur Chefsache. In den folgenden Monaten wurde er zum Oberhausener Ansprechpartner Healeys wie auch der GEG, in deren Aufsichtsrat er den Posten des Planungsdezernenten Dr. Hoefs übernahm. Darüber - und über seinen persönlichen Kontakt zu Finanzminister Schleußer - wurde er gleichzeitig eingebunden in die Arbeit des Finanzministeriums, wo gemeinsam mit der GEG weiter an dem Flächenkauf von Thyssen gearbeitet wurde (Interview Drescher). Die Tatsache, daß Drescher durch die gemeinsame Arbeit im SPD-Bezirk Niederrhein als Vertrauter Schleußers bekannt war, stärkte seine Position nicht unerheblich und erleichterte es ihm, den Informations- und Abstimmungsfluß aus Düsseldorf auf seine Person zu bündeln.

Drescher übernahm aber im Zusammenspiel der Beteiligten in erster Linie die Kontaktpflege zum Investor Edwin Healey und die planerische Wegbereitung des neuen Projektes. Wie bereits dargestellt (siehe Kap. 6.2, S. 84), knüpfte er über Finanzminister Schleußer umgehend Kontakte zum MSV und zum MURL, um eine frühe Abstimmung des späteren Planungsprozesses zu erreichen. Aus den Sondierungsgesprächen im MSV resultierten bereits in dieser frühen Phase drei Gutachtenaufträge: Der Düsseldorfer Architekt und Stadtplaner Jochen Kuhn bekam den Auftrag, ein städtebauliches Konzept der Neuen Mitte und des weiteren Umfeldes zu entwickeln, das Büro Retzko + Topp fertigte eine Verkehrsuntersuchung an, und die Prognos AG wurde mit der Untersuchung des Kaufkraftgefälles zwischen Oberhausen und seinen Nachbarstädten beauftragt.

Diese externe Begutachtung und Projektbegleitung erbrachte Drescher für das weitere Vorgehen drei nicht zu unterschätzende Vorteile. Zum einen war es ihm dadurch möglich, renommierte Fachleute zu gewinnen, um die Auswirkungen der Projektvorschläge untersuchen zu lassen. Gerade das Triple-Five-Vorhaben hatte demonstriert, welch großen Wert man auf seiten der Landesregierung (zumindest nach außen hin) auf die fachgutachterliche Bewertung der kanadischen Vorschläge gelegt hatte. Ob dies für den letztlichen Beschluß des Kabinetts tatsächlich ausschlaggebend gewesen war oder ob das Kollektivgutachten der Farenholtz-Gruppe mehr als offizielle Legitimation einer politischen Entscheidung hergehalten hatte, mag in diesem Zusammenhang offengelassen werden. Aber die Außenwirkung einer soliden gutachterlichen Absicherung, insbesondere auch für den späteren Diskussionsprozeß mit den Nachbarstädten, war offensichtlich von Beginn an als vorteilhaft erkannt worden. Mit dem Büro Retzko + Topp hatte Drescher zudem ein Mitglied der Farenholtz-Gruppe beauftragt, das die Triple-Five-Vorschläge abgelehnt hatte. Somit konnten die Gutachten fachliche Kompetenz und Seriosität bereitstellen, die in zukünftigen Diskussionen mit den Nachbarstädten kaum glaubwürdig anzuzweifeln waren (siehe Kap. 7.3.1, S. 116 f.). Eine städtebauliche Konzeptentwicklung und Begutachtung durch die Oberhausener Planungsverwaltung wäre demgegenüber in bezug auf ihre fachliche Kompetenz und Seriosität von vorne herein angreifbar gewesen (Interview Best I).

Ganz abgesehen von der Kompetenz ergab die externe Begutachtung einen zweiten wichtigen Vorteil, nämlich den der Zeitersparnis. Über private Planungsbüros konnte Drescher wesentlich schneller und flexibler die erforderliche Begleitplanung abwickeln und damit dem Investor gegenüber demonstrieren, wie ernsthaft und dringend die Stadt Oberhausen an der Umsetzung seiner Ideen und Planungen interessiert war. Hier in Oberhausen sollte Healey professionellem Management auf Basis privatwirtschaftlicher Gepflogenheiten begegnen, hier sollte er erfahren können, daß die Stadt bereit war, sich auf seine Vorstellungen und Forderungen wirklich einzulassen.

Der dritte Vorteil schließlich lag darin, daß die externe Beauftragung von Gutachtern eine weitgehende Geheimhaltung der Planungen ermöglichte. So mußten zunächst keine Fachbeamten der Planungsverwaltung informiert und herbeigezogen werden, was das Risiko eines möglichen Durchsickerns der Planungen - gerade auch zu den Nachbarstädten - deutlich vermindern konnte. Innerhalb der Oberhausener Verwaltung blieb das Projekt zunächst also weitestgehend geheim. Lediglich mit wenigen Mitwissern besprach Drescher die Vorschläge des Investors und die von der Stadt zu erbringenden Vorarbeiten, die

Abstimmungsgespräche mit den Ministerien und der GEG betrieb Drescher persönlich und mit Hilfe des neu eingerichteten Koordinierungsbüros O. 2000 (Interview Drescher).

Die Einrichtung des Koordinierungsbüros war eine der ersten verwaltungsinternen Umstrukturierungen, die Drescher noch vor seinem Amtsantritt als OStD angeregt und realisiert hatte (Interview Drescher; Interview Faßbender). Auch wenn damals noch kein detaillierter langfristiger Reformplan bestanden haben mag, so bildet die Gründung von O. 2000 doch im Rückblick den Auftakt zu dem Bemühen der folgenden Jahre, innerhalb der Stadtverwaltung eine recht ambitionierte Verwaltungsreform voranzutreiben, zu deren Umsetzung mittlerweile auch erste empirische Studien vorliegen (z. B. Drescher & Dellwig 1996; Zündorf 1996). Nach offizieller Deklaration besteht nunmehr seit dem 1. April 1995 in Oberhausen ein "Rathaus ohne Ämter" (vgl. hierzu Drescher & Dellwig 1996; Stadt Oberhausen 1994).

Hinter der Einrichtung von O. 2000 stand aber zunächst nur die Einsicht, daß ein gestaltungswilliger Oberstadtdirektor innerhalb der klassischen Ämterorganisation und Hierarchie nordrhein-westfälischer Rathäuser mit vielen Widerständen rechnen mußte (Interview Drescher) - umso mehr, als Drescher als Nicht-Oberhausener, ja nicht einmal "Ruhrgebietler"[97], und als gerade Vierzigjähriger voller Ambitionen und Tatendrang vielen altgedienten Beamten (und auch Politikern) eher als Bedrohung des Status Quo erscheinen mußte. In Oberhausen, soviel konnte Drescher schon als Stadtdirektor in Vertretung des erkrankten OStD Uecker beobachten, war zudem die direkte Eingriffsmöglichkeit des OStD relativ gering. Anders als in vielen anderen Kommunen gab es keine ihm zugeordnete zentrale Stabsstelle in der Verwaltung, mit deren Hilfe er Prioritäten setzen, Projekte initiieren und kontrollieren konnte (Interview Drescher; Interview Esser).

Zudem hatte Drescher auch Schwächen erkannt in der Art und Weise, wie die Fragen und Probleme des Strukturwandels in Oberhausen thematisiert und angegangen wurden. Nach seiner Ansicht fehlte es an einer zentralen Anlaufstelle und einer zentralen Managementebene, die hier eine Prioritätensetzung und Koordinierung übernehmen konnte. Auch der anscheinend etwas hilflose Umgang mit den Projektvorschlägen der Triple-Five-Gruppe hatte diesen Eindruck verstärkt.[98]

Diese beiden Gründe - also ein struktureller und ein eher inhaltlicher - führten am 1. Januar 1991 zur Einrichtung von O. 2000. Das Koordinierungsbüro sollte

---

[97] Drescher war zuvor als Kämmerer in Grevenbroich am Niederrhein beschäftigt gewesen.

[98] Hier spielt sicherlich auch die Kritik an der Stadtentwicklungspolitik des Amtsvorgängers Uecker eine Rolle, dem gerade von den führenden SPD-Politikern Perspektivlosigkeit und fehlender Tatendrang vorgeworfen wurde. Schleußer und Groschek stellten sich da eine wesentlich dynamischere Verwaltung vor, und Drescher war über die gemeinsame Arbeit in Parteigremien mit beiden schon vor seiner Oberhausener Zeit bekannt (siehe auch Fußnote 113, S. 195).

dieser Bezeichnung entsprechend von nun an alle strukturrelevanten Projekte innerhalb der Stadtverwaltung koordinieren und wurde quer zu den bisherigen Ämterstrukturen mit einem direkten Eingriffsrecht ausgestattet, wurde also damit zur Stabsstelle des Oberstadtdirektors (Interview Drescher). Mit vier Mitarbeitern (plus zwei Schreibkräften) unterhalb der Leitungsebene war die personelle Besetzung des Büros recht schmal, doch sollte das Büro ja nicht Sachaufgaben bearbeiten, sondern lediglich Ergebnisse aus den einzelnen Ämtern anfordern. Deshalb kamen zwei der Mitarbeiter aus dem bisherigen Zentralbereich des Rathauses. Die Bedeutung der inhaltlichen Aufgabe, Projekte des Strukturwandels zu koordinieren, wird in der Herkunft der übrigen Mitarbeiter deutlich. Neben zwei Mitarbeitern aus dem Planungsamt kamen nämlich auch die gemeinsamen Leiter des Büros aus dem Bereich des Rathauses, der sich mit Bauen und Planen beschäftigte. Mit dem Leiter des Planungsamtes (Böhner) und dem Leiter des Bauverwaltungsamtes (Faßbender) hatte Drescher zwei "alte" Verwaltungsinsider für diese neue Aufgabe gewonnen und war damit gleichzeitig der Gefahr einer Abwehr- oder Verweigerungshaltung bei den hauptsächlich betroffenen Ämtern begegnet. Die Mischung von eigenem planerischen und verwaltungstechnischen Sachverstand sowie ein gutes kollegiales Arbeitsverhältnis mit den jeweils betroffenen Ämtern waren wichtige Voraussetzungen für eine erfolgreiche Arbeit des Koordinierungsbüros (Interview Faßbender). Die Machtposition des OStD verstärkte sich dadurch zunächst gerade gegenüber den Dezernenten und Amtsleitern.

Auch wenn bei der ursprünglichen Konzeptionierung des Koordinierungsbüros der Investor Stadium noch nicht vorgestellt worden war, so war Drescher doch frühzeitig klar gewesen, daß jegliche Folgenutzung der Thyssen-Flächen früher oder später auch erhebliche Dienstleistungen der Oberhausener Verwaltung (vor allem der Bau- und Planungsverwaltung) erforderlich machen würde. Nach der Projektvorstellung im Frühjahr 1991 wurde das Koordinierungsbüro von Drescher schnell in die Arbeit einbezogen und damit zum rathausinternen Projektmanager. Andere Aufgaben hatte O. 2000 zu dieser Zeit im wesentlichen nicht. Die Leiter des Koordinierungsbüros begleiteten im folgenden die Abstimmungsgespräche mit den Ministerien, mit dem Investor und seinen Beratern und die Planungen des Büros Kuhn, so daß O. 2000 auch zur zentralen Anlaufstelle von außen wurde.

8.2.2 Inhaltliche Vorentscheidungen

Als die GEG im März 1991 die Firma Stadium als neuen Investor vorstellte, hatte Healey mit seinen Beratern die Örtlichkeiten bereits inspiziert und erste Nutzungsvorschläge ausgearbeitet, die in Form von Schemakarten, Skizzen und Fotos der Meadowhall in Sheffield Kerninhalt der Präsentation in Düsseldorf waren. Städtische Vorarbeiten in Richtung auf mögliche Bauleitpläne gab es zu diesem Zeitpunkt nicht.

Dreschers Kontaktaufnahme mit den Düsseldorfer Ministerien, insbesondere mit Dr. Roters im MSV, führten in den folgenden Monaten zur Präzisierung und Abstimmung der späteren Planinhalte, ohne daß die städtische Planungsverwaltung als solche in die Arbeiten eingebunden wurde oder davon erfuhr. Die Einbindung externer Planungsbüros entstand aus diesen frühen Sondierungsgesprächen, in denen Drescher die von Healey vorgeschlagenen Projektbestandteile ebenso vorgestellt hatte wie auch die von der Stadt geplanten Projekte im Umfeld: die Landesgartenschau und einen Fernsehstudiokomplex High-Definition-Oberhausen (HDO). In der Diskussion mit Roters war das offenbar etwas willkürliche räumliche Nebeneinander der einzelnen Bestandteile bemängelt und die Beauftragung eines renommierten Planungsbüros angeregt worden (siehe Kap. 6.2, S. 85 f.).

Drescher engagierte daraufhin den Stadtplaner Kuhn, dem zwei hauptsächliche Aufgaben übertragen wurden. Zum einen waren die Nutzungsvorschläge des Investors in bezug auf ihre räumliche Anordnung zu prüfen, zum anderen sollte dieses interne Nutzungskonzept in ein größeres städtebauliches Konzept eingefügt werden. Dabei sollten die angedachten Nutzungsänderungen des Umfeldes einbezogen und die Integration des Projektes in den gesamten Stadtraum Oberhausens hergestellt werden (Interview Drescher).

Während des Monats Mai führte Drescher mehrfach Abstimmungsgespräche mit Healey, in denen dieser sowohl die geplanten Nutzungen präzisierte als auch seine Vorstellungen vom weiteren Verfahrens- und Verhandlungsablauf darlegte (PUA-Bericht, S. 75). Der zweite Aspekt betraf Drescher vor allem in seiner Funktion als Bindeglied zwischen Stadium und der GEG bzw. dem Finanzministerium. Die inhaltlichen Überlegungen aber wurden in die Gespräche mit Roters im MSV und die Beauftragung Kuhns einbezogen. Während dieser frühen Phase der inhaltlichen Konzeptionierung wurden die ursprünglichen Vorstellungen Healeys in einigen Punkten verändert. Zum einen wurde die Idee eines Kongreßzentrums mit dazugehörigem 750-Betten-Hotel fallengelassen, zum anderen kam es auf Betreiben Roters zur Reduzierung der angestrebten Verkaufsfläche im Einkaufszentrum von 95.000 m^2 auf 70.000 m^2. Drittens wurde von Drescher das städtische Anliegen einer Einbindung des HDO-Projektes verfolgt, und zwar auch auf den Thyssen-Flächen südlich des Rhein-Herne-Kanals (Aussage Roters, S. 97).

Drescher spricht diesen ersten Arbeiten Kuhns auch einen Prüfcharakter zu, da er nach eigener Aussage zu diesem Zeitpunkt von dem Sinn und der städtebaulichen Machbarkeit eines solchen Großprojektes nicht überzeugt war (Interview Drescher). Das Büro Kuhn fertigte über den Monat Mai - also parallel zu den Gesprächen, die Drescher mit Stadium und Roters im MSV führte - auf Grundlage der vom Investor und der Stadt vorgesehenen Nutzungen Studien an, die zeichnerisch in zwei sogenannte Testentwürfe umgesetzt wurden, in denen verschiedene räumliche Anordnungen der Projektbestandteile vorgestellt wurden (vgl. Prognos AG 1991, S. 187-202). Unter Rückbezug auch auf die städtischen Planungsideen der Grünen Mitte aus den 80er Jahren (siehe Kap. 5.1, S. 48 f.) wurden in Verbindung mit der angestrebten Marina Öffnungsmöglichkeiten zum Rhein-Herne-Kanal dargestellt sowie die Verbindungen zum projektierten Gelände der Landesgartenschau thematisiert. Zum Teil griff Kuhn darin auch die Idee einer städtebaulichen Spirale auf, die von den Architekten "Reichen et Robert" im Rahmen des IBA-Wettbewerbs zum Neubau des Technologiezentrums Umweltschutz an der Essener Straße entwickelt worden war (vgl. Drescher & Dellwig 1996, S. 162 und Abb. 17)[99]. In jedem Fall überzeugten die Studien Drescher von der generellen Machbarkeit des Vorhabens. Sie wurden zunächst nur in Abstimmungen mit dem MSV, dem MURL (am 3. Juni) und Stadium diskutiert, ansonsten aber unter Verschluß gehalten (Interview Drescher).

Die Testentwürfe waren Anfang Juni 1992 bereits fertiggestellt. Sie stellen somit die ersten konkreten Planungskonzeptionen dar, die im folgenden Planungsverfahren weiterentwickelt wurden. In ihnen findet sich bereits die heutige Lage des Einkaufszentrums wieder wie auch die Arrondierung von Gewerbebauten entlang der Essener und ansatzweise entlang der Osterfelder Straße. Die Lage des Freizeitparks entspricht ebenso weitgehend dem heutigen Stand, wenn auch noch von einer ambitionierteren, stärker kirmesähnlichen Einrichtung ausgegangen wurde, die sich am Tivoli-Garten in Kopenhagen orientierte. Die Mehrzweckhalle wurde dagegen noch im nordöstlichen Anschluß an die Mall vorgesehen, wo nun das Kino-Center entstanden ist.

Die damaligen Überlegungen zur Organisation und zum weiteren Ablauf der Planungsverfahren lassen sich aus einem Sachstandsbericht Dreschers an Finanzminister Schleußer vom gleichen Datum gut rekonstruieren (Brief Drescher-Schleußer; in: PUA-Bericht, S. 77 f.). Geleitet wurden diese Planungen von einem eng gesteckten Zeitplan, der als angestrebten Termin für den Baubeginn bereits Anfang 1993 nannte.

Diese ambitionierte Zeitplanung ging zum einen davon aus, daß - nach der ursprünglichen Einschätzung Dr. Ritters im MURL (siehe Kap. 6.2, S. 87 f.) - keine Änderung des Gebietsentwicklungsplans erforderlich wäre. Zum anderen

---

[99] "Reichen et Robert" gewannen den Wettbewerb um einen Neubau, der neben dem alten Werksgasthaus der Gutehoffnungshütte als Kern des in Gründung befindlichen Technologiezentrums Umweltschutz entstehen sollte. Sie entwickelten dafür einen geschwungenen Baukörper, der vor dem Eingangsbereich des Werksgasthauses an der Essener Straße ansetzt und sich in einem Bogen nach Südwesten erstreckt. In der zeichnerischen Fortsetzung dieser Spiralbewegung konnte Kuhn städtebauliche Elemente des Umfeldes einbeziehen (z. B. Schloß Oberhausen, Gasometer) und Bestandteile der Neuen Mitte plazieren (z. B. Marina, HDO).

wurde bereits ein möglicher Zeitplan für das Bebauungsplanverfahren abgesteckt, das im Herbst 1991 eingeleitet werden sollte und für das lediglich 18 Monate angesetzt wurden. Um aber bereits Anfang 1993 mit dem Bau beginnen zu können, war vorgesehen, daß Stadium im März 1992 eine Bauvoranfrage nach § 33 Baugesetzbuch einreichen sollte[100]. Im Anschluß daran sollte das Baugenehmigungsverfahren durchgeführt werden. Diese Überlegungen zum Verfahrensablauf waren mit dem MSV abgestimmt und dort auch als rechtlich unbedenklich beurteilt worden (Brief Drescher-Schleußer; in: PUA-Bericht, S. 77 f.).

Die Zeitplanung ergab sich aber auch aus der Verknüpfung von städtischen Zielsetzungen mit den Interessen Healeys. Drescher hatte in seine Verhandlungen mit Healey das Projekt High-Definition-Oberhausen eingebracht, für dessen Realisierung noch immer eine Betreibergesellschaft fehlte. Für Healey war die flächenmäßige Integration von HDO sicherlich interessant, einerseits aufgrund von möglichen Initialeffekten für den geplanten Gewerbepark, andererseits aufgrund der möglichen Verbindungen zu fernsehorientierten Veranstaltungen in der Mehrzweckhalle. Deshalb (in erster Linie allerdings zur Stärkung seiner Position in den Grundstücksverhandlungen mit dem Land) erklärte er sich dazu bereit, eine 75-prozentige Beteiligung an der Betreibergesellschaft von HDO zu erwerben. Daß Healey damit in erster Linie seinen Druck auf das Land verstärken wollte, machte er seinen Verhandlungspartnern bei der GEG eindeutig klar, bei denen er ja zu dieser Zeit wiederholt auf Teilnahme an den Kaufverhandlungen mit Thyssen drängte (Akten GEG; in: PUA-Bericht, S. 79 f.; siehe auch Kap. 6.1.2, S. 70, 72). Die Beteiligung sollte auch zunächst lediglich über einen letter of intent abgesichert werden; erst nach positiver Antwort auf die Bauvoranfrage für die Neue Mitte im März 1992 sollte daraus ein Gesellschaftervertrag entstehen (Brief Drescher-Schleußer; in: PUA-Bericht, S. 77).[101] Hier ergab sich also die Möglichkeit, die zeitlichen und inhaltlichen Vorstellungen der Stadt und Healeys durch das HDO-Projekt zu verknüpfen und damit gegenüber dem Land einen zeitlichen Handlungsdruck aufzubauen. Die Planungen eines HDO-Studios im südwestlichen Teil des Geländes waren in den Kuhn-Entwurf eingeflossen und im Rahmen des dort projektierten Gewerbeparks auch zu realisieren.

---

[100] § 33 BauGB regelt die "Zulässigkeit von Vorhaben während der Planaufstellung". Danach sind zwar im Verfahren auch die Bürger und die Träger öffentlicher Belange zu beteiligen, unter der Prämisse eines lediglich kommunalen Bauleitplanverfahrens, also ohne gleichzeitiges GEP-Änderungsverfahren, sah man aber darin offensichtlich in Oberhausen kein unüberwindbares Hindernis.

[101] Diese Konstruktion hatte von Healeys Seite natürlich auch finanzielle Gründe. Angesichts fehlender Eigenmittel hätte er die Beteiligung an HDO über teure Bankkredite finanzieren müssen. Im März 1992, unter Vorlage einer positiven Bauvoranfrage, wären seine Bankkonditionen günstiger gewesen, einerseits aufgrund der dann erzielten relativen Planungssicherheit, andererseits aufgrund des dann wesentlich größeren Investitionsvolumens für das Gesamtprojekt.

Anfang Juni war also bereits klar, daß die Planungen des Büros Kuhn mit den entsprechenden Testentwürfen zur Grundlage des städtischen Bebauungsplanverfahrens werden sollten. Angesichts der Zeitplanung und der erfolgreichen Vorabstimmungen mit den Ministerien wäre eine eigenständige Neuplanung der städtischen Planungsverwaltung auch unsinnig gewesen. Bis zu diesem Zeitpunkt wußten die relevanten Ämter im Rathaus noch nichts von dem neuen Investor, seinen Projektvorschlägen oder den Konzeptionen Kuhns.

Allerdings ergaben sich aus den Gesprächen im MSV auch noch offene Fragen bezüglich der Zentrenverträglichkeit des geplanten Einkaufszentrums. Der erste Aspekt betraf die verkehrlichen Auswirkungen. Deshalb wurde das Büro Retzko + Topp mit einer Verkehrsuntersuchung beauftragt, wofür die notwendigen Planungsdaten der beabsichtigten Nutzung und ihrer räumlichen Anordnung aus den Kuhnschen Testentwürfen abgeleitet wurden.

Der zweite kritische Punkt bei der Beurteilung der Zentrenverträglichkeit war die Dimensionierung des Einkaufszentrums. In den Gesprächen mit Roters war die Zahl von 70.000 m^2 als realistische Planungsgröße entstanden, gleichzeitig hatte man sich bis Anfang Juni auch darauf geeinigt, diese Zahl anhand eines Gutachtens untermauern zu lassen. Die Untersuchung der Kaufkraftströme im gegenwärtigen Zentrengefüge sollte nach Intention von Drescher verdeutlichen, "daß über die geplanten Einkaufsflächen lediglich der Kaufkraftabfluß aus Oberhausen kompensiert wird" (Brief Drescher-Schleußer; in: PUA-Bericht, S. 78; vgl. auch Kap. 6.2, S. 86 f.). Als Auftraggeber des Gutachtens, das noch im Juni an das Kölner Büro der Prognos AG vergeben wurde, trat die GEG auf. Mit dieser bewußt gewählten Konstruktion wollte man ein öffentliches Bekanntwerden der Oberhausener Aktivitäten vermeiden (Interview Drescher), und die damalige Besetzung des GEG-Aufsichtsrates ermöglichte auch die Geheimhaltung vor dem Rat der Stadt.

Im Auftrag der Prognos untersuchte das Dortmunder FORSA-Institut im Juli Kaufverhalten der Bürger und Image der Stadt Oberhausen durch Befragung von 7.000 Haushalten in Oberhausen und den Nachbarstädten Essen, Duisburg, Mülheim, Bottrop und Dinslaken. Prognos stellte dazu Modellrechnungen zur Prognostizierung des Kaufkraftabflusses aus Oberhausen für das Jahr 1996 an und kam zu dem Schluß, daß zwischen 627 und 780 Mio. DM in die Nachbarstädte abfließen würden. Bis zum 5. September hatte Prognos einen Zwischenbericht angefertigt, der auf Grundlage dieser Zahlen einem Einkaufszentrum von 70.000 m^2 Zentrenverträglichkeit attestierte (Prognos AG 1991).

Durch diesen Zwischenbericht und den inzwischen zu einem städtebaulichen Rahmenplan geformten Studien Kuhns hatte Drescher bis Mitte September 1991 die Anregungen Roters erfüllt und eine Absicherung der Planungen zur Neuen Mitte erreicht. Aus Oberhausener Sicht konnten das Projekt damit der breiten Öffentlichkeit vorgestellt und die offiziellen Bauleitplanverfahren eingeleitet werden. Zwar ergaben sich in Düsseldorf Probleme mit der Aufgabe des bisher verfolgten Finanzierungsmodells und den von Healey verlangten Sicherheiten für einen Vertragsabschluß (siehe Kap. 6.1.2, S. 73 f.), doch der Präsentationstermin am 8. Oktober wurde eingehalten.

Bis zu diesem Zeitpunkt waren weder eine breit angelegte Information der eigenen Verwaltung noch des Rates erfolgt, obwohl zumindest die politischen Spitzen der SPD durch den OStD und den Finanzminister in den Grundzügen informiert waren. Die oppositionellen Ratsfraktionen (CDU, FDP, Bunte Liste) waren bis zum Auftauchen der ersten Presseberichte am 5. Oktober jedenfalls nicht informiert worden (vgl. die Äußerungen von CDU-Ratsherr Niemczyk in der Ratssitzung am 14. Oktober [Ratsprotokoll Oberhausen vom 14. Oktober 1991, S. 9] sowie WAZ-Oberhausen vom 08.10.1991) (siehe Kap. 8.4, S. 193 ff.).

Mit der öffentlichen Präsentation am 8. Oktober fiel der Startschuß zur breiten Integration der städtischen Verwaltung und der politischen Gremien in die Arbeit an der Neuen Mitte Oberhausen. In der nächsten Ratssitzung, am 14. Oktober, wurde der Rat als solcher über die bis dahin entwickelten Planungen informiert (Stadt Oberhausen 1991), woraufhin dieser den Beschluß faßte, die Verwaltung mit der Schaffung der planerischen Voraussetzung zur Realisierung des Projektes zu beauftragen (Ratsprotokoll Oberhausen vom 14. Oktober 1991, S. 10). Die politische Legitimation für die weiteren Arbeiten war erfolgt.

8.3 Die Einbeziehung der städtischen Verwaltung

Über den Sommer 1991, während der Vorabstimmungen mit den Ministerien und den Verhandlungen mit Thyssen, hatte OStD Drescher nur eine kleine Gruppe von führenden Verwaltungsbeamten im Rathaus in die Planungen eingeweiht. Dazu gehörten neben den Leitern des Koordinierungsbüros O. 2000 in erster Linie die Dezernenten Kolter (Umwelt) und Hoefs (Planen und Bauen). Zum Zeitpunkt des Ratsbeschlusses vom 14. Oktober hatte diese interne Führungsgruppe um Drescher selbstverständlich bereits bestimmte strukturelle Entscheidungen getroffen, wie die nun zu eröffnenden offiziellen Planungsverfahren vorangetrieben werden sollten.

8.3.1 Der Arbeitskreis Neue Mitte Oberhausen

Aufgaben und Zusammensetzung

Bereits einen Tag nach dem Ratsbeschluß, am 15. Oktober 1991, kam es zur konstituierenden Sitzung des verwaltungsinternen Arbeitskreises "Neue Mitte Oberhausen", der von nun an zum zentralen Diskussions- und Berichtsforum werden sollte für alle Fragen, die in Zusammenhang mit der Neuen Mitte Ober-

hausen zu klären waren. Im Protokoll der konstituierenden Sitzung heißt es zur Zielsetzung:
"Der Arbeitskreis dient dazu, alle Arbeitsbereiche zu bündeln und die Probleme, die bei deren Bearbeitung entstehen, zu lösen. Der Verwaltungs-Arbeitskreis wird punktuell um die Architekten, Juristen etc. erweitert. Neben diesem Arbeitskreis wird noch ein Informationsarbeitskreis eingerichtet, in dem Vertreter der IBA, des Initiativkreises Ruhrgebiet u. a. vertreten sein werden.

In dem Verwaltungs-Arbeitskreis werden folgende Themenbereiche behandelt:
- B-Plan-Verfahren,
- Ausbau Osterfelder Straße,
- Umbau Autobahnanschluß,
- Ver- und Entsorgungsanlagen,
- Altlastenbeseitigung,
- Baugenehmigungsverfahren,
- Landesgartenschau" (Protokolle AK Neue Mitte).

Der Arbeitskreis Neue Mitte Oberhausen bildete also die konsequente Fortsetzung einer rathausinternen Projektplanung, wie sie auf der Steuerungsebene bereits durch das Koordinierungsbüro O. 2000 eingesetzt worden war. Zwischen dem 15. Oktober 1991 und dem 31. Januar 1995 tagte der Arbeitskreis 144mal, überwiegend im wöchentlichen Rhythmus zu einem feststehenden Termin. Das Koordinierungsbüro übernahm im Sinne seiner Bündelungsfunktion für Projekte des Strukturwandels das Sekretariat des Arbeitskreises, erstellte die Tagesordnungen und Einladungen, fertigte Protokolle an und hielt die Berichterstattung über die angesprochenen Fragen nach (Protokolle AK Neue Mitte; Interview Faßbender; Interview Best II; Interview Drescher).

In der konstituierenden Sitzung war der Kreis der über die nächsten Jahre beteiligten Ämter bereits abgesteckt. Neben dem OStD, O. 2000, dem Planungs- und dem Umweltdezernenten waren Mitarbeiter (bzw. Leiter) der folgenden Ämter zugegen:
- Rechtsamt,
- Feuerwehr,
- Amt für Umweltschutz,
- Planungsamt,
- Vermessungsamt,
- Bauordnungsamt,
- Tiefbauamt.

In verschiedenen Phasen der Arbeit kamen Mitarbeiter aus weiteren Ämtern bzw. Dezernenten hinzu wie der Stadtkämmerei, dem Liegenschaftsamt oder den Wirtschaftsbetrieben Oberhausen, dem bald eigenständig organisierten Ver- und Entsorgungsunternehmen der Stadt. Mit Ausnahme des für die Leitung der Wirtschaftsbetriebe zuständigen Dezernenten, der sehr bald hinzugezogen wurde, war die Mitarbeit und Anwesenheit dieser Ämter aber eher periodisch oder gar punktuell, während der zunächst beschriebene Stamm von Ämtern über die Jahre kontinuierlich vertreten war (Protokolle AK Neue Mitte; Interview Faßbender).

Dabei war es erklärte Absicht Dreschers, die tatsächlichen Problembearbeiter zu Wort kommen zu lassen und ihre Ansichten - auch anderslautende als die ihrer Vorgesetzten - diskutieren und einbringen zu lassen. Die hauptsächlich beteiligten Ämter waren dementsprechend auch meist nicht nur mit den Amtsleitern in den Sitzungen des Arbeitskreises vertreten (Interview Hoefs I; Interview Drescher). Sachstandsberichte wurden in der Regel von den Bearbeitern selbst vorgetragen, um das Schreiben von Berichtsvorlagen für die Vorgesetzten einsparen zu können.

Nach der oben zitierten Zielsetzung des Arbeitskreises sollten auch externe Experten und Berater zu den Sitzungen des Arbeitskreises hinzugezogen werden. Deren Anwesenheit wurde in einigen Fällen zum Dauerzustand. Die hauptsächlichen externen Berater nahmen an den Arbeitskreissitzungen teil, bis Drescher Anfang November 1993 entschied, daß ihre ständige Anwesenheit angesichts des mittlerweile erreichten Planungsstandes nicht mehr notwendig sei (Protokolle AK Neue Mitte). Der zentrale Bebauungsplan 275 A hatte bereits im Sommer 1993 Rechtskraft erlangt.

Bei den externen Beratern handelte es sich zum einen um Institutionen, die in bestimmten Planungsfragen ohnehin früher oder später zu konsultieren waren bzw. mit denen z. T. weitreichende Abstimmungen vorzunehmen waren. Bereits in der 5. Sitzung am 12. November 1991 war erstmals ein Vertreter der Energieversorgung Oberhausen (EVO) zugegen, nachdem die zuständigen Ämter am Vortag ihren Gesprächsbedarf mit der EVO und den Rheinisch-Westfälischen Elektrizitätswerken (RWE) analysiert hatten (Protokolle AK Neue Mitte). Sowohl die zukünftige Energieversorgung (Elektrizität, Fernwärme) als auch die Fragen der Verlagerung von bestehenden Versorgungsanlagen und -leitungen auf dem zu diesem Zeitpunkt ja noch zu räumenden Gelände waren Anlaß für die ständige Beteiligung der EVO.

Auch die stadteigenen Verkehrsbetriebe der StOAG (Stadtwerke Oberhausen AG) wurden bereits am 26. November (7. Sitzung) hinzugezogen, nachdem in den ersten Wochen die Planungserfordernisse eines neuen ÖPNV-Konzeptes verschiedentlich angesprochen worden waren. Zunächst standen dabei Systementscheidungen für eine Anbindung mit Bus-, Schienen- oder Kombiverkehr über die neu zu konzipierende ÖPNV-Trasse im Vordergrund. Im Zeitverlauf wurde die Notwendigkeit einer grundsätzlichen Neuordnung des städtischen ÖPNV-Netzes immer deutlicher, so daß die StOAG langfristig in die Beratungen des Arbeitskreises eingebunden wurde. Tatsächlich nahm die StOAG bis zuletzt (Februar 1995) an den Arbeitskreissitzungen teil, da nach der Erstellung des Bebauungsplans 275 A vor allem die komplette Verwirklichung der neuen ÖPNV-Trasse und die damit zusammenhängenden Bebauungspläne in den Mittelpunkt der Planungen im Arbeitskreis rückten (Protokolle AK Neue Mitte).

Etwas später als die EVO und die StOAG, ab Sommer 1992, wurden auch Beamte des Oberhausener Polizeipräsidiums regelmäßig in die Sitzungen einbezogen. Dafür waren verkehrstechnische und Sicherheitsfragen ausschlaggebend, obgleich sich der tatsächliche Diskussionsbedarf im Arbeitskreis als gering erwies (Protokolle AK Neue Mitte).

Bezeichnend für all diese Organisationen ist in erster Linie ihre Nähe zur städtischen Verwaltung, die es ermöglichte, ihre Vertreter relativ leicht in den Arbeitskreis zu integrieren, da deren Aufgabenfelder eben im wesentlichen auf das Stadtgebiet beschränkt waren, zudem die StOAG sich zu 100 %, die EVO zu 50 % im städtischen Eigentum befanden[102]. Damit war zum einen davon auszugehen, daß ihre Zielsetzungen in puncto Projektrealisierung mindestens neutral, wahrscheinlich aber eher deckungsgleich mit denen der Stadt waren. Indiskretion, Opposition oder das Einbringen eines abweichenden Eigeninteresses waren demnach kaum zu befürchten. Zum anderen war ihre Mitarbeit für die Stadt kostenneutral, der potentielle Nutzen durch frühzeitige und direkte Kommunikation aber nur positiv zu bewerten.

Neben diesen stadtnahen Organisationen wurde der Kreis der Beteiligten um diejenigen externen Berater erweitert, die für bestimmte Planungsaufgaben oder generelle Projektbetreuung seitens der Stadt unter Vertrag genommen worden waren. Damit wurde also der professionelle Sachverstand der Verwaltung durch die Kapazitäten und Erfahrungen privater Büros ergänzt. Ihre wechselseitige Abhängigkeit legte eine frühe Integration in den Arbeitskreis nahe.

So wurde bereits in der konstituierenden Sitzung festgehalten, daß die Stadt im Laufe des gesamten Verfahrens von einem externen Rechtsberater unterstützt werden sollte. Vom 12. November an (5. Sitzung) nahm das Münsteraner Büro Baumeister als Rechtsbeistand an den Sitzungen des Arbeitskreises teil (Protokolle AK Neue Mitte). Im Verlauf der Planungsverfahren arbeitete das Büro Baumeister ständig mit dem Rechtsamt der Stadt zusammen, wie es auch schließlich die Stadt vor dem Oberverwaltungsgericht in Münster in Normenkontrollverfahren gegen den Bebauungsplan 275 A vertrat (Interview Best I).

In der zweiten Arbeitskreissitzung am 22. Oktober wurde auch festgelegt, daß das Bebauungsplanverfahren durch das Büro des Städtebauers und Architekten Kuhn ("Architektur und Stadtplanung", Düsseldorf) weiter begleitet werden sollte, auch wenn zu diesem Zeitpunkt der genaue Umfang der Beratungstätigkeit und der fachlichen Arbeit noch nicht geklärt war (Protokolle AK Neue Mitte). In der Folgezeit übernahm Kuhn die Präzisierung der eigenen ursprünglichen Rahmenplanung bis hin zur Erstellung des Bebauungsplanvorentwurfs, der zur öffentlichen Auslegung gebracht wurde. Damit wurden also einerseits die Kapazi-

---

[102] Die übrigen 50 % der EVO gehören den RWE.

täten des Planungs- und des Vermessungsamtes ergänzt, andererseits konnte die Stadt die Ernsthaftigkeit ihrer Bemühungen um eine qualitativ hochwertige städtebauliche Integration durch anerkannten externen Sachverstand eindrucksvoll demonstrieren. Das Büro Kuhn blieb bis November 1993 in den Arbeitskreis integriert und wurde während dieser Zeit mit verschiedenen Aufgaben der städtebaulichen und planerischen Abstimmung betraut, die über die Arbeiten am Bebauungsplan 275 A hinausgingen, z. B. mit der Betreuung der Architekturwettbewerbe im Umfeld der Neuen Mitte (Akten zu den Wettbewerben) (siehe Kap. 8.3.2, S. 185 ff.).

Als dritter externer Berater kam im Dezember 1991 das Kölner Büro für Planung und Ingenieurtechnik (BPI) hinzu, das mit der Koordination der durchzuführenden Umweltverträglichkeitsuntersuchung beauftragt wurde. Auch das BPI blieb im Laufe des weiteren Verfahrens bis zum November 1993 ständiger Teilnehmer des Arbeitskreises. Die mit einzelnen Teiluntersuchungen zur Umweltverträglichkeit beauftragten Gutachterbüros nahmen dagegen nicht an den Sitzungen teil[103]. Die Ergebnisse ihrer Arbeit wurden stattdessen von BPI oder dem städtischen Amt für Umweltschutz aufgearbeitet und in die Beratungen eingebracht (Protokolle AK Neue Mitte).

Damit war der Kreis der Beteiligten am Arbeitskreis Neue Mitte Oberhausen abgesteckt. Ab November 1993 wurde auf die ständige Anwesenheit der externen Berater verzichtet. Lediglich die Rechtsanwaltssozietät Baumeister und die StOAG nahmen weiterhin bis zur Auflösung des Arbeitskreises an den Sitzungen teil.

Nachgeschaltete Arbeitsgruppen

Für die Arbeitsorganisation innerhalb der Verwaltung ist es ferner von Bedeutung, daß bestimmte Fragenkomplexe im wesentlichen aus den Beratungen des Arbeitskreises ausgelagert und an separate Arbeitsgruppen oder Arbeitskreise delegiert wurden. In diese kleineren Kreisen waren nach Bedarf auch wieder die entsprechenden externen Berater integriert (Interview Hoefs I; Protokolle AK Neue Mitte).

Den Anfang machte im Januar 1992 der sogenannte Lenkungskreis Abbruch, obgleich dieser technisch gesehen außerhalb des Rathauses organisiert und gesteuert wurde. Seine Einrichtung war in den verschiedenen Verträgen vom 5. Dezember 1991 bereits vereinbart worden.

Dadurch hatte die GEG die Verantwortung für die Räumung und Aufbereitung des Grundstücks übernommen, um als kommunaler Träger Fördermittel der

---

[103] Im einzelnen waren dies der TÜV Rheinland (ursprüngliche Altlastenuntersuchung 1989/1990, Lärm und Erschütterungen), das Büro "Gruppe Ökologie und Planung" (GÖP) (Biotoptypen), der KVR (Klima und Lufthygiene) sowie die Darmstädter BPI-Niederlassung (Abfallaufkommen, Energie) (Stadt Oberhausen 1993, S. 28-30).

regionalen Wirtschaftsförderung einwerben zu können, weshalb die Stadt Oberhausen am 19. November die GEG-Geschäftsanteile des Landes übernommen hatte (siehe Kap. 6.1.3, S. 81). Nach dem Abschluß der Verträge und der Bewilligung der Fördermittel zog sich auch die West LB Immobilien aus der GEG zurück, der Geschäftsbesorgungsvertrag wurde am 20. Dezember 1991 aufgelöst.[104] Einer der beiden Leiter des Koordinierungsbüros O. 2000, der ehemalige Planungsamtsleiter Böhner, übernahm die Geschäftsführung der nun kommunalen GEG.

Unter Führung der GEG wurde nun also ein Lenkungskreis ins Leben gerufen, in dem sämtliche Fragen der Räumung und der Verlagerung von Altanlagen koordiniert werden sollten. Die Privatfirmen, die von der GEG mit den Abbrucharbeiten beauftragt wurden, bildeten den Kern dieses Arbeitskreises. Außer der Thyssen-Tochter Sonnenberg wurde im Frühjahr 1992 auch die Babcock-Anlagenbau hinzugezogen, der nach dem Willen der Stadt die Aufgabe des Abbruchcontrolling übertragen wurde. Aufgrund der Notwendigkeit, die Abbrucharbeiten auf die terminlichen und inhaltlichen Überlegungen der späteren Nutzung abzustellen, wurden auch das Büro Kuhn und Vertreter von Stadium hinzugezogen, und zwar zunächst die mehr konzeptionellen Projektentwickler[105], später, ab März 1992, die Firma Dorsch-Consult, die von Stadium mit der ingenieurtechnischen Projektabwicklung beauftragt worden war. Der Kontakt zur städtischen Verwaltung bzw. zum Arbeitskreis Neue Mitte Oberhausen erfolgte über das Koordinierungsbüro O. 2000, bei Bedarf wurden andere städtische Ämter (wie z. B. das Amt für Umweltschutz) oder auch externe Gutachter zu den Beratungen hinzugezogen. Damit war es dem Verwaltungsarbeitskreis Neue Mitte möglich, sich vollständig auf die planerische Umsetzung der neu entstehenden Projekte zu konzentrieren (Protokolle AK Neue Mitte).

Doch auch innerhalb des Verwaltungsarbeitskreises selbst wurden im Lauf der Zeit verschiedene Teilaufgaben in kleinere Arbeitsgruppen oder -kreise delegiert. Deren Entstehung spiegelt aber keine im voraus geplante Organisationsstruktur wider, sondern richtete sich nach den jeweils aktuellen Arbeitserfordernissen, wie sie im Planungsprozeß auftauchten.[106] Ihre Zusammensetzung und ihr Fortbestand waren dementsprechend unterschiedlich, und in der Regel übernahmen einzelne Stadtämter die Federführung und Koordination, so daß O. 2000 lediglich die

---

[104] Der Rat der Stadt beschloß im Februar 1992 den Kauf der Geschäftsanteile der West LB Immobilien. Der personelle Wechsel und die Änderung des Unternehmenszieles vollzogen sich aber bereits im Dezember 1991. Zu diesem Zeitpunkt legte auch Finanzminister Schleußer sein dortiges Aufsichtsratsmandat nieder.

[105] Inzwischen hatte das oben bereits erwähnte Ehepaar Weinberger (siehe Fußnote 67, S. 86) eine eigene Projektentwicklungsgesellschaft gegründet, die für Stadium tätig wurde.

[106] Dies zeigt sich auch daran, daß sich für diese Arbeitsgruppen erst im Laufe der Zeit einheitliche Bezeichnungen etablierten. So wurden Begriffe wie Arbeitsgruppe, Projektgruppe oder Arbeitskreis im wesentlichen synonym benutzt.

Steuerung des Gesamtarbeitskreises oblag (Interview Hoefs I; Protokolle AK Neue Mitte).

Als erste zu nennen ist die Arbeitsgruppe "Anregungen und Bedenken", die im Juni 1992 eingerichtet wurde. Ihre Aufgabe war es zunächst, die während der öffentlichen Auslegung der Bebauungspläne eingegangenen Anregungen und Bedenken zu systematisieren. Alle relevanten Stadtämter wurden beteiligt: Planungsamt, Bauordnungsamt, Vermessungsamt, Tiefbauamt, Rechtsamt, das Amt für Umweltschutz sowie das Koordinierungsbüro O. 2000. Anschließend wurde in dieser Arbeitsgruppe auch die Bearbeitung der Anregungen und Bedenken vorgenommen. Mit einzelnen Firmen und Institutionen wurden in diesem Zusammenhang Gespräche geführt, um die geäußerten Bedenken auszuräumen. Ansonsten wurden Verwaltungsstellungnahmen ausgearbeitet, wobei auch der Sachverstand der externen Berater hinzugezogen wurde. Hauptaugenmerk der Arbeitsgruppe war das Planverfahren 275 A, das bis zum Satzungsbeschluß des Rates im Februar 1993 betreut wurde, da Drescher angewiesen hatte, auch die verspätet eingegangenen Anregungen und Bedenken zu bearbeiten (Protokolle AK Neue Mitte).

Aus dieser Arbeit ging nach dem Ratsbeschluß eine kleinere Arbeitsgruppe hervor, die mit der offiziellen Beantwortung der Anregungen und Bedenken betraut wurde. Die Gruppe setzte sich zusammen aus dem Vermessungsamt (als für den Bebauungsplan verantwortlich zeichnendem Stadtamt), dem Rechtsamt und der Rechtsanwaltskanzlei Baumeister, was auf die Sorgfalt hinweist, mit der gerade die juristische Absicherung des Planverfahrens betrieben wurde (Protokolle AK Neue Mitte).

Letzteres wird auch belegt durch die Gründung des Arbeitskreises Normenkontrollverfahren, die in Zusammenhang mit der öffentlichen Bekanntmachung des Bebauungsplans 275 A im August 1993 geschah. Die Beratung eventueller und später tatsächlicher Normenkontrollklagen gegen den Bebauungsplan brachte in bald wöchentlichen Sitzungen das Vermessungsamt, das Rechtsamt und das Büro Baumeister zusammen, doch wurden auch die juristischen Berater des Investors hinzugezogen, da diesem die planungsrechtliche Sicherheit selbstverständlich ein dringendes Anliegen war. Integriert wurde in diesen Arbeitskreis dann auch das Bauordnungsamt, da auch gegen die ersten Baugenehmigungen, die zwei Tage nach der Veröffentlichung des Bebauungsplans erteilt worden waren, Widersprüche eingelegt wurden (Protokolle AK Neue Mitte).

Bereits im Dezember 1992, als die inhaltliche Bearbeitung des Bebauungsplans 275 A abgeschlossen war, hatte das Bauordnungsamt eine primär amtsinterne Arbeitsgruppe gebildet, die zwecks Abstimmung und Vorbereitung der Bauanträge für die Architekten des Investors eine regelmäßige Bauberatung einrichtete. Innerhalb des Amtes entstand später eine eigene Arbeitsgruppe "Baugenehmigungsverfahren", die sich ausschließlich mit den Bauanträgen der Neuen Mitte beschäftigte (Interview Hoefs I; Protokolle AK Neue Mitte).

Anders als die bisher beschriebenen Arbeitsgruppen, die sich primär an den planungsrechtlichen Verfahrensfragen orientierten, entstanden zudem einige Arbeitsgruppen, die sich hauptsächlich mit verkehrlichen Fragen auseinandersetzten und demnach andere Beteiligte des Arbeitskreises zusammenführten. Die Fragen zum ÖPNV wurden aber zunächst in Gruppengesprächen und Einzelterminen vorangetrieben, ohne daß es zur "offiziellen" Gründung von Arbeitsgruppen kam. Obwohl die Begleitbebauungspläne zusammen mit dem Bebauungsplan 275 A zur Auslage gekommen waren, nahm doch die weitere Bearbeitung der Verkehrsplanungen einen längeren Zeitraum in Anspruch.

Im Oktober 1992 kam es zur Konstituierung einer Projektgruppe "ÖPNV-Trasse". Darin waren Planer des Tiefbauamtes, Mitarbeiter der StOAG und der Feuerwehr vertreten, da beabsichtigt wurde, die Trasse auch für die Feuerwehrandienung der Neuen Mitte zu nutzen. Hinzu kamen als externe Berater das Ingenieurbüro Schlegel und Dr. Spiekermann (ISS), das mit der Trassenplanung beauftragt worden war, zeitweise die Gruppe Ökologie und Planung (GÖP; für Fuß- und Radwegeplanung) sowie wiederum das Büro Kuhn (Gestaltungsfragen, Betreuung der Haltestellenentwürfe). Dieser Teilnehmerkreis weist nochmals auf die relative Eigenständigkeit der einzelnen Arbeitsgruppen hin, denn weder ISS noch GÖP waren regelmäßige Mitglieder des großen Verwaltungsarbeitskreises, sondern wurden bei Bedarf zu dessen Sitzungen hinzugeladen (Protokolle AK Neue Mitte).

Die Arbeiten an der neuen ÖPNV-Trasse standen zudem in Zusammenhang mit den Planungen zu einem Oberhausener Verkehrsentwicklungsplan (VEP), die von Planungsdezernent Hoefs schon Ende der 80er Jahre eingeleitet worden waren. Mit dem Entstehen des Projektes Neue Mitte mußten diese Planungen umgestellt werden, weshalb die Arbeit der Projektgruppe ÖPNV-Trasse verschiedentlich mit den VEP-Gutachtern koordiniert werden mußte - dem Aachener Ingenieurbüro Dr. Baier (BSV) und der KVR-Abteilung Planung.

Im Frühjahr 1994, nach der letztlichen Billigung des neuen VEP durch den Rat, kam es zur Gründung der verwaltungsinternen Projektgruppe "ÖPNV '96". Ihr Name leitete sich aus der Aufgabenstellung ab, die neue ÖPNV-Struktur und, ganz zentral, die Straßenbahnandienung der Neuen Mitte bis zum Sommer 1996 zu realisieren - also rechtzeitig zur Eröffnung des CentrO-Einkaufszentrums, die zu diesem Zeitpunkt bereits vom März auf den September 1996 verschoben worden war. Mit dieser Zielsetzung sollten also die Vorgaben des MSV, des MURL und der Bezirksplanungsbehörde erfüllt werden, die ja in den Vorabstimmungen und Genehmigungsverfahren immer wieder auf die Notwendigkeit einer zeitgleichen Verwirklichung der ÖPNV-Andienung hingewiesen hatten (siehe Kap. 7.6, S. 154 f.). Die Realisierung der neuen ÖPNV-Trasse durch das Gelände der Neuen Mitte und der Straßenbahnverbindung nach Mülheim standen demnach auch im Mittelpunkt der Arbeit dieser Projektgruppe, und zwar Fragen der Planung ebenso wie die bauliche Umsetzung. Dazu wurde ÖPNV '96 aus der normalen Ämterhierarchie weitgehend ausgegliedert und wurden ihre Mitarbeiter von anderen verkehrsplanerischen Arbeiten befreit (Protokolle AK Neue Mitte).

Als weiterer nachgeordneter Arbeitskreis ist der Arbeitskreis Verkehrslenkung zu nennen, der in Verbindung mit den beginnenden Baumaßnahmen der Neuen Mitte und der Straßenbahnstrecken im Herbst 1993 ins Leben gerufen wurde. Ihm oblag die Planung und Abwicklung der Baustellen- und Umleitungsverkehre für die Neue Mitte, für den Ausbau der Osterfelder Straße und der Autobahnanschlußstellen sowie für die Streckenabschnitte der Straßenbahntrassen. In diesem Arbeitskreis war das städtische Tiefbauamt ebenso vertreten wie die für Stadium tätigen Projektentwickler Dorsch-Consult. Aber auch der Landschaftsverband Rheinland und die Polizei hatten Mitarbeiter entsandt (Protokolle AK Neue Mitte).

Mit dieser Beschreibung der verschiedenen Arbeitsgruppen und Arbeitskreise sollen in erster Linie die organisatorischen Ansätze zur Lösung der komplexen Planungsfragen rund um die Neue Mitte Oberhausen herausgestellt werden. Die Koordination der vielen Einzelaufgaben und Arbeitsgruppen lag im Verantwortungsbereich von O. 2000. Dort hatte man sofort mit Einrichtung des Arbeitskreises Neue Mitte damit begonnen, eine übergreifende Netz-Zeitplanung aufzustellen (Interview Drescher). Dazu wurden alle beteiligten Ämter aufgefordert, die von ihnen zu leistenden Arbeiten in Einzelschritten darzustellen und mit einer Zeitplanung zu versehen. Diese wurden dann während der ersten vier bis fünf Wochen von O. 2000 zu einem Generalnetzzeitplan zusammengefügt, der es ermöglichte, den Planungsfortschritt einzelner Planungsverfahren sowie der beteiligten Ämter oder Arbeitsgruppen nachzuhalten und zu koordinieren. Je nach Bedarf wurde der Generalnetzzeitplan um zusätzliche Erfordernisse erweitert bzw. modifiziert (Protokolle AK Neue Mitte).

Die Aufgabenstellungen der nachgeordneten Arbeitsgruppen lassen bereits im groben die inhaltlichen Schwerpunkte des Verwaltungsarbeitskreises Neue Mitte ablesen. Die zeitliche und inhaltliche Entwicklung der Planungsarbeit soll im folgenden nachgezeichnet werden.

8.3.2 Planverfahren und Inhalte

Die Sondierungsphase des Arbeitskreises

Als Anfang Oktober 1991 die städtische Verwaltung über die Gründung des Arbeitskreises Neue Mitte in die Erarbeitung der notwendigen Bauleitpläne eingebunden wurde, waren die inhaltlichen Grundstrukturen der Planungskonzeption bereits mit den Ministerien und dem Investor abgestimmt und vom Büro Kuhn zeichnerisch umgesetzt worden. Die Kuhnschen Vorarbeiten sollten nun herangezogen werden, um im Rahmen der Bauleitplanverfahren möglichst schnell eine Beteiligung der Träger öffentlicher Belange durchzuführen.

Ebenso waren ja bereits im Juni Vorstellungen über den Verfahrensablauf und die zeitlichen Eckpunkte der Planungsverfahren entwickelt worden, die nun als Zielsetzung in den Arbeitskreis eingebracht wurden (vgl. Brief Drescher-Schleußer; in: PUA-Bericht, S. 77 f.). Wie knapp diese Zeitvorstellungen der Oberhausener Verwaltungsspitze bemessen waren, spiegelt schon der ursprünglich ins Auge gefaßte Termin für den Bebauungsplanvorentwurf wider: Schon am 10. November sollte dieser mit entsprechender Begründung vorliegen, um die Beteiligungsverfahren einleiten zu können. Trotzdem benötigte der Arbeitskreis einige Zeit, um wichtige Verfahrensfragen zu klären und sich einen Überblick über die anstehenden Aufgaben und die notwendigen externen Abstimmungen zu verschaffen. Man kann daher bis in den Dezember hinein von einer Art Sondierungsphase des Arbeitskreises sprechen (Protokolle AK Neue Mitte).

In dieser Anfangsphase war also erstens eine genaue Aufgabenverteilung festzulegen, was Entscheidungen über die Einbeziehung externer Berater einschloß. Zweitens mußte geklärt werden, welche Art von Bebauungsplanverfahren durchgeführt werden sollte, was zunächst intern besprochen wurde, bald aber Rücksprachen mit dem Regierungspräsidenten als Genehmigungsbehörde notwendig machte. Und drittens mußte festgestellt werden, mit welchen Verfahrensbeteiligten und Betroffenen dringender Abstimmungsbedarf bestand. Mit einigen Firmen und Institutionen wurden dementsprechend frühzeitige Gesprächstermine vereinbart, in denen sich Drescher bemühte, den Gestaltungsspielraum der städtischen Planungen auszuloten bzw. zu erweitern und späteren Bedenken zuvorzukommen (Protokolle AK Neue Mitte).

Bereits in der zweiten Sitzung wurde entschieden, das Büro Kuhn als ständigen Berater an den zukünftigen Arbeitskreissitzungen zu beteiligen. Ihm wurde kurz darauf die Präzisierung der ursprünglichen Rahmenplanung hin zu einem kompletten Bebauungsplanvorentwurf übertragen, was sich zu einer mehrmonatigen Aufgabe entwickelte. Für die Beteiligung der Träger öffentlicher Belange wurden aber sofort die bereits bestehenden Entwürfe von Kuhn herangezogen. Die ersten Briefe an die Nachbarstädte datieren bereits vom 13. November (Akten PlA Essen). Die beigefügten Unterlagen wurden damals bewußt so abstrakt wie möglich gehalten, sicherlich auch, um den Gestaltungsspielraum nicht von vorne herein einzugrenzen. Allerdings muß man auch annehmen, daß die Nachbarstädte nicht mehr Informationen erhalten sollten als aus rechtlichen Gründen notwendig. Jedenfalls erhielten sie mit diesen ersten Schreiben eine farbige Strukturkarte im Maßstab 1:5.000, ein Infopaket mit einer kurzen Begründung der Planaufstellung, mit den verfolgten Zielen und den Grundkomponenten des Planungskonzeptes sowie dem Hinweis, daß ergänzende Informationen (Prognos-Gutachten) beim Planungsträger zu erhalten seien. Als Frist für Stellungnahmen zu den Oberhausener Planungsvorhaben wurde der 2. Januar 1992 gesetzt (Akten PlA Essen).

Auf der gleichen Grundlage (Kuhn-Entwürfe und Prognos-Gutachten) wurde in Oberhausen die vorgezogene Bürgerbeteiligung eingeleitet. Bereits im Oktober wurde der 4. Dezember als Termin einer Bürgerversammlung festgesetzt und über die lokale Presse bekanntgemacht (WAZ Oberhausen vom 31.10.1991). Im "Blue Moon"-Musikzelt an der Essener Straße fanden sich rund 600 Bürger ein, denen die Stadtspitze unter Führung von Drescher über knapp drei Stunden das Projekt mit seinen Bestandteilen sowie den vorgesehenen Planungs- und Bauablauf erläuterte (Interview Drescher; WAZ Oberhausen vom 05.12.1991).

Die Frage nach der Rechtsqualität der einzuleitenden Planverfahren wurde zwar zusammen mit Rechtsberater Baumeister aus Münster diskutiert, machte aber die Abstimmung mit der Bezirksregierung notwendig. Die dortigen Abteilungsdirektoren wurden dementsprechend frühzeitig mit dem Oberhausener Informationsmaterial versorgt, und am 14. November wurden sämtliche potentiell relevanten Abteilungen beim Regierungspräsidenten mit den Planungen vertraut gemacht (Interview Schnell) (siehe Fußnote 61 auf S. 81 sowie S. 99 f.).

Die Erörterung am 14. November erbrachte in einigen Punkten wichtige Weichenstellungen für das weitere Vorgehen. Zum einen sahen die Bezirksplaner die Oberhausener Planungen als GEP-relevant an, hielten also die Einschaltung des Bezirksplanungsrates für unumgänglich. In Anlehnung an die früheren Überlegungen Dr. Ritters im MURL war man bei der Stadt Oberhausen davon ausgegangen, dieses zusätzliche Verfahren umgehen zu können, da man die Neue Mitte als integrierten Standort in Verbindung mit Alt-Oberhausen ansah (Interview Ritter). Offensichtlich waren aber die Bezirksplaner bestrebt, über die GEP-Änderung eine Rechtssicherheit auch für die parallel zu entwickelnden Bauleitplanungen herzustellen; zudem waren sie überzeugt, das GEP-Änderungsverfahren im ohnehin für den Bebauungsplan angesetzten Zeitrahmen durchführen zu können (Interview Schnell). Aufgrund der Zusammensetzung des Bezirksplanungsrates, in dem Kommunalpolitiker des Regierungsbezirks vertreten sind, erhielten aber die Nachbarstädte eine potentiell mächtigere Stellung. Für die Stadt Oberhausen konnte dies den Planungsprozeß nur erschweren, da damit eine wesentlich stärker politische Diskussionsebene zu integrieren war.

Die zweite notwendige Abstimmung bezüglich der weiteren Planungsverfahren betraf die Qualität der Bauleitplanverfahren. Auch hier plädierten die Planer des Regierungspräsidenten für die detail-spezifischere Regelung über einen qualifizierten Bebauungsplan nach § 30 Abs. 1 BauGB, woraufhin die Stadt die bis dahin ebenfalls diskutierten Alternativen eines einfachen Bebauungsplans (§ 30 Abs. 2 BauGB) bzw. einer Baugenehmigung nach § 34 BauGB aufgab (Protokolle AK Neue Mitte).

Die übrigen Diskussionspunkte am 14. November waren dagegen mehr informativer Natur. Bezüglich der von der Stadt vorgestellten UVP-Planungen, der Marina, der Straßenausbauverfahren und der ÖPNV-Planungen ergaben sich keine wesentlichen Diskrepanzen. Grundsätzlich sicherte der Regierungspräsident der Stadt alle mögliche Unterstützung zu (Protokolle AK Neue Mitte). Bis etwa zum Jahresende war die Sondierungsphase des Arbeitskreises im wesentlichen abgeschlossen. Notwendige Verfahrensfragen waren mit dem Regierungspräsidenten geklärt worden, die Beteiligungsverfahren für die Bauleitplanung angelaufen, und die Verwaltung hatte den Arbeitsbedarf auch an begleitenden Bauleitplanverfahren eruiert und über Netzzeitpläne im Grundsatz dargestellt. Parallel dazu waren auf Ebene der GEG und der Ministerien die letzten Voraussetzungen für eine erfolgreiche Umsetzung der Grundstücksentwicklung geschaffen worden, da zunächst am 5. Dezember die Kaufverträge unterzeichnet und in den darauffolgenden Wochen die Bewilligung der regionalen Wirtschaftsförderungsmittel arrangiert worden waren. Ende des Jahres war neben den Büros Kuhn, Baumeister und der StOAG auch das mit der Umweltverträglichkeitsuntersuchung beauftragte Büro BPI als ständiges Mitglied in die Arbeitskreissitzungen integriert.

Die Bebauungsplanung der Neuen Mitte

Mit dem Beginn des neuen Jahres konnte also nun der Planungsprozeß konzentriert vorangetrieben werden. Um den Zeitplan der Neuen Mitte nicht zu gefährden, wurde bereits im Januar entschieden, den Bebauungsplan 275 zu teilen. Die Entwicklung der Hauptflächen sollten über den Bebauungsplan 275 A weiter betrieben werden, während der zukünftige Marinabereich am Rhein-Herne-Kanal abgekoppelt wurde, da das notwendige Planfeststellungsverfahren in Verbindung mit der unklaren Investorenlage eine zeitgleiche Realisierung ausschlossen (Stadt Oberhausen 1993, S. 14; Protokolle AK Neue Mitte).

Zur Überarbeitung der vorliegenden Rahmenplanungen und um das Bemühen um qualitativ hochwertige städtebauliche Lösungen nach außen wirksam zu demonstrieren, organisierte das Büro Kuhn in Kooperation mit Prof. Zlonicky von der IBA einen zweitägigen Architekturworkshop. Ende Januar 1992 trafen dort Mitarbeiter von fünf Architekturbüros mit Jochen Kuhn zusammen, um städtebauliche und gestalterische Lösungen für die Nutzungsvorstellungen der Neuen Mitte zu überdenken.[107] Eine deutliche Änderung, die während dieser Überarbeitung entstand, war die Verlagerung der projektierten Mehrzweckhalle in den westlichen Geländebereich neben die Flächen der Firma Knepper (Wochenanzeiger Oberhausen vom 05.02.1992). Die Flächenbedarfe der ÖPNV-Trasse und Erschließungsanlagen wurden konkretisiert und zusammen mit den weiter-

---

[107] Im einzelnen waren dies Dipl.-Ing. Fürst (Hentrich-Petschnigg & Partner), Prof. Parade, der später den Wettbewerb zur Gestaltung der zentralen ÖPNV-Haltestelle gewinnen sollte, Dr. Priolo (Schiel, Possekel & Partner), Dipl.-Ing. Wawrowsky (Rhode, Kellerman, Wawrowsky - die deutschen Architekten Edwin Healeys) und Dipl.-Ing. Vogt (Vogt & Partner) (Wochenanzeiger Oberhausen vom 05.02.1992).

entwickelten Vorstellungen des Investors in die Pläne eingearbeitet. Dabei war Kuhn den Überlegungen Healeys oft einen Schritt voraus, so daß man wiederholt um genauere Nutzungsvorstellungen Stadiums bitten mußte. Über verschiedene Abstimmungsgespräche beim Regierungspräsidenten versicherte sich Kuhn zudem, daß auch die dortigen Planer mit dem Vorentwurf des Bebauungsplans übereinstimmten (Protokolle AK Neue Mitte).

Bereits im Januar wurden die Nachbarstädte erneut angeschrieben und von den neueren Planungsabsichten ebenso in Kenntnis gesetzt wie von der Zielsetzung Oberhausens, den fertigen Bebauungsplanvorentwurf am 24. Februar den Trägern öffentlicher Belange zukommen zu lassen. Als Frist für Stellungnahmen wurde bereits der 9. März angesetzt (Akten PlA Essen).

Die zeitliche Entwicklung der Abstimmung mit den Nachbarstädten muß allerdings in enger Verzahnung mit der regionalen Dimension des GEP-Änderungsverfahrens gesehen werden. Zwar stammt der Eröffnungsbeschluß des GEP-Änderungsverfahrens erst vom 23. Januar (siehe Kap. 7.2.1, S. 100 f.), doch war man in den einzelnen Kommunen ja bereits seit der öffentlichen Präsentation im Oktober in den Grundzügen über die Oberhausener Planungen informiert. Und auch wenn die Oberhausener Planer schon vor dem offiziellen Eröffnungsbeschluß eine grundsätzliche inhaltliche Klärung mit der Bezirksplanungsbehörde vorgenommen hatten, so waren auch die Nachbarstädte nicht untätig geblieben. Diese hatten ebenfalls schon Kontakt mit der Bezirksplanungsbehörde aufgenommen, insbesondere aber hatten sie sich untereinander auf ein gemeinsames und abgestimmtes Vorgehen geeinigt (Interview Alberts). Bereits im Januar wurde vom Büro Ageplan ein Angebot für die gutachterliche Begleitung und Beratung der Nachbarstädte eingeholt (Akten PlA Essen), eine Aufgabe, die Ageplan schon beim Triple-Five-Vorhaben übernommen hatte[108]. Auf Betreiben der Bezirksplanungsbehörde kamen die Planer der Nachbarstädte und die Stadt Oberhausen am 7. Februar erstmals zu einem gemeinsamen Arbeitskreis "Einzelhandel und Verkehr" zusammen, der in der Folgezeit zum Diskussionsforum zwischen den Kommunen werden sollte.

Dort wurde man sich schnell einig, daß die Nachbarstädte aufgrund der gemeinsamen inhaltlichen Basis der Bauleitplanverfahren und der GEP-Änderung lediglich jeweils eine Stellungnahme für sämtliche Planungsverfahren erarbeiten würden. Verzögerungen im GEP-Änderungsverfahren würden sich demnach auch potentiell auf die Bauleitplanverfahren auswirken.

Die Bezirksplaner hatten die Stadt Oberhausen bereits frühzeitig auf Probleme mit dem Prognos-Gutachten hingewiesen. Das Fehlen von Aussagen zur Umlenkung bestehender Kaufkraftströme führte demnach im Februar 1992 zur Beauftragung des Büros ish/Dr. Danneberg durch die GEG und der GfK durch die

---

[108] Daraus resultierte seinerzeit das Gutachten Ageplan & Blotevogel 1989 - vgl. hierzu Blotevogel & Deilmann 1989.

Firma Stadium. Die Nachbarstädte, die am 7. Februar bereits auf Fristverschiebung bestanden hatten, legten zudem der Stadt Oberhausen schon am 24. Februar einen vom Büro Ageplan ausgearbeiteten gemeinsamen Fragenkatalog vor (Akten PlA Essen).

Trotz dieser potentiellen Verzögerungen, die aus der Entwicklung des GEP-Änderungsverfahrens resultierten, hielt der Verwaltungsarbeitskreis Neue Mitte an seiner Terminplanung für die Bauleitplanverfahren fest. Dazu hatte man sich mit den Nachbarstädten geeinigt, daß deren Stellungnahmen dann eben erst während der öffentlichen Auslegung des Bebauungsplans eingereicht würden. Schon Ende Januar waren im Rat auch die Aufstellungsbeschlüsse für die Bauleitpläne der neuen ÖPNV-Trasse gefaßt worden (Nr. 343, 344, 345 und 347) (Ratsprotokoll Oberhausen vom 27. Januar 1992), die entsprechenden Bebauungsplanentwürfe wurden zeitgleich mit dem Entwurf des Bebauungsplans 275 A bereits Ende Februar versandt (Akten PlA Essen).

Im Arbeitskreis widmete man sich währenddessen den einzelnen Problempunkten der verschiedenen Bebauungspläne. Im Frühjahr 1992 standen im Bereich des Bebauungsplans 275 A Fragen der Umweltverträglichkeitsuntersuchung zur Debatte, während mit dem Landschaftsverband Abstimmungen über den Ausbau der Autobahnanschlüsse erfolgen mußten. Auch wenn sich die Planungsarbeit an der neuen ÖPNV-Trasse als komplex und schwierig erwies, konnten die entsprechenden Bebauungspläne weiterentwickelt werden, da viele technische Detailfragen keine direkten Auswirkungen auf die Festsetzungen der Bebauungspläne hatten (Protokolle AK Neue Mitte).

Der Entwurf des Bebauungsplanes 275 A wurde im Mai fertiggestellt. Nachdem das Büro ish/Dr. Danneberg bereits angedeutet hatte, daß im Rahmen seiner Begutachtung eine Verkaufsfläche von 70.000 m^2 wohl als zentrenverträglich nachgewiesen werde, wies die Stadt für das Einkaufszentrum jeweils 60.000 m^2 Geschoßfläche im Erdgeschoß und im 1. Obergeschoß aus - nur in diesen Geschossen sollten Ladenlokale erlaubt werden. Die Beschränkung auf 70.000 m^2 Nettoverkaufsfläche sollte über die Eintragung einer Baulast gesichert werden. Im übrigen wurden die zentralen Flächen der Neuen Mitte allesamt als Kerngebiet ausgewiesen, lediglich im Bereich der Firma Knepper wurden Industrie- bzw. Gewerbeflächen festgeschrieben, während der projektierte Freizeitpark als private Grünfläche deklariert wurde (Akten PlA Essen). Am 2. Juni beschloß der Rat die Auslegung sowohl des Bebauungsplans der Neuen Mitte als auch der vier begleitenden Bebauungsplanentwürfe für die Zeit zwischen dem 15. Juni und dem 15. Juli (Ratsprotokoll Oberhausen vom 2. Juni 1992).

Im Rahmen des GEP-Änderungsverfahrens konzentrierte sich die Diskussion mit den Nachbarstädten und der Bezirksplanungsbehörde zu dieser Zeit vor allem auf die Fragen der Zentrenverträglichkeit. Die Mitte Mai abgelieferten Gutachten der GfK und des Büros ish/Dr. Danneberg sowie die Stellungnahme des Büros Ageplan rückten auf dieser Ebene also in den Vordergrund (siehe Kap. 7.2.1,

S. 101 ff.). Trotzdem hatten diese Fragen nicht nur Auswirkungen auf das GEP-Änderungsverfahren, sondern auch das Verfahren des Bebauungsplans 275 A. Dies hatte zwei Gründe. Erstens erschien den Nachbarstädten die planungsrechtliche Begrenzung auf 70.000 m² Nettoverkaufsfläche, die nach der Diskussion der Gutachten als Zielgröße praktisch feststanden, im Bebauungsplan nicht ausreichend gesichert. Zweitens hatten viele der während der Offenlegung eingehenden Bedenken aus den Nachbarstädten die wirtschaftlichen Auswirkungen des neuen Einkaufszentrums zum Thema (vgl. Stadt Oberhausen 1993a).

Die ursprüngliche Terminplanung der Stadt vom Oktober 1991 hatte den 14. September 1992 als Termin für die Ausarbeitung der Ratsvorlage für den Bebauungsplan 275 A vorgesehen. Nach Beratungen in den Bezirksvertretungen sollte danach der Satzungsbeschluß des Rates in der Sitzung am 26. Oktober erfolgen. Auch nach der Eröffnung des GEP-Änderungsverfahrens hatte man diese Terminplanung beibehalten. Die zusätzlichen Gutachten, die von den Nachbarstädten in Auftrag gegebene Stellungnahme von Ageplan und die daraus resultierende Anberaumung eines Gutachten-Diskussionstermins am 15. Juli durch die Bezirksplanungsbehörde hatten aber zu einer Fristverlängerung für die Stellungnahmen im GEP-Änderungsverfahren bis zum 15. September geführt. Den Nachbarstädten war die ursprüngliche Fristsetzung für ihre abschließende Stellungnahme viel zu eng, insbesondere unter der Voraussetzung, daß sich die Ratsversammlungen mit politischen Beschlüssen dazu äußern wollten (Akten PlA Essen). Die Koppelung der Verfahren zwang die Stadt Oberhausen also nun, ihren Bearbeitungszeitraum zu verlängern. Allerdings ging man noch im Juli davon aus, den Oktobertermin des Rates aufrecht erhalten zu können, die Verzögerung notfalls über Sondersitzungen der vorgeschalteten politischen Gremien aufzufangen (Protokolle AK Neue Mitte).

Die eigens zu diesem Zweck gegründete Arbeitsgruppe hatte seit der Offenlage der Bebauungspläne bereits mit der Systematisierung der eingehenden Anregungen und Bedenken begonnen. Daraufhin wurden bereits mit einigen Beteiligten Gespräche geführt, um deren Bedenken zu diskutieren oder Lösungsmöglichkeiten für die jeweiligen Probleme zu suchen. Nach einigen Wochen wurde jedoch deutlich, daß angesichts der Flut von eingegangenen Bedenken und Anregungen eine weitere Verlängerung der Bearbeitungszeit unumgänglich war. Zudem bezogen sich viele der Bedenken auf die im GEP-Änderungsverfahren näher behandelten Aspekte der Zentrenverträglichkeit, weshalb der Arbeitskreis beschloß, das Büro ish/Dr. Danneberg mit der Abfassung einer grundsätzlichen Abwägung zu beauftragen, die den Stellungnahmen zu den einzelnen Anregungen und Bedenken vorangestellt werden sollte. Deshalb wurde Mitte August eine neue Terminplanung aufgestellt, nach der die Fertigstellung der Unterlagen bis Ende November angestrebt wurde, um den Satzungsbeschluß in der letzten Ratssitzung des Jahres am 18. Dezember treffen zu können (Protokolle AK Neue Mitte).

Ende Oktober mußte aber auch dieser Termin aufgegeben werden. Einerseits trafen immer noch verspätete Anregungen und Bedenken ein, deren Berücksichtigung Drescher ausdrücklich zugesagt hatte[109], andererseits kam das Büro ish der an es ergangenen Aufforderung nicht nach. Schließlich wurde die entsprechende grundsätzliche Abwägung im Planungsdezernat selbst erstellt und der Bebauungsplan im Dezember einer gründlichen fachlichen und juristischen Endprüfung unterzogen (Protokolle AK Neue Mitte). So wurde der 25. Januar 1993 als Termin für den Ratsbeschluß festgesetzt, da diese Sitzung aber kurzfristig ausfiel, kam es schließlich erst am 8. Februar zum Satzungsbeschluß.

Während der Bearbeitung der Bedenken und Anregungen und der Abstimmungen des GEP-Änderungsverfahrens wurden einzelne Fachfragen der Planung weiter verfolgt. Mitte Juli 1992 begann die GEG mit den Abrißarbeiten, was eine Abstimmung mit dem Bauzeitenplan des Investors erforderlich machte. Aber auch für den städtischen Verwaltungsarbeitskreis nahm der Diskussionsbedarf mit Stadium zu dieser Zeit zu. Einerseits standen Fragen der inneren Erschließungsplanung zur Klärung an, da z. B. über den öffentlichen oder privaten Charakter der auf dem Gelände gelegenen Verkehrsflächen noch keine Entscheidung getroffen worden war, andererseits wurde aber für den Bebauungsplan 275 A auch eine Freiraum- und Grünflächenplanung benötigt. Die Stadt entschied sich diesbezüglich zur Erstellung eines Grüngestaltungsplans, der wieder extern an die Gruppe Ökologie und Planung (GÖP) vergeben wurde (Protokolle AK Neue Mitte). Anliegen der Stadt war es, die Gestaltung der Freiflächen im vom Investor geplanten Freizeitpark, der privaten Erschließungsflächen und der nicht überbauten Grundstücksflächen zu steuern wie auch Fassaden- und Dachbegrünungen festzuschreiben. Dementsprechend wurde der Investor mit seinen Planern frühzeitig in die Beratungen und Entwicklung späterer Festsetzungen einbezogen. Die Ausarbeitung des Grüngestaltungsplanes durch GÖP nahm den Zeitraum von Juli bis Dezember 1992 in Anspruch, so daß im Februar 1993 parallel zum Bebauungsplan auch eine Grüngestaltungssatzung der Neuen Mitte vom Rat beschlossen wurde (Stadt Oberhausen 1993b).

Die Planung von ÖPNV-Trasse und Autobahnanschluß

Über den Sommer und Herbst 1992 wurden auch die Planungen zum Verkehr und speziell zur neuen ÖPNV-Trasse weiter vorangetrieben. Obwohl die Begleitbebauungspläne zeitgleich mit dem Bebauungsplan 275 A zur Auslage gebracht wurden, konnte diese Parallelität der Planungen nicht aufrecht erhalten werden. Zum einen forderte der Regierungspräsident eine landschaftspflegerische Begleit-

---

[109] Selbst im Januar 1993 trafen noch Schreiben ein, vor allem aus dem Raum Bottrop, so daß die Ratsvorlage der eingegangenen Anregungen und Bedenken durch vier separate Nachlieferungen ergänzt werden mußte.

planung ein, zum anderen bestand er im Bereich des Lärmschutzes auf zusätzlichen Untersuchungen und auf Festsetzung entsprechender Maßnahmen in den Bebauungsplänen (Protokolle AK Neue Mitte). Sensibel war für die Stadt vor allem der Bebauungsplan 343, der den Ausbau der Osterfelder Straße und die Anbindung an die A 42 sichern sollte. Die Bewohner der an die Osterfelder Straße angrenzenden Siedlung Ripshorster Straße hatten sich bereits früh als erklärte Gegner der Neuen Mitte zu erkennen gegeben (Interview Wilke)[110], so daß die Stadt in diesem Bereich ganz besonders kein planungsrechtliches Risiko eingehen wollte. Die Anfertigung der entsprechenden Gutachten zog sich jedoch bis ins Jahr 1993 hin.

Aber auch die technischen Details der neuen ÖPNV-Trasse waren bis in den Herbst noch nicht geklärt. Die rechtlichen und technischen Fragen der Mitbenutzung der Trasse durch die Feuerwehr und ihre Relevanz für die Bewilligung staatlicher Fördergelder mußten in langwierigen Koordinierungsgesprächen mit dem Regierungspräsidenten und verschiedenen Landesministerien geklärt werden. Auch die Liegenschaftsverhandlungen mit betroffenen Grundeigentümern konnten erst aufgenommen werden, als Trassenführung und Flächenbedarf einigermaßen konkretisiert worden waren (Protokolle AK Neue Mitte).

Nachdem zunächst lediglich die Nutzung durch Busse (evtl. Spurbusse) vorgesehen gewesen war, begann man im Herbst damit, in Verbindung mit der neuen ÖPNV-Trasse auch über die Wiedereinführung der Straßenbahn nachzudenken. So wurde begonnen, in Weiterführung der ÖPNV-Trasse eine Straßenbahnverbindung vom Oberhausener Hauptbahnhof bis zum Bahnhof Sterkrade zu planen, während zur gleichen Zeit mit der Stadt Mülheim Verhandlungen über zwei neue Straßenbahnverbindungen aufgenommen wurden. Entlang der Danziger Straße sollte eine Strecke nach Südosten in Richtung Mülheim-Dümpten geführt werden, auf der Mülheimer Straße sollte direkt nach Süden eine Verbindung nach Mülheim-Styrum entstehen.

Die zunehmende Bedeutung der ÖPNV-Trasse für die planerische Realisierung der Neuen Mitte spiegelt sich in der bereits erwähnten Gründung der eigenständigen Projektgruppe ÖPNV-Trasse wider, die im Oktober 1992 erfolgte,

---

[110] In der alten Thyssen-Siedlung hatte sich Ende der 70er Jahre die Riwetho-Bürgerinitiative gegründet (Riwetho = *Ri*pshorster Straße, *W*erksstraße, *Tho*masstraße). Hier hatten junge und meist aus der alternativen Szene stammende Hausbesetzer die leerstehenden Häuser der Siedlung instandgesetzt und zusammen mit den noch ansässigen Mietern - z. T. langjährige frühere Thyssenmitarbeiter, viele von ihnen türkische Mitbürger - den Widerstand gegen die Abrißpläne von Thyssen und der Stadt organisiert. Im Zusammenhang mit der Neuen Mitte wurde hier der Kampf um den Erhalt der Siedlung und gegen eine planerische oder nachfolgende Mietpreisverdrängung wieder aufgenommen. Die Normenkontrollklage gegen den Bebauungsplan 275 A wurde vom hier wohnenden heutigen Ratsmitglied der Grünen, Volker Wilke, eingereicht.

sowie in der Tatsache, daß eine Arbeitskreissitzung im November ausdrücklich als "Sondersitzung ÖPNV-Trasse" deklariert wurde (Protokolle AK Neue Mitte).

Die technische Gestaltung der neuen ÖPNV-Trasse nahm also immer konkretere Formen an, während der Bebauungsplan 275 A für den Satzungsbeschluß des Rates vorbereitet wurde. In vielen Punkten machte dies deutliche Umplanungen der ursprünglich ausgelegten Entwürfe der Begleitbebauungspläne erforderlich, so daß gegen Ende 1992 die erneute öffentliche Auslegung ins Auge gefaßt wurde. Aus diesem Grund informierte die Stadt den Regierungspräsidenten, da im GEP-Änderungsverfahren (und von den Landesministerien) der zeitgleichen Realisierung von Einkaufszentrum, Straßenausbau und ÖPNV-Anbindung eine besondere Bedeutung zugemessen worden war. Der Regierungspräsident gab zu einem verzögerten Abschluß der verkehrlichen Bebauungsplanungen seine Zustimmung, sofern die Auslegung im Zeitraum des Anzeigeverfahrens des Bebauungsplanes 275 A erfolgen würde (Protokolle AK Neue Mitte). Diese Terminierung wurde schließlich auch eingehalten: Nach dem Ratsbeschluß vom 24. Mai 1993 wurden die überarbeiteten Planentwürfe vom 7. Juni bis zum 7. Juli erneut ausgelegt (Ratsprotokoll Oberhausen vom 24. Mai 1993).

Nachdem die verzögerte Fertigstellung der Begleitbebauungspläne abgesichert war, widmete man sich vor allem den Gestaltungsfragen der Trasse und ihrer Haltestellen. So wurde im Frühjahr ein Architektenwettbewerb für die Gestaltung der Haltestelle und des angrenzenden zentralen Platzes in der Neuen Mitte ausgelobt (siehe S. 185 ff.), und die Gestaltung der übrigen Haltestellen wurde an ein Düsseldorfer Architekturbüro vergeben (Akten zu den Wettbewerben; Protokolle AK Neue Mitte). Diese Arbeiten, die über den Sommer angefertigt wurden, verliefen parallel zur Weiterverhandlung von Liegenschaftsfragen und näheren Planungen zur technischen Ausstattung der Trasse im Straßenbahnbetrieb. Gleichzeitig wurden die Verhandlungen mit der Stadt Mülheim intensiviert, um die Straßenbahnanbindungen über die Danziger und die Mülheimer Straße zu realisieren. Dazu wurden im Herbst die entsprechenden Anträge auf Planfeststellungsverfahren eingereicht. Im übrigen wurden nach der Auslegung die eingegangenen Anregungen und Bedenken der Verkehrsbebauungspläne bearbeitet und teilweise mit den Bedenkenträgern verhandelt (Protokolle AK Neue Mitte). Am 15. November konnte der Rat die Satzungsbeschlüsse fassen, und nach Genehmigung durch den Regierungspräsidenten erlangten auch diese fünf Bebauungspläne bis Mitte März 1994 Rechtskraft (Ratsprotokoll Oberhausen vom 15. November 1993).

Damit soll die eingehende Darstellung der ÖPNV-Planungen des Arbeitskreises Neue Mitte zum Abschluß kommen, da sich die weitere Planungsarbeit nun vermehrt auf die übrigen Straßenbahnverbindungen verlagerte, nämlich die nördliche Verlängerung der Trasse bis zum Sterkrader Bahnhof sowie die südlichen Strecken nach Mülheim (Mülheimer Straße und Danziger Straße). Für die Neue Mitte und ihre unmittelbaren Verkehrsanlagen war Planungsrecht geschaffen worden. Über das Jahr 1994 war man nun seitens der Stadt bemüht, Finanzierungszusagen für die direkt anstehenden und die projektierten verkehrlichen Baumaßnahmen vom Landschaftsverband und vom MSV zu erhalten. Probleme sollte dabei insbesondere die Finanzierung der zentralen Haltestelle bereiten, da der prämierte Entwurf des Büros Parade eine aufwendige und teure Dachkonstruktion vorsah, die die Fördermöglichkeiten des Gemeindeverkehrsfinanzierungsgesetzes übertraf (Protokolle AK Neue Mitte). Im wesentlichen setzte aber 1994 die bauliche Realisierungsphase ein, sowohl des Umbaus der Osterfelder Straße zur Autobahnanschlußstelle Osterfeld als auch der neuen ÖPNV-Trasse zwischen Oberhausen Hauptbahnhof und der Dorstener Straße.

Fragen der technischen Infrastruktur

Neben diesen zwei Hauptthemen des Arbeitskreises (Bebauungsplan 275 A und Verkehrsanbindung/ÖPNV-Trasse) gab es auch andere regelmäßig wiederkehrende Diskussionsthemen in den Tagesordnungen. Von den ersten Sitzungen an wurde unter dem Sammelpunkt "Technische Infrastruktur" eine Vielzahl von Einzelfragen angesprochen, die in der Regel nach ingenieur- und umwelttechnischen Lösungen verlangten. So lassen sich beispielsweise anführen: Probleme bei der Verlagerung eines Schalthauses der RWE, die Verlagerung von Fremdleitungen (Elektrizitäts-, Telephon-, Sauerstoff-, Erdgas- und Wasserleitungen), die zukünftige Fernwärmeversorgung der Neuen Mitte, die Nutzung bestehender Bahntrassen, die Ausbaupläne für den Rhein-Herne-Kanal oder die Entwässerungsproblematik des gesamten Geländes. Auch für diese Fragen gab es erheblichen Koordinierungsbedarf mit staatlichen Stellen und privaten Beteiligten, auch hier arbeiteten städtische Ämter und externe Berater je nach Bedarf gemeinsam an den anstehenden Problemen, und auch hier waren Abstimmungen mit dem Investor und seinen Beauftragten vorzunehmen (Protokolle AK Neue Mitte). Von den Organisationsstrukturen und Lösungswegen her unterschieden sich diese Fragen der technischen Infrastruktur also kaum von den großen Themenbereichen Bebauungsplan 275 A und ÖPNV-Trasse. Charakteristisch für sie war aber die geringe Außenwirkung im Sinne von planungsrechtlichen oder politischen Diskursen. Die meisten Fragen der technischen Infrastruktur betrafen die Nachbarstädte nicht und wurden dementsprechend abseits einer allgemeinpolitischen Ebene verhandelt und erfolgreich auf technisch-fachliche Zusammenhänge reduziert. Selbst wenn einzelne Punkte zur Klärung oder Entscheidung bis in höhere ministerielle Ebenen verfolgt wurden (beispielsweise rechtliche Fragen der Entwässerungslösung), so blieben sie stets in erster Linie Aufgaben der Fachbeamten.[111] Demnach gerieten sie aus inhaltlichen und organisatorischen Gründen

---

[111] Gleichwohl entwickelte die Stadt Oberhausen natürlich auch in diesen Fragen verhandlungspolitische Strategien. Stießen die Fachbeamten bei ihren Verhandlungspartnern auf erhebliche Widerstände, schaltete sich Drescher auch persönlich ein und versuchte, Pro-

nicht in die breiteren politischen Abstimmungsprozesse, in denen die Nachbarstädte oder der Bezirksplanungsrat potentiell politische Macht mobilisieren konnten. Deshalb soll ihnen im Rahmen dieser Abhandlung auch kein besonderes Gewicht beigemessen werden.

Es ist allerdings wichtig festzuhalten, daß die Probleme der technischen Infrastruktur selbstverständlich einen erheblichen Arbeits-, Zeit- und Kostenaufwand hervorriefen und ihre Lösung in vielen Punkten Voraussetzung für die Schaffung gültigen Planungsrechtes war. Drohten solche Probleme, das Planungsrecht der für den Investor hauptsächlichen Projektbestandteile zu gefährden oder zu verzögern, mußten demnach Alternativen gefunden werden. Ein Beispiel dafür ist die bereits erwähnte Teilung des Bebauungsplanes 275 in den Teilbereich der Neuen Mitte (275 A) und den Teilbereich am Rhein-Herne-Kanal, wo die Marina mit angrenzender Wohnbebauung entstehen sollte (275 B). Die Koordination des Marinabaus mit den Planungen zum Ausbau des Rhein-Herne-Kanals und das erforderliche Planfeststellungsverfahren drohten im Januar 1992 den Zeitrahmen der Neuen Mitte zu sprengen - ganz abgesehen von den Problemen der Stadt, für das Projekt Marina- und Wohnungsbau einen geeigneten Investor zu finden. Über die Teilung des Bebauungsplans konnten diese Infrastrukturfragen aus dem Planverfahren für die zentralen Bereiche der Neuen Mitte ausgeklammert werden.

Architektur und städtebauliche Wettbewerbe

Bei der Darstellung der inhaltlichen Themen des Arbeitskreises verdienen drei (räumliche) Bereiche der Gesamtkonzeption zur Neuen Mitte ein gesondertes Augenmerk, weil zur Sicherung ihrer gestalterischen und städtebaulichen Qualität Wettbewerbe ausgeschrieben wurden. Dabei handelt es sich um das schon angesprochene Gelände am Rhein-Herne-Kanal, um die ÖPNV-Haltestelle und den zentralen Platz in der Neuen Mitte sowie um das südlich der Essener Straße angrenzende Gewerbegebiet, das mit dem Kürzel EO I/II (= Eisenhütte Oberhausen, Hochöfen I und II) bezeichnet wurde.

Das Büro Kuhn wurde während der Begleitung der laufenden Bauleitplanverfahren im Herbst 1992 zusätzlich damit betraut, Vorstudien zu zukünftigen Bebauungsplänen zu entwickeln. Nachdem die Auslobung dieser drei Wettbewerbe im Arbeitskreis beschlossen war (sowie die Bewilligung öffentlicher Fördermittel für deren Durchführung zumindest als wahrscheinlich angesehen werden konnte), erhielt Kuhn Anfang 1993 auch den Auftrag, alle drei Wettbewerbe vorzubereiten und zu begleiten. Der Hauptausschuß der Stadt genehmigte die Auslobung und Terminplanung der Wettbewerbe im März (Protokolle AK Neue Mitte).

---

bleme mit höheren Hierarchieebenen zu verhandeln - beispielsweise bei der Bundesbahnzentrale in Frankfurt.

Über das Sommerhalbjahr 1993 liefen die Wettbewerbe, die zeitlich gestaffelt wurden. Noch vor den Sommerferien wurde die Preisgerichtsentscheidung für die zentrale ÖPNV-Haltestelle angesetzt, da diese für die zeitgerechte Eröffnung der Neuen Mitte und der ÖPNV-Trasse am dringlichsten war. Am 6. Juli wurde entschieden, den ersten Preis für den Entwurf von Prof. Parade aus Düsseldorf zu vergeben. Für den Marinabereich tagte das Preisgericht am 17. August und verlieh den ersten Preis an das dänische Architektenbüro Isager Tegnestue aus Odense. Für den Wettbewerb EO I/II schließlich folgte die Preisverleihung am 1. September, der erste Preis ging an das Büro Pohl + Strey, Stadt-Raum-Architekten aus Düsseldorf (Akten zu den Wettbewerben).

- *Die ÖPNV-Haltestelle und der zentrale Platz in der Neuen Mitte*

Die Gestaltung der ÖPNV-Haltestelle der Neuen Mitte und des angrenzenden zentralen Platzes war für die Stadt Oberhausen ein wichtiger Ansatzpunkt, ihren Anspruch auf architektonische und städtebauliche Qualität zumindest bei den öffentlichen Anlagen zu untermauern. Im Juni 1992, also während die Bebauungspläne auslagen, entschied man sich für die Durchführung eines Wettbewerbs und suchte anschließend beim MSV um Förderzusagen nach (Protokolle AK Neue Mitte).

Angesichts der engen städtebaulichen und planungsrechtlichen Verbindung von ÖPNV-Trasse, Halle und Einkaufszentrum wurde nach der Preisgerichtsentscheidung Anfang Juli die Umsetzung des Wettbewerbsergebnisses für den zentralen Platz und die ÖPNV-Haltestelle in der Neuen Mitte konsequent vorangetrieben. Die entsprechenden Abstimmungsgespräche mit der StOAG, dem für die Trassenplanung zuständigen Büro ISS und Stadium wurden umgehend eingeleitet. Die aufwendige Dachkonstruktion des Entwurfs von Parade machte eine räumliche Verschiebung der Arena notwendig, die geänderten Bauanträge schon einen Monat nach der Preisgerichtssitzung eingereicht (Protokolle AK Neue Mitte).

Gegen Ende September wurde jedoch deutlich, daß die Realisierung der Haltestelle den Finanzierungsrahmen des Gemeindeverkehrsfinanzierungsgesetzes überschreiten würde, so daß nach Kostenreduzierungsmöglichkeiten gesucht werden mußte. Dieses Problem begleitete die Ausführungsplanung und Umsetzung über die nächsten eineinhalb Jahre. Verschiedene Varianten der Dachkonstruktion wurden entwickelt, ein externes Controllingbüro wurde hinzugezogen, doch eine Unterdeckung von ca. 2-3 Mio. DM blieb in den Kostenberechnungen stets bestehen. Beim Städtebauministerium wurde nachgefragt, inwiefern zusätzliche Stadterneuerungsmittel beantragt werden könnten, doch Zusagen konnte man im Jahre 1994 nicht mehr erhalten. Um den bereits verzögerten Baubeginn nicht noch weiter zu gefährden, entschied Drescher Anfang 1995, das Vergabeverfahren einzuleiten, ohne daß bis dato Klarheit über die Deckung der Finanzierungslücke erlangt worden war (Protokolle AK Neue Mitte). Damit konnte der Zeitplan für die bauliche Umsetzung erhalten werden, so daß die zentrale Haltestelle pünktlich mit dem Einkaufszentrum eröffnet werden konnte.[112]

- *Der Marinabereich am Rhein-Herne-Kanal*

Für das Marinagelände war die Idee eines Wettbewerbs zuerst aufgeworfen worden. Trotz der Teilung des Bebauungsplans 275 im Januar 1992 wurden auch die Entwicklung und Bebauung des Geländes am Rhein-Herne-Kanal im Arbeitskreis weiter verfolgt. Schon im Februar wurde dafür erstmals ein IBA-Investorenwettbewerb ins Auge gefaßt. Da aber ein Investor Interesse am Kauf der Flächen angemeldet hatte, wurde der Arbeitskreis zunächst kaum aktiv. Erst als sich dort bis zum Juni keine weiteren Planungen konkretisierten, wurde beschlossen, einen Wettbewerb durchzuführen (Protokolle AK Neue Mitte). Zunächst wurde jedoch das Büro Kuhn beauftragt, einen Rahmenplanentwurf zu erstellen, der im Oktober vorgelegt wurde. Neben der Marina war darin auch die Bebauung des Geländes mit mehreren hundert Wohneinheiten vorgesehen. Die dafür angestrebte Einwerbung von Mitteln der öffentlichen Wohnungsbauförderung machte die Auslobung eines städtebaulichen Wettbewerbs zwingend erforderlich (Akten zu den Wettbewerben).

Die Umsetzung des Wettbewerbsergebnisses für das Marinagelände von Mitte August 1993 bereitete der Stadt allerdings noch größere Schwierigkeiten als die Realisierung der Haltestelle. In der Auslobung des Wettbewerbs hatte man die Aufgabe gestellt, neben einer Marina mit ca. 50 Liegeplätzen und dazugehörigen Serviceeinrichtungen vor allem Wohnungen anzusiedeln. 400 bis 550 Wohneinheiten im öffentlich geförderten Geschoßwohnungsbau sollten eingeplant werden, davon mindestens 80 % als Mietwohnungen (Akten zu den Wettbewerben).

Nach der Preisgerichtsentscheidung war man seitens der Stadt darum bemüht, das Interesse verschiedener Investoren zu konkretisieren. Zunächst wurde überlegt, den Bebauungsplan erneut zu unterteilen, da das erforderliche Planfeststellungsverfahren für den Marinabereich die zügige Verwirklichung der Wohnbebauung nicht verzögern sollte. Anvisiert wurde ein rechtskräftiger Bebauungsplan für März 1995, nach § 33 BauGB sollten bereits im Sommer 1994 erste Baugenehmigungen erteilt werden können.

Doch auch hier kam man nicht so schnell zu einer Einigung mit den interessierten Investoren, wie man ursprünglich gehofft hatte. Anfang 1994 konzentrierte sich die Stadt in ihren Verhandlungen dann auf das Lüner Wohnungsbauunternehmen Kesting, blieb jedoch auch mit anderen Investoren noch in Kontakt, da über verschiedene Vorstellungen der Stadt noch keine Einigung erzielt werden konnte - z. B. die Finanzierung eines Tunneldurchstichs unter der Bahntrasse zur Neuen Mitte (Interview Hoefs II). Mitte Juni schließlich entschied der Hauptaus-

---

[112] Die Konstruktion war im wesentlichen bereits zur Eröffnung der Trasse im Juni 1996 fertig, allerdings wurde die Haltestelle Neue Mitte noch nicht angefahren.

schuß der Stadt den Verkauf an Kesting (Protokolle AK Neue Mitte), so daß endlich die planerische Umsetzung konkretisiert werden konnte. In Abstimmung mit Kesting, der nun 720 Wohneinheiten anvisierte (Interview Hoefs II), wurden der Bebauungsplanentwurf überarbeitet und die Einleitung des Planfeststellungsverfahrens für den Marinabereich vorbereitet. Die Vertragsunterzeichnung wurde für den 14. Oktober 1994 vorgesehen (Protokolle AK Neue Mitte). Am 12. Oktober jedoch machte Kesting einen plötzlichen Rückzieher und kündigte sein Interesse an dem Projekt auf. Als offizielle Begründung wurde eine unzureichende Gewißheit über die Altlastengefährdung der auf dem Gelände liegenden Aufschüttungen angeführt (WAZ Oberhausen vom 15.10.1994; Interview Hoefs II).

Die Stadt reagierte darauf mit einer Umorganisation, die in kürzester Zeit konstruiert wurde, um die notwendigen Anträge für Wohnungsbaufördermittel noch fristgerecht zum 17. Oktober stellen zu können. Die städtische Wohnungsbaugesellschaft OBauFö erwarb das Gelände für 8,1 Mio. DM von der GEG und wurde beauftragt, Investoren für das Projekt zu finden oder selbst zu bauen (WAZ Oberhausen vom 15.10.1994). Daß sich hinter dieser Konstruktion hauptsächlich die Intention verbarg, die bereits informell zugesagten Fördermittel nicht zu verlieren, wird deutlich, wenn man die strukturellen Voraussetzungen der OBauFö analysiert, um ein solches Bauprojekt zu initiieren oder durchzuführen. Mit einem Wohnungsbestand von 274 eigenen und 115 Wohnungen in kommunalen Bauprojekten wies die OBauFö einen nur geringen Eigenkapitalstock auf, der für die Eigenfinanzierung der Marinabebauung nicht ausreichend war, selbst wenn nur die geplanten 350 Sozialwohnungen errichtet werden sollten, während man für die 350 frei finanzierten Wohnungen Oberhausener Unternehmen einbinden wollte (Interview Faßbender; WAZ Oberhausen vom 15.10.1994). Eine so kleine Gesellschaft mit zwei ehrenamtlichen Geschäftsführern aus den Reihen der städtischen Verwaltung konnte weder von der Expertise noch von den personellen und Kapitalressourcen her die angestrebte Bebauung realisieren. Demnach erscheint es eher bedeutsam, daß der Leiter des Koordinierungsbüros O. 2000 als einer der beiden Geschäftsführer der OBauFö aufs engste in die Steuerungsprozesse der höchsten Verwaltungsebene eingebunden war und man damit das Problem des Marinabereichs im unmittelbaren Einflußbereich Dreschers angesiedelt hatte.

Die Umsetzung des Wettbewerbsergebnisses oder einer wohnungsbaulichen Nutzung des Geländes am Rhein-Herne-Kanal ist jedenfalls bis heute nicht erfolgt. Die angekündigten Lösungen, so auch diejenige einer Zusammenarbeit von OBauFö und einem Oberhausener Firmenkonsortium, wie sie der Presse im Oktober 1994 verkündet wurde (WAZ Oberhausen vom 15.10.1994), erwiesen sich allesamt als nicht realisierbar. Das Gelände wurde Anfang 1996 an die amerikanische Investmentgruppe Idea verkauft, die hier die Errichtung einer Marina, eines großen Mehrwasseraquariums und eines Hotels plante. Die erhoffte

Wohnbebauung verwandelte sich aber im Juli 1996 in ein Ausstellungsgelände für Musterfertighäuser (WAZ Oberhausen vom 25.07.1996). Im Herbst 1996, nachdem Idea die Planungen nicht weiter vorangetrieben hatte, verabschiedete sich die Stadt endgültig von ihrer jahrelang betonten Absicht, auf dem Gelände am Rhein-Herne-Kanal den für die städtebauliche Integration so wichtigen Wohnungsbau zu realisieren (WAZ Oberhausen vom 25.09.1996). Der etwa ein Jahr später fertiggestellte Bebauungsplan enthält nun die obigen Nutzungen, nennenswerter und vor allem sozialer Wohnungsbau wird aber nicht entstehen.

- *Das Gewerbegebiet EO I/II*

Die städtebauliche Gestaltung des Gewerbegebiets EO I/II südlich der Essener Straße wurde im Sommer 1992 zu einem gänzlich neuen Thema für den Arbeitskreis Neue Mitte. Dies war eine Folge des GEP-Änderungsverfahrens und der Diskussionen um die Zentrenverträglichkeit insbesondere des Einkaufszentrums (siehe Kap. 7.2.1, S. 104 ff.). Im Mai 1992 war das ergänzende Gutachten des Büros ish/Dr. Danneberg fertiggestellt worden, in welchem die Neue Mitte nicht als eigenständiger Stadtteil dargestellt worden war, sondern als nördliches Ende einer städtischen Entwicklungsachse in Alt-Oberhausen. Der Ausbau gesamtstädtischer Funktionen entlang dieser Achse sollte Oberhausen insgesamt die Chance zur Ausbildung eines wirklichen Stadtzentrums eröffnen. Damit verbunden wurde der Ratschlag einer veränderten Nutzungsplanung im Bereich EO I/II: Um eine wirksame städtebauliche Integration zu ermöglichen, sollte dort kein weiteres Gewerbe angesiedelt werden. Eine Änderung der Flächenausweisung im Gebietsentwicklungsplan zum Wohnsiedlungsbereich wurde explizit empfohlen.

Im ish-Gutachten heißt es dazu:

"Unerläßlich erscheint eine funktionale Verklammerung zwischen dem bestehenden Stadtzentrum (...) und dem projektierten neuen Einkaufszentrum. Anempfohlen wird dringlich die Entwicklung der die Innenstadt bildenden Zonen zu einer funktionalen Einheit. (...)

Zur Erreichung dieses Zieles ist es besonders wesentlich, daß keine Sperriegel zwischen den bestehenden Zonen des Stadtzentrums und der als Erweiterung des Bestandes zu begreifenden 'Neuen Mitte' auf Dauer bestehen" (ish 1992, S. 39).

Und konkret umgesetzt:

"Mit dieser Konzeption verbindet sich die dringliche Empfehlung zu einem Verzicht auf die Ansiedlung weiterer Gewerbebetriebe im Bereich EO I/II.

Als Konsequenz ergibt sich die Empfehlung, namentlich den Bereich zwischen Mülheimer Straße im Westen, Brückentor im Süden und Essener Straße im Norden auch im Gebietsentwicklungsplan als Wohnsiedlungsbereich darzustellen" (ish 1992, S. 41).

Die Stadt folgte diesen Überlegungen und brachte den entsprechenden Änderungsvorschlag im Juni in das laufende GEP-Verfahren ein (siehe Kap. 7.6, S. 152 f.), während wiederum das Büro Kuhn mit Untersuchungen beauftragt wurde, ob und wie ein entsprechender Wohnsiedlungsbereich zu gestalten sei. Im August wurden von Kuhn erste Konzepte vorgelegt, und in den folgenden Monaten kam man auch für den Bereich EO I/II zu dem Entschluß, einen städtebaulichen Wettbewerb auszuloben (Protokolle AK Neue Mitte).

Wettbewerbsaufgabe war es, ein Konzept zu entwickeln, wie in diesem bereits industriell-gewerblich genutzten Umfeld auch eine Wohnnutzung zu realisieren sci, zum Teil in Verbindung mit neuen Gewerbeansiedlungen. Insbesondere im Kern des Gewerbegebietes und zur Essener Straße hin wollte die Stadt öffentlich geförderten Wohnungsbau ansiedeln (Akten zu den Wettbewerben).

Eine Umsetzung der am 1. September 1993 gefaßten Preisgerichtsentscheidung ist jedoch kaum nachzuvollziehen, da sie in den weiteren Beratungen des Arbeitskreises Neue Mitte selten eine Rolle spielte (Protokolle AK Neue Mitte). Zwar wurden mit dem Wettbewerbssieger Gespräche über die Ausarbeitung eines Bebauungsplanentwurfs geführt, eine Investorensuche und Konzeptentwicklung, wie sie im Marinabereich festzustellen war, wurden aber im Arbeitskreis nicht vorangetrieben.

Die dem Wettbewerb zugrunde liegende Konzeption einer Integration von Wohnen und Gewerbe wurde aufgrund der vielen Nutzungskonflikte letztlich ganz aufgegeben, ein neuer Bebauungsplan nicht erstellt. Entsprechend stellt sich die Situation heute dar. Das Gewerbegebiet am Lipperfeld ist weiter vermarktet und aufgesiedelt worden, ohne daß es zur Erstellung von Wohnbauten gekommen ist. Damit ist die städtebauliche Integration der Neuen Mitte durch eine Verzahnung mit Wohnungsbauprojekten im engeren Umfeld von Gewerbe und Einkaufszentrum nicht erfolgt.

8.3.3 Der Personalstellenplan Neue Mitte

Ein derart komplexer Planungsfall wie die Neue Mitte Oberhausen war trotz der weitreichenden Beauftragung privater Büros für Gutachten, Controlling und Planungsaufgaben eine erhebliche zusätzliche Arbeitsbelastung für die städtische Verwaltung. Da die kritische Haushaltssituation im Rahmen der Konsolidierungsbemühungen zu einer eng ausgelegten Personalbemessung geführt hatte, kam es deshalb trotz des allgemeinen Sparzwangs in bestimmten Ämtern zur Neueinstellung von Personal. Dies unterstreicht die außergewöhnliche Bedeutung, welche dem Projekt Neue Mitte in Oberhausen beigemessen wurde.

Gleich zu Beginn der Sitzungen des Arbeitskreises wurde von einigen Ämtern auf die enge Stellensituation hingewiesen. Dies führte zur Anmeldung zusätzlichen Personalbedarfs durch die einzelnen Ämter, die nach zentraler Überprüfung in Form eines Sonderstellenplans Neue Mitte Oberhausen in den Rat eingebracht wurde (Stadt Oberhausen 1992a). Im März 1992 stimmte der Rat den Personalplanungen für die Neue Mitte bis zum Jahre 1998 zu und genehmigte gleichzeitig die im Haushalt noch nicht eingestellten zusätzlichen Personalkosten für das laufende Jahr (Ratsprotokoll Oberhausen vom 23. März 1992).

Diese ersten Planungen sahen die Schaffung von insgesamt 59 Neustellen vor. Davon sollten 31 Stellen auf Zeit eingerichtet werden, während 28 Dauerstellen geplant waren, letztere alle im Bereich der Feuerwehr. Im einzelnen lassen sich diese Personalplanungen tabellarisch wie folgt darstellen:

Tab. 4: Zusätzlicher Stellenbedarf der Stadtverwaltung, März 1992

Amt	Aufgabe	Zahl	Zeitrahmen
Dauerstellen:			
Feuerwehr	abwehrender Brandschutz	24	ab 1993 (12) ab 1994 (12)
	Rettungswesen	4	ab 1994
Zeitstellen:			
Feuerwehr	vorbeugender Brandschutz	4	1992-98
Vermessungsamt	B-Planverfahren	4	03/1992-97
Bauordnungsamt	Baugenehmigungen/Bauaufsicht	11	1992-97 (7) 1993-98 (4)
	Baurecht	7	07/1992-97 (2) 09/1992-97 (2) 1993-98 (3)
Tiefbauamt	Straßenausbauplanung	2	09/1992-97
	Straßenausbau	2	1993-98
Ordnungsamt	Konzessionen	1	07/1992-97

Quelle: Stadt Oberhausen (1992), S. 3

Allein für das laufende Haushaltsjahr 1992 ergaben sich aus diesem Stellenplan Personalmehrkosten von ca. 858.500 DM, die als überplanmäßige Ausgaben aus der allgemeinen Rücklage zu finanzieren waren. Die gesamten zusätzlichen Personalkosten für den Zeitraum 1992 bis 1998 sollten sich nach der Ratsvorlage auf 28.155.996 DM belaufen, wobei eine jährliche Tariferhöhung von 5 % eingerechnet worden war. Die Zeitstellen nahmen mit 14.164.820 DM etwas über die Hälfte dieser geplanten Personalkosten in Anspruch. Die auch nach 1998 bestehenden Dauerstellen bei der Feuerwehr würden die Stadt (bei 5 % Steigerung pro Jahr) schon 1999 mehr als 3 Mio. DM kosten (Stadt Oberhausen 1992a).

Demgegenüber rechnete die Stadtspitze mit erheblichen Gebührenzuwächsen, die in der bisherigen Haushaltsplanung ebenfalls nicht veranschlagt waren. Überschlägige Berechnungen der Baugenehmigungs- und Statikgebühren hatten bereits zu erwartende Mehreinnahmen von mindestens 15 Mio. DM ergeben (Stadt Oberhausen 1992a).

Die Stellenplanungen wurden in den folgenden Monaten noch in einigen Punkten korrigiert. Zunächst wurden nach Ratsbeschluß im September 1992 zwei zusätzliche Neustellen im Liegenschaftsamt eingerichtet, die sich mit Fragen des Grundstücksverkehrs und der Freilegung befassen sollten (Ratsprotokoll Oberhausen vom 21. September 1992). Dafür wurden noch 1992 zusätzliche Mehrkosten von 38.500 DM fällig. Rechnet man diese Zahlen überschlägig für die folgenden Jahre hoch, so würden sich die Zeitstellenkosten bis 1998 auf insgesamt über 15 Mio. DM summieren.

Im Januar 1993 schließlich meldete auch das Planungsamt Bedarf an. Hier wurden drei Neustellen gefordert, die sich aus dem Ausstattungsvergleich mit anderen Planungsämtern und den konkreten Planungserfordernissen gerade auch in Zusammenhang mit der Neuen Mitte ableiten ließen. Die Mehrkosten wurden mit ca. 294.000 DM jährlich angegeben (Stadt Oberhausen 1993c). Am 1. März bewilligte der Rat diese neuen Stellen, die aber nicht in den Sonderstellenplan Neue Mitte aufgenommen wurden (Ratsprotokoll Oberhausen vom 1. März 1993).

Demgegenüber enthielt der Sonderstellenplan 1993 eine Reduzierung der geplanten Dauerstellen der Feuerwehr. Statt der geplanten zwölf sollten 1993 lediglich sechs neue Mitarbeiter für den abwehrenden Brandschutz eingestellt werden, während die geplanten Einstellungen ab 1994 beibehalten werden sollten (12 abwehrender Brandschutz, 4 Rettungswesen). Damit ließen sich die kalkulierten Personalmehrkosten des Sonderstellenplans für 1993 um 481.200 DM senken (Ratsprotokoll Oberhausen vom 1. März 1993).

Es bleibt festzuhalten, daß der gesteigerte Personalbedarf auch zu zusätzlichen Ausgaben bei den Sachkosten führen mußte. Mit dem ersten Sonderstellenplan Neue Mitte vom Frühjahr 1992, in dem der zusätzliche Personalbedarf erstmals eingebracht wurde, stimmte der Rat auch außerplanmäßigen Sachmittelausgaben zu. Allein für die ADV-Ausstattung (Mobiliar, Hard- und Software) der neuen

Zeitstellen wurden für 1992 460.000 DM bewilligt, weitere 115.000 DM für den Kauf von Bürocontainern, in denen vor Ort eine Außenstelle von Bauordnungsamt und vorbeugendem Brandschutz eingerichtet werden sollte. 1993 sollten nochmals Sachmehrkosten von 605.000 DM folgen, in denen auch der städtische Anteil an zusätzlichen feuerwehrtechnischen Ausstattungen in Höhe von 125.000 DM enthalten war (Stadt Oberhausen 1992a).

Mit diesen Angaben sind natürlich auch nicht die erheblichen Sach- und Personalkosten abgedeckt, die durch die externe Auftragsvergabe an Gutachter und Planersteller außerhalb der städtischen Verwaltung anfielen und von der Stadt aufzubringen waren. Eine Einschätzung dieser Kosten ist allerdings mit erheblichen Schwierigkeiten verbunden, da Gutachter- und Beratungshonorare nur schwer zu überprüfen sind sowie Aufträge zum Teil über die GEG oder die StOAG vergeben und abgerechnet wurden. Hinzu kommt insbesondere bei der Verkehrsplanung die Schwierigkeit, die laufenden Planungen zum Verkehrsentwicklungsplan von den speziell durch die Neue Mitte ausgelösten Neuplanungen zu differenzieren bzw. die Posten einwandfrei auseinanderzurechnen. Festzuhalten bleibt in jedem Fall, daß die Phalanx der für die Stadt tätigen Gutachter und Berater beträchtlich war. Rechtsberatung und städtebaulich-architektonische Begleitung im Arbeitskreis Neue Mitte, Koordinierung und Planung der Umweltverträglichkeitsstudien sowie deren Durchführung, Vermessungsarbeiten, Bauleitplanungen, Grüngestaltungsplanungen, Haltestellenentwürfe, städtebauliche Wettbewerbe und Architekturworkshops - all diese extern vergebenen Planungsleistungen waren im wesentlichen durch die Stadt zu finanzieren, selbst wenn beispielsweise für Managementkosten oder Wettbewerbe öffentliche Fördermittel eingeworben wurden. Gleichwohl treten diese Kosten im Rahmen der städtischen Personalaufwendungen nicht zu Tage.

8.4 Die Neue Mitte in den politischen Gremien der Stadt

Der Rat der Stadt Oberhausen war bis zur öffentlichen Präsentation des Projektes am 8. Oktober 1991 (bzw. bis zu den ersten Zeitungsberichten am 5. Oktober) über den Stand der Planungen und Verhandlungen nicht informiert. Nach dem symbolischen Aufstellungsbeschluß für den Bebauungsplan 275 im August 1989 (siehe Kap. 8.1, S. 157) waren somit über zwei Jahre vergangen, in denen die politischen Gremien der Stadt in die Entwicklung der Thyssen-Flächen nicht eingebunden worden waren. Noch im September hatte OStD Drescher bei einem Sachstandsbericht zum Thyssengelände im Hauptausschuß der Stadt die bereits konkreten Planungen mit keinem Wort erwähnt, sondern stattdessen darauf hingewiesen, daß nur das Land mit Thyssen verhandelte und er nicht bereit sei, öffentlich über die Vermarktung fremder Flächen zu diskutieren. Darüber hinaus "gäbe es auch noch keine Verwaltungsmeinung zu dieser Frage, sondern nur eine persönliche Auffassung. Der Rat der Stadt sei jedoch Herr des Bebauungsplanverfahrens und bestimme letztlich die Art der künftigen Nutzung des Thyssen-Areals" (HA-Protokoll Oberhausen vom 9. September 1991, TOP 3.2). Daß seine persönliche Auffassung über extern verfaßte Vorstudien und Diskussionen mit dem MSV und dem MURL bereits in Form der Kuhnschen Testentwürfe weitgehend entwickelt worden war und zudem ein Investor mit seinen Interessen die Zielrichtung dieser Konzepte weitgehend mitbestimmt hatte, blieb den Stadtverordneten gegenüber unerwähnt.

Erst in der Ratssitzung am 14. Oktober 1991 wurden die Stadtverordneten erstmals mit den bis dahin entwickelten Nutzungsüberlegungen vertraut gemacht. Die entsprechende Sitzungsvorlage betonte ausdrücklich die Zielsetzung der Schaffung einer lebendigen neuen Stadtmitte und war damit, wie auch die Wortwahl zeigt, eng an die Marketingstrategie der von Stadium gegründeten "Gartenstadt Oberhausen Projektentwicklungsgesellschaft" (GOP) angelehnt:

"Wesentlicher Bestandteil des Projektes ist die Schaffung eines Erlebnisraumes Gartenstadt. Urbane Einrichtungen wie Einkaufen, Gastronomie aber auch Sportmöglichkeiten und Gewerbe liegen eingebettet in einer landschaftlich reizvollen Umgebung.

Die Einbeziehung des Rhein-Herne-Kanals mit einer geplanten Marina und die Verknüpfung mit der Landesgartenschau auf dem ehemaligen Kokereigelände bilden eine attraktive Verbindung mit den bereits vorhandenen Grünzügen und Wohnstandorten in Oberhausen" (Stadt Oberhausen 1991, S. 2).

Drescher, der das Strukturkonzept der Neuen Mitte anhand der Rahmenplanungen des Büros Kuhn vorstellte, betonte auch die Einbindung des schon mehrmals im Rat diskutierten HDO-Projektes sowie die Abstimmung mit den laufenden und geplanten Aktivitäten der IBA (Ratsprotokoll Oberhausen vom 14. Oktober 1991). So wurden auch die nördlich der A 42 gelegenen Flächen in die tabellarische Übersicht der beabsichtigten Nutzungen und der prognostizierten Arbeitsplätze gleich mit einbezogen. Diese Planzahlen, die der Sitzungsvorlage beigefügt waren, zeigten immerhin in der Summe eine Beschäftigtenzahl von 10.500 (Stadt Oberhausen 1991, Anlage):
- 3.200 im Einkaufszentrum und der Gastronomie,
- 4.500 im Gewerbebereich (Medien- und Umwelttechnik),
- 300 insgesamt in der Arena, der Marina und im Freizeitpark,
- 2.500 im HDO-Bereich in Osterfeld.

Den Fraktionen wurde ein Informationspaket inkl. Prognos-Gutachten zugesagt.

Im Anschluß an diese Vorstellung kam es zu eher programmatischen Statements der vier Fraktionen. SPD-Fraktionschef Groschek, der lange vor der öffentlichen Projektvorstellung bereits über die Entwicklungen auf Düsseldorfer Ebene unterrichtet war, nutzte die Gelegenheit, die Neue Mitte einerseits als Höhepunkt des vor Jahren von der SPD entwickelten Strukturprogramms O 2.000[113] darzustellen, andererseits aber auch demonstrativ der (SPD-) Landesregierung für die bisher geleistete Unterstützung zu danken.

Für die Fraktionen der CDU und der FDP, die erst durch die ersten Zeitungsartikel von dem Projekt erfahren hatten, war es angesichts der aufgezeigten Wirtschaftsimpulse schwierig, die Planungen abzulehnen. So äußerte sich CDU-Ratsherr Niemczyk auch lediglich kritisch über die mangelnde frühzeitige Information und mahnte die Stärkung der drei gewachsenen Stadtteilzentren an. Ratsherr Runkler konnte für die FDP aufgrund der für ihn offenbar bereits ausreichend geprüften landesplanerischen Verträglichkeit und der Bonität des Investors gar keine Kritikpunkte feststellen.

Lediglich die Bunte Liste kündigte durch Ratsherrn Pohlmann Ablehnung an, da das für ihn realitätsferne Projekt sozial, ökologisch und regional nicht verträglich sei.

Am Ende der Diskussion beauftragte demnach der Rat mit den Stimmen von SPD, CDU und FDP die Verwaltung, die planungsrechtlichen Grundlagen für die Realisierung des vorgestellten Projektes zu schaffen (Ratsprotokoll Oberhausen vom 14. Oktober 1991).

In den nächsten Monaten waren die Ratsparteien damit beschäftigt, Informationen über das Projekt zu sammeln und sich ein genaueres Bild ihrer jeweiligen Basis und Klientel zu machen. SPD-Ratsmitglieder reisten zusammen mit Gewerkschaftern und einigen Geschäftsleuten im November nach Sheffield und besichtigten die dortige Meadowhall (WAZ vom 19.11.1991; WAZ Oberhausen vom 19.11.1991). Auch in der breiteren Öffentlichkeit setzte in diesen ersten zwei Monaten eine recht freie Diskussion und Meinungsbildung ein, die ansatzweise auch in der Lokalpresse aufgegriffen wurde (siehe Kap. 8.5, S. 201 ff.). Sie wurde seitens der Verwaltung Ende Oktober durch die Terminierung der öffentlichen Bürgerversammlung auf den 4. Dezember kanalisiert (WAZ Oberhausen vom 31.10.1991).

Im Rat selbst geschah während dieser Zeit dagegen wenig. Lediglich wurde im Dezember beschlossen, zur parlamentarischen Begleitung der Aufgabe eine eigene kleine Arbeitsgruppe Neue Mitte Oberhausen zu gründen, die mit den gleichen

---

[113] Nicht zu verwechseln mit dem gleichnamigen Koordinierungsbüro! Im Zusammenhang mit der Aufgabe der Thyssenbetriebe 1986/87 startete die SPD im Rat eine Anfrage an die Verwaltung, welche Konzeptionen zu einem ökologisch fundierten, ökonomischen Strukturwandel dort vorhanden seien. Gleichzeitig wurde über runde Tische, die auch Vertreter der Gewerkschaften, der Kirchen und der Wirtschaft einbezogen, eine Art Zukunftskonzept erstellt, das schließlich von einem Sonderparteitag der SPD gebilligt wurde. Diese Entwicklung der Jahre 1987/88 fiel zusammen mit Schleußers Berufung als Finanzminister, die 1988 Groschek zum Fraktionsvorsitzenden aufsteigen ließ. Sie kennzeichnet zudem die damals angespannte Beziehung zwischen führenden SPD-Politikern in der Stadt (v. a. Schleußer, der bis dahin hauptamtlicher IG Metall-Funktionär in Oberhausen war) und der Verwaltungsspitze, insbesondere OStD Uecker.

Mitgliedern wie die Arbeitsgruppe Stadtmarketing besetzt wurde[114] (Ratsprotokoll Oberhausen vom 16. Dezember 1991). OStD Drescher und die Dezernenten Hoefs und Kolter, die von Verwaltungsseite an den Sitzungen teilnahmen, nutzten den Arbeitskreis zur regelmäßigen, etwa zweimonatlichen Unterrichtung der Ratsfraktionen über der Planungsstand. Insofern erscheint die Bezeichnung Arbeitsgruppe eigentlich kaum angebracht. Die Begleitung der Arbeitsgruppe durch das Koordinierungsbüro O. 2000 unterstreicht zusätzlich, daß hier vor allem ein Informationsfluß von der Verwaltung zur Politik eingerichtet worden war (Interview Drescher).

Der Rat war erst in seiner Januarsitzung wieder mit der Neuen Mitte befaßt, als die Aufstellung der Begleitbebauungspläne 343, 344, 345 und 347 sowie die Einleitung der entsprechenden Änderungen des Flächennutzungsplanes beschlossen wurden (Ratsprotokoll Oberhausen vom 27. Januar 1992).

Außer dieser eher verfahrenstechnischen Beschäftigung des Rates mit der Neuen Mitte kam es aber auch während der folgenden Monate nicht zu tatsächlich politischen Debatten. Zwar setzte die FDP-Fraktion am 24. Februar die im Landtag entbrannte Debatte um die Rolle Finanzminister Schleußers im Grundstücksgeschäft auf die Tagesordnung der Ratssitzung; eine Kritik am Projekt oder dem Planungsfortschritt war damit aber nicht beabsichtigt. Vielmehr überboten sich die Oppositionsparteien geradezu in ihrer Beteuerung der Unterstützung für das Projekt und äußerten ihren Unmut über die imageschädigende Diskussion in Landtag und Presse. Lediglich die Bunte Liste kritisierte Finanzminister Schleußers Verhalten gegenüber dem Landtag und die geheime Projektentwicklung ohne Einbeziehung des Rates. Im Endeffekt aber schien die Düsseldorfer Debatte lediglich die Befürworter der Neuen Mitte - immerhin 55 von 59 Ratsmitgliedern - enger zusammenrücken zu lassen (Ratsprotokoll Oberhausen vom 24. Februar 1992).

In seltener Einmütigkeit von SPD, CDU und FDP folgte dementsprechend im März die bereits dargestellte Bewilligung der 22 neuen Zeitstellen des Sonderstellenplans Neue Mitte und der zusätzlichen Sachmittel sowie die Zustimmung zur städtischen Übernahme der Drittelbeteiligung der West LB Immobilien an der GEG (Ratsprotokoll vom 23. März 1992).

Der Offenlegungsbeschluß der Bebauungspläne erfolgte am 2. Juni 1992 unter ähnlichen Vorzeichen. Die Landtagsdebatte und die Einrichtung des parlamentarischen Untersuchungsausschusses in Düsseldorf hatten eine offene politische Diskussion um Inhalte und Probleme der Planentwürfe in Oberhausen sicherlich nicht einfacher gemacht. Mit anderen Worten, der externe Druck und die bewußt formulierte Angst, man werde nun auch dieses Projekt "zerredet" bekommen (und

---

[114] Zum Zeitpunkt der Gründung waren dies Oberbürgermeister van den Mond, die Fraktionsvorsitzenden Groschek für die SPD und Wagner für die CDU, Horst Pohlmann als Vertreter der Bunten Liste und Hans-Otto Runkler für die FDP.

zwar über Diskussionen, die mehr die Rolle Schleußers als die Planungen selbst zum Inhalt hatten), führten auch in der Stadt dazu, daß die politische Haltung pro oder contra wichtiger wurde als konkrete Änderungs- oder Verbesserungsvorschläge seitens der Ratsfraktionen. Auch der zunehmende Druck aus den Nachbarstädten, der durch das GEP-Änderungsverfahren eine größere Bedeutung erlangt hatte, als dies in einem reinen Bauleitplanverfahren der Fall gewesen wäre, führte innerhalb der Stadt eher dazu, sich auf die Abwehr äußerer Gefahren zu konzentrieren. Drescher nutzte den Ratstermin nicht nur zur Erläuterung der Bedeutung des vorgesehenen Offenlegungsbeschlusses, sondern auch zur Zurückweisung örtlicher wie überörtlicher Kritik, wie sie im Rahmen des GEP-Änderungsverfahrens bereits laut geworden war (Ratsprotokoll vom 2. Juni 1992).

Bei der Darstellung der Planinhalte und des Planungsverfahrens (siehe Kap. 8.3.2) wurde bereits deutlich, welche Einflüsse zu Modifikationen der Planentwürfe des Büros Kuhn führten. Als solche waren der Architekturworkshop im Januar und die Diskussionen um die Zentrenverträglichkeit im Rahmen des GEP-Änderungsverfahrens herausgearbeitet worden. Demgegenüber lassen sich keine inhaltlichen Umplanungen feststellen, die auf Kritik oder Anregungen aus den Reihen der Oberhausener Ratsfraktionen zurückzuführen waren. Damit soll jedoch nicht behauptet werden, daß sich diese nicht mit den inhaltlichen Themen der Planungen auseinandergesetzt hätten.

Die Kritik aus Reihen der CDU und der FDP konzentrierte sich hauptsächlich auf zwei Aspekte, die aber in der konkreten Umsetzung im Rahmen der Bebauungspläne der Neuen Mitte nicht thematisiert werden konnten. So wurde einerseits die Notwendigkeit betont, die drei gewachsenen Stadtteilzentren in Sterkrade, Osterfeld und Alt-Oberhausen vor Eröffnung der Neuen Mitte städtebaulich zu revitalisieren, um ihre Wettbewerbsfähigkeit gegenüber dem CentrO-Einkaufszentrum zu stärken und eine Verödung der Stadtteilzentren zu verhindern (Interview Eckhold).

Andererseits wurden die Ausbauplanungen des örtlichen Straßennetzes für nicht ausreichend erachtet. Schon im März hatte das Oberhausener CDU-MdB Rupert Vondran eine Kritik der Prämissen des Retzko + Topp-Gutachtens anfertigen lassen, darin jedoch keine wesentlich anderen Verbesserungsmaßnahmen vorgeschlagen als die schon im Arbeitskreis diskutierten (Vondran 1992). Auch die örtliche CDU verlangte hier Verbesserungen, wobei ihre Kritik gerade die Erreichbarkeit der Alt-Oberhausener Innenstadt zum Thema hatte (Interview Eckhold). Insofern ergab sich hier eine Verbindung zu den oben genannten Mahnungen zur Stärkung der gewachsenen Zentren und eine weitgehende Übereinstimmung mit den Forderungen des Einzelhandelsverbandes und City-Werberings (Interview Lepges/Schnädter). Die Diskussion um die Anbindung der Innenstadt Alt-Oberhausens ist aber darüber hinaus im Kontext der zu diesem Zeitpunkt bereits vorgelegten Arbeiten zum Verkehrsentwicklungsplan zu sehen, die von denselben Interessengruppen aufs heftigste kritisiert wurden. Das vom Büro

BSV erarbeitete und vom Planungsdezernenten Hoefs offensiv vertretene Konzept sah eine umfassende Parkraumbewirtschaftung und eine Verkehrsführung vor, die das Durchfahren der Innenstadt unterbinden und den Durchgangsverkehr vielmehr um das Stadtzentrum herumleiten sollte (Interview Hoefs II). Beide Aspekte wurden von der CDU und dem Einzelhandelsverband abgelehnt, gerade angesichts der ausgezeichneten Autoerreichbarkeit und der angekündigten 10.500 Parkplätze in der Neuen Mitte (Interview Lepges/ Schnädter).

Nur die Bunte Liste blieb bei einer kompletten Ablehnung der Planungen, die sich aus einer grundsätzlich negativen Einschätzung der Folgewirkungen eines solchen Großprojektes herleitete (Interview Wilke). Insofern waren die vier Vertreter der Bunten Liste im Rat auch nicht daran interessiert, konkrete Einzelprobleme zu spezifizieren und alternative Planungslösungen zu entwickeln.

Mit dem Offenlegungsbeschluß verschwand das Thema Neue Mitte zunächst wieder aus den Beratungen des Stadtrates. Zwar wurden im September noch die bereits erwähnten zusätzlichen Zeitstellen im Liegenschaftsamt bewilligt, wobei sich die FDP aus Gründen der Haushaltskonsolidierung der ablehnenden Haltung der Bunten Liste anschloß (Ratsprotokoll Oberhausen vom 21. September 1992), doch eine inhaltliche Debatte fand erst wieder mit dem Satzungsbeschluß zum Bebauungsplan 275 A am 8. Februar 1993 statt.

Die Bedeutung dieser Februarsitzung spiegelt sich schon in ihrer fünfstündigen Dauer wider, welche maßgeblich durch die Debatten um die Bebauungsplanung der Neuen Mitte bestimmt wurde (WAZ Oberhausen vom 09.02.1993). Darüber hinaus hatten die Vorsitzenden Stellungnahmen ihrer Fraktionen in schriftlicher Form vorbereitet, die als Redebeiträge zum Auftakt der Debatte verlesen wurden. Zunächst aber versuchte die Bunte Liste, den Satzungsbeschluß von der Tagesordnung abzusetzen, da ihrer Meinung nach die vorliegenden Planungen noch keine abschließende Beurteilung erlaubten. Wie nicht anders zu erwarten, wurde der Antrag von den übrigen Fraktionen abgelehnt (Ratsprotokoll Oberhausen vom 8. Februar 1993).

Für die SPD eröffnete Ratsherr Wehling die Debatte mit seinem schriftlich vorbereiteten Redebeitrag. Darin hob er auf die Dringlichkeit der Schaffung von Arbeitsplätzen gerade für schwer zu vermittelnde Menschen ab. Als zweiten wichtigen Punkt der Planungen betonte er den Aspekt des Wohnens, der aber über den zur Debatte stehenden Bebauungsplan 275 A (mit Ausnahme einiger möglicher Betriebswohnungen) überhaupt nicht abgedeckt war, sondern seitens der Verwaltung bis zu diesem Zeitpunkt lediglich in Form von Absichtserklärungen und Planungskonzepten für das Marinagelände, das Gebiet EO I/II und Flächen in Osterfeld im Raum stand.

In welchem Maße die örtliche und überörtliche Debatte zu einer Tendenz geführt hatte, eine gemeinsame Oberhausener Position zu verteidigen, wird beispielhaft in folgendem Zitat deutlich:

"Wer (...) die Konzeption der Neuen Mitte nach wie vor in der Öffentlichkeit auf ein rein kommerzielles Einkaufszentrum zu reduzieren versucht, handelt nicht nur leichtfertig, sondern - sofern er dies bewußt tut - eindeutig gegen die Interessen der Stadt, ihrer Mitbürgerinnen und Mitbürger. Wer so handelt ist sich - Herr Pohlmann[115] - seiner kommunalpolitischen Verantwortung nicht bewußt" (SPD-Ratsmitglied Klaus Wehling; in: Ratsprotokoll Oberhausen vom 8. Februar 1993, Anlage 2, S. 2).

Auch die CDU-Fraktion wiederholte ihre bereits zuvor etablierte Position der Zustimmung, die sie auch gegen die "intellektuelle[n] Zwischenrufer aus den eigenen Reihen im Düsseldorfer Landtag" (Ratsmitglied Eckhold; in: Ratsprotokoll Oberhausen vom 8. Februar 1993, Anlage 3, S. 1) formulierte. Die angeführten Kritikpunkte drehten sich noch immer um die Fragen, die im Bebauungsplan 275 A nicht abzudecken waren, nämlich um die Vernachlässigung der alten Stadtteilzentren und deren verkehrsmäßige Erschließung. Zwar wurden zudem nun auch ökologische Probleme aufgeführt (Ausgleichsflächen, Luftreinhaltung, Lärmschutz); an der grundsätzlichen und uneingeschränkten Unterstützung der Realisierung der Neuen Mitte wollte die Fraktion aber keine Zweifel aufkommen lassen (Ratsprotokoll Oberhausen vom 8. Februar 1993, Anlage 3).

Für die FDP konnte MdL Heinz Lanfermann letztlich auch nur alte Positionen wiederholen, insbesondere die Kritik an der Verkehrsanbindung und dem neuen Verkehrsentwicklungsplan. Wenn auch gegen eine "pauschale Einteilung der Bürger in gute und schlechte Oberhausener" (Ratsprotokoll Oberhausen vom 8. Februar 1993, Anlage 5, S. 4) - Befürworter und Kritiker - durch Drescher protestiert wurde, so wollte auch Lanfermann vor allem das grundsätzliche Ja zur Neuen Mitte und die einhellige Ablehnung der "grünen[n] und bunte[n] Eiferer in Stadt und Land" herausstellen (Ratsprotokoll Oberhausen vom 8. Februar 1993, Anlage 5, S. 4).

Für die Bunte Liste strich Horst Pohlmann die aus seiner Sicht gravierenden Mängel des gesamten Planungsverfahrens heraus und spannte damit einen wesentlich breiteren Rahmen, der die Vorbehandlung und Vorentscheidungen in Düsseldorf bewußt in seine Kritik einbezog. Zu den eigentlichen Planinhalten äußerte er sich ähnlich unspezifisch wie alle anderen Ratsmitglieder, beklagte stattdessen pauschal die mit der Neuen Mitte eingeleitete Amerikanisierung Oberhausens (Ratsprotokoll Oberhausen vom 8. Februar 1993, Anlage 4).

SPD-Fraktionschef Groschek hatte sich seinen Redebeitrag für den Abschluß aufbewahrt und nutzte die Gelegenheit, den gesamten Planungsprozeß nicht nur als Ergebnis der politischen Bemühungen des Rates (insbesondere der SPD in Oberhausen) darzustellen, sondern auch die Offenheit und Bürgernähe des

---

[115] Horst Pohlmann war der Wortführer der Bunten Liste im Rat. Seitdem sich die Grünen bei der letzten Kommunalwahl aus der gemeinsamen Bunten Liste gelöst haben, sitzt er als Mitglied der Grünen im Rat.

Prozesses herauszustreichen, indem er auf verschiedene Arbeitskreise hinwies, die die Verwaltung zur Diskussion und Information eingerichtet hatte (Ratsprotokoll Oberhausen vom 8. Februar 1993, Anlage 6).

An diese Grundsatzstatements schloß sich die Diskussion der vorgelegten Begründung zum Bebauungsplan und der eingegangenen Bedenken und Anregungen an, in der die oben bereits angeführten Kritikpunkte nochmals aufgegriffen wurden. Im Anschluß an die Debatte stimmte der Rat gegen die Stimmen der Bunten Liste den Vorlagen zu und verabschiedete damit den Bebauungsplan 275 A sowie die dazugehörige Grüngestaltungsplanung als Satzung (Ratsprotokoll Oberhausen vom 8. Februar 1993).

Wieder einmal zeigte sich an der Debatte am 8. Februar 1993, wie gering der inhaltliche Beitrag des Rates zu den laufenden Planungen zur Neuen Mitte wirklich war. Die Kritikpunkte der einzelnen Fraktionen, speziell der CDU und der FDP, blieben im gesamten Verlauf des Planverfahrens die gleichen, standen in ihren Grundzügen bereits im Frühjahr 1992 fest und fanden auch keinen erkennbaren Niederschlag bei der Weiterentwicklung der Kuhnschen Rahmenkonzeption in einen fertigen Bebauungsplanentwurf. Die überörtliche verkehrliche Erschließung und die Aufwertung der alten Stadtteilzentren konnten in den entsprechenden Planwerken auch nicht behandelt werden. Sie spiegelten demnach eher eine längerfristige Opposition gerade gegen die von Planungsdezernent Hoefs vorangetriebene Verkehrsentwicklungsplanung wider.

8.5 Öffentlichkeit und Kritik

Die Rezeption der Planungen zur Neuen Mitte in der Öffentlichkeit kann rückblickend nur indirekt erschlossen werden, da eine laufende Begleitforschung aus der zeitlichen Entstehung des Forschungsprojektes heraus nicht zu realisieren war. Die folgenden Ausführungen können somit lediglich eine grobe und recht subjektive Einschätzung der damaligen Situation liefern, die aus dem intensiven Studium der Lokalpresse und den Gesprächen mit Handlungsträgern oder sonstigen Kontaktpersonen in Oberhausen und Umgebung entstanden ist.

Wie bereits verschiedentlich erwähnt, waren bis einige Tage vor dem offiziellen Präsentationstermin am 8. Oktober 1991 keine Informationen über das Projekt Neue Mitte durchgesickert, so daß die Oberhausener Öffentlichkeit wie die breite Mehrheit der Ratsmitglieder erst zu diesem Zeitpunkt von den neuen Planungen erfuhr. Der erste Presseartikel im regionalen Teil der WAZ vom Samstag, dem 5. Oktober, hatte noch mit keinem Wort das geplante Einkaufszentrum erwähnt, sondern lediglich von einem Freizeitpark gesprochen (WAZ vom 05.10.1991). Erst als die Oberhausener Lokalredaktion der WAZ zwei Tage später die Berichterstattung aufnahm, wurden die falschen Eindrücke dieses Artikels zurechtgerückt und erste Fakten des Nutzungskonzeptes dargestellt (WAZ Oberhausen vom 07.10.1991).

Interessanterweise nahm die WAZ Lokalredaktion schon vor der Projektvorstellung in ihrem ersten Kommentar zur Neuen Mitte genau die Argumentationslinie vorweg, mit der die Stadtspitze einen Tag später das Gesamtkonzept der Öffentlichkeit vorstellte:

"Was auf dem Thyssen-Areal unter dem Motto 'Neue Mitte Oberhausen' geplant ist, entpuppt sich als die Chance unserer Stadt in ihrer wechsel- und wahrlich auch oft leidvollen Geschichte" (Schmitz 1991).

Und auch die Behauptung, daß die neuen Planungen eben keine "Westentaschenausgabe von Triple Five" (Schmitz 1991) darstellten, wurde in diesem ersten Kommentar betont - genau auf diesen Punkt wurde in der folgenden Projektpräsentation ein erhöhter Wert gelegt. Schon hier läßt sich also eine extreme Nähe der Äußerungen und Meinungen der Oberhausener Lokalredaktion der WAZ zur publizierten Darstellung der Stadtspitze feststellen.

Die große Projektpräsentation am 8. Oktober wurde in der Presse entsprechend detailliert aufgearbeitet. In den folgenden Wochen setzte in Oberhausen eine erste Diskussionsphase ein, in der sich das Interesse der Bevölkerung an genaueren Informationen in verschiedenen Veranstaltungen dokumentierte. Der offene Diskussionsabend (= "WAZ-Tacheles") der Lokalredaktion der WAZ am 4. November lockte eine große Zahl interessierter Bürger in das Theaterrestaurant Falstaff (WAZ Oberhausen vom 05.11.1991). Für die Bürgeranhörung im Rahmen der Bauleitplanverfahren am 4. Dezember mietete die Stadt gleich das Musikzelt Blue Moon an der Essener Straße an. Etwa 600 Bürger nahmen die Gelegenheit wahr, sich ausführlich über die Planungen zu informieren (WAZ vom 05.12.1991).

Diese Veranstaltungen wurden allerdings in großem Maße von den Projektumsetzern dominiert, und zwar sowohl den privaten wie den städtischen, was sich an der hochkarätigen Zusammensetzung der Podien erkennen läßt. In dieser Phase begann Drescher eine auf die Oberhausener Bevölkerung ausgerichtete Informationskampagne, die sich im Jahr 1992 nach Eröffnung des GEP-Änderungsverfahrens auch auf die Nachbarstädte ausdehnte. In Oberhausen stellten er selbst, führende Beamte der Planungsverwaltung und auch führende Befürworter der Ratsfraktionen die Planungen in vielen Versammlungen und Informationsveranstaltungen vor Ort vor - z. B. bei Gewerkschaften, Ortsvereinen der Parteien, kirchlichen Gruppen und Sozialverbänden (Interview Drescher).

Übereinstimmend geben die verschiedenen Gesprächspartner in Oberhausen an, daß das Interesse an den Planungen gerade in den ersten Monaten nach dem Bekanntwerden recht groß und breit gestreut war. Es wird allerdings auch konstatiert, daß sich dieses Interesse kaum in wirkliche Diskussionen um die Perspektiven der Oberhausener Stadtentwicklung oder Alternativen für das vorgestellte Projekt ausweitete. Insgesamt verfolgten die Oberhausener Bürger die Umsetzung mit einer gewissen Skepsis, nicht so sehr in bezug auf die Sinnhaftigkeit der Inhalte der städtischen Planungen, sondern in bezug auf ihren

Glauben an die letztlichen Realisierungschancen. Offenbar war man nicht zuletzt durch die Erfahrung mit Triple Five sehr vorsichtig geworden, den Versprechungen an eine neue, glitzernde Zukunft für die Thyssen-Flächen Glauben zu schenken (Interview Drescher; Interview Lepges/Schnädter; vgl. auch die Äußerungen von Finanzminister Schleußer in: WAZ Oberhausen vom 06.11.1991).

Diese skeptisch-abwartende Haltung durchzog auch die öffentliche Begleitung der Bauleitplanverfahren, deren Inhalte, wie dargestellt, im Rat kaum Widerstand oder gar Modifikationen erfuhren. Obgleich zum Bebauungsplan 275 A knapp 80 Bedenken und Anregungen Oberhausener Bürger eingingen, relativiert sich diese Zahl bei einer genaueren Analyse der eingegangenen Schreiben (Stadt Oberhausen 1993a). Eine Vielzahl von ihnen ging auf vorgefertigte Stellungnahmen zurück, die von den Absendern lediglich mit ihrer Adresse und Unterschrift versehen werden mußten. Die meisten dieser Stellungnahmen stammten aus der alten Thyssensiedlung an der Ripshorster Straße, in der sich in langjährigen Kämpfen mit der Stadtverwaltung um den Erhalt der Siedlung ein hoher Organisationsgrad innerhalb der Bewohnerschaft herausgebildet hatte, was sich ja auch in der Gründung der Riwetho-Bürgerinitiative niedergeschlagen hatte (siehe Fußnote 110, S. 182). Eine weitere Häufung von Protestschreiben kann aus der südöstlich gelegenen Mellinghofer Straße und der westlichen Siedlung Am Grafenbusch lokalisiert werden.

Insofern läßt sich anhand der eingegangenen Bedenken und Anregungen auch das kritische Spektrum innerhalb der Stadt Oberhausen einigermaßen nachzeichnen. Die direkte Betroffenheit einer angrenzenden Wohnbevölkerung war durch die städtebaulich periphere Lage der Thyssen-Flächen gering. Die Sorgen um Lärm- und Verkehrsbelästigung während der Bau- und der Betriebsphase waren daher räumlich relativ eng gefaßt und auf einen kleinen Bevölkerungskreis begrenzt.

Die lautstarke Opposition aus der Siedlung an der Ripshorster Straße läßt sich zu einem gewissen Grade einer den Planungen grundsätzlich negativ gegenüberstehenden Strömung des alternativen Spektrums zurechnen, wie es sich in Oberhausen zur Entstehungszeit der Neuen Mitte auch in Form der Bunten Liste als Fraktion im Rat etabliert hatte. Ein Teil dieser oppositionellen Strömung speiste sich aus der Ortsgruppe der Grünen, die aus ökologischen Überlegungen heraus das Großprojekt mit seiner Oberflächenversiegelung und seinen induzierten Verkehrsströmen ablehnen mußte - aus allgemeinen ökologischen Grundsätzen heraus wie auch aufgrund der konkreten, kleinräumig zu erwartenden Folgewirkungen (Interview Wilke).

Darüber hinaus war aber auch eine gewisse kulturkritische Strömung auszumachen, die sich gegen das Eindringen einer hochkommerziellen Großeinrichtung wehrte, die als amerikanisch, fremd und anonym empfunden wurde und die selbst eher kleinräumige, auf lokale Nachbarschaften bezogene Siedlungs- und Versorgungsformen anstrebte. Angesichts der hohen Arbeitslosigkeit in Oberhausen stellten sich aus diesem Blickwinkel dringendere Problemfelder und bessere Lösungsansätze für die Stadtentwicklung als der Aufbau privater Konsumwelten, an denen eine bedeutsame Minderheit der Stadtbevölkerung aufgrund ihrer wirtschaftlichen Lage keinen Anteil mehr nehmen konnte. Die öffentliche Förderung derartiger Investitionen erschien aus beiden Blickwinkeln, dem ökologischen wie dem kulturkritisch/sozialpolitischen, gänzlich verfehlt (Interview Bohlen; Interview Wilke; siehe auch den Redebeitrag von Horst Pohlmann in: Ratsprotokoll Oberhausen vom 8. Februar 1993, Anlage 4).

Eine der leiseren Stimmen, die sich auf einer ähnlichen kultur- und sozialkritischen Argumentationsebene zu Wort meldeten, war die des Superintendenten des Evangelischen Kirchenkreises, Artur Schorzmann. Ohne sich in eine klare Oppositionsrolle drängen zu lassen, mahnte auch er an, die Sorgen und Probleme der ärmeren Oberhausener nicht aus den Augen zu verlieren (WAZ Oberhausen vom 08.11.1991). Wohl auch weil dem Superintendenten potentiell eine größere Bedeutung innerhalb der Bevölkerung zugemessen wurde, reagierte die Stadt auf die Vorstöße und Anregungen der Kirchen und verhandelte später mit Healey über die Einrichtung eines "Ökumenischen Forums" auf dem Gelände der Neuen Mitte (WAZ Oberhausen vom 12.12.1995).

Die ökologische Kritik fand im Spektrum der Umweltschutzorganisationen ihre Fortsetzung. Diese Gruppen, wie die Oberhausener Kreisgruppen des BUND oder des VCD, schalteten sich zu verschiedenen Phasen und mit unterschiedlichen Mitteln in die Planungsprozesse ein, einige auch mit ausführlich formulierten Anregungen und Bedenken zum Bebauungsplan 275 A (WAZ Oberhausen vom 16.10.1991, a; Stadt Oberhausen 1993a). Sie waren jedoch nicht in der Lage, die planungsrechtliche Behandlung über die Umweltverträglichkeitsprüfung oder die Gründgestaltung zu beeinflussen.

Andere Interessengruppen, die in die öffentliche Diskussion um die Planungen zur Neuen Mitte eingriffen, zeichneten sich trotz ihrer meist selbst als "kritisch" bezeichneten Begleitung vor allem durch eine frühzeitige und grundsätzliche Bejahung und Unterstützung des Projektes aus. Hier läßt sich also eine gewisse Verwandtschaft zu den politisch artikulierten Positionen von CDU und FDP im Rat der Stadt erkennen.

Besonders deutlich läßt sich diese Haltung am Oberhausener Einzelhandelsverband illustrieren. Trotz einer oftmals unzufriedenen Einstellung gegenüber Politik und Verwaltung, die sich in jüngster Vergangenheit vor allem an den von Planungsdezernent Hoefs vorangetriebenen Verkehrsentwicklungsplanungen rieb, hielt der Oberhausener Einzelhandelsverband bereits eine Woche nach der ersten Projektpräsentation eine Pressekonferenz ab, auf der die Neue Mitte als Chance und Herausforderung ausdrücklich begrüßt wurde (WAZ Oberhausen vom 16.10.1991, b). Diese Haltung erstaunt besonders angesichts der bereits laufenden Gespräche und Initiativen zur Steigerung der Attraktivität der Innenstadt bzw. der Stadtteilzentren in Sterkrade und Osterfeld.

Für Alt-Oberhausen hatte man über einen Realisierungswettbewerb noch im Frühjahr 1991 Entwürfe erarbeiten lassen, die eine Überdachung der Marktstraße als zentralen Einkaufsbereich im Stadtzentrum anstrebten. Dabei hatte sich die Stadtverwaltung entgegen den Preisgerichtsempfehlungen für eine große Überdachungsvariante entschieden, wie sie vom zweiten Preisträger vorgeschlagen worden war, während der Einzelhandel die preiswertere Vordachvariante des mit dem ersten Preis prämierten Entwurfes vorzog (Einzelhandelsverband Obehausen e. V. 1992). Darüber war es zu ersten Spannungen mit der Stadtverwaltung gekommen, die eine konsequente und zügige Umsetzung der Maßnahmen zur Attraktivitätssteigerung verzögerten.

Mindestens ebenso problematisch empfand die Alt-Oberhausener Kaufmannschaft die laufenden Planungen am neuen Verkehrsentwicklungsplan, in dem sie eine autofeindliche Grundhaltung des Planungsdezernenten Hoefs verwirklicht sah. Der Versuch, die Innenstadt nicht mehr durchfahrbar zu machen, wurde als geschäftsschädigend empfunden, zusätzlicher, kostengünstiger Parkraum angemahnt (Einzelhandelsverband Oberhausen e. V. 1992; Interview Lepges/ Schnädter).

Der in Sterkrade ansässige Teil der Kaufmannschaft, in der Sterkrader Interessengemeinschaft STIG organisiert, übte ebenso bereits seit einigen Jahren Druck auf die Stadt aus, um Aufwertungsmaßnahmen des lokalen Geschäftszentrums zu realisieren. Die Umgestaltung des Verkehrsnetzes durch den Bau einer Ringstraße spielte auch hier eine Rolle, allerdings war die STIG unter ihrem Vorsitzenden Manfred Assmacher eher um eine Beschleunigung der Umsetzung bemüht. Mindestens ebenso wichtig war für die STIG aber die Realisierung des seit Jahren projektierten Einkaufszentrums des Düsseldorfer Investors Hirsch, von dem man sich eine Attraktivitätssteigerung des gesamten Zentrums versprach. Auch hier drängte die STIG auf ein schnellere Behandlung durch die städtische Planungsverwaltung.

Das "Ja" zur Neuen Mitte war in dieser Situation, Mitte Oktober 1991, lediglich eine Anerkennung der faktischen Macht der Stadtspitze und ihrer Planungsverwaltung. Die Chancen, die Neue Mitte zu verhindern, wurden angesichts der offensichtlichen Unterstützung des Projektes durch Finanzminister Schleußer und die Landesregierung als gering eingeschätzt - insofern hatte die öffentliche Präsentation am 8. Oktober nicht nur eine Wirkung auf die Abstimmungsverfahren in der Region, sondern auch auf die Artikulation der Interessengruppen in Oberhausen selbst. Zudem wollte man das Risiko nicht eingehen, später als Verhinderer einer solchen Entwicklungschance für die Stadt dargestellt zu werden. So entschied man sich dafür, die offizielle Darstellung der Stadt zu übernehmen und die Neue Mitte als Herausforderung zu deklarieren (Interview Lepges/ Schnädter).

Trotzdem wollte und konnte man sich beim Einzelhandelsverband schlecht auf ein Abwarten beschränken. Bis zum Januar 1992 erarbeitete man einen Maßnahmenkatalog, in dem Forderungen zur Attraktivitätssteigerung der bestehenden Zentren formuliert wurden. Diese konzentrierten sich auf verkehrstechnische Lösungen für den ÖPNV und den motorisierten Individualverkehr, aber auch auf städtebauliche Verbesserungen (Marktstraße, Bahnhofsvorplatz) und räumlich vor allem auf das Stadtzentrum Alt-Oberhausens (Einzelhandelsverband Oberhausen e. V. 1992). Viele dieser Forderungen wurden in ähnlicher Weise auch von der örtlichen CDU-Ratsfraktion übernommen (Interview Eckhold).

Zur Diskussion der durch die Neue Mitte verstärkt notwendig gewordenen Anpassungsplanungen richtete die Stadtverwaltung nach der Präsentation des Stadiumprojektes einen gemeinsamen Arbeitskreis ein. Hier kamen in der Folgezeit der Einzelhandelsverband und die Vorsitzenden der stadtteilbezogenen Werbegemeinschaften mit Drescher und den Dezernenten Hoefs und Kolter zusammen, um über den Maßnahmenkatalog des Einzelhandelsverbandes und die einzelnen Projekte der Aufwertung der Stadtteilzentren zu diskutieren (Interview Lepges/Schnädter). Mit der hochkarätigen Besetzung dieses Arbeitskreises signalisierte die Stadtverwaltung ihre Bereitschaft, den Sorgen der Einzelhändler einiges Gewicht beizumessen.

Wie realistisch diese Einschätzung der Stadtverwaltung war, zeigte sich in den folgenden Jahren, als die Kaufmannschaft gerade gegen die Verkehrsplanungen einen solchen Druck erzeugte, daß die SPD-Fraktion versuchte, sich von den Vorstellungen des gerade erstellten Verkehrsentwicklungsplanes faktisch zurückzuziehen. Dazu wurde parallel zur Landtagswahl 1995 eine Art Bürgerbefragung vorgesehen, mit der die SPD ihre Bürgernähe dokumentieren und den politischen Druck der Opposition neutralisieren wollte. Die Alibifunktion der Volksbefragung wurde durch den suggestiven Charakter der vorgeschlagenen Alternativen auf dem Stimmzettel allzu offensichtlich (WAZ Oberhausen vom 28.03.1995, a, b; Interview Hoefs II).[116] Weniger als 25 % der angeschriebenen Bürger beteiligten sich an der Befragung, davon stimmten 69 % für die von der SPD angestrebte Variante.

Festzuhalten bleibt aber, daß es der Stadt gelang, den Einzelhandelsverband frühzeitig als mögliche oppositionelle Interessengruppe zu neutralisieren und in gesonderte Abstimmungsprozesse einzubinden. Die Tatsache, daß sowohl der Streit um die Verkehrspolitik als auch das spätere Fiasko bei der Umgestaltung

---

[116] Die drei Alternativen lauteten:
"• Der öffentliche Personennahverkehr (...) soll vorrangig gefördert werden. Seine Gleichberechtigung soll jedoch ohne drastische Eingriffe in den Straßenverkehr erreicht werden.
• Der Autoverkehr soll sich dem öffentlichen Personennahverkehr (...) absolut unterordnen. Dies ist mit drastischen Eingriffen in den Straßenverkehr verbunden.
• Der öffentliche Personennahverkehr (...) soll sich dem Autoverkehr absolut unterordnen. Ein schlechteres Busangebot ist damit verbunden" (WAZ Oberhausen vom 28.03.1995, a).

der Marktstraße[117] die Energien und Ressourcen des Einzelhandels auf andere Problembereiche lenkte, mag nicht als Strategie geplant gewesen sein. Eine Ablehnung der Neuen Mitte stand aber seit Jahresende 1991 bereits nicht mehr zur Debatte.

Dies spiegelt auch das Stimmungsbild innerhalb der Oberhausener Bevölkerung weitgehend wieder. Eine freie und offene Debatte über die Neue Mitte oder über mögliche Alternativen ist weder in der Presse zu finden noch wird sie von den Gesprächspartnern konstatiert (z. B. Interview Wilke; Interview Bohlen; Interview Bosshard). Zum einen läßt sich darin die bereits angesprochene Skepsis der Oberhausener Bürger wiederfinden, die den großen Versprechungen lange Zeit nicht allzu viel Glauben schenken wollten (Interview Drescher). Zum anderen fehlten in der städtischen Öffentlichkeit Organisationen (oder Parteien), die mit einem gewissen Rückhalt in der Bevölkerung ausgestattet waren und glaubhafte Alternativen oder auch nur Gegenpositionen präsentieren konnten. Auch die Gewerkschaften mit ihrer tiefen Verwurzelung innerhalb der Oberhausener Arbeiterschaft waren früh der Linie der Stadtverwaltung und der SPD-Fraktion gefolgt (Interview Victor; zur frühen Unterstützung durch die Gewerkschaft HBV vgl. WAZ Oberhausen vom 18.10.1991). Die von den Projektbefürwortern geschürte Polarisierung, die den Kritikern das Gefährden der für die Stadt so wichtigen und "letzten" Chance zur Last legte (vgl. FDP-Ratsmitglied Lanfermanns Rede in: Ratsprotokoll Oberhausen vom 8. Februar 1993, Anlage 5), verhinderte zu einem guten Teil die Entwicklung eines freien Diskurses über die Neue Mitte oder die Stadtentwicklung in Oberhausen an sich. Ein solcher Diskurs konnte bei der Durch- und Umsetzung eines bereits konzipierten Großprojektes auch nur stören. Auch hier erwiesen sich die weitgehenden Vorabstimmungen bis zur Bekanntgabe der Planungen also als ein zentraler Vorteil für die Realisierung der Neuen Mitte.

---

[117] Zunächst konnte die Stadt auch den Einzelhandelsverband für die "große Lösung" einer Gesamtüberdachung gewinnen, dabei aber eine persistente Gegnerschaft bei einigen Händlern und Hauseigentümern nicht überwinden. Während des Baus kam es zu erheblichen zeitlichen Verzögerungen und Fehlplanungen, die die Stadt mehrere Millionen DM kosteten (siehe z. B. WAZ Oberhausen vom 05.12.1995 oder auch WAZ Oberhausen vom 20.12.1995). 1996 schließlich fiel die städtische Baugenehmigung für das Dach nach Einspruch vor Gericht durch, so daß die städtischen Planungen aufgegeben werden mußten.

9 Zusammenfassung der Ergebnisse und Fazit

9.1 Phasen und Schauplätze eines Stadtentwicklungsprojektes

Die Realisierung der Neuen Mitte Oberhausen ist das Resultat eines mehrjährigen Abstimmungsprozesses, der in seinem Zeitablauf mehrere Planungsverfahren einschließt. Er läßt sich jedoch nur als politischer Prozeß verstehen und nachvollziehen. Eine Untersuchung der Neuen Mitte als reines Planverfahren würde die wirklich entscheidenden Dimensionen des Prozesses ausklammern, ohne deren Betrachtung ein Verständnis von Form, Ablauf und Inhalten der Entwicklungen nicht zu gewinnen wäre.[118] Das Herausarbeiten von Phasen und Handlungsschauplätzen des gesamten Prozesses erschließt die Dynamik der Entwicklungen, die Vielfalt der Akteursverflechtungen sowie deren Problemsicht und Lösungsansätze.

Auslöser sämtlicher Aktivitäten, die zur heutigen Neuen Mitte führen, ist der Vorschlag der kanadischen Triple-Five-Investmentgesellschaft, an gleicher Stelle das World Tourist Center Oberhausen zu errichten. Zwar existiert in Stadt und Land auch vor diesen Vorschlägen bereits ein ausgeprägtes Problembewußtsein, was die in Oberhausen besonders massiven Probleme des Strukturwandels betrifft, doch auf Ebene der Kommune ist daraus bis zu diesem Zeitpunkt noch keine konsensfähige Stadtentwicklungspolitik entstanden. Ebensowenig ist auf Landesebene ein gesonderter Handlungsdruck für Oberhausen festzustellen. Durch die kanadischen Pläne und ihre Ablehnung entsteht aber im Landeskabinett (sowie in der Landtagsfraktion der SPD) genau solch ein Handlungsdruck, der nur aus der besonderen Ausstrahlung der gigantisch anmutenden Vorschläge resultiert und (zumindest insgeheim) auch von den Nachbarkommunen Oberhausens anerkannt wird. Während die Landesregierung durchaus Stadtentwicklungspolitik betreibt, die auch den besonders vom Strukturwandel betroffenen Kommunen eine spezielle Aufmerksamkeit schenkt - über Mittel der regionalen Wirtschaftsförderung, über den Versuch der regionalisierten Strukturpolitik und insbesondere über die IBA -, so verlangt die Ablehnung des Triple-Five-Projektes aus politischen Gründen offenbar die Bereitschaft zu weiteren Handlungen. Die Existenz einer Vielzahl von ähnlichen Rückzugsflächen der (Montan-) Industrie im Ruhrgebiet belegt zudem, daß in Oberhausen kein besonderer planerischer Problemdruck einer Flächenreaktivierung existiert. Die Anerkennung eines Landesinteresses an der Entwicklung der Thyssen-Flächen durch den Kabinettsbeschluß

---

[118] Dies zeigt sich eindeutig im Übergang zwischen dem Triple-Five-Projektvorschlag und dem Projekt Neue Mitte Oberhausen. In dieser Phase betreiben kommunale oder übergeordnete Planungsbehörden keinerlei planerisch-fachliche Arbeit in bezug auf die Oberhausener Flächen.

vom 20. Juni 1989 ist ein außergewöhnliches politisches Zeichen; damit übernimmt die Landesregierung Mitverantwortung für eine eigentlich kommunale Aufgabe, nämlich die Stadtentwicklung in Oberhausen.

Dieser externe Anlaß führt also in eine erste Phase, in der auf Landesebene ein Problem formuliert wird und entsprechende Lösungsstrukturen eingerichtet werden. Die Zuteilung der Verantwortung im Kabinett offenbart, daß die Landesregierung den Fall Oberhausen als ein gesondertes politisches, also letztlich als eine Art Legitimationsproblem wahrnimmt. Eine planerische Problemperzeption, die zur Beauftragung des Städtebau- oder Wohnungsbauministeriums geführt hätte, findet nicht statt. Vielmehr soll Finanzminister Schleußer sich der Sache annehmen, da er als (zu dieser Zeit einziger) Oberhausener im Kabinett sich als zentrales Bindeglied aller legitimatorischer Bestrebungen der Landesregierung gegenüber der Stadt Oberhausen anbietet.

Eine sachliche Problemperzeption wird damit dem Finanzminister überlassen, der beginnt, bestimmte Strukturen zu schaffen, das Problem genauer zu fassen und Ansätze zu dessen Lösung zu erarbeiten. Diese Phase ist gekennzeichnet durch die Einrichtung eines speziellen Referates im Finanzministerium selbst sowie die Einbindung des Sachverstandes der West LB Immobilien in Form der GEG. Die Stadt Oberhausen ist in dieser Phase kaum aktiv: Führende städtische (SPD-) Politiker und Verwaltungsbeamte werden zwar über wichtige Entwicklungen informiert, sie treiben diese aber nicht selbst voran.

Es ist allerdings wichtig festzuhalten, daß eine wirkliche Politik- oder Programmformulierung in dieser Phase nicht stattfindet, sondern die gesamte Problematik auf die Finanzierung des Grundstücksgeschäftes sowie die Suche nach einem neuen Investor zugespitzt wird. Die gestalterische Arbeit (planerisch wie politisch) beginnt erst mit der Vorstellung des neuen Investors, der Firma Stadium. Bis dahin werden bürokratische Strukturen im Finanzministerium für das Projekt Oberhausen genutzt und gesondert mit personellen Ressourcen ausgestattet. Gleichzeitig wird mit der GEG eine privatwirtschaftlich organisierte Gesellschaft mit der Investorensuche beauftragt, die allerdings politisch stark eingebunden ist sowie über öffentliche Gelder finanziert wird. Sie ist somit indirekt ebenfalls durch Finanzminister Schleußer zu kontrollieren.

Die Projektentwicklung im eigentlichen Sinne (vom 14. März 1991 an) läßt sich dann als eine eigenständige Phase begreifen, die durch neue Akteure und Netzwerke, neue Handlungsfelder und neue Handlungsschauplätze gekennzeichnet ist. Während das Finanzministerium weiter mit Thyssen über das Grundstücksgeschäft verhandelt, tritt neben dem Investor die Stadt als neuer Akteur hinzu. Zentraler Dreh- und Angelpunkt der städtischen Aktivitäten wird der neue Oberstadtdirektor Drescher, dessen Amtsübernahme zeitlich mit dem Beginn der Projektentwicklungsphase zusammenfällt. Die verschiedenen Handlungsfelder - Entwicklung der Projektidee, Abstimmung mit den für Planungsfragen zuständigen Landesministerien und das Grundstücksgeschäft - überlappen sich einerseits durch die Aufgabenstellung der GEG, andererseits und wichtiger noch durch die Person Dreschers, der sich vor allem auf die beiden erstgenannten Handlungsfelder konzentriert. Hier entstehen recht eng gefaßte Verhandlungsnetzwerke, die nur wenige Personen einbeziehen und dadurch die Projektentwicklung im wesentlichen geheimhalten - gegenüber den Nachbarkommunen, den politischen Gremien und auch gegenüber dem Großteil der Oberhausener Verwaltung. Eingebunden werden allerdings für die Stadt tätige externe Berater, unter denen der Architekt und Stadtplaner Kuhn für den weiteren Projektverlauf entscheidend ist.

Die unterschiedlichen Handlungsfelder weisen durchaus auch weiterhin unterschiedliche Problemsichten auf. Innerhalb der jeweiligen Netzwerke werden diese jedoch weitgehend harmonisiert und damit die Lösungsansätze verfeinert. Insbesondere die Abstimmung mit den für Planungsfragen zuständigen Landesministerien zeigt die Verflechtung unterschiedlicher politischer Ebenen. Ihr Erfolg wird durch die vorher eingeholte Rückendeckung der zuständigen Minister sichergestellt, wozu Drescher die Anwesenheit des Finanzministers als politische Machtdemonstration benutzt. Die Verknüpfung und Abstimmung zwischen den Handlungsfeldern führt verschiedentlich zu Kommunikationsproblemen und Verzögerungen, die vor allem von Drescher thematisiert und gelöst werden, gegebenenfalls indirekt über Schleußer. Für zentrale Entscheidungen im Prozeß der Projektentwicklung werden damit persönliche Machtpotentiale einzelner Akteure zu wichtigen Erklärungsfaktoren. Sie sind latent stets vorhanden und während dieser Phase bedeutender als beispielsweise offene, diskursive Verhandlungsverfahren.

Dies zeigt sich ganz besonders, als im Oktober 1991 ein neues Finanzierungsmodell konstruiert wird, das zur Einbindung des Wirtschaftsministeriums und der Bezirksregierung führt. Es verlangt zudem eine weitreichende Flexibilität der neuen Akteure (hinsichtlich der Finanzierungslösung und der Schnelligkeit der Antragsbearbeitung), die aufgrund der von Schleußer vermittelten Dringlichkeit auch gelingt.

Mit der öffentlichen Projektpräsentation am 8. Oktober 1991 wird eine weitere Phase eingeleitet, in der die offiziellen Planungsverfahren in den Mittelpunkt rücken. Sie ist gekennzeichnet durch eine erneute Ausweitung der beteiligten Akteure, neue Handlungsfelder und neue Netzwerke, die nun - und das ist neu - die Stadt Oberhausen nicht immer einschließen, z. T. sogar deren Bestrebungen bewußt entgegenarbeiten. Diese Konfrontation mit gegensätzlichen Problemsichten ist unausweichlich und von den Projektbefürwortern bei Stadt und Land eingeplant, wie auch die Terminierung dieser Phase von den Projektbefürwortern festgelegt wird. Damit verschaffen sich diese einen erheblichen Zeit- und Informationsvorsprung; bestimmte Vorentscheidungen sind bereits getroffen, als die Öffentlichkeit einbezogen wird.

Die Phase der offiziellen Planungsverfahren nimmt dann aber einen etwas anderen Verlauf, als von den Projektbefürwortern vorgesehen. Die nicht eingeplante

Eröffnung eines GEP-Änderungsverfahrens seitens der Bezirksplanungsbehörde führt zu einem in dieser Form nicht beabsichtigten Schauplatz politischer Auseinandersetzung, der aufgrund gesetzlicher Regelungen der hierarchischen, ministeriellen Machtausübung nur in geringem Maße zugänglich ist.

In Konsequenz dieser Entwicklung reagieren die Projektbefürworter mit einer Änderung ihrer Strategie, neue Verfahren der Konfliktlösung treten in den Vordergrund, und die bisher etablierten Netzwerke werden verändert. Die Stadt Oberhausen folgt nun einer Strategie der offensiven Informationsverbreitung, die nun nicht mehr ausschließlich von Drescher selbst durchgeführt wird. Stattdessen werden die Ratsfraktionen der SPD, CDU und FDP miteinbezogen, und in der Folgezeit besuchen auch sie ihre Parteikollegen in den Nachbarstädten, um dort für die Oberhausener Planungen zu werben.

Diese Entwicklung neuer kommunikativer Strukturen wird maßgeblich beeinflußt vom GEP-Änderungsverfahren, in welchem die Bezirksplaner kooperative und konsensorientierte Moderationsprozesse initiieren, die die Nachbarstädte mit der Stadt Oberhausen in einem gemeinsamen Arbeitskreis zusammenbringen. Eine ausgiebige Begutachtung von Planungsfragen und weitgehend offene Erörterungsprozesse kennzeichnen dieses GEP-Änderungsverfahren.

Trotz allem setzt sich im Hintergrund ein politischer, d. h. in diesem Falle ein nicht an planerischen Sachfragen orientierter Konfliktlösungsprozeß fort. Die Planungsverfahren profitieren in ihrer Frühphase gerade von der noch nicht erfolgten politischen Meinungsbildung in den Nachbarstädten, dem Bezirksplanungsrat und den wenigen überlokalen Gremien (MEO und KVR). Diese Meinungsbildung, die von Frühjahr bis Herbst 1992 stattfindet, orientiert sich wieder an politischen, hierarchisch strukturierten Machtverhältnissen. Innerhalb der Kommunen lassen sich im wesentlichen Konstellationen der parteipolitischen Mehrheitsverhältnisse beobachten, für deren Dominanz die Hegemonie der SPD in den betroffenen Kommunalparlamenten sorgt. Innerhalb der SPD aber arbeitet wieder eine Hierarchie, die den Einfluß der Landespolitik gegenüber den einzelnen Kommunen durchsetzt. Dies gelingt zum einen, da die Partei auf die Festsetzungen des Kabinettsbeschlusses aus dem Jahre 1989 verwiesen werden kann und die notwendige Einheit der Partei von den Düsseldorfer Projektbefürwortern herausgestellt wird - gerade angesichts des Versuches der Oppositionsfraktionen im Landtag, aus den Verwicklungen Schleußers politisches Kapital zu schlagen. Zum anderen aber spielt zumindest im Bewußtsein der Kommunalpolitiker aus den Nachbargemeinden eine große Rolle, daß die Landesregierung in bezug auf die Verteilung von Finanzmitteln über eine große Macht verfügt, die man nicht herausfordern sollte.

Auch wenn die SPD-Mehrheitsfraktionen in den Nachbargemeinden ihre parteiinternen Handlungsspielräume schon früh ausloten und damit bestimmte Vorentscheidungen über die kommunalpolitischen Abstimmungsprozesse getroffen werden, so benötigt die politische Diskussion und Gremienarbeit trotzdem eine gewisse Zeit, was auf den Planungsprozeß leicht verzögernd einwirkt. In den Planungsverfahren werden auf diesem Weg sachliche Lösungen gefunden, die vordergründig zwar auf Gutachten und Prognosen basieren, in Realität aber politisch ausgehandelte Kompromisse zwischen den Kommunen darstellen. Die beiden Gutachten von ish und GfK haben damit im wesentlichen eine legitimatorische Funktion - sie entstehen auch einzig aus dem spezifischen Kontext des GEP-Änderungsverfahrens heraus. Zugleich demonstrieren sie den Nachbarstädten, daß der Versuch einer gerichtlichen Blockade sehr ungewisse Erfolgsaussichten haben muß - ganz abgesehen von den bereits angesprochenen politischen Kosten.

Mit dem GEP-Änderungsbeschluß des Bezirksplanungsrates vom 15. Oktober 1992 sind die politischen Aktivitäten auf diesem Schauplatz dementsprechend weitgehend abgeschlossen, so daß auch die Kommunikation zwischen Oberhausen und seinen Nachbarstädten wieder in stärker formalisierte Verfahren zurückfindet - Arbeitskreise und offene Erörterungstermine spielen fortan keine Rolle mehr, Briefwechsel beziehen sich von nun an auf Planungsrecht und Genehmigungen, nicht mehr auf die Aushandlung von Kompromissen oder auf kooperativ ausgerichtete Lösungssuchen mit offenem Ausgang.

Zeitlich parallel zu der Eröffnung eines interkommunalen Schauplatzes im Rahmen des GEP-Änderungsverfahrens wird die Neue Mitte aber auch zum Thema der Oberhausener Öffentlichkeit. Die oben angesprochene Strategie der Informationsverbreitung umfaßt daher nicht nur die Außenwirkung, sondern auch das Vermarkten der neuen Planungen innerhalb der Stadt Oberhausen. Da dies im Rahmen der anstehenden Bauleitplanverfahren ohnehin notwendig ist (gesetzlich vorgeschrieben und unabdingbar für die planungsrechtliche Sicherheit), kann man die offensive Information der Nachbarstädte auch als Erweiterung der innerstädtischen Informationspolitik verstehen. Die Terminierung der ersten Bürgeranhörung in Oberhausen steht bereits fest, bevor die Bezirksplanungsbehörde entscheidet, daß auch ein GEP-Änderungsverfahren einzuleiten ist.

Die Diskussion in Oberhausen weist andersartige Schwerpunkte und Konfliktlinien auf als die interkommunale Diskussion oder die Abstimmungen mit der Landesebene. Hier treten durchaus sehr spezifisch lokale Problemstellungen auf, die besondere Formen der Vermittlung hervorbringen und die weiteren Planungen auch inhaltlich beeinflussen. Dabei treten zwei gesonderte Ebenen hervor, für die Spezifika der Vermittlung relevant werden, nämlich einerseits der Ausgleich zwischen verschiedenen Interessengruppen im Rahmen der öffentlichen Diskussion und andererseits die Umsetzung der Projektvorschläge innerhalb der städtischen Verwaltung.

Auf der ersten, der öffentlichen Diskussionsebene werden zunächst die Einzelhändler als stark betroffene Interessengruppe über einen Arbeitskreis mit der Verwaltungsspitze eingebunden. Durch die bereits vor der Projektpräsentation am 8. November 1991 angelaufenen Initiativen zur Aufwertung der gewachsenen

Stadtteilzentren wird demonstriert, daß die Stadt sich durchaus in der Verantwortung sieht. Gleichwohl stellt die Stadtspitze durch die Form der Projektpräsentation unmißverständlich ihre Macht und ihren Durchsetzungswillen dar. In Verbindung mit der Bereitstellung von Geldmitteln für die Umgestaltung der Stadtteilzentren wird so eine Opposition des Einzelhandelsverbandes vermieden. Weder die Mittel noch die Verfahren dieser Art von Konfliktlösung sind innovativ oder örtlich spezifisch.

Ungewöhnlich sind allerdings die Voraussetzungen für eine solche Vermittlung in Oberhausen, die sich aus der zerrissenen Zentrenstruktur der Stadt ergeben. Die einzelnen Stadtteile besitzen im öffentlichen Bewußtsein der Oberhausener Bevölkerung und Politik eine starke Eigenständigkeit, weshalb auch räumlich spezifische Entschädigungsleistungen konstruiert werden müssen. Deutlich wird dies auch an der relativen Eigenständigkeit der Einzelhandelsweberinge in den jeweiligen Stadtteilen und den mit Nachdruck verfolgten verkehrlichen und städtebaulichen Aufwertungsmaßnahmen, die sehr konkret auf örtlich empfundene Mißstände zugeschnitten werden (wenn auch in Sterkrade die Problemsicht der Einzelhändler recht dominant zu sein scheint). In der Oberhausener Politik hat sich aber über die Bezirksvertretungen, die Herkunft der drei Bürgermeister und die Besetzung der wichtigen Gremien bereits ein darauf abgestimmtes Vermittlungsmodell etabliert, was sich insbesondere innerhalb der örtlichen SPD erkennen läßt. Daher wird die Informationspolitik und Überzeugungsarbeit für die Neue Mitte nicht nur von der Verwaltungsspitze betrieben, sondern die Lokalpolitiker - nicht nur der SPD - werden eingebunden, die Planungen in Ortsvereinen und stadtteilbezogenen Gruppen oder Vereinen zu erläutern und für sie zu werben.

Unabhängig von einer räumlichen Lokalisierung findet sich in Oberhausen zudem ein alternatives Milieu, das sich stärker als andernorts institutionell organisiert hat und zur Zeit der Entstehung der Neuen Mitte über die Bunte Liste auch den Weg in die Kommunalpolitik und den Rat gefunden hat. So thematisch diffus (ökologisch, kulturell, sozialpolitisch) und räumlich verteilt dieses alternative Milieu auch ist, so einhellig ist doch die Ablehnung der Neuen Mitte in diesen Kreisen. Entlang dieser Konfliktlinie versagen auch die lokalpolitischen Vermittlungsmechanismen, da das von der Stadt betriebene Großprojekt implizit den im alternativen Milieu gepflegten nachbarschaftlich und autonom ausgerichteten Ideen von Stadtentwicklung grundsätzlich widerspricht. Angesichts der geringen lokalpolitischen Macht des alternativen Milieus nimmt die Stadtspitze in diesem Fall einen Konfrontationskurs in Kauf. Mögliche Einsprüche in den Planungsverfahren werden durch die Verwaltung antizipiert und proaktiv bearbeitet, während gleichzeitig im Rahmen der Öffentlichkeitsarbeit versucht wird, die stadtinterne Gegnerschaft zu isolieren. So wird über die Diskussionen im Rat und über die Presse eine Polarisierung der Meinung betrieben, die differenzierte Kritik und die Suche nach Alternativen weitgehend ausblendet. Den Kritikern der Bunten Liste und der Bürgerinitiativen wird so der Makel angeheftet, sie kümmerten sich nicht um die Interessen der Stadt und ihrer Bevölkerung. Sie finden sich damit in einer zwiespältigen Situation wieder, die ihren Widerstand teilweise recht halbherzig erscheinen läßt.

Innerhalb der Stadt Oberhausen herrscht aber noch eine weitere Konfliktlinie vor, die verdeckter ist als der Konflikt zwischen den etablierten Parteien und den Bunten bzw. Grünen, weil sie sich quer durch die Parteien, vor allem durch die SPD hindurch zieht. Dabei handelt es sich ebenfalls um einen Streit um diffuse Vorstellungen von Entwicklung und der daraus abzuleitenden Stadtpolitik. Die montanindustrielle Tradition mit dem aus manueller Arbeit gespeisten Selbstwertgefühl der Arbeiter findet sich wieder in Politikvorstellungen, die einen starken Eingriffsstaat zur Sicherung dieser Lebens- und Arbeitsweise fordern, wie er sich über lange Jahrzehnte im Ruhrgebiet auch etabliert hat. In diesem spezifischen Fall läßt sich solches Denken einerseits an Forderungen nach einer industriellen Nachfolgenutzung der Thyssen-Flächen erkennen, andererseits an einer weitverbreiteten Skepsis gegenüber den vollmundig vorangetriebenen Plänen der Stadtspitze.

Auch in diesem Fall erfolgt eine Konfliktlösung, die nur in geringem Maße auf Vermittlung ausgerichtet ist. Entscheidend ist die Besetzung von zentralen Schaltstellen im politischen und Verwaltungssystem mit solchen Persönlichkeiten, deren Problemsicht und Lösungsvorstellung weitgehend übereinstimmt. Für Drescher (als Oberstadtdirektor), Groschek (als SPD-Fraktionsvorsitzender), Schleußer (als "graue Eminenz"), Schanz (als SPD-Unterbezirksvorsitzender) und - vielleicht mit einigen Abstrichen - van den Mond (als Oberbürgermeister) besteht kein Zweifel über die Bedingungen heutiger Stadtentwicklung. Sie verlangt Dynamik, privatwirtschaftliches Handeln und ein offensives Aufgreifen sich bietender Chancen. Die traditionellen Bindungen der Arbeiterschichten stellen für sie im wesentlichen lediglich ein Hindernis dar, das mit Hilfe einer Vermarktungsstrategie umgangen werden muß. Die Besetzung der lokalpolitischen Schaltstellen sichert den "Modernisierern" einen Informations- und Machtvorsprung, den sie im Rahmen der Informationspolitik nutzen. Wie bei der Begegnung mit dem alternativen Milieu läßt sich auch in dieser Auseinandersetzung die Argumentation vertreten, daß diejenigen, die sich nicht hinter dieses Projekt stellen, gegen die Zukunftschancen der Stadt arbeiten.

Diese Konfliktlinie kennzeichnet aber nicht nur die öffentliche und politische Diskussion, sondern sie läßt sich auch auf einer zweiten Diskussionsebene nachvollziehen, die für die Umsetzung der Neuen Mitte mindestens ebenso bedeutend ist, nämlich die Umsetzungsebene innerhalb der städtischen Verwaltung. Hier treten andere Strategien zutage, wie mit potentiellen Konflikten umzugehen ist, was prinzipiell aufgrund der andersartigen Strukturen bürokratischer und politischer Systeme auch verständlich ist. Gleichwohl geht man in Oberhausen sehr spezifische Wege, und diese leiten sich z. T. genau aus der oben skizzierten

Konfliktlinie zwischen Bürokraten mit einer traditionellen, zentralstaatlich fixierten Steuerungssicht einerseits sowie stärker proaktiv und privatwirtschaftlich orientierten Modernisierern andererseits ab.

So versucht Drescher als neuer Oberstadtdirektor zunächst, das von ihm als wegweisend erkannte Projekt nicht durch die normalen Verwaltungskanäle zu schleusen, sondern lediglich einen kleinen Kreis von Vertrauten einzubeziehen und im übrigen fachlichen Sachverstand über externe Berater hinzuzuziehen. Dadurch werden jegliche potentiellen Widerstände oder Alternativplanungen durch die Verwaltung umgangen, so daß zum Zeitpunkt der öffentlichen Projektpräsentation bereits weitreichende Vorentscheidungen getroffen sind. Als dann die städtische Verwaltung nicht weiter zu umgehen ist, richtet Drescher mit dem Verwaltungsarbeitskreis Neue Mitte ein Gremium ein, daß die bestehenden Hierarchiestrukturen durchbricht und auf ihn selbst neu fixiert.[119] Über die Freistellung von anderen Arbeiten und die außergewöhnliche Dynamik bei der Realisierung eines bedeutenden Großprojektes gelingt es ihm, die Mitarbeiter zu motivieren und auf das von ihm vorgegebene gemeinsame Ziel zu konzentrieren. Demotivierten Verwaltungsmitarbeitern, die die Arbeiten durch Verweigerung verzögern oder bewußt konterkarieren könnten, wird somit ihre Einflußmacht genommen, welche nur innerhalb der traditionellen Hierarchiestrukturen greift.[120] So gelingt es, daß die städtische Verwaltung die aufwendigen planerischen Vorarbeiten in Verbindung mit externen Beratern und den Planern des Investors innerhalb eines straffen Zeitplanes erstellt und umsetzt.

9.2 Zentrale Erklärungsfaktoren

Die Analyse der Phasen und Schauplätze schärft den Blick für die Bedeutung spezifisch fallbezogener Erklärungsfaktoren. An den verschiedenen Schauplätzen entstehen gewisse Netzwerke von Akteuren, die in komplexer Art und Weise miteinander verwoben sind, deren Strukturen jedoch von den Entscheidungen und der Macht einiger weniger Akteure stark bestimmt sind. Die Identifikation von zentralen Handlungs- und Entscheidungsträgern wird damit zum wichtigsten Schlüssel des Verstehens.

Deren Problemsicht wird zum Ausgangspunkt des Prozesses: Sie strukturieren die verschiedenen Phasen, indem sie den Kreis der Beteiligten weitgehend kontrollieren, Aufgabenverteilungen und Zeitplanungen vorgeben. Damit haben sie gleichzeitig einen erheblichen Einfluß auf die verschiedenen Handlungsschauplätze, auch wenn diese durch externe Konstellationen (im Falle der Landes-

---

[119] Dieser runde Tisch des Arbeitskreises ist damit keineswegs ein Beispiel für weitgehend hierarchielose Kommunikationsprozesse.

[120] Damit wird die Neue Mitte Oberhausen gleichzeitig zum "Pilotversuch" für eine umfassende kommunale Verwaltungsreform, die schließlich zum "Rathaus ohne Ämter" führt.

regierung) oder gesetzliche Vorgaben (im Falle der Planungsverfahren und der darin festgelegten Beteiligten) teilweise außerhalb ihrer Gestaltungsmöglichkeiten liegen. Sie bauen Akteursnetzwerke auf, in denen die Arbeit einzelner Handlungsfelder organisiert wird und in denen häufig verschiedene politische und räumliche Ebenen zusammenkommen. Die zentralen Handlungs- und Entscheidungsträger übernehmen die Vermittlung zwischen den Handlungsschauplätzen und Netzwerken. So kann sich auch die Wirkung der extern vorgegebenen Strukturierung der Handlungsschauplätze abschwächen, z. B. wenn informelle Vorabstimmungen durch die Stadt mit den Landesministerien bereits Auswirkungen auf die Inhalte und den Ablauf des später eröffneten GEP-Änderungsverfahrens haben.

Finanzminister Schleußer und OStD Drescher sind die zwei wichtigsten Schlüsselpersonen in diesem Prozeß. Ohne ihre Fähigkeit, politische Macht sowie personelle und finanzielle Ressourcen zu mobilisieren, Handlungsschauplätze zu strukturieren und Informationsflüsse (zeitlich und materiell) zu steuern, käme es nicht zur Realisierung der Neuen Mitte. Sie profitieren zudem von einer landespolitischen Situation, in der im Kabinett und in den Nachbarkommunen keine starken Gegenspieler existieren, die ähnliche Ressourcen zur Verhinderung der Planungen einbringen können.[121]

Während Schleußer vor allem in der ersten Phase der Suche nach einem Investor und einem Projekt der zentrale Entscheidungsträger ist, rückt Drescher in den Phasen der Projektentwicklung und der planerischen Umsetzung im Rahmen der Planungsverfahren stärker in den Mittelpunkt, ohne daß der latente Einfluß Schleußers auch in diesen Phasen geleugnet werden kann. Während Drescher die gestalterische Arbeit im Prozeß übernimmt, also die Schauplätze der Projektentwicklung und der planerischen Umsetzung in Oberhausen strukturiert, mobilisiert Schleußer die erforderliche politische Macht innerhalb der Landesregierung bzw. der Landes-SPD. Sie ergänzen sich in bezug auf die unterschiedlichen Handlungsebenen, die im Rahmen des geplanten Vorhabens auf vielfältige Weise verflochten sind. Die Strukturen und Instrumente der Stadtentwicklungspolitik erweisen sich als stark formbar – sie werden von den entscheidenden Persönlichkeiten zumindest für diesen konkreten Einzelfall sehr spezifisch konstruiert. Informelle Informationskanäle, Absprachen und Kontakte sind gerade während der Investorensuche und Projektentwicklung bedeutsam (weniger während der offiziellen Planverfahren). Funktionen und institutionelle (Macht-) Strukturen reichen hier als Erklärung nicht aus. Die Persönlichkeiten und ihr Umfeld entscheiden in starkem Maße über den Erfolg des Projektes, was sich

---

[121] So besteht z. B. seit dem Ausscheiden Christoph Zöpels aus der Landesregierung kein so starkes und einflußreiches MSWV mehr. Dessen Opposition gegenüber PKW-zentrierten, großflächigen Einzelhandelsansiedlungen und Freizeitgroßeinrichtungen in nicht-integrierter Lage läßt sich nicht nur an den Vorgängen um das Triple-Five-Projekt nachweisen.

insbesondere am Einfluß Dreschers auf die Umsetzung durch die Oberhausener Stadtverwaltung aufzeigen läßt.

Die Problemsicht der Schlüsselpersonen bestimmt auch den Charakter des Prozesses. Die Neue Mitte Oberhausen ist eben nicht einfach ein Planungsfall, sondern ein langjähriger politischer Prozeß, in dem zu gewissen Zeitpunkten planerische Fragen und Verfahren eine wichtige Rolle spielen. Auslöser dieses Prozesses ist kein stadtplanerisch begriffenes Problem, sondern ein politisches Legitimationsproblem, durch das auf Ebene der Landesregierung ein Handlungsdruck wahrgenommen wird. Auch die Konflikte, die im Rahmen der Planungsverfahren auftauchen, werden über politische Gremien und Diskussionen gelöst oder umgangen. Die Planung kann nicht über den Rückbezug auf rationalen, planerischen Sachverstand zwischen Konflikten um die zukünftige Nutzung städtischer Räume vermitteln. Deshalb erfolgt diese Vermittlung auch außerhalb der Planungsverfahren.

Gleichwohl kommen neuartige Planungsverfahren bzw. -instrumente auf verschiedenen Ebenen und in verschiedenen Phasen der Projektentwicklung und -umsetzung zur Anwendung. Die privatwirtschaftlich organisierte Investorensuche und Projektentwicklung, die Mediatorenrolle der Bezirksplanungsbehörde und der Verwaltungsarbeitskreis Neue Mitte in Oberhausen sind Beispiele für solche Elemente einer Neuorientierung. Sie spiegeln aber keineswegs ein neues Planungsmodell (oder ein neues normatives Verständnis von Planung) wider, sondern sie werden selektiv und in Ergänzung etablierter Verfahren eingesetzt. Die Entscheidung über ihren Einsatz erfolgt fallweise und ausschließlich zielorientiert. Dort, wo es für die Projektrealisierung vorteilhaft erscheint - da so Zeit gespart wird oder alte Hierarchie- und Machtstrukturen ausgeschaltet werden -, kommen sie zur Anwendung. Wo traditionelle Verfahren vorteilhaft erscheinen - z. B. wenn sie den Informationsvorsprung der Projektbefürworter sichern helfen -, werden diese beibehalten. Die Instrumentenwahl ergibt sich aus der Problem- und Lösungssicht der zentralen Handlungsträger, nicht aus abstrakten gesellschaftlichen Veränderungen, die ein neues Politik- und Planungsverständnis hervorgebracht haben.

Deshalb ist die Neue Mitte auch kein Beispiel für eine wirklich neuartige Stadtentwicklungspolitik in Oberhausen oder im Ruhrgebiet. Die Problemsicht der Schlüsselpersonen, was die Oberhausener Situation im Strukturwandel betrifft, konzentriert sich fast vollständig auf mangelnde Arbeitsplätze und ein Fehlen ökonomischer Dynamik. Potentielle Lösungen sind dementsprechend Teil einer Modernisierungsstrategie, die durch Infrastrukturverbesserungen (im Bereich Verkehr, Freizeit- und Kulturangebot, erschlossene Gewerbegebiete) Investoren von außerhalb anzulocken versucht. Ein verschärfter interkommunaler Wettbewerb und die Notwendigkeit privatwirtschaftlich orientierten Verhaltens werden als Prämissen der aktuellen Stadtentwicklung akzeptiert. Eine solche Stadtentwicklungspolitik ist im wesentlichen reaktiv; sie ist nicht auf der Suche nach spezifischen Entwicklungspotentialen vor Ort, sondern sie reagiert auf externe Impulse. Die Neue Mitte wird verwirklicht durch eine enge Abstimmung der Spitzen von (SPD-) Politik und Verwaltung mit dem privaten Großinvestor - eine Situation, die im Ruhrgebiet keineswegs ungewöhnlich oder historisch neuartig ist. Trotz der Übernahme privatwirtschaftlicher Planungs- und Verhandlungsverfahren im Rahmen der Projektentwicklung gibt es bei den politisch Verantwortlichen keine erkennbaren Zweifel bezüglich ihres Steuerungs- und Gestaltungspotentials.

Somit relativiert sich auch die Bedeutung allgemeiner gesellschaftlicher Rahmenbedingungen oder der Veränderungen von Politik- und Planungsverständnis. Dort, wo sich gestaltungswillige Schlüsselpersonen finden, die politische Macht und entsprechende Ressourcen mobilisieren können, sind sie in der Lage, sich Handlungsspielräume zu erarbeiten, in denen lokale, in erster Linie aber wohl kommunale Politik betrieben werden kann. Diese Handlungsspielräume sind allerdings abhängig von einer sehr spezifischen Vermittlung auf der lokalen Politikebene und verlangen eine differenzierte Strategie, wie mit den Reaktionen der verschiedenen Interessengruppen umzugehen ist. Generalisierungen bezüglich erfolgversprechender Strategien, wer wann und wie in die Vermittlungsprozesse einzubeziehen ist, verdecken nur allzu leicht den spezifischen, lokalpolitischen Kontext, in dem Handlungs- und Entscheidungsträger agieren müssen.

9.3 Ausblick

Die Neue Mitte Oberhausen wird zu einer Zeit realisiert, in der sich das Ruhrgebiet, seine Städte und Bürger vielfältigen Veränderungen ausgesetzt sehen. Der ökonomische Strukturwandel, der über Jahrzehnte die überragende Dominanz der Montanindustrie hat schwinden lassen, hat im Bewußtsein der Bürger Spuren hinterlassen, die trotz der Imagekampagnen des KVR nicht von Optimismus und Zukunftsgläubigkeit geprägt sind. Dennoch verläuft der Wandel weiter, nicht nur im rein ökonomischen Sinne, sondern auch in der Stadtentwicklung. Das Bild der Städte, im Aufriß wie im Grundriß, die verkehrliche Erschließung und die Nutzung der zunehmend von der Industrie geräumten Flächen, all dies verändert sich in einem komplexen Prozeß, der wirtschaftlichen, kulturellen und politischen Einflußfaktoren unterliegt. Er vollzieht sich teilweise in vielen kleinen, fast unbemerkten Schritten, teilweise unterstützt durch die Regierungen in den Kommunen und im Land.

Das Wissen um diese Dynamik steht auch im Hintergrund der vorliegenden Studie zur Neuen Mitte. Dieses Wissen erweist sich als notwendig, jedoch nicht als ausreichend für ein Verständnis der Entstehungsbedingungen dieses Großprojektes, denn es kann keine historisch und räumlich differenzierte Erklärung liefern, warum die Neue Mitte hier und jetzt entstehen kann.

Die vorliegende Studie zeigt deutlich auf, daß strukturelle Wandlungen in der Ökonomie oder auch der Politik nicht per se zum Einflußfaktor werden. Vielmehr erschließt sich ihre Bedeutung immer erst durch die Reflexion der Betroffenen und der Handelnden. Die Zwänge und Handlungsrestriktionen der Stadtentwicklung lassen sich demnach nicht "objektiv" oder allgemeingültig feststellen, sondern nur aus der Wahrnehmung von Akteuren und ihren darauf aufbauenden Entscheidungen ermitteln.

Dies betrifft nicht nur die ökonomische, sondern auch die politische Sphäre. Die Handlungsspielräume der Politik sind nicht über institutionell-strukturelle Perspektiven auszuloten, sondern lassen sich nur aus dem praktischen Ablauf erschließen, was eine verstärkte Betrachtung der Policy- und der Politics-Dimensionen des Begriffes "Politik" verlangt. Auch hier erweist sich die tatsächliche politische Macht der Akteure erst im Prozeß selbst. Die spezifische Konstellation von Projektbefürwortern auf verschiedenen politischen Ebenen und deren Fähigkeit, ihre jeweiligen Ressourcen an sich ergänzenden Schauplätzen aufeinander abzustimmen, entscheiden über den Ablauf und den letztlichen Erfolg des Projektes - in den politischen Gremien wie in den Planungsverfahren.

Damit rücken die Identifikation von Akteuren und ihre Wahrnehmungen in bezug auf Probleme, eigene und fremde Handlungsspielräume sowie ihre tatsächlichen Aktivitäten in sich konstituierenden Entscheidungsnetzwerken in den Mittelpunkt des Forschungsinteresses. Diese Elemente verschließen sich aber einfachen Verallgemeinerungen oder Gesetzmäßigkeiten, da sie in starkem Maße von Faktoren der Persönlichkeit und von örtlichen Spezifika geprägt sind, insbesondere wenn Stadtentwicklung vermehrt über Projekte betrieben wird. Stadtentwicklungsforschung, die diese sehr konkreten Kontexte aus der Betrachtung ausblendet, wird nicht in der Lage sein, Konflikte um städtische Räume und ihren Umbau befriedigend zu erklären.

Daher ist es angebracht, die induktive und einzelfallbezogene empirische Forschung stärker als bisher in den Vordergrund zu stellen und den praktischen Wert induktiver Generalisierungen nicht zu vernachlässigen - auch da es sich in der Forschung erweist, daß viele Handlungen der im Prozeß involvierten Akteure eher aus induktiven Schlüssen denn aus deduktiven Überlegungen erfolgen. Mit anderen Worten, Bürger, Politiker und auch Planer treten in konkrete Prozesse der Stadtentwicklung mit ihren spezifischen Erfahrungen aus vorhergehenden Projekten und Entwicklungen ein, die tendenziell induktiv auf den aktuellen Prozeß oder das aktuelle Projekt übertragen werden. Deduktive Herangehensweisen sind dagegen bei den Beteiligten nur in Ansätzen festzustellen, am ehesten noch bei den Fachbeamten der Planungsbehörden. Deren Frustrationen bezüglich der oft nicht rational erscheinenden Entscheidungen von Politik und Öffentlichkeit resultieren zum Teil eben aus dieser unterschiedlichen Logik. Die wissenschaftliche Problematik der schwer einzuschätzenden Gültigkeit und Übertragbarkeit solcher induktiv erarbeiteten Erkenntnisse ist nicht zu verleugnen. Aus der

Perspektive dieses Untersuchungsfalls scheint jedoch der durch das induktive Vorgehen erarbeitete Erkenntnisgewinn die Unsicherheiten der Verallgemeinerungsfähigkeit aufzuwiegen.

Diese Studie belegt erneut, daß räumliche oder ökonomisch ausgerichtete Interpretationen von Stadtentwicklung in bezug auf ihre Erklärungsmöglichkeiten enge Grenzen aufweisen. Stattdessen muß sich auch die geographische Stadtforschung in ihren Analysen vermehrt mit solchen Konzepten auseinandersetzen, die die politische Dimension der Stadtentwicklungsprozesse greifbar machen - und die hauptsächlich in den Nachbardisziplinen der Geographie entwickelt werden. Insbesondere die Entstehungsbedingungen von Macht und (eben nicht nur materiellen) Ressourcen sowie deren Wirkungszusammenhänge in komplexen gesellschaftlichen Systemen verdienen tiefergehende Analysen, die auch nach einer entsprechenden theoretischen Aufarbeitung verlangen, welche allerdings auf der Ebene von Theorien allenfalls mittlerer Reichweite liegen dürfte.

Abschließend ist auch nochmals auf die normative Komponente der Stadtentwicklungspolitik hinzuweisen. Die vorliegende Studie hat versucht, die tatsächlichen Abläufe aus sich selbst bzw. aus dem Verständnis der Handelnden heraus zu interpretieren, nicht jedoch aus einer normativ-politischen oder demokratietheoretischen Position. Eine Diskussion um Stadtentwicklung, die auch diese Dimensionen betrachtet, erscheint dringend angebracht, gerade angesichts der Tatsache, daß sich bei den verschiedensten Akteuren ein auffälliger Konsens in bezug auf Problemsichten und Lösungswege in der Stadtentwicklung feststellen läßt. Die Bedingungen eines verschärften interkommunalen und globalen Wettbewerbs einerseits und die Lösungssuche durch eine weitere Flexibilisierung und Privatisierung staatlichen Handelns andererseits werden offenbar kaum noch hinterfragt, sondern als unumstößlich hingenommen. Die Suche nach Alternativen, gerade nach örtlich spezifischen und lokal vermittelten Entwicklungsmodellen, sollte jedoch nicht von vornherein als aussichtslos verworfen werden. Die Identifikation solch alternativer Entwicklungsmodelle, die Analyse ihrer Entstehungsbedingungen sowie ihrer Auswirkungen auf die ökonomischen, sozialen und politischen (gerade auch Demokratie-) Verhältnisse in den jeweiligen Städten bieten sich als zukünftige Arbeitsbereiche der Stadtentwicklungsforschung an.

10 Anhang

10.1 Literaturverzeichnis

Abelshauser, W. (1984): Der Ruhrkohlenbergbau seit 1945. Wiederaufbau, Krise, Anpassung. (= Bergbau und Bergarbeit) München

Ageplan & Blotevogel, H. H. (1989): Gutachterliche Stellungnahme und Bewertung des Unternehmenskonzeptes WORLD TOURIST CENTER der TRIPLE-FIVE-GRUPPE. Manuskript, Essen, Duisburg

Ageplan (1992): Gutachterliche Stellungnahme und Bewertung der Einzelhandelsaktivitäten des Projektes "Neue Mitte Oberhausen" auf der Basis vorliegender Gutachten des ish und der GfK. Essen

Albers, G. (1993): Über den Wandel im Planungsverständnis. In: Raumplanung 61, S. 97-103

Amin, A. (Hrsg.) (1994): Post-Fordism: a reader. Oxford

Arbeitsgemeinschaft der Gutachter (1989): World Tourist Center Oberhausen. Gutachten Plausibilitäts- und Wirkungsanalyse. Im Auftrag des Landes Nordrhein-Westfalen vertreten durch den Minister für Stadtentwicklung, Wohnen und Verkehr. o. O.

Arbeitskreis Verkehr der Regionalkonferenz Mülheim/Essen/Oberhausen (1992): Regionale und örtliche Eingliederung der Neuen Mitte Oberhausen in den ÖPNV. Resolution des Arbeitskreises Verkehr der Regionalkonferenz Mülheim/Essen/Oberhausen. 11. Februar 1992. o. O.

Aring, J. et al. (1989): Krisenregion Ruhrgebiet? Alltag, Strukturwandel und Planung. (= Wahrnehmungsgeographische Studien zur Regionalentwicklung, H. 8) Oldenburg

Aufenanger, St. (1991): Qualitative Analyse semi-strukturierter Interviews. Ein Werkstattbericht. In: Garz, D. & Kraimer, K. (Hrsg.): Qualitativ-empirische Sozialforschung. Opladen, S. 35-59

Bassett, K. & Short, J. (1989): Development and Diversity in Urban Geography. In: Gregory, D. & Walford, R. (Hrsg.): Horizons in Human Geography. Basingstoke, London, S. 175-193

Bischoff, A., Selle, K. & Sinning, H. (1995): Informieren, Beteiligen, Kooperieren. Kommunikation in Planungsprozessen. Eine Übersicht zu Formen, Verfahren, Methoden und Techniken. (= Kommunikation im Planungsprozeß, Bd. 1) Dortmund

Blanke, B. & Benzler, S. (1991): Horizonte der Lokalen Politikforschung. Einleitung. In: Blanke, B. (Hrsg.): Staat und Stadt. Systematische, vergleichende und problemorientierte Analysen "dezentraler" Politik. (= Politische Vierteljahresschrift, Sonderheft 22/1991) Opladen, S. 9-32

Blase, D. (1988): Ein Weg aus der Krise? Stadtentwicklung Oberhausen. In: Stadtbauwelt 98, S. 1036-1040

Blotevogel, H. H. (1993): Vom Kohlenrevier zur Region? Anfänge regionaler Identitätsbildung im Ruhrgebiet. In: Dürr, H. & Gramke, J. (Hrsg.): Erneuerung des Ruhrgebiets. Regionales Erbe und Gestaltung für die Zukunft. Festschrift zum 49. Deutschen Geographentag. (= Bochumer Geographische Arbeiten, H. 58) Paderborn, S. 47-52

Blotevogel, H. H. (1994): Neue Ansätze regionaler Entwicklungspolitik in Nordrhein-Westfalen. Erfahrungen mit der regionalisierten Strukturpolitik und Perspektiven ihrer Verknüpfung mit der Landes- und Regionalplanung. In: Akademie für Raumforschung und Landesplanung (Hrsg.): Aktuelle Fragen der Landesentwicklung in Nordrhein-Westfalen. (= Forschungs- und Sitzungsberichte, Akademie für Raumforschung und Landesplanung, Bd. 194) Hannover, S. 15-40

Blotevogel, H. H., Butzin, B. & Danielzyk, R. (1988): Historische Entwicklung und Regionalbewußtsein im Ruhrgebiet. In: Geographische Rundschau, Bd. 40, Nr. 7/8, S. 8-13

Blotevogel, H. H. & Deilmann, B. (1989): "World Tourist Center" Oberhausen. Aufstieg und Fall der Planung eines Megazentrums. In: Geographische Rundschau, Bd. 41, Nr. 11, S. 640-645

Böhret, C. (1986): Politik und Verwaltung. In: Ellwein, T. et al. (Hrsg.): Verwaltung und Politik in der Bundesrepublik. (= Kohlhammer Taschenbücher "Bürger im Staat", Bd. 1075) Stuttgart, S. 36-53

Borst, R. et al. (Hrsg.) (1990): Das neue Gesicht der Städte. Theoretische Ansätze und empirische Befunde aus der internationalen Debatte. (= Stadtforschung aktuell, Bd. 29) Basel, Boston, Berlin

Braybrooke, D. & Lindblom, C. E. (1972): Zur Strategie der unkoordinierten kleinen Schritte (Disjointed Incrementalism). In: Fehl, G., Fester, M. & Kuhnert, N. (Hrsg.): Planung und Information. Materialien zur Planungsforschung. Gütersloh, S. 139-166

Bremm, H.-J. & Danielzyk, R. (1991): Vom Fordismus zum Post-Fordismus. Das Regulationskonzept als Leitlinie des planerischen Handels? In: Raumplanung 53, S. 121-127

Bremm, H.-J. (1993): Ökonomie, Politik und Raumplanung in alten Industrieregionen. Eine Untersuchung des Strukturwandels in den Regionen Pittsburgh und Dortmund. Diss. Uni Dortmund, Dortmund

Bühler-Niederberger, D. (1991): Analytische Induktion. In: Flick, U. et al. (Hrsg.): Handbuch Qualitative Sozialforschung. Grundlagen, Konzepte, Methoden und Anwendungen. München, S. 446-450

Butzin, B. (1995): Neue Strategien der Regionalentwicklung - Perspektiven für das Ruhrgebiet? In: Kommunalverband Ruhrgebiet (Hrsg.): Kommunalverband - Ruhrgebiet. Wege, Spuren. Festschrift zum 75 jährigen Bestehen des Kommunalverbandes Ruhrgebiet. Essen, S. 145-187

Campbell, S. & Fainstein, S. S. (1996): Introduction: The Structure and Debates of Planning Theory. In: Campbell, S. & Fainstein, S. S. (Hrsg.): Readings in Planning Theory. Cambridge, Oxford, S. 1-14

Castells, M. (1977): The Urban Question: a Marxist approach. London

Castells, M. (1978): City, class, and power. London

Cattacin, S. (1994): Stadtentwicklungspolitik zwischen Demokratie und Komplexität. Zur politischen Organisation der Stadtentwicklung: Florenz, Wien und Zürich im Vergleich. (= Wohlfahrtspolitik und Sozialforschung, Bd. 4) Frankfurt, New York

Cockburn, C. (1977): The Local State. London

Davis, M. (1990): City of Quartz. Excavating the future in Los Angeles. London, New York

Diekmann, A. (1995): Empirische Sozialforschung. Grundlagen, Methoden, Anwendungen. (= rowohlts enzyklopädie) Reinbek

Drescher, B. U. & Dellwig, M. (1996): Rathaus ohne Ämter. Verwaltungsreform, Public-Private-Partnership und das Projekt Neue Mitte in Oberhausen. Frankfurt a. M., New York

Duncan, S. & Goodwin, M. (1988): The Local State and Uneven Development. Behind the Local Government Crisis. Cambridge

Dye, T. R. (1976): Policy Analysis. What governments do, why they do it, and what difference it makes. Tuscaloosa

Einzelhandelsverband Oberhausen e. V. (1992): Maßnahmenkatalog des Einzelhandelsverbandes Obehausen e. V. zur Attraktivierung der innerstädtischen Zentren Oberhausen-Mitte, Sterkrade und Osterfeld im Hinblick auf das Projekt "NEUE MITTE OBERHAUSEN". Manuskript vom 20. Januar 1992, Oberhausen

Einzelhandelsverband Westfalen West e. V., Geschäftsstelle Bottrop (1992): Stellungnahme zum Einhelhandelsvorhaben "Neue Mitte Oberhausen". Analyse der vorliegenden Gutachten des ISH Dr. H. Danneberg & Partner und der GfK-Marktforschung unter Bottroper Gesichtspunkten und unter Beachtung aller bekannter Bottroper Daten. Bottrop

Eismann, R. & Waluga, St. (1994): Sozio-ökonomische Daten zum IBA-Planungsraum. In: Kreibich, R. et al. (Hrsg.): Bauplatz Zukunft. Dispute über die Entwicklung alter Industrieregionen. Essen, S. 260-296

Esser, J., Görg, C. & Hirsch, J. (Hrsg.) (1994): Politik, Institutionen und Staat. Zur Kritik der Regulationstheorie. Hamburg

Fainstein, S. S. & Fainstein, N. (1996): City Planning and Political Values: An Updated View. In: Campbell, S. & Fainstein, S. S. (Hrsg.): Readings in Planning Theory. Cambridge, Oxford, S. 265-287

Feagin, J. R. & Smith, M. P. (1987): Cities and the new international division of labor: an overview. In: Smith, M. P. & Feagin, J. R. (Hrsg.): The capitalist city. Global restructuring and community politics. (= ideas) Oxford

Fellner, A. & Gestring, N. (1990): "Zukünfte" der Stadt. Szenarien zur Stadtentwicklung. (= Beiträge der Universität Oldenburg zur Stadt- und Regionalplanung 6) Oldenburg

Flick, U. (1995): Qualitative Forschung. Theorie, Methoden, Anwendung in Psychologie und Sozialwissenschaften. (= rowohlts enzyklopädie) Reinbek

Forester, J. (1989): Planning in the Face of Power. Berkeley, Los Angeles, London

Friedmann, J. (1973): Retracking America. A Theory of Transactive Planning. Garden City

Friedmann, J. (1986): The world city hypothesis. In: Development and Change, Bd. 17, Nr. 1, S. 69-84

Friedmann, J. (1995): Where we stand: a decade of world city research. In: Knox, P. L. & Taylor, P. J. (Hrsg.): World cities in a world system. Cambridge, S. 21-47

Friedmann, J. & Wolff, G. (1982): World city formation: an agenda for research and action. In: International Journal of Urban and Regional Research, Bd. 6, Nr. 2, S. 309-344

Friedrichs, J. (1985): Methoden der empirischen Sozialforschung. (= WV studium, Bd. 28) 13. Aufl., Opladen

Fröbel, F., Heinrichs, J. & Kreye, O. (1977): Die neue internationale Arbeitsteilung: Strukturelle Arbeitslosigkeit in den Industrieländern und die Industrialisierung der Entwicklungsländer. Reinbek

Fürst, D. (1995): Regionalverbände im Vergleich. In: Kommunalverband Ruhrgebiet (Hrsg.): Kommunalverband - Ruhrgebiet. Wege, Spuren. Festschrift zum 75 jährigen Bestehen des Kommunalverbandes Ruhrgebiet. Essen, S. 105-143

Ganser, K. (1987): Städtebau und Entwicklungsplanung. In: Andersen, U. (Hrsg): Kommunale Selbstverwaltung und Kommunalpolitik in Nordrhein Westfalen. (= Schriften zur politischen Landeskunde Nordrhein Westfalens, Bd. 3) Köln, S. 161-174

Ganser, K. (1991): Instrumente von gestern für die Städte von morgen? In: Ganser, K., Hesse, J. J. & Zöpel, C. (Hrsg.): Die Zukunft der Städte. (= Forum Zukunft, Bd. 6) Baden-Baden, S. 54-65

Ganser, K., Siebel, W. & Sieverts, T. (1993): Die Planungsstrategie der IBA Emscher Park. Eine Annäherung. In: Raumplanung 61, S. 112-118

Gebhard, H. (1993): Forschungsmethoden in der Kulturgeographie. (= Kleinere Arbeiten aus dem Geographischen Institut der Universität Tübingen, H. 3) Tübingen

Gehne, F. (1949): Wie aus der Lipperheide die Großstadt Oberhausen wurde. In: Stadtverwaltung Oberhausen (Hrsg.): 75 Jahre Oberhausen Stadt. Die aufstrebende Industriegroßstadt am Niederrhein. Oberhausen, S. 7-10

Gertel, J. (1993): "New Urban Studies". Konzeptionelle Beiträge für eine problemorientierte geographische Stadtforschung. In: Geographische Zeitschrift, Bd. 81, Nr. 1, S. 98-109

GfK (1992) (= Gesellschaft für Konsumforschung): Markt- und Standortgutachten für den Einzelhandel in der NEUEN MITTE OBERHAUSEN. Nürnberg

Günter, R. (1975): Oberhausen. (= Die Denkmäler des Rheinlandes, Bd. 22) Düsseldorf

Günter, R. (1994): Im Tal der Könige. Ein Reisebuch zu Emscher, Rhein und Ruhr. Essen

Gutehoffnungshütte AG (Hrsg.) (1910): Die Gutehoffnungshütte Oberhausen, Rheinland. Zur Erinnerung an das 100jährige Bestehen 1810-1910. Oberhausen

Gutehoffnungshütte Sterkrade AG (Hrsg.) (1958): Gutehoffnungshütte in zwei Jahrhunderten. Oberhausen

Gütter, R. (1993): Pläne oder Projekte. In: Raumplanung 60, S. 56-62

Harloe, M. & Fainstein, S. S. (1992): Conclusion: the divided cities. In: Fainstein, S. S., Gordon, I. & Harloe, M.: Divided Cities. New York & London in the contemporary world. (= Studies in Urban and Social Change) Oxford, S. 236-268

Harvey, D. (1969): Explanation in Geography. London

Harvey, D. (1982): The Limits to Capital. Oxford

Harvey, D. (1987): Flexible Accumulation through Urbanization: Reflections on "Postmodernism" in the American City. In: Antipode, Bd. 19, Nr. 3, S. 260-286

Harvey, D. (1989a): From Managerialism to Entrepreneurialism: The Transformation in Urban Governance. In: Geografiska Annaler, Series B, Bd. 71 B, Nr. 1, S. 3-17

Harvey, D. (1989b): The Condition of Postmodernity. An Enquiry into the Origins of Cultural Change. Oxford

Häußermann, H. (1991): Die Bedeutung "lokaler Politik" - neue Forschung zu einem alten Thema. In: Blanke, B. (Hrsg.): Staat und Stadt. Systematische, vergleichende und problemorientierte Analysen "dezentraler" Politik. (= Politische Vierteljahresschrift, Sonderheft 22/1991) Opladen, S. 35-50

Häußermann, H. & Siebel, W. (1987): Neue Urbanität. (= edition Suhrkamp, Neue Folge Bd. 432) Frankfurt

Häußermann, H. & Siebel, W. (1993): Wandel von Planungsaufgaben und Wandel der Planungsstrategie - Das Beispiel der Internationalen Bauausstellung Emscher-Park. In: Jahrbuch Stadterneuerung 1993, Beiträge aus Lehre und Forschung an deutschsprachigen Hochschulen, S. 141-151

Häußermann, H. & Siebel, W. (1994): Wie organisiert man Innovation in nichtinnovativen Milieus? In: Kreibich, R. et al. (Hrsg.): Bauplatz Zukunft. Dispute über die Entwicklung von Industrieregionen. Essen, S. 52-64

Heinelt, H. (1993): Policy und Politics. Überlegungen zum Verhältnis von Politikinhalten und Politikprozessen. In: Héritier, A. (Hrsg.): Policy-Analyse. Kritik und Neuorientierung. (= Politische Vierteljahresschrift, Sonderheft 24/1993) Opladen, S. 307-327

Heinelt, H. & Mayer, M. (1992): Europäische Städte im Umbruch - zur Bedeutung lokaler Politik. In: Heinelt, H. & Mayer, M. (Hrsg.): Politik in europäischen Städten. Fallstudien zur Bedeutung lokaler Politik. (= Stadtforschung aktuell, Bd. 38) Basel, Boston, Berlin, S. 7-28

Heinelt, H. & Wollmann, H. (1991): Lokale Politikforschung in den 80er und 90er Jahren. Vorwort. In: Heinelt, H. & Wollmann, H. (Hrsg.): Brennpunkt Stadt. Stadtpolitik und lokale Politikforschung in den 80er und 90er Jahren. (= Stadtforschung aktuell, Bd. 31) Basel, Boston, Berlin, S. 7-13

Helbrecht, I. (1991): Das Ende der Gestaltbarkeit? Zu Funktionswandel und Zukunftsperspektiven räumlicher Planung. (= Wahrnehmungsgeographische Studien zur Regionalentwicklung, H. 10) Oldenburg

Helbrecht, I. (1994): "Stadtmarketing". Konturen einer kommunikativen Stadtentwicklungspolitik. (= Stadtforschung aktuell, Bd. 44) Basel, Boston, Berlin

Héritier, A. (1993): Einleitung. Policy-Analyse. Elemente der Kritik und Perspektiven der Neuorientierung. In: Héritier, A. (Hrsg.): Policy-Analyse. Kritik und Neuorientierung (= Politische Vierteljahresschrift, Sonderheft 24/1993) Opladen S. 9-36

Hesse, J. J. (1987): Staatliches Handeln in der Umorientierung - eine Einführung. In: Hesse, J. J. & Zöpel, C.: Zukunft und staatliche Verantwortung. (= Forum Zukunft, Bd. 1) Baden-Baden, S. 59-72

Hesse, J. J. (1990): Staat der Zukunft - Zukunft des Staates. Zur Modernisierung öffentlicher Einrichtungen. In: Hesse, J. J. & Zöpel, C. (Hrsg.): Der Staat der Zukunft. (= Forum Zukunft, Bd. 5) Baden-Baden, S. 13-27

Hirsch, J. (1995): Der nationale Wettbewerbsstaat. Staat, Demokratie und Politik im globalen Kapitalismus. Berlin

Hirsch, J. & Roth, R. (1986): Das neue Gesicht des Kapitalismus. Vom Fordismus zum Post-Fordismus. Hamburg

Hopf, C. (1991): Qualitative Interviews in der Sozialforschung. Ein Überblick. In: Flick, U. et al. (Hrsg.): Handbuch Qualitative Sozialforschung. Grundlagen, Konzepte, Methoden und Anwendungen. München, S. 177-182

Hudson, B. M. (1979): Comparison of Current Planning Theories: Counterparts and Contradictions. In: Journal of the American Planning Association, Bd. 45, S. 387-398

IHK Essen (1988) (= Industrie- und Handelskammer für Essen, Mülheim a. d. Ruhr, Oberhausen zu Essen): Handel, Handelsvermittlung, Gastgewerbe im Bezirk der Industrie- und Handelskammer zu Essen. Ergebnisse der Handels- und Gaststättenzählung 1985. Essen

Imrie, R. & Thomas, H. (Hrsg.) (1993): British Urban Policy and the Urban Development Corporations. London

ish (1992) (= Institut für Stadt-, Standort-, Handelsforschung- und -Beratung Dr. H. Danneberg & Partner GmbH): Oberhausen: Einzelhandel und Stadterneuerung auf dem Weg in das Jahr 2000. Markt- und Tragfähigkeitsuntersuchung der Stadt und ihrer Zentren. Schwerpunkt: Vereinbarkeit des geplanten Einkaufszentrums "Neue Mitte" mit den Zielen der Zentrenstruktur, Stadtentwicklung und Stadterneuerung. Düsseldorf

Jann, W. (1981): Kategorien der Policy-Forschung. (= Speyerer Arbeitshefte 37) Speyer

Jansen, D. & Schubert, K. (1995): Netzwerkanalyse, Netzwerkforschung und Politikproduktion: Ansätze zur 'cross-fertilization'. In: Jansen, D. & Schubert, K. (Hrsg.): Netzwerke und Politikproduktion. Konzepte, Methoden, Perspektiven. Marburg, S. 9-23

Kaufmann, J. L. (1979): Comment. In: Journal of the American Planning Association, Bd. 45, S. 403-406

Keil, R. (1993): Weltstadt - Stadt der Welt. Internationalisierung und lokale Politik in Los Angeles. Münster

Kempken, F. (1917): Die wirtschaftliche Entwicklung der Stadt Oberhausen (Rheinland). (= Tübinger Staatswissenschaftliche Abhandlungen, Neue Folge H. 15) Berlin, Stuttgart, Leipzig

Kerkemeyer, S. & Thies, U. (1993): Imagewerbung und regionales Marketing: Der Kommunalverband Ruhrgebiet vor neuen Aufgaben. In: Dürr, H. & Gramke, J. (Hrsg.): Erneuerung des Ruhrgebiets. Regionales Erbe und Gestaltung für die Zukunft. Festschrift zum 49. Deutschen Geographentag. (= Bochumer Geographische Arbeiten, H. 58) Paderborn, S. 141-144

Kilper, H. (1995): Von regionaler Selbstregulierung zu interregionaler Konkurrenz. Wandel kommunaler Zusammenarbeit im Ruhrgebiet. In: Kommunalverband Ruhrgebiet (Hrsg.): Kommunalverband - Ruhrgebiet. Wege, Spuren. Festschrift zum 75 jährigen Bestehen des Kommunalverbandes Ruhrgebiet. Essen, S. 69-103

Kirbach, R. (1988): Oberhausener Visionen. Eine Stadt bastelt am neunten Weltwunder. In: Die Zeit, 23.12.1988, S. 14

Kirbach, R. (1989): Geldwäsche oder Weltwunder? Die Landesregierung in Düsseldorf prüft das Angebot einer undurchsichtigen kanadischen Finanzgruppe. In: Die Zeit, 14.04.1989, S. 41-42

Kirbach, R. (1993a): Kein starkes Stück Deutschland. In: Die Zeit, 23.04.1993, S. 23

Kirbach, R. (1993b): Bugs Bunny im Revier. In: Die Zeit, 03.09.1993, S. 18

Knapp, W. (1995): "Global - Lokal". Zur Diskussion postfordistischer Urbanisierungsprozesse. In: Raumforschung und Raumordnung, Bd. 53, Nr. 4, S. 294-304

Knox, P. L. & Taylor, P. J. (Hrsg.) (1995): World cities in a world system. Cambridge, New York, Melbourne

Kommunalverband Ruhrgebiet (1981): Städte- und Kreisstatistik Ruhrgebiet 1980. Essen

Kommunalverband Ruhrgebiet (1986): Städte- und Kreisstatistik Ruhrgebiet 1985. Essen

Kommunalverband Ruhrgebiet (1987): Städte- und Kreisstatistik Ruhrgebiet 1986. Essen

Kommunalverband Ruhrgebiet (1988): Städte- und Kreisstatistik Ruhrgebiet 1987. Essen

Kommunalverband Ruhrgebiet (1989): Städte- und Kreisstatistik Ruhrgebiet 1988. Essen

Kommunalverband Ruhrgebiet (1990): Städte- und Kreisstatistik Ruhrgebiet 1989. Essen

Kommunalverband Ruhrgebiet (1991): Städte- und Kreisstatistik Ruhrgebiet 1990. Essen

Kommunalverband Ruhrgebiet (1995): Städte- und Kreisstatistik Ruhrgebiet 1994. Essen

Kommunalverband Ruhrgebiet (o. J.): Kommunalverband Ruhrgebiet. Aufgaben - Organisation - Profile. Broschüre des KVR, Stand 1990. Essen

Konegen, N. & Sondergeld, K. (1985): Wissenschaftstheorie für Sozialwissenschaftler. Eine problemorientierte Einführung. (= UTB für Wissenschaft, Uni-Taschenbücher 1324) Opladen

Konukiewitz, M. (1985): Die Implementation räumlicher Politik. Eine empirische Untersuchung zur Koordination des Vollzugs raumwirksamer Maßnahmenprogramme. (= Schriften des Zentralinstituts für sozialwissenschaftliche Forschung der Freien Universität Berlin, Bd. 46) Opladen

Köpke, R. (1995): Schöne Neue Mitte. Oberhausens CentrO. In: Marabo - Magazin für das Ruhrgebiet, Nr. 7/Juli '95, S. 22-27

Korte, H. (1990): Die Entfaltung der Infrastruktur. In: Köllmann, W. et al. (Hrsg.): Das Ruhrgebiet im Industriezeitalter. Geschichte und Entwicklung. Bd. 2. Düsseldorf, S. 569-599

Krätke, St. (1990): Städte im Umbruch. Städtische Hierarchien und Raumgefüge im Prozeß gesellschaftlicher Restrukturierung. In: Borst, R. et al. (Hrsg.): Das neue Gesicht der Städte. Theoretische Ansätze und empirische Befunde aus der internationalen Debatte. (= Stadtforschung aktuell, Bd. 29) Basel, Boston, Berlin, S. 7-38

Krätke, St. (1995): Stadt - Raum - Ökonomie. Einführung in aktuelle Problemfelder der Stadtökonomie und Wirtschaftsgeographie. (= Stadtforschung aktuell, Bd. 53) Basel, Boston, Berlin

Krätke, St. & Schmoll, F. (1987): Der lokale Staat - "Ausführungsorgan" oder "Gegenmacht"? In: Prokla 68, Bd. 17, Nr. 3, S. 30-72

Kromrey, H. (1991): Empirische Sozialforschung. Modelle und Methoden der Datenerhebung und Datenauswertung. (= UTB für Wissenschaft, Uni-Taschenbücher 1040) 5. Aufl., Opladen

Krötz, W. (1985): Die Industriestadt Oberhausen. (= Geschichtlicher Atlas der Rheinlande, Beiheft IV.5) Köln

Kruse, W. & Lichte, R. (Hrsg.) (1991): Krise und Aufbruch in Oberhausen. Zur Lage der Stadt und ihrer Bevölkerung am Ausgang der achtziger Jahre. Oberhausen

Kühltau, W. (1949): Handel und Industrie. In: Stadtverwaltung Oberhausen (Hrsg.): 75 Jahre Oberhausen Stadt. Die aufstrebende Industriegroßstadt am Niederrhein. Oberhausen, S. 66-69

Leborgne, D. & Lipietz, A. (1990): Neue Technologien, neue Regulationsweisen: Einige räumliche Implikationen. In: Borst, R. et al. (Hrsg.): Das neue Gesicht der Städte. Theoretische Ansätze und empirische Befunde aus der internationalen Debatte. (= Stadtforschung aktuell, Bd. 29) Basel, Boston, Berlin, S. 109-129

Lipietz, A. (1985): Akkumulation, Krisen und Auswege aus der Krise: Einige methodische Überlegungen zum Begriff der "Regulation". In: Prokla 58, Bd. 15, Nr. 1, S. 109-137

Lipietz, A. (1991): Demokratie nach dem Fordismus. In: Das Argument 189, S. 677-694

Maurer, J. (1993): Grenzen, praktische Vernunft und Stadtplanung. In: Wentz, M. (Hrsg.): Wohn-Stadt. (= Die Zukunft des Städtischen. Frankfurter Beiträge, Bd. 4) Frankfurt, New York, S. 34-44

Mayer, M. (1990): Lokale Politik in der unternehmerischen Stadt. In: Borst, R. et al. (Hrsg.): Das neue Gesicht der Städte. Theoretische Ansätze und empirische Befunde aus der internationalen Debatte. (= Stadtforschung aktuell, Bd. 29) Basel, Boston, Berlin, S. 190-208

Mayer, M. (1991a): Neue Trends in der Stadtpolitik - eine Herausforderung für die Lokale Politikforschung. In: Blanke, B. (Hrsg.): Staat und Stadt. Systematische, vergleichende und problemorientierte Analysen "dezentraler" Politik. (= Politische Vierteljahresschrift, Sonderheft 22/1991) Opladen, S. 51-71

Mayer, M. (1991b): "Postfordismus" und "lokaler Staat". In: Heinelt, H. & Wollmann, H. (Hrsg.): Brennpunkt Stadt. Stadtpolitik und lokale Politikforschung in den 80er und 90er Jahren. (= Stadtforschung aktuell, Bd. 31) Basel, Boston, Berlin, S. 31-51

Mayntz, R. (1980): Implementation politischer Programme. Empirische Forschungsberichte. (= Neue Wissenschaftliche Bibliothek 97, Soziologie) Königstein

Mayntz, R. (1982): Problemverarbeitung durch das politisch-administrative System. Zum Stand der Forschung. In: Hesse, J. J. (Hrsg.): Politikwissenschaft und Verwaltungswissenschaft. (= Politische Vierteljahresschrift, Sonderheft 13/1982) Opladen, S. 74-89

Mayring, P. (1995): Qualitative Inhaltsanalyse. Grundlagen und Techniken. 5. Aufl., Weinheim

Mayring, P. (1996): Einführung in die qualitative Sozialforschung. Eine Anleitung zu qualitativem Denken. 3. Aufl., Weinheim

Mertins, G. (1964): Die Kulturlandschaft des westlichen Ruhrgebiets (Mülheim - Oberhausen - Dinslaken). (= Beiträge zur Geschichte und Volkskunde des Kreises Dinslaken am Niederrhein, Bd. 5) Neustadt/Aisch gleichzeitig veröffentlicht als: Die kulturlandschaftliche Entwicklung im westlichen Ruhrgebiet (Mülheim - Oberhausen - Dinslaken). (= Gießener Geographische Schriften, H. 4) Diss. Uni Gießen, Gießen

Mertins, G. (1965): Die Entwicklung von Bergbau und Eisenindustrie im westlichen Ruhrgebiet (Duisburg - Mülheim - Oberhausen - Dinslaken). In: Geographische Rundschau, Bd. 17, Nr. 5, S. 171-179

Micosatt, G. (1992): Neue Mitte Oberhausen. Anmerkungen zu einem regionalen Großprojekt. (= Forschungsberichte der Gesellschaft für interdisziplinäre Forschung, Nr. 16) Bochum

Ministerium für Wirtschaft, Mittelstand und Technologie des Landes Nordrhein-Westfalen (1992) (Hrsg.): Regionalisierung. Neue Wege in der Strukturpolitik Nordrhein-Westfalens. Düsseldorf

Ministerium für Wirtschaft, Mittelstand und Technologie des Landes Nordrhein-Westfalen (o. J.) (Hrsg.): Prozessuale Begleitforschung der Regionalisierung der Strukturpolitik in Nordrhein-Westfalen. Kurzfassung. Düsseldorf

Nahamowitz, P. (1993): Markt versus Staat. Theoriegeschichtliche Entwicklungen und aktuelle Trends. In: Voigt, R. (Hrsg.): Abschied vom Staat - Rückkehr zum Staat. Baden-Baden, S. 231-263

o. V. (1989): World Tourist Center - Oberhausen/West Germany. In: Stadtbauwelt 102, S. 1156-1158

o. V. (1995): Feuer & Flamme: 200 Jahre Ruhrgebiet; eine Ausstellung im Gasometer, Oberhausen. Essen

Offe, C. (1987): Die Staatstheorie auf der Suche nach ihrem Gegenstand. Beobachtungen zur aktuellen Diskussion. In: Jahrbuch zur Staats- und Verwaltungswissenschaft 1987, Bd. 1, S. 309-320

Oßenbrügge, J. (1992): Der Regulationsansatz in der deutschsprachigen Stadtforschung. In: Geographische Zeitschrift, Bd. 80, Nr. 2, S. 121-127

Pankoke, E. (1990): Staatliche Verwaltung, Kommunal- und Landschaftsverbände seit 1918. In: Köllmann, W. et al. (Hrsg.): Das Ruhrgebiet im Industriezeitalter. Geschichte und Entwicklung. Bd. 2. Düsseldorf, S. 7-66

Pappi, F. U.(1993): Policy-Netze: Erscheinungsform moderner Politiksteuerung oder methodischer Ansatz? In: Héritier, A. (Hrsg.): Policy-Analyse. Kritik und Neuorientierung. (= Politische Vierteljahresschrift, Sonderheft 24/1993) Opladen, S. 84-94

Petzina, D. (1993): Die Erfahrung des Schmelztiegels - zur Sozialgeschichte des Ruhrgebiets. In: Dürr, H. & Gramke, J. (Hrsg.): Erneuerung des Ruhrgebiets. Regionales Erbe und Gestaltung für die Zukunft. Festschrift zum 49. Deutschen Geographentag. (= Bochumer Geographische Arbeiten, H. 58) Paderborn, S. 41-46

Pohlmann, H.-J. (1993): Kommunikationsplanung. Planungstheoretische Perspektive für die Zukunft? In: Raumplanung 61, S. 93-96

Poulton, M. C. (1991a): The case for a positive theory of planning. Part 1: What is wrong with planning theory. In: Environment and Planning B: Planning and Design, Bd. 18, Nr. 2, S. 225-232

Poulton, M. C. (1991b): The case for a positive theory of planning. Part 2: A positive theory of planning. In: Environment and Planning B: Planning and Design, Bd. 18, Nr. 3, S. 263-275

Prognos AG (1991): Kaufkraftströme und Attraktivitätsgefälle zwischen der Stadt Oberhausen und den unmittelbaren Nachbarstädten. Schlußbericht. Köln/Basel

Projektgruppe Ruhrgebiet (1987): Ruhrgebiet. Vom Modell Deutschland zum starken Stück. (= Parabel, Schriftenreihe des Evangelischen Studienwerks Villigst, Bd. 8) Münster

Regionalkonferenz MEO (Hrsg.) (1992): Stärken und Schwächen - Strukturdaten. (= Beiträge zur Regionalentwicklung Heft 2) o. O.

Regionalkonferenz MEO (Hrsg.) (1993): Regionales Entwicklungskonzept für die Region Mülheim an der Ruhr, Essen, Oberhausen (MEO). (= Beiträge zur Regionalentwicklung Heft 4) o. O.

Reif, H. (1993): Die verspätete Stadt. Industrialisierung, städtischer Raum und Politik in Oberhausen 1846-1929. (= Landschaftsverband Rheinland, Rheinisches Industriemuseum, Schriften Bd. 7) Köln

Reulecke, J. (1981): Metropolis Ruhr? Regionalgeschichtliche Aspekte der Ruhrgebietsentwicklung im 20. Jahrhundert. In: Die alte Stadt, Bd. 8, Nr. 1, S. 13-30

Reulecke, J. (1990): Das Ruhrgebiet als städtischer Lebensraum. In: Köllmann, W. et al. (Hrsg.): Das Ruhrgebiet im Industriezeitalter. Geschichte und Entwicklung. Bd. 2. Düsseldorf, S. 67-120

Richter, E.-J. (1992): Ruhrgebietskrise und Aufbruch zu neuen Strukturen, Beispiel Oberhausen. In: Stadtforschung und Statistik, Zusatzheft 1992, S. 37-44

Rohe, K. (1984): Regionalkultur, regionale Identität und Regionalismus im Ruhrgebiet: Empirische Sachverhalte und theoretische Überlegungen. In: Lipp, W. (Hrsg.): Industriegesellschaft und Regionalkultur. Untersuchungen für Europa. (= Schriftenreihe der Hochschule für Politik München, Bd. 6) Köln u. a., S. 123-153

Rommelspacher, T. (1981): Die Krise des Ruhrgebiets. Ursachen, Auswirkungen und staatliche Reaktionen. Diss. FU Berlin. Berlin

Sassen, S. (1991): The Global City: New York, London, Tokyo. Princeton

Scharpf, F. W. (1991): Die Handlungsfähigkeit des Staates am Ende des zwanzigsten Jahrhunderts. In: Politische Vierteljahresschrift, Bd. 32, Nr. 4, S. 621-634

Scharpf, F. W., Reissert, B. & Schnabel, F. (1976): Politikverflechtung. Theorie und Empirie des kooperativen Föderalismus in der Bundesrepublik. Kronberg

Schlieper, A. (1986): 150 Jahre Ruhrgebiet. Ein Kapitel deutscher Wirtschaftsgeschichte. Düsseldorf

Schmitz, M. (1991): Die neue Mitte. In: WAZ Oberhausen vom 07.10.1991, S. 02, Kommentar

Schnell, R., Hill, P. B. & Esser, E. (1993): Methoden der empirischen Sozialforschung. 4. Aufl., München, Wien

Schnur, R. (1970): Entwicklung der Rechtsgrundlagen und der Organisation des SVR. In: Siedlungsverband Ruhrkohlenbezirk (Hrsg.): Siedlungsverband Ruhrkohlenbezirk 1920-1970. (= Schriftenreihe Siedlungsverband Ruhrkohlenbezirk 29) Essen, S. 9-32

Schreiner, M. (1992): Der Fall Campanile. Ein Planungsprozeß in Frankfurt a. M. (= Arbeitshefte des Instituts für Stadt- und Regionalforschung Technische Universität Berlin, H. 45) Berlin

Schubert, G. (o. J.): Die Eisen- und Stahlindustrie in Oberhausen innerhalb des Zeitraumes von 1947 bis 1986. (= Texte zur Zeitgeschichte) Düsseldorf

Schubert, K. (1991): Politikfeldanalyse. Eine Einführung. (Grundwissen Politik, Bd. 6) Opladen

Schubert, K. (1995): Struktur-, Akteur- und Innovationslogik: Netzwerkkonzeptionen und die Analyse von Politikfeldern. In: Jansen, D. & Schubert, K. (Hrsg.): Netzwerke und Politikproduktion. Konzepte, Methoden, Perspektiven. Marburg, S. 222-240

Scott, A. J. (1988): Flexible production systems and regional development: the rise of new industrial spaces in North America and western Europe. In: International Journal of Urban and Regional Research, Bd. 12, Nr. 2, S. 171-186

Selle, K. (1993): Hannover. Expo 2000. Ein Großprojekt als Mittel der Stadtentwicklungspolitik? In: Raumplanung 60, S. 31-40

Selle, K. (1994): Was ist bloß mit der Planung los? Erkundungen auf dem Weg zum kooperativen Handeln. Ein Werkbuch. (= Dortmunder Beiträge zur Raumplanung, Bd. 69, Blaue Reihe) Dortmund

Siebel, W. (1989): Zukünftige Perspektiven der Stadtentwicklung. In: Deutsche Akademie für Städtebau und Landesplanung/Landesgruppe Niedersachsen-Bremen (Hrsg.): Planung oder Anpassung? Fragen an künftige Stadt- und Regionalplanung. (= Bericht Nr. 11 der Landesgruppe Niedersachsen-Bremen) Hildesheim/Hannover, S. 83-93

Smith, M. P. & Feagin, J. R. (Hrsg.) (1987): The Capitalist City. Global Restructuring and Community Politics. (= ideas) Oxford

Soja, E. (1987): Economic Restructuring and the Internationalization of the Los Angeles Region. In: Smith, M. P. & Feagin, J. R. (Hrsg.): The Capitalist City. Global Restructuring and Community Politics. (= ideas) Oxford, S. 178-198

Soja, E. (1989): Postmodern Geographies. The reassertion of space in critical social theory. London, New York

Spöhring, W. (1995): Qualitative Sozialforschung. (= Teubner Studienskripten, Bd. 133, Studienskripten zur Soziologie) 2. Aufl., Stuttgart

Stadtverwaltung Oberhausen (Hrsg.) (1949): 75 Jahre Oberhausen Stadt. Die aufstrebende Industriegroßstadt am Niederrhein. Oberhausen

Stierand, R. (1993): Neuorientierung in der Planungstheorie? In: Raumplanung 61, S. 141-147

Strasser, H. & Pawellek, I. (1991): Jenseits von Oberhausen: Strukturwandel und Arbeitslosigkeit in einer Ruhrgebietsstadt. In: Rülcker, C. (Hrsg.): Region Ruhr. Interdisziplinäre Ansätze. Festschrift zum 65-jährigen Geburtstag von Fritz Rudolph. Bochum, S. 87-108

Tank, H. (1988): "Public-Private Partnership": eine Hilfe bei der Bewältigung von Problemen und bei der Erschließung des Entwicklungspotentials im Ruhrgebiet. (= Diskussionspapiere zur Wirtschaftspolitik) Bonn

Taylor, P. J. (1993): Political Geography. World-economy, Nation-state and Locality. 3. Aufl., Harlow

Thornley, A. (1993): Urban Planning under Thatcherism. The challenge of the market. 2. Aufl., London

Triple Five Continental Development Ltd. (o. J.): Brief an Wirtschaftsminister Jochimsen mit Projektvorschlag und Forderungen des Investors. o. O.

von Oertzen, S. (1993): Planung im entzauberten Staat. Zur neuen Staatsdebatte in den Politikwissenschaften. In: Raumplanung 61, S. 104-111

von Petz, U. (1995): Vom Siedlungsverband Ruhrkohlenbezirk zum Kommunalverband Ruhrgebiet - 75 Jahre Landesplanung und Regionalpolitik im Revier. In: Kommunalverband Ruhrgebiet (Hrsg.): Kommunalverband - Ruhrgebiet. Wege, Spuren. Festschrift zum 75 jährigen Bestehen des Kommunalverbandes Ruhrgebiet. Essen, S. 7-67

von Prittwitz, V. (1994): Politikanalyse. (= UTB für Wissenschaft, Uni-Taschenbücher 1707) Opladen

Vondran, R. (1992): Halbe Wahrheiten helfen nicht weiter. Neue Mitte Oberhausen. Die verkehrspolitischen Probleme dürfen nicht länger vernachlässigt werden. Manuskript des CDU MdB Ruprecht Vondran inkl. Stellungnahme von Dipl.-Volkswirt Dr. Matthias Giese: Verkehrserschließung "Neue Mitte Oberhausen", Bonn, Oberhausen, Düsseldorf

Wallerstein, I. (1979): The Capitalist World-Economy. Cambridge

Weick, T. (1994): Abschied vom Plänemachen. Thesen zur Entwicklungsplanung als Verhandlungssystem. In: Raumplanung 66, S. 176-178

Wiel, P. (1970): Wirtschaftsgeschichte des Ruhrgebietes. Tatsachen und Zahlen. Essen

Wiese von Ofen, I., Müller-Trimbusch, J. & Stumpfl, H. (1989): Gegenstromverfahren? In: Stadtbauwelt 102, S. 1159

Windhoff-Héritier, A. (1987): Policy-Analysis. Eine Einführung. (= Campus Studium, Bd. 570) Frankfurt, New York

Wollmann, H. (1991): Konzepte lokaler Politikforschung - Grenzen und Möglichkeiten lokaler Politik. In: Heinelt, H. & Wollmann, H. (Hrsg.): Brennpunkt Stadt. Stadtpolitik und lokale Politikforschung in den 80er und 90er Jahren. (= Stadtforschung aktuell, Bd. 31) Basel, Boston, Berlin, S. 15-30

Woltmann, A. (1910): Erstes Buch: Geschichte der Gutehoffnungshütte. In: Gutehoffnungshütte AG (Hrsg.): Die Gutehoffnungshütte Oberhausen, Rheinland. Zur Erinnerung an das 100jährige Bestehen 1810-1910. Oberhausen, S. 1-60

Zöpel, C. (1990): Der Staat der Zukunft - Zum Stand der Diskussion. In: Hesse, J. J. & Zöpel, C.: Der Staat der Zukunft. (= Forum Zukunft, Bd. 5) Baden-Baden, S. 175-194

Zündorf, I. (1996): Oberhausen als Vorreiter bei der Verwaltungsmodernisierung im Ruhrgebiet? In: Andersen, U. & Himmelmann, R. (Hrsg.): Kommunale Verwaltungsreform im Ruhrgebiet. (= Zentrum für interdisziplinäre Ruhrgebietsforschung - Grüne Reihe 1/96) Bochum, S. 17-29

10.2 Zeitungs- und Zeitschriftenartikel ohne Verfasserangabe

Borbecker Nachrichten vom 11.10.1991: Nachbarstadt Oberhausen greift nach den Sternen.

Borbecker Nachrichten vom 17.09.1992: Erneut Kritik an der "Neuen Mitte".

NRZ Essen vom 16.09.1992: Heftige Kritik an der "Neuen Mitte".

NRZ vom 19.10.1994: Das Ruhrgebiet darf andere Regionen nicht erdrücken. NRZ-Interview mit Ministerpräsident Johannes Rau.

Stern (1995): Die Macht am Rhein. Durch politischen Filz und mit viel Geschick wurde Arbeitersohn Friedel Neuber zu einem der mächtigsten Banker der Republik. In: Stern, 12.04.1995 (16/95), S. 144-150

WAZ Bottrop vom 17.10.1991: Strehl gewinnt Freizeitpark "sympatische Züge" ab.

WAZ Bottrop vom 11.11.1992: Mit Unterschriften gegen Oberhausens Neue Mitte.

WAZ Bottrop vom 22.09.1992: Kein Votum für "Neue Mitte" bei RP Münster.

WAZ Bottrop vom 23.09.1992: "Nein" stößt auf Unverständnis.

WAZ Oberhausen vom 07.10.1991: "Neue Mitte Oberhausen" soll auf Thyssen-Areal. Englische Investorengruppe "Stadium" plant Shopping, Freizeitpark und Kongreßzentrum.

WAZ Oberhausen vom 08.10.1991: Schanz: Nachbarn blockieren nicht. Reaktionen auf die "Neue Mitte".

WAZ Oberhausen vom 09.10.1991, a: Die Stadt verliert zu viel Kaufkraft.

WAZ Oberhausen vom 09.10.1991, b: Mit der Dampflok vorbei am Gasometer.

WAZ Oberhausen vom 09.10.1991, c: Mit zwei Milliarden DM die neue "Gartenstadt" errichten.

WAZ Oberhausen vom 16.10.1991, a: "Projekt Gartenstadt ökologisch bauen". BUND: Umweltverträglichkeit prüfen.

WAZ Oberhausen vom 16.10.1991, b: Einzelhandel: Neue Mitte ist große Chance für die Stadt. Löwenthal: Wenn man gefordert wird, muß man reagieren - Zugkräftige Magneten im Einkaufsbereich erhofft.

WAZ Oberhausen vom 18.10.1991: Gewerkschaft HBV steht hinter "Gartenstadt"-Projekt. Geschäftsführer: Eine Chance für Oberhausen, verlorenes Terrain wieder aufzuholen.

WAZ Oberhausen vom 31.10.1991: Erste Bürgeranhörung am 4. Dezember.

WAZ Oberhausen vom 05.11.1991: Eddie Healey: "Hier mehr willkommen als in England". Gestern abend beim WAZ-Tacheles.

WAZ Oberhausen vom 06.11.1991: Minister Schleußer: Soviel Resignation ist mir unverständlich! Englischer Investor will keine Sonderrechte - Große Bürger-Information am 4. Dezember im Musikzelt - "Den Mut rechtfertigen".

WAZ Oberhausen vom 08.11.1991: Schorzmann: Die neue Mitte ist ein Herzschrittmacher. Superintendent: Probleme werden sich verdichten.

WAZ Oberhausen vom 19.11.1991: Investor Eddie Healey verspricht: Neue Mitte entsteht in einem Zuge. Oberhausener Gruppe besuchte Vorbild in Sheffield - "Germanisieren".

WAZ Oberhausen vom 05.12.1991: Neue Mitte erntet Lob und Tadel. Diskussion mit gut 600 Bürgern.

WAZ Oberhausen vom 16.10.1992: Bezirksplanungsrat setzte ein "mutiges Zeichen".

WAZ Oberhausen vom 09.02.1993: Neue Mitte: Rat gibt grünes Licht. Bauleitpläne gestern beschlossen.

WAZ Oberhausen vom 15.10.1994: Marina auf neuem Kurs. Städtische Gesellschaft "im Boot".

WAZ Oberhausen vom 28.03.1995, a: Rat beschließt Volksbefragung. Zur künftigen Verkehrspolitik.

WAZ Oberhausen vom 28.03.1995, b: CDU: Alibiveranstaltung. Grüne: Fragebogen taugt nur für den Autostammtisch.

WAZ Oberhausen vom 05.12.1995: Umbau Marktstraße am 23. August '96 beendet. Burkhard Drescher stellt neuen Zeitplan vor.

WAZ Oberhausen vom 12.12.1995: Kirchen bald im Konsumparadies.

WAZ Oberhausen vom 20.12.1995: Vertrauensschaden bei Bürgern. Marktstraße: Schon 8,4 Mio DM Mehrkosten - Unruhe ums Dach.

WAZ Oberhausen vom 25.07.1996: "Homeworld" für Marina ist fest vereinbart. Firma aus Holzminden dabei.

WAZ Oberhausen vom 25.09.1996: Neue Mitte bleibt ohne Wohnungen. Unruhe im GEG-Aufsichtsrat.

WAZ Oberhausen vom 26.09.1996: Stahlstandort OB "wackelt".

WAZ Oberhausen vom 07.11.1997: "Gläserne" Visionen begeistern die Politiker.

WAZ Oberhausen vom 18.12.1997: Startsignal für Tabaluga.

WAZ Oberhausen vom 20.12.1997: Keine Wehmut beim letzten Abstich.

WAZ vom 05.10.1991: Jetzt planen Briten Super-Freizeitpark für Oberhausen. Neue Attraktion statt "Triple-Five".

WAZ vom 07.10.1991, a: Super-Freizeitpark kostet 2 Mrd Mark.

WAZ vom 07.10.1991, b: Neuer Super-Park erhält auch Yachthafen.

WAZ vom 08.10.1991: Nachbarstädte warten auf Details zum Super-Park.

WAZ vom 09.10.1991: Nach Einkauf lockt der Tivoli von Oberhausen.

WAZ vom 19.11.1991: Die Oberhausener sahen das Vorbild ihrer Neuen Mitte. In Sheffield - "1996 auch im Revier".

WAZ vom 15.09.1992: KVR: Neue Mitte als Chance sehen.

WAZ vom 16.10.1992: "Neue Mitte" nahm entscheidende Hürde.

Wochenanzeiger Oberhausen vom 05.02.1992: Trotz kalter Finger gute Vorschläge. Experten-Workshop zum "Lippern-Park".

10.3 Unterlagen politischer Gremien und der betroffenen Verwaltungen

Diese Auflistung enthält nur die im Text zitierten Unterlagen. Protokolle der Rats- und Ausschußsitzungen wurden für den gesamten in dieser Studie dargestellten Zeitraum analysiert. Unveröffentliche Literatur ist entweder öffentlich zugänglich oder liegt dem Verfasser in Kopie vor.

10.3.1 Landtag und Landesregierung Nordrhein-Westfalen

Akten des FM:
   verschiedene Akten des Finanzministeriums, mit exakten Fundstellen erwähnt oder zitiert in: PUA-Bericht

Akten des MSV:
   verschiedene Akten des Ministeriums für Städtebau und Verkehr, mit exakten Fundstellen erwähnt oder zitiert in: PUA-Bericht

Akten des MWMT:
   verschiedene Akten des Ministeriums für Wirtschaft, Mittelstand und Technologie, mit exakten Fundstellen erwähnt oder zitiert in: PUA-Bericht

Akten GEG:
   verschiedene Akten der GEG, mit exakten Fundstellen erwähnt oder zitiert in: PUA-Bericht

Aussage Dahnz:
   Protokoll der Zeugenaussage Harald Dahnz vor dem Parlamentarischen Untersuchungsausschuß. In: Landtag Nordrhein-Westfalen (1992d), S. 53-156

Aussage Drescher:
   Protokoll der zweiten Zeugenaussage Burkhard Dreschers vor dem Parlamentarischen Untersuchungsausschuß. In: Landtag Nordrhein-Westfalen (1992g), S. 1-76

Aussage Elsing:
   Protokoll der Zeugenaussage Dr. Siegfried Elsings vor dem Parlamentarischen Untersuchungsausschuß. In: Landtag Nordrhein-Westfalen (1992h), S. 132-206

Aussage Fricke:
   Protokoll der Zeugenaussage Dr. Eberhard Frickes vor dem Parlamentarischen Untersuchungsausschuß. In: Landtag Nordrhein-Westfalen (1992d), S. 1-52

Aussage Jaeger:
   Protokoll der Zeugenaussage Neithart Jaegers vor dem Parlamentarischen Untersuchungsausschuß. In: Landtag Nordrhein-Westfalen (1992e), S. 47-97

Aussage Lebro I:
   Protokoll der ersten Zeugenaussage Thomas Lebros vor dem Parlamentarischen Untersuchungsausschuß. In: Landtag Nordrhein-Westfalen (1992e), S. 98-166

Aussage Lebro II:
   Protokoll der zweiten Zeugenaussage Thomas Lebros vor dem Parlamentarischen Untersuchungsausschuß. In: Landtag Nordrhein-Westfalen (1992f), S. 1-37

Aussage Meyer:
Protokoll der Zeugenaussage Dr. Peter Meyers vor dem Parlamentarischen Untersuchungsausschuß. In: Landtag Nordrhein-Westfalen (1992e), S. 1-46

Aussage Ohl:
Protokoll der Zeugenaussage Dr. Karl Ohls vor dem Parlamentarischen Untersuchungsausschuß. In: Landtag Nordrhein-Westfalen (1992c), S. 2-128

Aussage Olmes:
Protokoll der Zeugenaussage Jürgen Olmes vor dem Parlamentarischen Untersuchungsausschuß. In: Landtag Nordrhein-Westfalen (1992g), S. 111-150

Aussage Ritter:
Protokoll der Zeugenaussage Dr. Ernst-Hasso Ritters vor dem Parlamentarischen Untersuchungsausschuß. In: Landtag Nordrhein-Westfalen (1992g), S. 76-89

Aussage Roters:
Protokoll der Zeugenaussage Dr. Wolfgang Roters vor dem Parlamentarischen Untersuchungsausschuß. In: Landtag Nordrhein-Westfalen (1992g), S. 89-111

Aussage Schleußer:
Landtag Nordrhein-Westfalen (1992a);
(Protokoll der ersten Zeugenaussage Heinz Schleußers vor dem Parlamentarischen Untersuchungsausschuß)

Aussage Schulz:
Protokoll der Zeugenaussage Klaus Dieter Schulz vor dem Parlamentarischen Untersuchungsausschuß. In: Landtag Nordrhein-Westfalen (1992f), S. 96-159

Aussage Thomalla:
Protokoll der Zeugenaussage Reinhard Thomallas vor dem Parlamentarischen Untersuchungsausschuß. In: Landtag Nordrhein-Westfalen (1992f), S. 38-95

Bericht des FM:
Sachdarstellung des Finanzministeriums vom 9. April 1992 zur Ausgangslage und bisherigen Behandlung des Projektes "Neue Mitte Oberhausen". In: PUA-Bericht, S. 41-60

Brief Drescher-Schleußer:
Zitat aus einem Brief OStD Dreschers an FM Schleußer vom 3. Juni 1991 mit Sachstandsbericht. In: PUA-Bericht, S. 77 f.

Brief Drescher-Weinberger:
Zitat aus einem Brief OStD Dreschers an die Healey-Beauftragte Weinberger vom 7. Juni 1991. In: PUA-Bericht, S. 75 f.

Brief Elsing-Drescher:
Zitat aus einem Brief des Healey-Rechtsanwalts Elsing an OStD Drescher vom Oktober 1991. In: Landtag Nordrhein-Westfalen (1992h), S. 170 f.

Brief MURL:
Genehmigungsschreiben des Ministeriums für Umwelt, Raumordnung und Landwirtschaft des Landes Nordrhein-Westfalen an den Regierungspräsidenten Düsseldorf vom 19. Januar 1993. Betr.: Genehmigung der 35. Änderung des Gebietsentwicklungsplanes für den Regierungsbezirk Düsseldorf im Gebiet der Stadt Oberhausen (Neue Mitte). Aktenzeichen VI B 1 - 60.453. Düsseldorf

Brief RP-MWMT:
Zitat aus Brief des Regierungspräsidenten Düsseldorf an das MWMT vom 5. Dezember 1991 mit Stellungnahme zum Förderantrag der GEG. In: PUA-Bericht, S. 151 f.

Gemeinsamer Runderlaß vom 16.07.1986:
o. V. (1986): Gemeinsamer Runderlaß des Ministers für Stadtentwicklung, Wohnen und Verkehr - I A 3 - 16.21 -, des Ministers für Wirtschaft, Mittelstand und Technologie - II C 3 -51 - 03 - und des Ministers für Umwelt, Raumordnung und Landwirtschaft - VI B 3 - 94.31 - vom 16.07.1986: Bauleitplanung und Genehmigung von Vorhaben. Ansiedlung von Einzelhandelsgroßbetrieben. In: Ministerialblatt für das Land Nordrhein-Westfalen, 39. Jg., Nr. 60, Glied.-Nr. 2311, S. 1001-1008

Landtag Nordrhein-Westfalen (1992a): Ausschußprotokoll 11/551. Protokoll der 4. Sitzung (öffentlicher Teil). Düsseldorf

Landtag Nordrhein-Westfalen (1992b): Ausschußprotokoll 11/571. Protokoll der 6. Sitzung (öffentlicher Teil). Düsseldorf

Landtag Nordrhein-Westfalen (1992c): Ausschußprotokoll 11/577. Protokoll der 7. Sitzung (öffentlich). Düsseldorf

Landtag Nordrhein-Westfalen (1992d): Ausschußprotokoll 11/582. Protokoll der 8. Sitzung (öffentlich). Düsseldorf

Landtag Nordrhein-Westfalen (1992e): Ausschußprotokoll 11/588. Protokoll der 10. Sitzung (öffentlicher Teil). Düsseldorf

Landtag Nordrhein-Westfalen (1992f): Ausschußprotokoll 11/615. Protokoll der 11. Sitzung (öffentlich). Düsseldorf

Landtag Nordrhein-Westfalen (1992g): Ausschußprotokoll 11/621. Protokoll der 14. Sitzung (öffentlich). Düsseldorf

Landtag Nordrhein-Westfalen (1992h): Ausschußprotokoll 11/622. Protokoll der 15. Sitzung (öffentlicher Teil). Düsseldorf

Landtag Nordrhein-Westfalen (1992i): Ausschußprotokoll 11/625. Protokoll der 16. Sitzung (öffentlich). Düsseldorf

Landtag Nordrhein-Westfalen (1994): Ausschußprotokoll 11/1369. Protokoll der 75. Sitzung (öffentlicher Teil). Düsseldorf

Landtag Nordrhein-Westfalen (1995): Drucksache 11/8251; Schlußbericht des Parlamentarischen Untersuchungsausschusses I (Sachverhaltskomplex "Neue Mitte Oberhausen" und "Beauftragung des Notars Dr. Peter Heinemann"). Düsseldorf (abgekürzt als PUA-Bericht)

letter of intent des MWMT:
Zitat aus dem letter of intent des MWMT an die GEG vom 21. November 1991. In: PUA-Bericht, S. 149

Ministerium für Umwelt, Raumordnung und Landwirtschaft des Landes Nordrhein-Westfalen (1993): Bekanntmachung der Genehmigung der 35. Änderung des Gebietsentwicklungsplanes für den Regierungsbezirk Düsseldorf im Gebiet der Stadt Oberhausen (Neue Mitte). Vom 25. Januar 1993. In: Gesetz- und Verordnungsblatt für das Land Nordrhein-Westfalen, Nr. 9, 17. Februar 1993, S. 83

Anhang - Unterlagen politischer Gremien und der betroffenen Verwaltungen 237

PUA-Bericht:
Landtag Nordrhein Westfalen (1995): Drucksache 11/8251; Schlußbericht des Parlamentarischen Untersuchungsausschusses I (Sachverhaltskomplex "Neue Mitte Oberhausen" und "Beauftragung des Notars Dr. Peter Heinemann"). Düsseldorf

VerfGH 10/92:
Zitat aus dem Urteil des Verfassungsgerichtshofs für das Land Nordrhein-Westfalen vom 3. Mai 1994 - VerfGH 10/92. In: PUA-Bericht, S. 230-242

Vertrag GEG - GOP:
Zitat aus dem Entwurf des Vertrages zwischen der GEG und der GOP von Rechtsanwalt Elsing vom 2. Dezember, in den letztlichen Vertrag vom 5. Dezember unverändert übernommen. In: PUA-Bericht, S. 120

10.3.2 Bezirksregierung Düsseldorf

BPR-Protokoll vom 19. März 1992:
Der Bezirksplanungsrat des Regierungsbezirks Düsseldorf (1992) (Hrsg.): Niederschrift der 75. Sitzung vom 19. März 1992. Düsseldorf

BPR-Protokoll vom 9. Juli 1992:
Der Bezirksplanungsrat des Regierungsbezirks Düsseldorf (1992) (Hrsg.): Niederschrift der 76. Sitzung vom 9. Juli 1992. Düsseldorf

BPR-Protokoll vom 15. Oktober 1992:
Der Bezirksplanungsrat des Regierungsbezirks Düsseldorf (1992) (Hrsg.): Niederschrift der 77. Sitzung vom 15. Oktober 1992. Düsseldorf

PA-Protokoll vom 12. März 1992:
Der Bezirksplanungsrat des Regierungsbezirks Düsseldorf (1992) (Hrsg.): Niederschrift der 51. Sitzung des Planungsausschusses vom 12. März 1992. Düsseldorf

PA-Protokoll vom 2. Juli 1992
Der Bezirksplanungsrat des Regierungsbezirks Düsseldorf (1992) (Hrsg.): Niederschrift der 52. Sitzung des Planungsausschusses vom 2. Juli 1992. Düsseldorf

PA-Protokoll vom 8. Oktober 1992
Der Bezirksplanungsrat des Regierungsbezirks Düsseldorf (1992) (Hrsg.): Niederschrift der 54. Sitzung des Planungsausschusses vom 8. Oktober 1992. Düsseldorf

Regierungspräsident Düsseldorf (1992): Sitzungsvorlage Nr. 4/54 Planungsausschuß bzw. 4/77 Bezirksplanungsrat. Betr.: 35. Änderung des Gebietsentwicklungsplanes für den Regierungsbezirk im Gebiet der Stadt Oberhausen (Neue Mitte). Düsseldorf

Sachdarstellung BPB:
Sachdarstellung der Bezirksplanungsbehörde zur Sitzungsvorlage Nr. 4/54 Planungsausschuß bzw. 4/77 Bezirksplanungsrat. In: Regierungspräsident Düsseldorf (1992)

10.3.3 Kommunalverband Ruhrgebiet

AfP-Protokoll KVR vom 30. Oktober 1991:
Kommunalverband Ruhrgebiet (1991): Niederschrift über die 12. Sitzung des Ausschusses für Planung. Essen

AfP-Protokoll KVR vom 15. Januar 1992:
Kommunalverband Ruhrgebiet (1992): Niederschrift über die 13. Sitzung des Ausschusses für Planung. Essen

AfP-Protokoll KVR vom 11. März 1992:
Kommunalverband Ruhrgebiet (1992): Niederschrift über die 14. Sitzung des Ausschusses für Planung. Essen

AfP-Protokoll KVR vom 6. Mai 1992:
Kommunalverband Ruhrgebiet (1992): Niederschrift über die 15. Sitzung des Ausschusses für Planung. Essen

AfP-Protokoll KVR vom 1. Juli 1992:
Kommunalverband Ruhrgebiet (1992): Niederschrift über die 16. Sitzung des Ausschusses für Planung. Essen

AfP-Protokoll KVR vom 9. September 1992:
Kommunalverband Ruhrgebiet (1992): Niederschrift über die 17. Sitzung des Ausschusses für Planung. Essen

Akten KVR:
verschiedene Akten des KVR, Abteilung Planung zum Vorgang Neue Mitte Oberhausen

Brief Gramke:
Persönlicher Brief des KVR-Verbandsdirektors Prof. Dr. Jürgen Gramke an den Düsseldorfer Regierungspräsidenten Dr. Fritz Behrens vom 24. September 1992. In: Akten KVR

10.3.4 Stadt Bottrop

Akten PlA Bottrop:
verschiedene Akten des Planungsamtes der Stadt Bottrop zum Vorgang Neue Mitte Oberhausen

ASU-Protokoll Bottrop vom 30. April 1992:
Stadt Bottrop, Stadtplanungsamt (1992): Auszug aus der Niederschrift des Ausschusses für Stadtplanung und Umweltschutz vom 30. April 1992. Bottrop

ASU-Protokoll Bottrop vom 7. Juli 1992:
Stadt Bottrop, Stadtplanungsamt (1992): Auszug aus der Niederschrift Nr. 5/1992 über die Sitzung des Ausschusses für Stadtplanung und Umweltschutz. Bottrop

ASU-Protokoll Bottrop vom 3. September 1992:
Stadt Bottrop, Stadtplanungsamt (1992): Auszug aus der Niederschrift Nr. 6/1992 über die Sitzung des Ausschusses für Stadtplanung und Umweltschutz. Bottrop

ASU-Protokoll Bottrop vom 17. März 1993:
Stadt Bottrop, Stadtplanungsamt (1992): Auszug aus der Niederschrift Nr. 3/1993 über die Sitzung des Ausschusses für Stadtplanung und Umweltschutz. Bottrop

HBA-Protokoll Bottrop vom 27. April 1993:
Stadt Bottrop, Amt für Ratsangelegenheiten und Öffentlichkeitsarbeit (1993): Auszug aus der Niederschrift über die Sitzung des Haupt- und Beschwerdeausschusses vom 27. April 1993. Bottrop

HBA-Protokoll Bottrop vom 31. August 1993:
Stadt Bottrop, Amt für Ratsangelegenheiten und Öffentlichkeitsarbeit (1993): Auszug aus der Niederschrift über die Sitzung des Haupt- und Beschwerdeausschusses Nr. 6/93. Bottrop

Stadt Bottrop (1992a): Drucksache Nr. 213/92 vom 12. März 1992. Bottrop

Stadt Bottrop (1992b): Presseinformation. Besuch in Blackpool mit Besichtigung der Meadow-Hall in Sheffield vom 03.-06. April 1992. Bottrop

Stadt Bottrop (1992c): Drucksache Nr. 443/92, vom 21. August 1992. Bottrop

10.3.5 Stadt Duisburg

APS-Protokoll Duisburg vom 10. September 1992:
Stadt Duisburg (1992): Beratungsergebnis der gemeinsamen öffentlichen Sondersitzung des Ausschusses für Planung und Stadtentwicklung, der Bezirksvertretung Hamborn, der Bezirksvertretung Meiderich/Beeck und der Bezirksvertretung Innenstadt am 10.09.1992. Duisburg

HFA-Protokoll Duisburg vom 21. September 1992:
Stadt Duisburg (1992): Beratungsergebnis der öffentlichen Sitzung des Haupt- und Finanzausschusses am 21. September 1992. Duisburg

Ratsprotokoll Duisburg vom 28. September 1992:
Stadt Duisburg (1992): Beratungsergebnis der öffentlichen Sitzung des Rates der Stadt am 28. September 1992. Duisburg

Stadt Duisburg (1992a): Drucksache Nr. 4658, vom 24. Juni 1992. Duisburg

Stadt Duisburg (1992b): Drucksache Nr. 4658/1, vom 31. August 1992. Duisburg

10.3.6 Stadt Essen

Akten PlA Essen:
verschiedene Akten des Planungsamtes der Stadt Essen zum Vorgang Neue Mitte Oberhausen

ASP-Protokoll Essen vom 20. Februar 1992:
Stadt Essen (1992): Niederschrift der 35. Sitzung des Ausschusses für Stadtentwicklung und Stadtplanung. Essen

ASP-Protokoll Essen vom 19. März 1992:
Stadt Essen (1992): Niederschrift der 37. Sitzung des Ausschusses für Stadtentwicklung und Stadtplanung. Essen

ASP-Protokoll Essen vom 7. Mai 1992:
Stadt Essen (1992): Niederschrift der 39. Sitzung des Ausschusses für Stadtentwicklung und Stadtplanung. Essen

ASP-Protokoll Essen vom 21. Mai 1992:
Stadt Essen (1992): Niederschrift der 40. Sitzung des Ausschusses für Stadtentwicklung und Stadtplanung. Essen

ASP-Protokoll Essen vom 3. September 1992:
Stadt Essen (1992): Niederschrift der 43. Sitzung des Ausschusses für Stadtentwicklung und Stadtplanung. Essen

ASP-Protokoll Essen vom 17. September 1992:
Stadt Essen (1992): Niederschrift der 44. Sitzung des Ausschusses für Stadtentwicklung und Stadtplanung. Essen

Ratsprotokoll Essen vom 29. April 1992:
Stadt Essen (1992): Niederschrift über die Sitzung des Rates der Stadt Essen am 29. April 1992. Essen

Ratsprotokoll Essen vom 27. Mai 1992:
Stadt Essen (1992): Niederschrift über die Sitzung des Rates der Stadt Essen am 27. Mai 1992. Essen

Ratsprotokoll Essen vom 23. September 1992:
Stadt Essen (1992): Niederschrift über die Sitzung des Rates der Stadt Essen am 23. September 1992. Essen

10.3.7 Stadt Gladbeck

HFA-Protokoll Gladbeck vom 28. Juni 1993:
Stadt Gladbeck (1993): Auszug aus der Niederschrift der Sitzung des Haupt- und Finanzausschusses am 28. Juni 1993. Gladbeck

Stadt Gladbeck (1992): Vorlage für den Stadtplanungsausschuß am 22. September 1992 vom 2. September 1992. Betr.:Neue Mitte Oberhausen. 35. Änderung des Gebietsentwicklungsplanes für den Regierungsbezirk Düsseldorf, Austellung und Änderung von Bauleitplänen der Stadt Oberhausen. Gladbeck

Stadt Gladbeck (1993): Drucksache Nr. 76/1993, vom 20. September 1993. Gladbeck

Stadt Gladbeck (1995): Schreiben von Bürgermeister Schwerhoff an die Fraktionen des Rates vom 15. Mai 1995 zum Sachstand und den Möglichkeiten sowie Erfolgschancen einer Normenkontrollklage gegen Oberhausener Bauleitpläne. Gladbeck

10.3.8 Stadt Mülheim a. d. Ruhr

HFA-Protokoll Mülheim vom 19. März 1992:
Stadt Mülheim a. d. Ruhr (1992): Niederschrift der Sitzung des Haupt- und Finanzausschusses am 19. März 1992. Mülheim a. d. Ruhr

HFA-Protokoll Mülheim vom 17. September 1992:
Stadt Mülheim a. d. Ruhr (1992): Niederschrift der Sitzung des Haupt- und Finanzausschusses am 17. September 1992. Mülheim a. d. Ruhr

Stadt Mülheim a. d. Ruhr (1992a): Drucksache Nr. 121/92 vom 16. März 1992. Mülheim a. d. Ruhr

Stadt Mülheim a. d. Ruhr (1992b): Drucksache Nr. 298/92 vom 4. September 1992. Mülheim a. d. Ruhr

Ratsprotokoll Mülheim vom 26. März 1992, stenografische Aufnahme:
Stadt Mülheim a. d. Ruhr (1992): Niederschrift des Rates der Stadt vom 26. März 1992, stenografische Aufnahme. Mülheim a. d. Ruhr

Ratsprotokoll Mülheim vom 24. September 1992, stenografische Aufnahme:
Stadt Mülheim a. d. Ruhr (1992): Niederschrift des Rates der Stadt vom 24. September 1992, stenografische Aufnahme. Mülheim a. d. Ruhr

10.3.9 Stadt Oberhausen

Akten zu den Wettbewerben:
verschiedene Akten (Auslobungen und Protokolle der Preisgerichtssitzungen) zum Realisierungswettbewerb Neue Mitte Oberhausen, zentrale ÖPNV-Haltestelle, zum städtebaulichen und baulichen Ideenwettbewerb Neue Mitte Oberhausen, "Gewerbepark Lipperfeld", Entwicklungsbereich EO I/II und zum städtebaulichen Ideenwettbewerb Neue Mitte Oberhausen, Marina und Wohnbaubereich; erhalten von der Planungsverwaltung der Stadt Oberhausen

HA-Protokoll Oberhausen vom 9. September 1991:
Stadt Oberhausen (1991): Niederschrift der Sitzung des Hauptausschusses am 9. September 1991. Oberhausen

Protokolle AK Neue Mitte:
Protokolle des verwaltungsinternen Arbeitskreises "Neue Mitte" im Rathaus der Stadt Oberhausen

Ratsprotokoll Oberhausen vom 14. Oktober 1991:
Stadt Oberhausen (1991): Niederschrift der Sitzung des Rates am 14. Oktober 1991. Oberhausen

Ratsprotokoll Oberhausen vom 16. Dezember 1991:
Stadt Oberhausen (1991): Niederschrift der Sitzung des Rates am 16. Dezember 1991. Oberhausen

Ratsprotokoll Oberhausen vom 27. Januar 1992:
Stadt Oberhausen (1992): Niederschrift der Sitzung des Rates am 27. Januar 1992. Oberhausen

Ratsprotokoll Oberhausen vom 24. Februar 1992:
Stadt Oberhausen (1992): Niederschrift der Sitzung des Rates am 24. Februar 1992. Oberhausen

Ratsprotokoll Oberhausen vom 23. März 1992:
Stadt Oberhausen (1992): Niederschrift der Sitzung des Rates am 23. März 1992. Oberhausen

Ratsprotokoll Oberhausen vom 2. Juni 1992:
Stadt Oberhausen (1992): Niederschrift der Sitzung des Rates am 2. Juni 1992. Oberhausen

Ratsprotokoll Oberhausen vom 21. September 1992:
Stadt Oberhausen (1992): Niederschrift der Sitzung des Rates am 21. September 1992. Oberhausen

Ratsprotokoll Oberhausen vom 8. Februar 1993:
Stadt Oberhausen (1993): Niederschrift der Sitzung des Rates am 8. Februar 1993. Oberhausen

Ratsprotokoll Oberhausen vom 1. März 1993:
Stadt Oberhausen (1993): Niederschrift der Sitzung des Rates am 1. März 1993. Oberhausen

Ratsprotokoll Oberhausen vom 24. Mai 1993:
Stadt Oberhausen (1993): Niederschrift der Sitzung des Rates am 24. Mai 1993. Oberhausen

Ratsprotokoll Oberhausen vom 15. November 1993:
Stadt Oberhausen (1993): Niederschrift der Sitzung des Rates am 15. November 1993. Oberhausen

Stadt Oberhausen (1991): Drucksache Nr. 1815. Neue Mitte Oberhausen - Strukturkonzept. Oberhausen

Stadt Oberhausen (1992a): Drucksache Nr. 2188. Einrichtung von Neustellen für die Realisierung der "Neuen Mitte Oberhausen" zum Nachtragsstellenplan sowie Bewilligung zusätzlicher Personalausgaben und Sachmittel im Rahmen des Nachtragshaushaltsplanes 1992. Oberhausen

Stadt Oberhausen (1992b) (Hrsg.): Infodienst Neue Mitte Oberhausen, Newsletter 5, November 1992. Oberhausen

Stadt Oberhausen (1993c): Drucksache Nr. 2880. Einrichtung von 3 Neustellen im Stadtplanungsamt zum Stellenplan 1993/94. Oberhausen

Stadt Oberhausen (1993d): Drucksache Nr. 2860. Bebauungsplan Nr. 275 A - Lipperfeld. Entscheidung über die vorgebrachten Bedenken und Anregungen sowie Satzungsbeschluß. Oberhausen

Stadt Oberhausen (1993e): Drucksache Nr. 2877. Erlaß einer Satzung über die Grüngestaltung des Gebietes des Bebauungsplanes Nr. 275 A - Lipperfeld. Oberhausen

Stadt Oberhausen (1994): "Rathaus ohne Ämter". Schlagwort oder Wegweiser zu einer Neuen Verwaltungsstruktur? Oberhausen

10.4 Liste der durchgeführten Interviews

Alberts, Michael
Stadt Duisburg, Planungsamt, Interview am 17. Juli 1995
zitiert als: Interview Alberts

Arning, Jürgen
CDU Gladbeck, Interview am 21. Juni 1995
zitiert als: Interview Arning

Becker, Jörg
MURL, telephonisches Interview am 30. August 1995
zitiert als: Interview Becker

Best, Hans-Jürgen
Stadt Oberhausen, Planungsamt,
1. Interview am 24. Februar 1995
zitiert als: Interview Best I
2. telephonisches Interview am 6. März 1995
zitiert als: Interview Best II

Blase, Dieter
IBA, Interview am 30. März 1995

Bohlen, Gerfried Ingo
Bunte Liste und Bürgerforum Oberhausen, telephonisches Interview am 27. Februar 1996
zitiert als: Interview Bohlen

Bona, Karl-Heinz
CDU Fraktion, Bezirksplanungsrat Düsseldorf, telephonisches Interview am 22. Januar 1996

Bosshard, Robert
Stadtplaner mit Wohnsitz Oberhausen, Interview am 29. August 1996
zitiert als: Interview Bosshard

Bruckmann, Hans-Günter
SPD Essen, Interview am 2. Februar 1996
zitiert als: Interview Bruckmann

Drescher, Burkhard Ulrich
Stadt Oberhausen, Oberstadtdirektor, Interview am 22. September 1995
zitiert als: Interview Drescher

Eckhold, Heinz-Jörg
CDU Oberhausen, Interview am 6. April 1995
zitiert als: Interview Eckhold

Esser, Elke
Initiativkreis Ruhrgebiet, Interview am 20. Oktober 1994
zitiert als: Interview Esser

Faßbender, Horst
    Stadt Oberhausen, O. 2000
    1. Interview am 10. März 1995
       zitiert als: Interview Faßbender
    2. ergänzende telephonische Angaben
       zitiert als: Angaben Faßbender

Flesch, Wolfgang
    Stadtsparkasse Oberhausen, Vorstandsvorsitzender, Interview am 24. April 1995

Geldermann, Dieter
    Stadt Bottrop, Planungsamt, Interview am 2. Mai 1996
    zitiert als: Interview Geldermann

Gries, Lisa
    EHV Westfalen West, Geschäftsstelle Bottrop, telephonisches Interview am 18. Mai 1995

Groschek, Michael
    SPD Oberhausen, Interview am 31. März 1995
    zitiert als: Interview Groschek

Grundmann, Michael
    CentrO, ehem. Stadt Oberhausen, Büro des Oberstadtdirektors, telephonisches Interview am 10. August 1995

Hainbucher, Michael
    CDU Duisburg, telephonisches Interview am 22. November 1995
    zitiert als: Interview Hainbucher

Heiming, Rosemarie
    CDU Essen, Interview am 20. Februar 1996
    zitiert als: Interview Heiming

Herrmann, Mario
    Die Grünen Gladbeck, Interview am 29. Juni 1995
    zitiert als: Interview Herrmann

Hoefs, Dierk Hans
    Stadt Oberhausen, Planungsdezernent
    1. Interview am 4. April 1995
       zitiert als Interview Hoefs I
    2. Interview am 11. Mai 1995
       zitiert als Interview Hoefs II

Hollmann, Hans-Jürgen
    Entwicklungsgesellschaft Neu-Oberhausen, Interview am 14. März 1995

Hölter, Susanne
    Borbecker Nachrichten, Interview am 2. Februar 1996

Kämpgen, Jürgen
    CDU Duisburg, telephonisches Interview am 21. November 1995
    zitiert als: Interview Kämpgen

Kirbach, Roland
    Die Zeit, telephonisches Interview am 12. August 1993

Klabuhn, Ulrich
   SPD Gladbeck, Interview am 21. Juni 1995
   zitiert als: Interview Klabuhn

König, Karl-Heinz
   EHV Essen, telephonisches Interview am 4. Dezember 1996
   zitiert als: Interview König

Lehr, Rüdiger
   Die Grünen Bottrop, Interview am 29. Mai 1995

Lepges, Gerd & Schnädter, Gerhard
   Vorsitzender bzw. Geschäftsführer des EHV Oberhausen, Interview am 15. März 1995
   zitiert als: Interview Lepges/Schnädter

Noll, Kurt-Günther
   KVR, Abteilung Planung, Interview am 28. März 1996

Ohl, Karl
   West LB Immobilien, ehem. GEG, telephonisches Interview am 18. August 1995
   zitiert als: Interview Ohl

Pape, Martin
   Projekt Agentur Essen, Interview am 27. September 1994

Preuß, Burkhard
   Stadt Essen, MEO-Regionalbüro, Amt für Entwicklungsplanung, Statistik, Stadtforschung und Wahlen, telephonische Angaben
   zitiert als: Angaben Preuß

Ritter, Ernst-Hasso
   ehem. MURL, Interview am 24. August 1995
   zitiert als: Interview Ritter

Rommelspacher, Thomas
   Die Grünen Essen, Interview am 30. November 1995
   zitiert als: Interview Rommelspacher

Sander, Helga
   Stadt Mülheim a. d. Ruhr, Planungsdezernentin, ehem. Die Grünen Essen, Interview am 11. April 1996

Schneider, Roger
   Technologiezentrum Umweltschutz/GEG Oberhausen
   1. Interview am 30. September 1994
   2. Interview am 26. April 1995

Schnell, Wolfgang
   Bezirksplanungsbehörde Düsseldorf
   1. Interview am 16. November 1995
      zitiert als: Interview Schnell
   2. telephonisches Interview am 10. Januar 1996
   3. Brief vom 7. Februar 1996
      zitiert als: Angaben Schnell

Schnell, Wolfgang & Zuleger, Birgit
   Bezirksplanungsbehörde Düsseldorf, gemeinsames Interview am 16. November 1995
   zitiert als: Interview Schnell/Zuleger

Schulz, Klaus Dieter
   MWMT, Interview am 4. September 1995
   zitiert als: Interview Schulz

Strehl, Klaus
   SPD Bottrop, Interview am 23. Juni 1995
   zitiert als: Interview Strehl

Tietz, Uwe
   Die Grünen im Bezirksplanungsrat Düsseldorf, Interview am 19. Januar 1996
   zitiert als: Interview Tietz

Trottenburg, Roland
   CDU Bottrop, Interview am 22. Mai 1995
   zitiert als: Interview Trottenburg

van den Mond, Friedhelm
   Stadt Oberhausen, Oberbürgermeister, Interview am 21. September 1995
   zitiert als: Interview van den Mond

Victor, Wilhelm
   IG Metall Oberhausen, Interview am 27. März 1995
   zitiert als: Interview Victor

Wermker, Klaus
   Stadt Essen, Amt für Entwicklungsplanung, Statistik, Stadtforschung und Wahlen, Interview am 3. November 1994
   zitiert als: Interview Wermker

Wilke, Volker
   Die Grünen Oberhausen und Riwetho e. V. (Bürgerinitiative) Oberhausen und Riwetho e. V., Interview am 3. November 1994
   zitiert als: Interview Wilke

Wohlgemuth, Bernhard
   Stadt Essen, Stadtplanungsamt, Interview am 5. März 1996

Stadtforschung aktuell

Weitere Titel in dieser Reihe:

Kerstin Dörhöfer / Ulla Terlinden
Verortungen
Geschlechterverhältnisse und Raumstrukturen
1998. 218 Seiten. Broschur
ISBN 3-7643-5772-X • Band 66

In diesem Buch geht es um die Fragen, wie sich das Verhältnis der Geschlechter im Raum niederschlägt, wie es durch den Raum beeinflusst wird, ob und wie sich beider Wandel miteinander verknüpfen. Dabei werden neuere Entwicklungen und Tendenzen soziologischer Stadtforschung aufgezeigt, um zu analysieren, welche Bedeutung sie für einen emanzipatorischen Prozess haben. Durch die Verbindung der bisherigen Frauenforschung in Architektur und räumlicher Planung mit philosophischen Überlegungen der Poststrukturalisten, neuen sozialwissenschaftlichen Erkenntnissen der Geschlechterforschung und architekturtheoretischen Ansätzen des Dekonstruktivismus wird ein Impetus auch für die Entwurfs- und Planungspraxis gegeben. Das Buch richtet sich deshalb sowohl an Leserinnen und Leser, die sich wissenschaftlich mit dem Raum befassen, als auch an solche, die gestaltend auf ihn Einfluss nehmen.

M. Teschner und H.-G. Retzko (Hrsg.)
Klimaschutz und Verkehrspolitik
Eine Fallanalyse der Stadtverträglichkeit und der kommunalen Handlungsblockaden
1997. 185 Seiten. Broschur.
ISBN: 3-7643-5743-6 • Band 64

Diese erste kritische Zwischenbilanz einer notwendigen Debatte um ver-kehrsoplitische Handlungsblockaden wird für Stadt- und Verkehrsplaner, Stadt- und Regionalsoziologen, lokale Politikforscher, Praktiker der planenden Verwaltung und lokale Organisationen von besonderem Interesse sein.

Gern informieren wir Sie regelmäßig über die Buchreihe *Stadtforschung aktuell*. Bitte wenden Sie sich an:
Birkhäuser Verlag AG, Klosterberg 23
CH-4010 Basel
Tel. 0041.61.205 07 44
Fax. 0041.61.205 07 92
E-mail: promotion@birkhauser.ch
www.birkhauser.ch

Birkhäuser

Stadt forschung
aktuell

Weitere Titel in dieser Reihe:

Johann Jessen / Horst J. Roos / Walter Vogt (Hrsg.)
Stadt – Mobilität – Logistik
Perspektiven, Konzepte und Modelle
1997. 224 Seiten. Broschur
ISBN 3-7643-5445-3 • Band 63

Dieses Buch will Grenzen überwinden helfen und fasst Konzepte, Sichtweisen, Methoden und Forschungsergebnisse zu thematischen Ausschnitten des Stadtverkehrs zusammen. Es vermittelt einen Einblick in Fragestellungen, Denkweisen und aktuelle Forschungsschwerpunkte aller Disziplinen, die sich mit dem Themenfeld der Mobilität in Stadtregionen befassen. Ein Buch besonders für Praktiker!

Markus Hesse
Wirtschaftsverkehr stadtverträglich
Der Strukturwandel in der Logistik und seine Bedeutung für die Stadtentwicklung
1996. 208 Seiten. Broschur
ISBN 3-7643-5378-3 • Band 61

Christine Bauhardt
Stadtentwicklung und Verkehrspolitik
Eine Analyse aus feministischer Sicht
1995. 176 Seiten. Broschur
ISBN 3-7643-5198-5 • Band 54

« ... ein lesenswertes Buch, nicht nur für Frauen, sondern gerade auch für Männer.»
RaumPlanung

Martin Oliver Klemm
Welche Mobilität wollen wir?
*Unser kollektiver Umgang mit dem Problem des städtischen Personenverkehrs.
Eine Untersuchung am Beispiel der Stadt Basel.*
1996. 232 Seiten. Broschur
ISBN 3-7643-5379-1• Band 59

«Die vorliegende Studie ermöglicht eine intensive Auseinandersetzung mit der Entwicklung und den Hintergründen unserer heutigen Verkehrsmisere und den eigenen Mobilitätsbedürfnissen.»
Konsum & Umwelt

Birkhäuser